全国高职高专规划教材·电子商务系列

客户关系管理实务

王晓梅 编著

内 容 简 介

本书是在高职高专学校大力倡导并实践教学改革的背景下进行编写的。

全书共分为八个项目：项目一"对客户关系管理内涵的认知"；项目二"如何建立客户关系"；项目三"如何保持客户关系"；项目四"客户关系的恢复"；项目五"客户关系管理的营销策略"；项目六"客户关系管理的具体实施操作"；项目七"了解呼叫中心的工作情况"；项目八"数据仓库及数据挖掘技术"。

本书强调以工作过程为导向实现理论与实践的结合，使学习者在掌握必要的理论知识的情况下，专业技能得到培养和提高。本书实用性强，符合高职高专学校教学要求和特点，适合作为高职高专学校的教学与培训教材，也可供各行业管理者、市场营销人员自学和阅读参考。

图书在版编目(CIP)数据

客户关系管理实务/王晓梅编著. —北京：北京大学出版社，2011.1
（全国高职高专规划教材·电子商务系列）
ISBN 978-7-301-18278-9

Ⅰ.①客… Ⅱ.①王… Ⅲ.①企业管理：供销管理－高等学校：技术学校－教材 Ⅳ.①F274

中国版本图书馆 CIP 数据核字（2010）第 246274 号

书　　　　名：	**客户关系管理实务**
著作责任者：	王晓梅　编著
策 划 编 辑：	周　伟
责 任 编 辑：	周　伟
标 准 书 号：	ISBN 978-7-301-18278-9/F·2685
出 版 发 行：	北京大学出版社
地　　　　址：	北京市海淀区成府路 205 号　100871
网　　　　址：	http://www.pup.cn
电 子 信 箱：	zyjy@pup.cn
电　　　　话：	邮购部 62752015　发行部 62750672　编辑部 62754934　出版部 62754962
印 　刷 　者：	北京鑫海金澳胶印有限公司
经 　销 　者：	新华书店
	787 毫米×1092 毫米　16 开本　18 印张　438 千字
	2011 年 1 月第 1 版　2017 年 12 月第 6 次印刷
定　　　　价：	35.00 元

未经许可，不得以任何方式复制或抄袭本书之部分或全部内容。
版权所有，侵权必究
举报电话：(010) 62752024　电子信箱：fd@pup.pku.edu.cn

前　　言

随着企业竞争的日益激烈，企业对市场的争夺实质上已演变为对客户的争夺，可以说，谁拥有更多的客户，谁将在市场上占有优势地位。尤其是在金融危机席卷全球的时代，客户已成为企业核心竞争力的主要资源。如何拥有更多的客户资源是摆在企业面前的一个重要课题，也是客户关系管理需要解决的问题。

对于为企业培养高级技能型应用人才的高职学院来说，在帮助学生理解客户关系管理的基本理论知识的同时，培养学生掌握客户关系管理的实践操作能力就显得尤为重要。本书就是在这样的理念指导下进行编写的。

本书具有以下特点。

1. 符合高职院校教学改革方向——基于企业工作过程的项目教学要求。将企业客户关系管理工作过程进行分解，形成各个子项目，每个子项目又分为若干个具体的任务，每项任务都有详细的完成步骤。本书的 8 个项目及 27 个任务基本涵盖了企业客户关系管理工作的全部内容，这样的教材结构符合高职院校教学改革中对教材的要求，能够为教师在组织教学中提供教材上的支持。

2. 在编写中注重结合大量的企业客户关系管理的实战案例，强调了学生实践应用能力的培养。本书在进行客户关系管理知识的阐述时，融入了大量的真实案例，使学生在企业实际的情景下深入理解理论知识并学会运用理论知识的基本原则解决实践问题。

3. 本书是在天津职业大学成为"全国职业教育示范院校"的大背景下进行编写的，属于教学改革和示范校建设的成果。

本书在编写过程中引用了多名作者的相关资料，由于无法与作者一一取得联系，只能在此先表示感谢，并欢迎作者看到此书后与编者取得联系。

本书在编写过程中得到钟强教授多方面的帮助和指导，在此表示感谢！

由于水平有限，书中难免会有疏漏和不妥之处，希望广大读者批评、指正。

王晓梅

2010 年 10 月

目　　录

项目一　对客户关系管理内涵的认知 ……………………………………（1）
　　任务1　掌握客户关系管理的内涵 ……………………………………（3）
　　任务2　了解客户关系管理的发展历程 ………………………………（12）

项目二　如何建立客户关系 ………………………………………………（23）
　　任务1　认识客户 ………………………………………………………（25）
　　任务2　客户的选择与管理 ……………………………………………（36）
　　任务3　客户开发 ………………………………………………………（46）

项目三　如何保持客户关系 ………………………………………………（68）
　　任务1　如何进行客户信息的收集 ……………………………………（69）
　　任务2　怎样与客户进行沟通 …………………………………………（77）
　　任务3　客户投诉管理 …………………………………………………（83）
　　任务4　如何使客户满意 ………………………………………………（92）
　　任务5　培养客户忠诚 …………………………………………………（107）

项目四　客户关系的恢复 …………………………………………………（119）
　　任务1　挽回即将流失的客户 …………………………………………（120）

项目五　客户关系管理的营销策略 ………………………………………（129）
　　任务1　管理客户生命周期 ……………………………………………（131）
　　任务2　应用关系营销 …………………………………………………（137）
　　任务3　应用数据库营销 ………………………………………………（146）

项目六　客户关系管理的具体实施操作 …………………………………（153）
　　任务1　理解并熟悉客户关系管理的实施工作 ………………………（155）
　　任务2　客户关系管理实践的总体规划 ………………………………（160）
　　任务3　客户关系管理的具体实施步骤 ………………………………（173）
　　任务4　选择合适的客户关系管理产品 ………………………………（180）
　　任务5　分析影响客户关系管理成功实施的因素 ……………………（185）

项目七　了解呼叫中心的工作情况 ………………………………………（189）
　　任务1　初步了解呼叫中心 ……………………………………………（190）
　　任务2　熟悉呼叫中心的工作流程 ……………………………………（202）

任务3　熟悉呼叫中心坐席员的工作 …………………………………………… (210)
　　任务4　熟悉呼叫中心坐席员与客户沟通的步骤与技巧 ……………………… (218)

项目八　数据仓库及数据挖掘技术 …………………………………………………… (235)
　　任务1　了解数据仓库 ……………………………………………………………… (236)
　　任务2　客户关系管理系统中数据仓库的建设 ………………………………… (241)
　　任务3　了解数据挖掘 ……………………………………………………………… (248)
　　任务4　数据挖掘的实施 …………………………………………………………… (253)

附录　客户关系管理的应用案例 ……………………………………………………… (264)

参考文献 ………………………………………………………………………………… (279)

项目一

对客户关系管理内涵的认知

项目描述

本项目将着重介绍客户关系管理的内涵,客户关系管理的作用和优势,客户关系管理产生的背景、发展现状及未来发展展望,使学生对客户关系管理有一个正确和全面的认知。

知识目标

正确理解客户关系管理的内涵。
了解客户关系管理的作用和优势。
了解客户关系管理产生的背景、发展现状及未来发展展望。

技能目标

能够正确理解客户关系管理的理念和内涵,重视客户关系管理的重要意义,为今后开展和实施客户关系管理活动打下坚实的基础。

主要任务

任务1　掌握客户关系管理的内涵
任务2　了解客户关系管理的发展历程

引例 霍普光通信：用客户关系管理赚大钱[①]

由于我国光通信市场正在向买方市场的转变，霍普光通信公司感受到了前所未有的压力。通过客户关系管理的销售自动化，他们打响了信息化第一炮。销售人员不配合，他们就从心理、制度上分而治之，使销售自动化得以成功实施，企业的整体签单率提高10%。"我们誓将客户关系管理进行到底！"霍普光通信有限公司总经理徐毅青坚定且自信地说。作为一家资产超过4000万元、年销售收入接近一亿元企业的老总，徐毅青何出此言呢？原因在于，霍普光通信在实施客户关系管理的过程中，既尝到了甜头，又遇到了阻力。

市场逼着上客户关系管理

霍普光通信是徐毅青在1994年和朋友从50万元起家一起创建的，以光分路器、光隔离器等为主导产品，主要从事光无源器件、光通信模块及设备、光纤系统设备的销售及项目集成实施等。由于我国光通信行业的快速发展和国外厂商的进入，市场从卖方市场向买方市场转变，竞争日益激烈。特别是近两年，由于全球经济环境的不景气和电信投资的减少，霍普光通信感受到了前所未有的市场压力。他们2000年的营业状况比较好，2001年由于市场环境严峻，就遇到了一些困难。参与霍普光通信客户关系管理项目实施的联成互动上海分公司的万勇对霍普光通信的经营情况有所了解。由此，徐毅青决定加强企业的信息化建设，希望借助信息化来提升企业的核心竞争力，应对目前低迷的市场环境，并谋求更大的发展。

刚开始考虑上管理信息系统的时候，徐毅青曾经为究竟是上ERP还是客户关系管理而思考再三。经过分析比较，他认为，企业实施ERP的资金投入大、实施周期长，因而风险也大；而客户关系管理系统与ERP相比较，资金投入少、实施周期短，相对而言风险要小得多。更为关键的是，"在市场紧缩的情况下，霍普光通信更为迫切需要的是掌握客户资源，把握市场机会"。因此，霍普光通信决定先上客户关系管理系统。"通过客户关系管理的实施，实现统一客户资源管理、销售行动监控、量化绩效管理及必要的工作协同。"徐毅青希望。经过市场调研，霍普光通信采用了联成互动公司的MyCRM for SFA软件。

化解实施阻力

霍普光通信按常规分三个阶段实施了客户关系管理项目：在完成公司领导层和销售人员的培训后，第一个月完成了基础设施和软件的安装；第二个月试运行，解决在实际中碰到的问题，进行系统优化；第三阶段启动各种功能，设置报表，系统正式运行。尽管系

---

① 资料来源：卞学中，《霍普光通信：用客户关系管理赚钱》。

统不是很复杂,对人员也进行了培训,但是在霍普光通信的客户关系管理项目进行到实施阶段时,却遇到了较大阻力,其中最为突出的是销售人员没有积极配合。这完全出乎企业管理层的意料。"我的工作太忙了,没有时间录入数据","你们的软件界面不好,操作太复杂"。万勇说,"这是销售人员经常对我们抱怨的两句话。经过分析,霍普光通信的管理层认为,表面上看是销售人员不肯录入数据,或录入的数据不全面、不准确,导致客户关系管理系统不能发挥应有的作用。而分析其内在的原因,主要是销售人员和管理层的思想不一致,担心将所掌握的客户资源企业化后,个人在公司的作用地位受到影响,也不想让公司对自己的行动进行监控,因此心理上的排斥是客户关系管理项目实施陷入困境的主要原因。实际上,很多客户关系管理项目在实施过程中都会遇到这方面的问题。经过研究,霍普光通信决定从两方面入手来推动客户关系管理的实施。一是由联成互动方面将原有的客户关系管理软件进行界面和流程的改进;二是制定客户关系管理系统使用的奖惩制度,消除销售人员的顾虑。如他们将销售过程分为四个阶段:意向、售前跟踪、商务谈判、签单。如果销售人员在销售过程中没有及时录入相应的客户信息和工作信息,将会受到扣款等处罚。反之,如果销售人员在销售过程中及时录入了相应的客户信息和工作信息,公司则会奖励其一定数量的销售机会。时间越及时、信息越全面,奖励的就越多。

给客户关系管理算笔账

那么,这些措施的效果如何呢?万勇算了一笔账。一般情况下,霍普光通信的销售人员每个月会有20~30个销售机会,而在这些销售机会中,销售人员很难客观地准确判断一个客户真正的商业价值。通过使用客户关系管理系统,销售人员对客户价值的把握更加准确,业务开展有的放矢,从而使其签单率提高了10%,这是从个人方面计算。而从霍普光通信整个企业的角度计算,由于其每个客户的签单金额平均在50万元左右,而如果企业的整体签单率提高10%,那么,以霍普光通信已投入的数十万元的信息化投资计算,其信息化的投资回报率是相当可观的。这还仅是显性的经济效益,从长远来看,应用客户关系管理系统对其企业的管理能力、营销能力的提升,则是难以计算的。霍普光通信的管理层正是看到了企业应用客户关系管理的巨大收益,才会"誓将客户关系管理进行到底"。

任务1 掌握客户关系管理的内涵

一、任务目的和要求

★ 任务目的

通过从客户、关系、管理三个方面分析及体验客户关系管理实例,理解什么是客户关系管理,了解客户关系管理对一个组织的作用。

★ 任务要求

在实践活动中,正确理解客户关系管理。

二、相关知识

客户关系管理(Customer Relationship Management,CRM)是20世纪90年代在欧美兴起的为企业创造利润的最有价值的工具,在2004年,被评为全球五大最佳管理工具之一。客户关系管理在企业界的运用如日中天,几乎形成了一种时尚,客户关系管理的字样频繁出现在许多的书籍或文章中,客户关系管理已成为了当今的时髦用语。不过,尽管目前企业界对客户关系管理的重视程度越来越深,但真正成功实现客户关系管理的企业却不多,很多的企业对客户关系管理的运用仅仅停留在技术层面,如购买一套客户关系管理系统软件等。由于对客户关系管理本身缺乏足够和全面的认识,往往导致客户关系管理系统应用的失败。因此,探索客户关系管理的理论内涵对于企业成功地进行客户关系管理十分重要。

美国大通银行系统1995年的信息技术投资达17亿美元之巨,其CIO获得1996年度美国《信息周刊》的"全美首席CIO"荣誉称号.该刊在1996年年底报道过大通的"关系银行"之利器是银行内部的客户关系管理系统,它能遍历并摘录所有客户信息,查询其信用卡额度使用情况,收取服务费情况,银行从其中得到的盈利情况等。另外,还能比较某一客户与同类其他客户的情况。大通银行CIO曾说"区别大通银行与其他美国商业银行的不同在于其搜索信息资产的方式",大通银行信息技术部既为金融服务企业提供服务,又为信息技术产业服务。下一步是在信息中搜索挖掘来创造竞争优势。"美国的波特教授说过:"好的公司策略不是提高运行效率,而是开创独特的项目。"大通银行网站正是以"建立关系"为宗旨,以信息技术进行内外双修,并不断地跨越传统银行作息时间、营业空间与服务领域,在网上开创出许多独特的服务项目,如网上银行交易、网上购车贷款、网上购物、网上艺术展览中心、儿童博物馆等。这些都体现了该行在网络时代把握住新经济特征,将深度服务与全方位营销融为一体,并高度重视对未来客户忠诚度的培养等所带来的巨大成功。①

在理解客户关系管理的内涵之前,我们将客户关系管理的三个名词拆开,分别理解"客户"、"关系"和"管理"含义,之后对"客户关系管理"概念的理解会更清楚一些。

1. 客户

什么是客户,英文简单的解释是"Customer",包括"顾客"和"客户"两种含义。顾客是指"逛商店的人",也是传统上的意义;而客户的意义则更为广泛。在客户关系管理中,我们将"Customer"译为"客户"更为贴切。过去买过或正在购买的客户我们称为"现有客户",还没有买但今后有可能购买的人或组织我们称之为"潜在客户"。从宏观意义上讲,世界上的人或组织都有可能成为潜在客户,相比之下,现在客户的数量就是"沧海一粟"了。

在现代营销管理观念的指导下,客户的内涵又进一步扩大,我们认为企业与中间商、

---

① 资料来源:田景熙,《网络营销经典案例》。

企业与消费者、企业内部上流程与下流程、上工序与下工序等都存在着现代的客户关系（参见图1-1）。

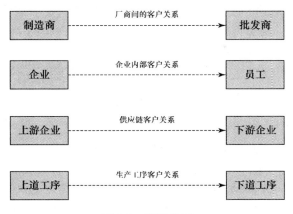

图1-1 客户关系

也就是说，个体的客户和组织的客户都统称为客户，因为无论是个体或是组织其往往都是接受企业产品或服务的对象，而且从最终的结果来看，有些"客户"的下游还是客户。因此客户是相对于产品或服务提供者而言的，他们是所有接受产品或服务的组织和个人的统称。对客户的理解上，下面的几个问题值得我们注意。

（1）客户不一定是产品或服务的最终接受者。

处于供应链下游的企业是上游企业的客户，他们可能是一级批发商、二级批发商、零售商或物流商，而最终的接受者是消费产品或服务的个人或机构。

（2）客户不一定是用户。

处于供应链下游的批发商或零售商并不一定是产品或服务的使用者，但他们是上游企业的客户。

（3）客户不一定在企业之外。

人们习惯于为企业之外的客户进行服务，而忽视企业内部的客户。人们通常把企业内的上、下流程的工作人员和供应链上、下游企业看做是同事或合作伙伴，而淡化服务意识，这样会导致企业内部服务链的脱节，影响对外客户的服务质量。

（4）股东、员工是企业的基本客户。

股东投资给企业，并影响甚至决定着企业的生存和发展；员工的工作状况决定着企业产品或服务的质量，是完成企业的战略目标的关键力量。所以，股东和员工都是企业基本而重要的客户，企业不能忽视对他们的服务。

（5）企业各职能部门亦互为客户。

企业各职能部门之间虽然没有直接的、有形的产品流动，也没有直接的货币交换关系，但它们总是相互提供着服务，通过服务来完成企业内部的协作关系，推动企业正常运转。服务的"被提供"部门亦为服务的"提供"部门的客户。

（6）下道工序是上一道工序的客户。

当上一道工序的半成品为下一道工序完成工作任务的产品时，上一道工序产品的质量、数量、交货时间、规格等将直接影响下一道工序的产品质量。上一道工序将下一道工序看做是自己的客户,就会保质保量地提供服务。

2. 关系

关系的英文是"Relationship",这个词的中文解释是"两个人或两组人之间其中一方对另一方的行为方式以及感觉状态"(参见图1-2)。

图1-2 "关系"理解图

我们对客户"关系"可以作以下理解。

(1) 企业同客户的行为和感觉是相互的,关系的双方无所谓谁大谁小的问题。

(2) 客户对企业有好的感觉便有可能触发相应的购买行为,相互强化和促进"关系"之后便可以产生良好的客户"关系"。

(3) 如果客户对企业有购买行为,但具有很坏的感觉,那么就有可能停止未来的购买行为,从而导致"关系破裂"或"关系消失"的结果,只有在产品供不应求的时代才有可能维护这种"无奈的关系"。

从以上表述我们可以发现,客户关系这个词与客户"感觉"和"行为"有关,"客户行为"是大家比较容易理解的,是"显性的",或者说,是可以看到的,是可以记录和整理的。但客户的"感觉"却是"隐性的"不容易被感知的,"感觉"是人的高级情感,常常像空气一样捉摸不定,所以,对客户关系而言,难就难在"感觉"这一部分了。

基于这一点,有些企业就索性去掉了"感觉",用"客户行为"或"客户交互"来代替"客户关系",现在很多企业的客户关系管理的计算机系统其实就是客户行为或客户交互管理系统,虽然这样对客户关系理解和操作简单了许多,但它却成了不完全或欠缺的"客户关系管理系统",因为这些系统避重就轻,把客户关系中重要的感觉成分去掉了。所以,我们认为,只有当客户关系管理技术人员可以将这种"客户关系"模型化,不但可以记录每次交互,而且从每次交互中提炼出客户"情感指数"时,这样设计出来的客户关系管理应用系统才能名副其实。

总结客户关系管理中的关系可归纳为以下几点思想。

(1) 企业在加强关系的同时,不要只关注关系的行为特性,也要考虑关系的另一个特点,即客户的感觉等其他非物质的情感因素,虽然后者不易控制和记录,但企业的竞争对手也很难拷贝。

(2) 关系有时间跨度,好的感觉需要慢慢积累,因此,企业要有足够的耐心进行培养。

(3) 关系建立阶段,作为"主动方"的企业,即要求建立关系的一方付出的比较多,只有在关系稳固之后企业才开始获得回报。不过这个阶段,企业最容易懈怠,以为大功告成而忽视了维持关系的必要。

(4) 现今是供过于求的时代,作为客户一般是比较挑剔的,只要有一次让其感觉不好,都有可能导致企业的努力前功尽弃。

3. 管理

简单地说,管理就是对资源的控制和有效分配,以实现特定管理单位所确定的目标,对这个词可以有以下理解:

（1）管理是有目的的，不是为了管理而管理；

（2）管理和不管理的区别在于是主动去控制目标实现的过程，还是"顺其自然"、"守株待兔"？

显然，对于客户关系管理中的管理是指对客户关系的积极地介入和控制，使这种关系最大限度地帮助企业实现其所确定的经营目标。

另外，客户关系虽然是双方的，作为"主动方"的企业是想去管理的，而作为"被动方"的客户是不想去管理甚至想"逃避"管理的，原因是企业是有"目的"的，而客户在面对众多企业的主动追求时并没有马上意识到自己的利益，所以，他可以暂时不理会这种关系。只有当关系建立起来，客户感觉到关系的利益后，客户才觉得与企业建立关系的必要性。这样企业的回报时间是滞后的，所以要求企业在关系管理时，不仅要积极主动，而且要有足够的耐心。

总的来说，客户关系管理中"管理"，一方面指企业要积极地而不是消极地管理这种关系，没有关系时要想办法"找关系"，有关系时应培养和发展这种关系，使客户和企业双方向良好的互利关系转变，并使关系永久化；另一方面，企业要利用最大资源去发展和维持最重要的客户关系，即要区别对待具有不同"潜在回报率"的客户关系，而不是面面俱到。

三、实现步骤

第一步：体验客户关系管理

如客户在比萨店订餐的过程。[①]

（××比萨店的电话铃响了，客服拿起电话。）

客服：这里是××比萨店，非常高兴为您服务，请问您有什么需要？

顾客：你好！我想订餐。

客服：先生，请把您的会员卡号告诉我。

顾客：15989×××891。

客服：周先生，您好！您住在×××路44号12楼5室，您家的电话是8237××××，您单位的电话是3886××××，您的手机是1331883××××。请问您想订什么餐？

顾客：你怎么知道我的这些信息？

客服：周先生，因为我们联机到了客户关系管理系统。

顾客：我想订一个海鲜比萨……

客服：周先生，海鲜比萨不太适合您。

顾客：为什么？

客服：根据您的医疗记录，您的血压和胆固醇都偏高。

顾客：既然这样，你们有什么可以推荐的？

客服：您可以试试我们的低脂健康比萨。

顾客：好，那我要一个家庭特大号的，需要多少钱？

[①] 资料来源：杨莉惠，《客户关系管理实训》。

客服：99元，这个足够您一家五口吃了，不过要提醒您，您的母亲应该少吃，因为她上个月刚刚作了大手术，处于恢复期，需要汤水调养。

顾客：可以刷卡吗？

客服：周先生，对不起！请您付现款，因为您的信用卡已经严重透支了，您现在还欠银行14885元，而且另外还有房屋贷款。

顾客：那我先去附近的取款机取款。

客服：周先生，根据您的记录，您已经超过今日取款限额。

顾客：算了，你们直接把比萨送我家吧，家里有现金。你们多久送到？

客服：大约十分钟。如果您自己来取会更快。

顾客：为什么？

客服：根据客户关系管理系统的全球定位系统车辆行驶自动跟踪系统记录，您正在开着一辆车号为××-×B35×的别克轿车，即将从我们店的门口经过……

第二步：分析客户关系管理的内涵

客户关系管理实际上是一种倡导企业以客户为中心的管理思想和方法，其实质是在关系营销、业务流程重组（Business Process Reengineering, BPR）等基础上进一步发展而成的以客户为中心的管理思想。客户关系管理到底是什么？

客户关系管理就是以现代信息技术（Information Technology）为手段，结合先进的经营理念和管理思想，通过对以"客户为中心"的业务流程的重新组合和设计来提高客户的忠诚度，与客户建立起长期稳定和相互信任的密切关系，从而为企业吸引新客户、维系老客户，提高效益和竞争优势的过程。因此，客户关系管理的基本内容包括以下两个方面。

（1）客户关系管理对内强调实行以人为本的管理，即企业和企业的领导要充分地依赖人、尊重人和相信人，树立人是企业发展的根本的思想，培养员工热心企业、热心工作的精神，以赢得员工的忠诚。企业主要应该在员工的个人发展和培训上舍得投资，为其充分发挥自身的能力和所学专业能力准备相应的职业方向和组织体制，同时要注重物质上和精神上的双重奖励。

（2）客户关系管理对外强调以客户为中心的管理，了解客户的要求，通过产品差异化和客户差异化来赢得客户和客户的忠诚。客户忠诚即是当客户想买一种他曾经使用过的商品或是将来可能需要的商品时首先想到的就是某个企业或某个品牌，其原因是多次愉快的购买体验增加客户的舒适感、信任感和忠诚感。

第三步：理解客户关系管理

客户关系管理是企业总体战略的一种，它采用先进的数据库和其他信息技术来获取客户数据，分析客户需求特征和行为偏好，积累和共享客户知识，有针对性地为客户提供产品或服务，发展和管理客户关系，培养客户长期的忠诚度，以实现客户价值最大化和企业收益最大化之间的平衡。因此，客户关系管理的内涵包括以下几个层面的含义。

（1）客户关系管理并不是一种简单的概念或方案，它也是企业战略的一种，贯穿于企业的每个部门和经营环节，其目的在于理解、预测和管理企业现有的或潜在的客户。客户关系管理涉及战略、过程、组织和技术等各方面，以使企业更好地围绕客户行为来有效的管理自己的经营。

（2）信息技术的使用是客户关系管理的手段。一些新技术如知识发现技术、数据仓库技术和数据挖掘技术等使用，有效地促进了数据获取、客户细分和模式发掘。简言之，信息技术的引入使得客户信息的积累和共享更为有效。

（3）客户关系管理的目的是实现客户价值最大化与企业收益最大化之间的平衡，即客户与企业的"双赢"。事实上，客户价值最大化与企业收益最大化是一对矛盾统一体，坚持以客户为中心，为客户创造价值是任何客户关系管理战略的核心。而企业是以营利为中心的组织，追求利润最大化是企业存在和发展的宗旨。客户价值最大化意味着穷尽企业的资源和能力去全面满足所有客户需求，如此势必增大企业的成本，挫伤企业的营利能力。所以，在为客户创造更多的价值，不断增强客户的满意度，提高客户忠诚度的同时，也要有利于增加客户为企业创造的价值，实现企业收益最大化，从而达到客户与企业的"双赢"。

（4）不同的客户具有不同的关系价值。企业必须将最大的精力放在最有价值的客户身上，即企业80%的利润来源于20%的客户。虽然那些低价值的客户在数量上占有绝对比例，但对企业的销售和利润贡献却很小。但是企业不能放弃这些价值和贡献较低率的客户，而是要仔细甄别良性客户关系和恶性客户关系，并加以区别对待。通过对关系的有效鉴别，发展与特定客户之间良性的、长期的、有利可图的关系，坚决剔除不具有培养前景的恶性客户关系。

无论如何去定义客户关系管理，"以客户为中心"是客户关系管理的核心所在。客户关系管理通过满足客户个性化的需要、提高客户忠诚度，实现缩短销售周期、降低销售成本、增加收入、拓展市场、全面提升企业营利能力和竞争能力的目的。客户关系管理的内涵主要包含三个主要内容，即客户价值、关系价值和信息技术。客户关系管理的目的是实现客户价值的最大化和企业收益的最大化之间的平衡。任何企业实施客户关系管理的初衷都是想为客户创造更多的价值，即实现客户与企业的"双赢"。坚持以客户为中心，为客户创造价值是任何客户关系管理战略必须具备的理论基石。

但是企业是一个以营利为目的组织，企业的最终目的都是为了实现企业价值的最大化。因此，在建立客户关系时，企业必须考虑关系价值，即建立和维持特定客户的关系能够为企业带来更大的价值。从逻辑上讲，企业的总价值应该等于所有过去的、现在的或将来的客户的关系价值的总和。我们可以认为，关系价值是客户关系管理的核心，而管理关系价值的关键却在于对关系价值的识别和培养。信息技术是客户关系管理的关键因素，没有信息技术的支撑，客户关系管理可能还停留在早期的关系营销和关系管理阶段。正是因为信息技术的出现，使得企业能够有效地分析客户数据，积累和共享客户知识，根据不同客户的偏好和特性提供相应的服务，从而提高客户价值。同时，信息技术也可以辅助企业识别具有不同关系价值的客户关系，针对不同客户关系采用不同的策略，从而实现客户价值最大化和企业利润最大化之间的平衡。

第四步：了解客户关系管理的意义

客户关系管理系统是一个全面、周密地管理企业与客户之间关系的系统，它通过对客户信息的采集、存储和分析利用，并与客户进行沟通，了解他们的需求并得到其协助，以实现客户价值和企业利润的最大化。一般来说,企业可以采用两种方式保持竞争优势:一是在能够发挥自身优势的业务领域以超过竞争对手的速度增长;二是要比竞争对手提供更好的优质客户服务,而提供优质服务的前提是实施客户关系管理。因此,客户关系管理的意义体现在以下几个方面。

1. 能全面提升企业的核心竞争能力

进入新经济时代,以往代表企业竞争优势的企业规模、固定资产、销售渠道和人员队伍已不再是企业在竞争中处于领先地位的决定因素,信息时代使地理和环境不再具有以往的意义,规模和财力也不再能确保市场份额。那么依赖于客户将作为企业生存的关键,企业必须学会如何对待具有不同背景的客户,并通过客户关系管理系统加强对客户的吸引力。在新的经济模式下,企业应当在管理客户关系方向做得更好,客户关系管理将成为一种企业核心的竞争能力。通过使用正确的工具和技术,客户关系管理可以为所有的企业提供"看得见的优势"。

2. 提升客户关系管理水平

客户关系管理不是孤立的解决方案,它是企业管理的重要组成部分。企业已经深刻地认识到,仅仅从某些方面去解决企业的问题是无法从根本上解决问题的。在网络经济时代,企业从大规模生产体系转向灵活敏捷的竞争体系,客户关系管理可以满足用户在提升客户价值、建立适应变化的组织、充分利用信息等方面的需要,最终帮助企业造就一个获利稳定的经营基础。通过多种渠道,企业可以采集客户信息并在服务时高效地与客户沟通,这样不仅可以了解客户的个性化需求,同时还可以测定客户的满意度。此外,客户也可以参与企业的新产品研发和选择恰当的服务方式。客户的这些参与和选择都是企业了解他们的极好材料,也是建立企业与客户之间良好互动关系的重要途径之一。

3. 能满足客户个性化的需求,挖掘出客户的潜在价值

利用客户关系管理系统,企业可以利用采集到的信息跟踪并分析每一个客户的购物行为和消费模型。当企业掌握了该客户的消费行为模式后,企业便可以有针对性地提供个性化的产品或服务。由于产品或服务的针对性强,客户的满意度就会提高,其他的商家因缺乏客户信息而不能提供同等水平的个性化服务而更加依赖该企业。随着客户与企业的交易次数的增多,企业采集的客户数据也增多,通过分析,企业对客户的消费行为将了解得更深入,个性化服务的水平也会不断提高。通过这样的良性循环,企业便与客户建立了一种牢固的关系,使企业拥有稳定的客户资源,在市场竞争中保持优势。因此,企业可以借助客户关系管理系统对从不同数据源采集到的客户数据进行分析,发现不同客户对企业的价值差别,并采取相应的策略去有效地处理与不同客户间的关系。

4. 可强化企业营销系统的功能

企业实施客户关系管理就是要全面强化企业营销功能,这种强化要求来自于企业所处的竞争环境发生的结构性变化,企业正在从一个大量市场产品和服务标准化、寿命周期长、信息含量小、一次性交易中的竞争环境向产品和服务个性化、寿命周期短、信息含量大的新的全球竞争的环境转变,在这一新的竞争环境中,企业经营从以生产设备为支点转变为以客户为支点,营销已成为企业经营活动的重点。捕捉客户机会和迎合客户需求的准确性和速度决定企业生存,企业需要一个信息畅通、行动协调、反应灵活的客户关

系管理系统。图1-3为客户服务中心平台示意图。

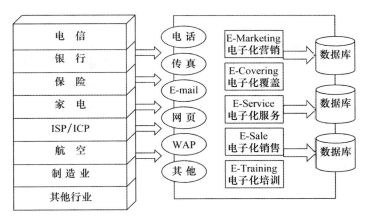

图1-3 客户服务中心平台示意图

5. 提升销售业绩

通过整理分析客户的历史交易资料,强化与客户的关系,以提升客户再次光顾的次数或购买数量。客户关系管理的运用直接关系企业的销售业绩,它可以重新整合企业的客户信息资源,使以往"各自为战"的销售人员、市场推广人员、客户服务人员、商店维修人员等开始真正的协调合作,成为围绕以"满足客户需求"这一核心宗旨的强大团队。客户关系管理实施使销售额、客户满意度、客户忠诚度、市场份额等指标得到提高。因此,客户关系管理的实施确确实实地改变了企业的销售状况,让企业中每一个成员都切身感受到信息时代带来的机遇和挑战。

四、案例分析

如果你接受"以客户价值为核心"的理念,请你设想以下的情景:[①]

清早上班,启动客户关系管理系统,你首先快速查看了今天和本周的日程、任务,确认一些重要的会议或访问日程,并且设置了自动提醒;通过日历共享功能,你检查了几个主要助手的工作日程;你直接在系统里新建几个任务,指派给助手,系统会自动向任务执行人发出消息。紧接着,你利用预先设置好的查询模板快速查看了"我指派的任务已经完成的"、"我指派的任务超时未完成的",下属工作的进展与反馈一目了然。

拥有客户关系管理,你不再需要等待下属提交各类的周报、月报和季报,管理不再滞后于经营,你可以随时在线查看各种表格、报表和图表,获得决策的依据。你十分关心客户资源的安全性,客户关系管理提供了操作系统级的安全保障,显著优于普通应用软件级的安全措施。在客户资源分配方面,允许按照行政团队范围(自己的、团队的、全部的)和操作权限范围(浏览、新增、修改、废弃、删除)对每个数据项目(如单位、联系人、合同

---

① 资料来源:杨莉惠,《客户关系管理实训》。

等)逐个指定权限。数据的访问权限甚至可以细化到数据项目的每个字段。

你十分关心销售的进展。利用销售管道图,你直观地考察当前每个销售阶段完成任务指标的比例;补用查询模板,你得到了这些数据:(1)过去30天结案成功的生意机会;(2)过去30天结案失败的生意机会;(3)今天正处于商务谈判阶段的、销售额大于100万元的生意机会;(4)过去7天新建的、生意额在10万元以上的生意机会……随后,你轻松地把数据转换成了折线图或柱状图,打印输出。利用预测功能,你查看了未来6个月的销售金额预测值,并以柱状图形式与此前的历次预测对比,检查趋势背离情况。

你十分关心客户的价值。利用强大的分类功能,你筛选出了VIP客户并按照重要程度对它们排序;利用报表,你快速知道了是哪几家大客户贡献了你80%的销售收入,是哪几家大客户贡献了你80%的销售利润(已经减去成本和销售费用);利用查询模板定位到了"中断交易超过30天的VIP客户"……或许是贵公司的服务品质影响了客户的忠诚度?

因此你绝对不会忽视对客户的服务。你对VIP客户在过去30天所提出的服务请求进行了个案研究,查看了处理情况、有关人员对客户满意度的评分,分析问题症结之所在;剩用报表,你对30天内所有的服务请求进行了综合评分与分值排序,并且与60天前至30天前的服务请求评分进行了对比。

市场营销工作也不容忽视。你查询了今年上半年各类营销费用(广告、展览等)前的开支情况,结合"生意线索来源分析"图表,你可以评价各类营销行动的效果,你对今后营销策略的调整已经胸有成竹。你利用客户关系管理的办公自动化功能调阅、审批了下个季度营销战役的计划书和预算,系统自动把审批的结果和意见反馈给提交人。

你不直接销售产品,你销售公司的"形象"。因此,你十分注意收集特殊客户的个人资料,他可能是政府官员、给你贷款的银行行长、行业协会的领导、企业管理的专家等。你可以设立生日、纪念日提醒,利用客户关系管理的自动信函功能发出贺信。

问题:请结合上述案例谈谈你对客户关系管理的理解。

五、复习与思考

1. 你如何理解客户关系管理的内涵?
2. 客户关系管理对企业的作用是什么?

任务2　了解客户关系管理的发展历程

一、任务目的和要求

★ 任务目的

经济的发展、技术的革新、竞争的激烈使得客户关系管理的产生成为必然,那么了解客户关系管理是怎样产生又是如何发展的是本项任务所要完成的。

★ 任务要求

了解客户关系管理的产生及发展。

二、相关知识

在灵活性与快速反应主宰的商业战场上,企业如何才能实时感知消费者迅速变化的需求并及时做出回应？在信息科技带来的巨大冲击下,企业又如何才能在经济全球化和服务一体化大潮中竞争制胜？

网络经济时代,一切商业实践都日益表明"谁不拥抱客户,谁就将必败无疑"！

从社会经济形态的历史发展进程来看,每当科学出现重大突破并实现技术的广泛应用、科技应用开始向各个领域广泛渗透时,就会促进经济的结构性进步。从这个角度讲,新的经济模式的变革、信息技术的飞速发展、互联网的诞生及商业性应用都昭示着新的经济形态——网络经济的诞生。

尽管,网络经济模式才初露端倪,但它正以巨大的力量改变着人类的经济和生活方式,现实中,网络经济创造的高科技企业创新致富的神话已屡见不鲜。

Netscape,无任何传统意义的固定资产与生产设备的网络公司,只有十几名员工,在不到一年的时间里创造20亿美元的市值,成为美国当代明星企业。

Cisco,创业12年后成为全球最大企业排名的第53位,其市值已超过工业时代的杰出代表航空巨头波音公司。

Microsoft,公司市值超过固定资产占整个底特律固定资产一半的通用汽车公司,比尔·盖茨多年来一直雄踞世界富豪之首。

在网络经济中,现代企业正在迎来一个真正个性化、一对一的"以客户为中心"的时代……

以客户为中心,首先带来企业业务的环节精简和交流超越。为了让传统企业运作更有效率,从商业模式角度看,主要的原因可以概括为中间环节的精简和"一对一"营销的跨越性实现。

传统商务中,客户渴望得到进一步的咨询和服务通常要经过复杂的自行联络过程,无法在第一时间达成交易。但在电子商务模式中,互联网作为高附加价值的工具,不仅推动在线的产品销售的能力,使客户可进行各种交易,而且可帮助搜寻产品信息,或向客户提出建议和服务信息以促成客户进行订购的营销紧随其后,直至交易达成,客户的服务要求得到充分满足。

以客户为中心,也是企业发展重点由内向外深刻转变的结果——企业关注的重点,也同时由提高内部效率向尊重外部客户转移。

在早期,为降低成本、提高效率、增强企业竞争力,许多先进的公司进行了业务流程的重新设计。为了向业务流程的重组提供信息技术的支持,很多企业采用了企业资源管理系统(Enterprise Resource Planning,ERP)等信息系统,一方面提高了内部业务流程如财务、制造、库存、人力资源等诸多环节的自动化程度,使员工从日常事务中得到解放,另一方面也对原有流程进行了优化。

企业由此完成了提高内部运作效率和质量的任务,开始以更多的精力倾注于同外部相关利益者的互动,抓住商业机会——企业要想营利,最基本的条件是要有客户购买产品或服务,在企业的诸多相关利益者中,作为上帝的客户的重要性日益凸显。企业的客户包括个人和团体,要求企业更多地尊重他们,在服务的及时性、质量等方面都提出了新的要求。

企业由内向外的转变直接带来的是企业专注于销售、营销、客户服务和支持等方面,这使得这些业务分开进行的、前台业务与后台部门也分立的传统企业着手改变以往各环节间很难合作对待客户的姿态,开始完整地认识整个客户生命周期,通过与客户沟通的统一平台,提高了员工与客户接触的效率和客户反馈率,从而不仅提高了企业运作效率,还通过管理与客户间的互动,实现了最终经营效果的提高。

这种由内向外发生的深刻变化,促进企业在处理与客户的关系时,开始通过先进的软件技术和优化的管理方法对客户进行系统化研究,通过识别有价值的客户、客户挖掘和研究,以改进对客户的服务水平,提高客户满意度、利润贡献度、盈利性和忠诚度,并缩减销售周期和销售成本,寻找扩展业务所需的新市场和渠道,为企业带来更多的利润。

三、实现步骤

第一步:理解客户关系管理产生的必然性

在以"产品为中心"的阶段,由于产品的匮乏,企业的生产是以生产商为主导的。企业更关注产品质量管理,"酒香不怕巷子深"、"皇帝的女儿不愁嫁"正是这个阶段的最好写照。

在以"市场为导向"的阶段,企业生产的产品开始出现过剩,企业把注意力转移到市场需求上来,通过市场调研并对市场行为进行研究与分析以了解市场需求,这个时期企业注重对销售渠道和销售终端的管理,同时,市场调研或抽样调查分析都是"以小代大"进行的,没有考虑客户的个性化需求。

在以"客户为中心"的阶段,随着各种现代生产管理思想的发展和生产技术的提高,产品的差别越来越难以区分,产品同质化的现象也越来越明显。因此,通过产品差别来细分市场从而创造企业的竞争优势也就变得越来越困难。企业开始意识到客户个性化需求的重要性,认识到一种产品只能满足有限的客户。因此,企业的生产运作开始转到完全围绕以"客户"为中心来进行,以满足客户个性化需求。

另外,在传统企业中,销售、市场、客户服务及技术支持等部门的工作都是独立和垂直进行的,各部门间的沟通存在障碍,以至于不同的业务功能往往很难协调一致地集中到客户身上,要真正和客户建立起持续、友好的个性化联系并不容易。如果一位客户曾经几次要求某企业提供售后服务但未得到解决,而对此毫不知情的其他销售人员却在此时打电话向该客户推销产品,可以想象推销结果有多糟糕;某个客户的购买喜好只为单个销售人员所知,到了其他人那里就可能无法获得适意的服务;或销售人员仅从完成销售定额的角度出发,在销售中缺乏和后台支持人员的沟通,让客户在购买后发现服务和产品性能不像销售人员的描述那样,有上当受骗之感——这些问题都是由于企业的运作流程不是按照"以客户为中心"的准则设计实施的,损害了与客户的长期合作关系,最后企业要花费数倍的时间和金钱来修补。只有在一个以客户为中心、灵活机动、反应迅速的企业组织中,客户的需求才能得到最优、最快的满足,企业的价值和利润也相应会得到最大的实现。

以客户为中心,意味着对客户关系的管理也将被提升到企业核心的经营层面。事实上,客户关系管理就是企业在网络经济时代的营销管理提供全面的解决方案,是企业紧抓住市场这个龙头的强有力工具。

第二步:了解客户关系管理系统的发展历程

客户关系管理的选择和实施是一项复杂的系统工程,涉及企业评价、整体策划、优化创新、技术集成、内容管理、效绩考核等多个方面的工作。在目前市场竞争激烈、客户关系凸显重要的环境下,只有极少的大型企业可以通过自己分析研究、自主组织开发以建立并实施一套高效的客户关系管理系统。对于更大多数的企业,将借助于咨询公司,以及与提供相应服务和产品的厂商紧密合作,进而从整体、长远的角度提出全面的解决方案,最后实施"以客户为中心"的客户关系管理。

从早期的帮助办公桌(Help Desk)软件、接触管理(Contact Management)等应用系统到今天的客户关系管理系统,其间经历了十多年的演变。形成以客户为中心的软件服务系统,像是在做一幅拼图,通过十多年的时间才得出今天这种相对完整的客户关系管理图像。下面我们从客户关系管理系统的历史演变过程分别介绍其发展过程中的几个代表性软件系统。

1. 简单客户服务

这是客户关系管理系统的最初雏形,以帮助办公桌和错误跟踪系统(Bug Tracking System)为典型应用。

在客户关系管理之前,很多美国的大型服务公司都开发了自己的客户服务系统,一般称为帮助办公桌系统。这种系统功能简单,不具有普遍的应用价值。而一般的软件公司则利用跟踪系统来管理软件产品开发中的错误,这在后来成为产品开发公司面向客户的产品服务管理的一个重要组成部分。

2. 复杂客户服务系统与呼叫中心

以客户服务管理、现场管理(Field Services)和呼叫中心(Call Center)为典型应用。

3. 销售自动化系统

在市场竞争日趋激烈的今天,如何提高销售业绩和销售人员的工作效率已成为企业核心竞争力的一部分。对于销售来说,销售流程的管理及控制、跟踪现有客户、发现潜在客户等每一项都变得非常重要,销售自动化(Sales Force Automation,SFA)作为客户关系管理的前身发挥了巨大的作用。

销售自动化系统可以帮助企业获取和保留客户,而新的管理方式可提高管理效率、缩短销售周期,很好地展示销售情况,为企业提供更好的财务保证。同时它可以有效地管理销售人员的销售活动,实现利润的最大化。

4. 前台办公室

前台办公室(Front Office)是指客户服务与销售自动化系统的集成,这是由 Clarify 所倡导的解决方案。其产品特点是将单一的功能模块(如呼叫中心)结合起来,变为一个统一的利润增长点,也成为企业的利润中心。

5. 客户关系分析

在分析型客户关系管理逐步成型后,有关客户资料的分析及利用渐渐显示出强大的生命力。数据分析最初应用的只是简单的数据分析技术,但在管理决策中起到了重要的作用。商业的需要促进数据分析技术和工具快速发展起来,产生了数据仓库技术、数据挖掘方法、联机分析应用等手段,客户关系分析是客户关系管理演变过程中重要的一步。

6. 客户关系管理系统

客户关系管理由客户服务、销售自动化、客户关系分析等组成,它的模块是客户关系管理演变过程中各功能模块的集合,是一幅相对完整的拼图。客户关系管理形成了一种新的企业解决方案,使得企业可以有力地应对激烈竞争的环境。

目前,全球的客户关系管理市场正在以倍速级的增长量飞速地扩大,市场走势被业界人士普遍看好,随着"以客户为中心"理念的认识深化和客户关系管理产品本身的不断发展和完善,有充足理由对这个市场的前景保持乐观。

第三步:了解我国客户关系管理发展情况

1. 中国企业客户关系管理应用现状

在目前的客户关系管理市场中,各大厂商都处于一个竞争的前期阶段,基本上还没有任何一家企业宣布能够提供全面的客户关系管理解决方案。中国客户关系管理厂商之间的激烈竞争对于提升整个企业界和经济管理领域内对客户关系管理的认知程度无疑起到了很大的推动作用。随着客户关系管理系统认知程度的提高,客户关系管理理念将逐渐被国内众多的企业所熟悉和接受。

(1) 目前客户关系管理系统的应用主体是大中型企业。

目前,大中型企业客户在客户关系管理应用方面更为成熟,重要表现是在选择客户关系管理产品类型的过程中越来越看重"软性成分",即对客户关系管理概念的理解、服务的专业性、未来的持续提升等。从中国管理软件的成长历程来看,客户关系管理获得的客户认知可以说是最为理性的,因此,也最有可能形成良性循环。大中型企业客户对客户关系管理的应用普遍采用了分步规划的方式,而没有强行要求"一步到位"。这一方面是由于客户关系管理的企业实践还比较有限,多数企业抱着"试试看"的态度,在实践中体现了谨慎的态度;另一方面也是因为客户关系管理的快速效果呈现能够让企业在分步规划的每个步骤中都看到成果,更容易获得参与者的认同。最后,大中型企业客户在客户关系管理建设的初期就具备信息整合的远见。今天,不少企业的信息主管在规划信息系统的时候,不仅为客户关系管理留出了发展的空间,而且开始关注客户关系管理与其他系统的接口,为未来的信息整合和全面分析创造条件,这同样体现出中高端客户的成熟性。

(2) 中小企业应用市场潜力巨大。

中国拥有数量极为可观的中小企业,它们成长性极强、市场潜力巨大,从而为面向中小企业客户关系管理市场的专业厂商提供了广阔的市场空间。另一潜在变化是中小企业对客户关系管理的认知程度继续增强,表现出未来的中国客户关系管理应用市场可能会远远超出目前的水平。中小企业客户关系管理应用市场正在逐步成长。

(3) 客户主动了解客户关系管理逐步增多。

许多的客户通过网站、平面媒体、专家讲座、培训机构等渠道已经获得了对客户关系管理的初步了解,主动问询相关信息的数量大大增加。这种问询从一开始即是双向的,这和两三年前基本单向的市场普及教育的沟通局面发生了明显的改观。对企业经理人来说,从不同渠道了解客户关系管理概念的中高层管理者已经有了大幅度的增加,而且变化的幅度十分明显。

(4) 客户开始具备清晰的客户关系管理品牌概念。

几年之前的市场基本属于"群雄争霸"的格局,在客户关系管理概念下的产品价值从几千元到几百万元以上都能够找到,同时,客户几乎辨别不出客户关系管理品牌的异同,因此,选型的过程往往形成了"大小通吃"的局面。客户对品牌不敏感,多数以市场教育先入为主。而今天,客户开始区分不同的品牌,了解品牌的差异化。同时,品牌的树立同样是理性主导,对于国外厂商和国内厂商的差异,客户已经有了比较客观的优劣势分析,体现出"选择最适合的"的解决方案的理性趋势。

(5) 更多的客户开始明确自身的客户关系管理需求。

企业通过各种渠道获得的对于客户关系管理本身的理解是相对完整的,其中,不少企业已经能够根据自身的管理现状,明确了解最需要改进的管理症结,客户自发提出的需求集中体现在:要求整合客户信息,将原本分散的客户信息以企业的资产形式进行保存和维护;要求管理销售过程,能够透晰各地销售业务的进展过程;要求管理服务请求,能够了解分布在不同地域的维修站的服务请求处理情况。企业通过全面的考察提出切合自身要求的客户关系管理需求,这种理性主导决定了只要客户关系管理项目获得了与期望相当的结果,就能够推动整个产业的良性循环。

2. 国内客户关系管理软件系统市场

(1) 客户关系管理供给。

目前,客户关系管理应用市场上提供解决方案的厂商日益增多,许多传统的管理软件厂商都纷纷向客户关系管理转型。市场上提供客户关系管理解决方案的供应商可以大致划分为以下几种类型。

① 进入客户关系管理领域的传统 ERP 厂商。

由于看好客户关系管理的发展潜力,通过自行发展或并购的方式进入客户关系管理市场,具有代表性的厂商包括 Oracle、Peovle-Soft、SAP、Ban 等。如 ERP+CRM 厂商的首要优势就是同自己 ERP 后台产品的整合,另外他们从 ERP、财务软件或其他软件系统拓展出来,已有客户基础,资金实力雄厚,可以在较长一段时期投入较多的资源从事客户关系管理系统的开发以及市场营销工作。以"用友"为例,"用友"凭借其财务软件和 ERP 软件拥有广泛的客户基础,也由此获知相当丰富的客户需求,因而在自己 ERP 客户群中具有竞争优势,再凭借在客户中联代销售其客户关系管理产品,市场就更为广阔。

② 传统的前台办公室产品提供商。

他们是较早涉足这一领域的客户关系管理厂商,主要提供销售部门专用的应用软件,在前台办公室阶段提高销售部门的效率,代表性厂商包括 Siebel、Pivotal、Vantive、αarify 等。Siebel 是全球最大的客户关系管理厂商,其产品功能丰富而强大,价格昂贵,大都针对大型企业,因而市场空间有限。其产品系列几乎覆盖销售、服务、营销领域各个功能,但由于中国是发展中国家,企业信息基础设施薄弱,对大型客户关系管理系统的购买力有限,加上市场经济不够规范,整个客户关系管理市场还处在缓慢的发展培育阶段。

③ 卖方电子商务专业厂商。

他们的优势在于帮助客户通过网络完成交易,而非仅支持销售部门的自动化,与前台办公室相比,这类厂商认为未来在线交易可能取代传统的销售人力,其代表性厂商包括 Broad Vision 和 Open Market。

④ 数据分析型产品提供商。

这类企业对数据库技术更为擅长,并视数据仓库为客户关系管理中开展客户分析的基础。因此,他们提供的产品以数据仓库技术为核心,代表性厂商包括 Sybase、NCR 等。

(2) 客户关系管理需求。

客户关系管理市场中的客户主要有金融业、电信业、制造业、零售业、政府部门,其中,金融和电信是热点行业。随着,中国金融业和电信业等行业的市场化程度的加深,迫使这些行业为了保持竞争力而不得不采用客户关系管理技术,从而大大地带动了中国客户关系管理应用市场迅猛增长。另外,进驻中国的外资企业在客户关系管理方面的投入和中小企业的客户关系管理软件的推出也吸引了这类企业逐渐开始应用客户关系管理系统,带动了需求的增长。

① 金融业。

发达国家的金融企业无一例外地采用了客户关系管理。与国外银行相比,中国的银行在规模和资本实力上处于劣势,因此,必须牢牢把握好与客户已经建立起来的良好关系,充分利用已有的客户资源是中国银行业在入世后对付国外银行业巨头的最佳利器,而这所有的一切都必须依靠客户关系管理。各大商业银行都在积极考虑客户关系管理,然而要真正达成交易还有一段路要走。第二梯队银行则情况比较复杂,各自之间差别很大。短期来说,经纪公司(Brokerage Firms)应该是客户关系管理的最好买主。与银行不同,他们已经明显感觉到了WTO的压力,本土公司的激烈竞争已经使他们痛苦不堪,都非常渴望能够获取新的客户并保留住老客户。

② 电信业。

同金融业一样,电信业的竞争也越来越激烈,而面临的冲击也越来越多。随着3G手机与无线号码可携带性等技术和新产品的普及,产品变得越来越复杂,功能越来越多,客户对产品的需求也越来越高,企业客户服务也变得越来越复杂,呈现多样化、复杂化和专业化特点。如果运营商不采取新的服务体系,那么电信公司还将与两个金融业务部门、银行与信用卡共同面临来自客户服务的挑战。而电信客户服务的成绩自然将通过其客户服务效率来体现,即是否能尽快给每一个呼叫电话提供详尽的解决办法。事实上,电信运营商中国移动和中国联通都在发展自己的客户服务中心,建立起自己的服务体系,以提升自己的服务质量,满足消费者的需求。而一个完善的客户服务体系当然是少不了客户关系管理的。虽然企业比较"少"(主要是中国移动和中国联通),但这些企业的运营却是非常分散的,各个不同的地区(省),各种不同的业务(移动业务、数据业务等)的部门都能独立地决定是否采用客户关系管理系统。

③ 制造业。

这个领域要求具有更强的判断力。那些大型外企、合资企业和著名的国企,尤其是那些正在使用 ERP 系统的企业很快就会跟到客户关系管理上来。而那些数目巨大的处于亏损(或很少盈利)状态的企业则不大可能跟入客户关系管理的潮流,因为他们既没多少管理的主动性,也没有足够的资源能够采取客户关系管理策略。

④ 零售业。

零售业是不可忽视的潜在大市场。如今零售业的价格竞争用"一剑封喉"来形容不为过。为了争夺客户,商家只得将价格压到最低,都想做到像沃尔玛那样低价运作。但 Forrester 研究机构的数据表明,大多数零售企业的客户忠诚行动都以失败告终。因为如今购物者实在是没有一点忠诚度,往往货比三家取其最低者,网上购物无疑又为消费者的比较提供了便利。尽管如此,许多的企业在未来十年里还将会采取类似的行动来维系其与客户的关系。不过,现在的零售商都保存着堆积如山的客户信息,并将此进行细分,加以定位。因此,需有一个工具来帮他们进行数据处理,以帮助他们如何确定下一步行动。这一工具当然就是客户关系管理。

⑤ 政府部门。

一些政府部门(如国家税务和地方税务部门)确实很想了解和更好地服务于客户,同时这些部门资金也很充足。因此,它们有一定的客户关系管理应用潜力。

国内的客户关系管理应用目前处于起步阶段,无论是理论研究还是操作运用都刚刚开始。端倪已现,商机无限。中国企业要实现信息化、电子化,参与群雄角逐的国际竞争,就更应秉承"客户为本"的经营理念,实施客户关系管理,提升核心竞争力,优化市场价值链,成功才指日可待。

第四步:了解客户关系管理的产业前景

企业的客户关系管理实施将带动一个庞大的产业链,形成可观的市场需求。企业实施客户关系管理,建立以客户为中心的运作体系,将涉及很多的相关服务内容,形成一个庞大的产业链。客户关系管理的产业链主要包括知识传播、应用咨询、平台建设和关联服务等四大类,它将给相关的服务商和产品供应商带来很多的商机(参见表1-1)。

表1-1 客户关系管理带来的商业机会

企业客户关系管理应用服务链			
知识传播	应用咨询	平台建设	关联服务
教育	应用	IT 平台	数据服务
培训	咨询	客户关系管理软件	应用服务
出版	BPR	实施服务	(如专业呼叫中心)
传播	其他	支持服务	其他增值服务

客户关系管理系统的商机巨大,并呈逐步上升趋势。调查显示,在受调查的企业中,2/3 的企业期望在未来五年内改变其客户关系的管理模式,3/4 以上的企业计划集成"面对客户"的信息管理系统及其组织的其他部分。今后几年将是客户关系管理产品非常畅销的几年,客户关系管理的应用行业以邮电、金融等经济实力较强、信息化程度较高的行业为主,这些客户一般都是国家重点行业,拥有强大的资金后盾,而且信息化建设已初具规模。随着我国经济发展而引发的经济格局的变化给一些行业如银行、商业、大型制造

企业等带来了巨大冲击,这些行业的客户关系管理项目的启动也明显预示了这一点,它们在感受新机遇的同时也感到了竞争的压力。在这种机遇与竞争的双重压力下,很多颇具发展眼光的客户选中了能提高营业额、扩展新商机的客户关系管理产品。

目前,全球客户关系管理市场主要在北美,国内的相关应用已经启动,企业的需求初露端倪,巨大的市场正在酝酿。

尽管如此,对于实施客户关系管理的企业来说仍然面临着不小的风险,如何吸取最新的客户关系管理研究成果来设计更先进的客户关系管理解决方案,如何采取有效措施避免风险,如何在我国企业的管理水平层面上有序推进客户关系管理等都是值得探讨的问题。

四、案例分析

一个出租车司机的客户关系管理[①]

周春明,一名49岁的出租车司机,七年前,因为建筑业不景气,他放弃水电工的工作,每天从基隆开到台北,成为3万名司机的一员,在马路上抢客人赚钱。竞争如此激烈,周春明硬是通过差异化打造竞争力,创造附加价值,创造出别人两倍的收入。

周春明开一辆车龄已经三年半的福特,内装有些陈旧,比不上配备 GPS、液晶电视的同行。一般的个人出租车,每天至少开十二小时,一个月平均做6万元的生意。但是没有华丽的配备、每天工作八到十小时的周春明,每月能做超过12万元的生意,全年约赚进85万元。他的秘诀在哪里呢?就是通过客户关系管理数据库以及标准作业方式,周春明将自己定位成一群人的私家司机,以形成差异化。

周春明有一张密密麻麻的熟客名单,包括两百多位教授和中小企业老板,要坐周春明的车,最晚必须一星期前预定。在3月底,他的预约已经排到5月。当其他的出租车司机还在路上急急寻找下一个客人时,他烦恼的却是挪不出时间照顾老客户。

周春明做的第一件和别人不同的事,是不计成本做长程载客服务。对一般出租车来说,载客人到新竹、台中,要冒开空车回来的风险,等于跑两趟赚一趟钱。于是约定俗成的将成本转嫁给客户,计价比跳表高50%。但周春明观察到,这群人才是含金量最高的商务旅客,为了稳住他们,他只加价17%。锁定长途商务客,不转嫁成本,贴心赢得生意,这是周春明独辟的蹊径。周春明认为计较就是贫穷的开始。表面上,他因此每趟收入比同业低,但也因此赢得客户的好感与信任,开始接到许多长途订单。尤其在他开车的第四年,从科学园区载到一个企管顾问公司的经理,对方被他贴心的服务打动,把载企管顾问公司讲师到外县市的长途生意全包给他,他因而打开一条关键性的长途客源。从那年起,他的客户由街头散客逐渐转为可预期的长途商务客。翻开他的出车记录,当年出了一百趟长途车。更大的意义是,他开辟出大量的可预期旅程客户,不再是街头漫无目的地等待乘客的出租车司机,空车率大为降低。

有一位客户告诉周春明,新手在乎价格,老手在乎价值,只有高手懂得用文化创造长

---

① 资料来源:谷再秋,《客户关系管理》。

久的竞争力。周春明每天接送企管顾问公司的讲师，包括各大学的知名教授和资深企业人，吸收这群精英的观念耳濡目染，竟发展出管理出租车生意的一套标准的作业程序和客户关系管理的方法。

1. 了解顾客喜好

从早餐到谈天话题都订制化。每个客人上车前，周春明要先了解他是谁，关心的是什么。如果约好五点载讲师到桃园机场，他前一天就会跟企管顾问公司的业务人员打听这客人的专长、个性，甚至早餐、喜好都问清楚。隔天早上，他会穿着西装，提早十分钟在楼下等客人，像随从一样，扶着车顶，协助客人上车。后座保温袋里已放着自掏腰包买来的早餐。

连开口跟客人讲话的方式都有讲究。如果是生客，他不随便搭讪，等客人用完餐后，才会问对方要小睡一下、听音乐还是聊天。从客人的选择中看出他今天心情如何，如果对方选择聊天，周春明就会按照事前准备，端出跟客人专长相关的有趣话题。但是政治、宗教和其他客人的业务机密，他知道是谈话的禁区，会主动避开。甚至到机场送机该如何送行，他都有标准做法，要说再见，不要说一路顺风。

如果是送老师到外县市讲课，一上车，也少不了当地名产和润喉的金橘柠檬茶，这些都是他自掏腰包准备的。周春明认为差异化就是把服务做到一百零一分，要做到客户自己都想不到的服务，才拿得到那一分。

周春明还有一本顾客关系管理的秘籍，里面详记了所有熟客的喜好，光是早餐的饮料，就有十种之多，有的要茶，有的要无糖可乐，如果要咖啡，几包糖、几包奶精，都要精确。

有个姓严的客人第一次坐周春明的车，下车时，周春明问他，为什么不用他准备的汉堡和咖啡。严心镛说，他只吃中式早餐，从此以后，只要严心镛早上坐他的车，车上一定放着一套热腾腾的烧饼油条。透过有系统的管理，每个客户爱听什么音乐、爱吃什么小吃、关心什么，坐上他的车，他都尽力量身服务。就像是客户专属的私人司机，而一般租车公司是无法提供这样的定制化服务的。

2. 重新定位角色

不是司机，而是问题的解决者。慢慢地，越来越多的人指名他来服务，周春明越来越忙，他开始把服务的标准作业流程复制到其他司机身上，用企业化方法经营车队服务。一旦周春明有约不能服务，他会推荐一个司机朋友来载客人。虽然换了司机，但是该准备什么，他喜欢什么，周春明做服务的方法都一丝不差地重现在新司机身上。

现在，周春明的客户多到有七八辆合作的出租车才跑得完。他的价值不只是一个载客的司机，开始慢慢变成掌控质量的车队老板，他可以转订单给专属车队。

有了车队，他们能做更复杂的服务。有一次，他载客人到机场，好不容易穿过星期一的拥挤车潮到桃园机场，客人却忘了带护照。只剩一小时登机，如果开回去拿，根本来不及，周春明就调动在台北的车队，到客人家去拿护照，再从八里抄快捷方式送到机场，在最后一刻送到了焦急的客人手上。

客户越来越多，为了扩大经营，他2009年还计划进大学，念一个服务业的学位。周春明的目标是包下像台积电这样的大公司，做车队服务。周春明未来的挑战，是要学会用公司形态经营，大量复制高质量的服务，做更大的市场。

周春明的故事,是客户关系管理在出租车行业的实践应用。周春明不把自己定位成普通司机,而是解决方案的提供者(Solution Provider)。当出租车这项服务早已供给过剩时,他却重新定位,把自己定位成一群人的私家司机,提供更高附加价值的服务。在出租车这个充满高油价、罚单、停车费的行业,周春明向人们证明,服务业是个软件重于硬件的产业,灵活运用客户关系管理仍然会创造崭新的机会和高额的回报。

问题:请你谈谈周春明应如何运用客户关系管理实现进一步发展?

五、复习与思考

1. 你如何理解客户关系管理产生的必然性?
2. 根据自己所了解的知识,结合熟悉的企业阐述企业客户关系管理的现状及发展趋势。

项目二

如何建立客户关系

项目描述

本项目需要完成的任务是企业客户关系管理的第一步即如何建立客户关系,首先是对客户的识别,其次是对客户的细分及对客户价值的认识,再次是对各类客户的管理及选择的方法,最后一项任务是客户的开发。

知识目标

掌握对客户的识别、客户细分以及对客户价值的认识。
掌握对各类客户的管理。
熟知客户选择的意义及方法。
掌握客户开发的策略。

技能目标

能够依照所掌握的知识对客户进行识别,按照一定的规则对客户进行细分。
对客户进行分类管理的方法。
掌握对客户进行选择的方法。
学会运用客户开发的策略。

主要任务

任务1　认识客户
任务2　客户的选择与管理
任务3　客户开发

引例　星巴克的客户关系[①]

星巴克是一个奇迹,它可能是过去十年里成长最快的公司之一,而且增长势头没有丝毫减缓的迹象。自 1992 年在纳斯达克公开上市以来,星巴克的销售额平均每年增长 20%以上。在过去十年里,星巴克的股价上涨了 2200%。星巴克也是世界上增长最快的品牌之一,它是《商业周刊》"全球品牌 100 强"最佳品牌之一,其品牌价值与上年相比增长 12%,是为数不多的在如此恶劣的经济环境下仍能保持品牌价值增长的公司。

不过,星巴克品牌引人注目的并不是它的增长速度,而是它的广告支出之少。星巴克每年的广告支出仅为 3 千万美元,约为营业收入的 1%,这些广告费用通常用于推广新口味咖啡饮品和店内新服务,譬如店内无线上网服务等。与之形成鲜明对比的是,同等规模的消费品公司的广告支出通常高达 3 亿美元。

星巴克成功的重要因素是它视"关系"为关键资产,公司董事长舒尔茨一再强调,星巴克的产品不是咖啡,而是"咖啡体验"。与客户建立关系是星巴克战略的核心部分,它特别强调的是客户与"咖啡大师傅"的关系。每个"咖啡大师傅"都要接受培训,培训内容包括客户服务、零售基本技巧以及咖啡知识等。"咖啡大师傅"需预测客户的需求,并在解释不同的咖啡风味时与客户进行目光交流。

星巴克也通过反馈来增强与客户的关系。每周星巴克的管理团队都要阅读原始的、未经任何处理的客户意见卡。一位主管说:"有些时候我们会被客户所说的吓一跳,但是这使得我们能够与客户进行直接的交流。在公司层面上,我们非常容易失去与客户的联系。"

在意大利之行中,舒尔茨就已经了解到"咖啡大师傅"在为客户创造舒适、稳定和轻松的环境中的关键角色,那些站在咖啡店吧台后面直接与每一位客户交流的吧台师傅决定了咖啡店的氛围。这种认识使得舒尔茨在公司倡导这样的价值观,通过提升报酬和建立意见反馈机制培养员工的信任感和对公司的信心。对一家公司来说,首要任务是建立和维护公司与员工间相互信任、相互尊敬的关系。

认识到员工是向客户推广品牌的关键,星巴克采取与市场营销基本原理完全不同的品牌管理方式。星巴克将在其他公司可能被用于广告的费用投资于员工福利和培训。1988 年,星巴克成为第一家为兼职员工提供完全医疗保险的公司。1991 年,它又成为第一家为兼职员工提供股票期权的公司,星巴克的股票期权被称为"豆股票"(Bean Stock)。在舒尔茨的自传《星巴克咖啡王国传奇》中,他写道:"'豆股票'及信任感使得职员自动、自发地以最大热忱对待客人,这就是星巴克的竞争优势。"星巴克的所有员工,不论职位高低,都被称为"合伙人",因为他们都拥有公司的股份。

星巴克鼓励授权、沟通和合作。星巴克公司总部的名字为"星巴克支持中心",这表示对于那些在星巴克店里工作的"咖啡大师傅"们来说,公司管理层的角色是为他们提供

[①] 资料来源:霍亚楼,《客户关系管理》。

信息与支持。星巴克鼓励分散化决策,并将大量的决策放到地区层面,这给员工很大的激励。许多关键决策都是在地区层面完成的,每个地区的员工就新店开发与总部密切合作,帮助识别和选定目标人群,他们与总部一起完成最终的新店计划,保证新店设计能与当地社区文化一致。星巴克的经验显示,在公司范围内沟通文化、价值和最佳实践是建立关系资产的关键部分。

星巴克将其关系模型拓展到供应商和零售商环节。现在,许多公司都将非核心业务剥离,这使得它们与供应商的关系变得极其关键,特别是涉及关键部件的供应商。有些公司把所有完成的交易都视为关系,但是真正优秀的公司都认识到,在商业交易和真正的关系之间存在着巨大的差别,即是否存在信任,它们都投入大量的资源去培养与供应链上的合作伙伴之间的信任。

星巴克倾向于建立长期关系,它愿意通过与供应商一起合作来控制价格,而不仅仅是从外部监控价格,它投入大量的时间与金钱来培育供应商。在星巴克看来,失去一个供应商就像失去一个员工,因为你损失了培育他的投资。星巴克对合作伙伴的选择可以说非常挑剔,但一旦选择过程结束,星巴克就非常努力地与供应商建立良好的合作关系。第一年,两家公司的高层主管代表通常会进行三到四次会面,之后,每年或每半年进行战略性业务回顾以评估这种合作关系。

任务1　认识客户

一、任务目的和要求

★ 任务目的

认识客户是客户关系管理重要的第一步,通过对客户价值的认识,理解客户细分的必要性并了解客户细分的具体方法。

★ 任务要求

正确认识客户。

二、相关知识

客户是企业利润的源泉,只有客户购买了企业的产品或者服务,才能使企业的利润得以实现。因此,一个企业的竞争力有多强,不仅要看技术、看资金、看管理、看市场占有率,更为关键的是要看企业到底拥有了多少忠诚的客户,特别是拥有多少忠诚的高价值客户。

企业如果拥有的高价值客户越多,就越能够形成规模效应,从而降低企业为客户提供产品或者服务的成本,这样企业就能以等量的费用比竞争对手更好地为客户提供更高价值的服务,进而在激烈的市场竞争中处于领先地位,有效地战胜竞争对手。

企业如何培养高价值的忠诚客户呢？首先要认识客户，认识客户价值。

1. 认识客户价值

(1) 客户价值的内涵。

人们对于客户价值(Customer Value)的理解并不统一，在概念使用中也有所不同。归纳起来，对客户价值概念的理解和使用有两种倾向：一类观点认为，客户价值是企业为客户创造并提供的价值，客户价值的受益者和所有者是客户，客户价值是由企业创造出来并流向客户的；另一类观点则截然相反，认为客户价值是由客户带给企业的价值，客户价值的受益者和所有者是企业，客户价值是由客户创造并流向企业的。

显然两种理解是截然相反的，那么客户价值到底是对谁的价值——是企业为客户创造的价值，还是客户为企业创造的价值呢？

虽然这两种理解是截然相反的，但是并不矛盾，就像作用力与反作用力。事实上，在企业中这两种价值都存在。

(2) 客户价值的动态性。

客户价值的另一个重要特征是动态性。许多学者的研究都发现，客户价值是随着时间的变化而变化的，企业要持续地对客户进行管理，就必须了解客户的价值的变化情况，不仅要了解现在的价值，同样也要了解它随着时间变化的价值演变情况。这样才能根据客户价值的不同进行不同的管理。

2. 对客户进行细分

案例 2-1　　　　"汤鸭蛋"的成功[①]

桂林市郊有一个养鸭专业户，他的鸭蛋又大又香，产量又高，很有名气，叫"汤鸭蛋"。同村的人养的鸭子下的蛋都不如他的鸭子。问他有何诀窍，他说其实很简单，就是对不同的鸭子进行分群饲养。如生蛋的与不生蛋的分开，老鸭与新鸭分开，公鸭与母鸭合理搭配。这种分类管理，是否也可以运用到客户关系管理呢？

任何高效的客户关系管理都将以扎实的客户细分为基础，客户关系管理的一切个性化和差异化都来源于客户细分，没有客户细分，客户管理做得再好也不是真正的客户关系管理。全世界的供应商、服务提供商都在千方百计地取悦自己的客户，尽他们最大的能力满足客户的需求，为此了解自己的客户，利用适当的细分策略和目标战术变得日益重要。客户细分的目的就是通过更好地了解客户并满足客户需求来提高企业的营利能力，推动收入的增长。对于那些竞争十分激烈，且企业必须通过积极竞争才能争取和维持客户的行业而言，客户细分被更广泛地使用成为吸引和锁定客户，赢得进而提高客户满意度、忠诚度的重要手段。

---

① 资料来源：李光明，《客户关系管理实务讲义》。

(1) 客户细分的概念。

客户细分(Customer Segmentation)是20世纪50年代中期由美国学者温德尔·史密斯提出的,其理论依据在于客户需求的异质性和企业需要在有限资源的基础上进行有效的市场竞争。

由于并不是所有客户的需求都是相同的,只要存在两个以上的客户,需求就会不同。由于客户需求、欲望及购买行为是多元的,所以客户需求的满足会呈现差异。

任何一个企业不能单凭自己的人力、财力和物力来满足整个市场的所有需求,这不仅缘于企业自身条件的限制,而且从经济效应方面来看也是不足取的。因此,企业应该分辨出自身能有效为之服务的最具有吸引力的细分市场,集中企业资源,制定出科学的竞争策略,以取得和增强竞争优势,获得效益最大化。

所以客户细分就是指企业在明确的战略、业务模式和特定的市场中,根据客户的属性、行为、需求、偏好及价值等因素对客户进行分类,并提供有针对性的产品、服务和营销模式。

(2) 客户细分的必要性。

从客户需求的角度来看,不同类型的客户需求是不同的,要想让不同的客户对同一个企业都感到满意,就要求企业提供有针对性的符合客户需求的产品和服务,而为了满足这种多样化的异质性的需求,就需要对客户群体按照不同的标准进行客户细分。

从客户对企业带来价值的角度来看,不同的客户能够为企业提供的价值是不同的,很多的企业已经意识到这一问题,不再简单地追求客户数量,而是更多地寻求客户的"质量"。要知道哪些是最有价值的客户,哪些是企业的忠诚客户,哪些是企业的潜在客户,哪些客户的成长性最好,哪些客户最容易流失,企业就必须对自己的客户进行分类。

同时,经济全球化和互联网的广泛应用使得企业可接触的客户范围在不断扩大,电子信息技术的快速发展也使企业了解每个客户的信息成为可能。但是,企业的资源是有限的,所以在对客户进行管理时非常有必要对客户进行统计、分析和细分。只有这样,企业才能根据客户的不同特点进行有针对性的营销,赢得、扩大和保持高价值的客户群,吸引和培养潜力较大的客户群。

客户细分还便于企业所拥有的高价值的客户资源显性化,并能够就相应的客户关系对企业未来盈利影响进行量化分析,为企业决策提供依据。

另外,客户分类是一对一营销的基础,基于客户分类,一对一营销可以对每个客户提供非常有目的性和个性化的服务。当然,一对一营销是一种理想化的策略,更多的时候不是对一个人,而是对一个多层细分的客户区隔,这个客户区隔可能是一个人,也可能是多个人。在一对一营销的策略中,企业的每次市场活动和产品、服务都有最佳的目标客户群体,个性化的服务在当今按需生产订单的工业时代是可以实现的。

三、实现步骤

第一步:认识客户价值

总的来说,客户价值主要体现在以下几个方面。

1. 竞争利器

客户价值是企业获胜的一种最主要的资源和最基本的竞争利器。

(1) 产品同质化程度的加剧使目前企业的竞争优势已经不仅仅局限于产品本身,对客户的先进服务手段已成为企业制胜的关键。

(2) 现代市场竞争的主要表现是对客户,尤其是优质客户的全面争夺。从根本上讲,一个企业的竞争力有多强,不仅看技术、资金、管理、人才等,更重要的是看企业拥有多少有价值的忠诚客户。企业拥有客户的状况将直接影响其在市场上的占有率,影响企业的竞争力和营利能力。流程重组的创始人哈默先生就曾说过:"所谓新经济,就是客户经济。"

(3) 客户的需求还会随着科技的进步和经济的发展而变化和提高,这又是企业创新的动力和方向。现代企业更加重视对客户进行全面的观察和管理,更好地了解客户的需求甚至是潜在需求,对客户及其发展前景进行有效预测,对其当前的和潜在的利益进行科学的分析,进而维系两者的关系,并使企业获得客户资源价值的最大化。

2. 市场价值

客户价值对企业的市场价值主要体现在以下三个方面。

(1) 利润来源。

企业利润主要来源于产品销售,客户是利润的根本来源。

(2) 新产品与新服务的首推对象。

如果客户已经使用企业的一种新产品,有一定的消费体验,对这个企业已经有了一定的了解,就比较容易接受企业的新产品。

(3) 老客户扩大需求时应被首选。

客户对企业了解得越多,当他们需要其他的产品时,如果该企业有类似的产品,其一般会优先考虑采用同一企业、同一品牌的系列产品。

3. 规模优势

如果企业拥有的客户越多,就越可能降低企业为客户提供产品或服务的成本,这样企业就能以等量的费用比竞争对手更好地为客户提供更高价值的产品和服务,提高客户满意度,从而在激烈的竞争中处于领先地位,有效地战胜竞争对手。

同时,如果企业拥有的客户众多,还会给其他的企业带来较高的进入壁垒,市场份额就那么大,企业拥有的客户多了,就意味着其他的企业占有的客户少了。

4. 口碑价值

客户的口碑价值是指由于满意的客户向他人宣传本企业的产品或服务,从而吸引更多新客户的加盟,而使企业销售增长、收益增加所创造的价值。

研究表明,在客户购买决策的信息来源中,客户的口碑的可信度最大,远远超过商业广告和公共宣传对客户购买决策的影响。因此,口碑价值是企业客户价值的一个重要部分。

5. 信息价值

客户信息对企业来讲是重要的价值,它会直接影响企业的经营行为,以及对客户消费行为的把握,成为企业下一步经营的依据。

如海尔调查员在市场调研时,一个客户随意说到冰箱里的冻肉拿出来不好切,海尔意识到这是一个未引起冰箱生产企业重视的共性问题。3个月以后,根据食品在 $-7℃$ 时营养不易被破坏的原理,海尔很快研制出新产品"快乐王子007"。这款冰箱的冷藏冻肉出箱后可即时切,于是很快走俏,受到了广大客户的追捧。

如今,众多商家在感叹市场难寻、生意难做。海尔抓住了客户的信息做文章,产品设计独树一帜,大大方便了消费者,新产品能征服日益挑剔的消费者自在情理之中。

企业要不断地完善和提炼客户信息,提炼可用信息,掌握了客户信息就等于掌握了客户心理需求,对研发新产品、新服务提供有力的依据。

第二步:掌握客户细分的依据

进行客户细分的标准有很多,一般而言,我们可以参照以下一些因素进行客户细分。

1. 外在属性

按照客户的外在属性分层,通常这种分层最简单、最直观,数据也很容易得到。如客户的地域分布、客户的产品拥有、客户的组织归属等。但这种分类比较粗放,我们依然不知道在每一个客户层面谁是"好"客户,谁是"差"客户。如把客户分成企业客户、个人客户、政府客户,我们能知道的只是某一类客户(如大企业客户)较之另一类客户(如政府客户)的可能消费能力更强,但更多的细节却不得而知。

2. 内在属性

内在属性是指由客户内在因素决定的属性,如性别、年龄、信仰、爱好、收入、家庭成员数、信用度、性格、价值取向等,这些经常用来作为细分的依据。

3. 消费行为

许多的企业对消费行为的分析从三个方面考虑,即最近购买情况、购买频率和购买金额,这些指标都需要在账务系统中得到。但并不是每个行业都能适用,如在通信行业,对客户分类主要依据话费量、使用行为特征、付款记录、信用记录、维护行为、注册行为等变量。

第三步:熟悉客户细分的方法

企业客户关系管理的一个关键环节还在于定义客户的类型。企业进行客户分类的标准有很多,通常参照以下的一些因素进行客户分类:客户的个性化资料,客户的消费行为(消费习惯、数量与频率),客户的购买方式,客户的地理位置,客户的职业,客户的关系网,客户的知识层次,客户的规模,客户对企业的贡献,客户的忠诚度,客户的信誉度,客户是否会流失,客户是否是新客户等。这些都是一些传统的分类标准,下面介绍几种企业常用的客户细分方法。

1. 根据客户与企业的关系进行分类

企业产品的众多购买者中,其购买目的并不相同,因而与企业的关系也就不尽相同。这一点可以作为对客户进行细分的依据,这样的分类可以帮助企业充分认识客户的特点,从而可以对不同的客户采取不同的策略,更大限度地实现资源优化和有效的管理运营。应当指出的是,当企业定义"客户"时,是指不同的客户类型或客户群。一般情况下,下面的定义都属于"客户"范畴。

(1)一般客户。

这里的"客户"是零售消费者,他们一般是个人或家庭,主要购买企业的最终产品或服务。这类客户数量众多,但是消费额一般不高,往往是企业最为关注、花费精力最多却总是"吃力不讨好"的客户类型。

(2) 企业客户(B2B)。

这些客户购买企业的产品(或服务),并非用于自身的消费,而是在企业内部将购得的产品附加到自己的产品上,再销售给其他的客户或企业,以增加盈利或服务内容。

(3) 渠道分销商和代销商。

这是一些不直接为企业工作的个人或机构,通常无须企业为他们支付工资。他们购买企业产品的目的是进行销售,或是作为该产品在一个地区代表或是代理处。

(4) 内部客户。

内部客户是指企业(或联盟企业)内部的个人或业务部门,他们需要利用企业的产品或服务来达到自己的商业目的。这类客户往往最容易被忽略,但同时他又是最具长期获利性的(潜在)客户。

2. 根据客户的价值进行分类

客户对企业的价值是不尽相同的,有调查结果显示,企业80%的盈利来自20%的客户。换句话说,其中80%的客户让企业几乎赚不到多少钱。而且即使在这80%的客户里面,其价值也是不同的,有的甚至让企业赔钱。这并非是一个特例,事实上,大多数的企业都存在这种现象。这充分证明了帕累托80/20法则的实用性。因此,就要求企业能够找到自己最为宝贵的客户资源,发现最具价值的客户,以便于能够有的放矢地开展营销,有针对性地实施战略。依据客户的价值和其占企业总客户的比例,可以将他们分为以下几类,并构成一个"金字塔"式的客户模型(参见图2-1)。

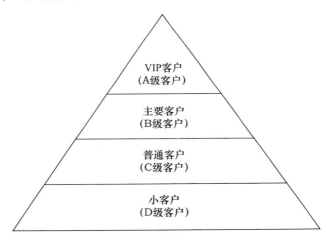

图 2-1 客户金字塔模型

(1) VIP 客户(A 级客户)。

VIP 客户(A 级客户)的客户数量不多,但是购买金额在企业的销售额中占有的比例很大,对企业贡献的价值最大。他们位于金字塔的最顶层。如可以将购买金额所占最多的1%的客户作为企业的 VIP 客户,即如果客户总数为1000个,那么 VIP 客户所指的就是花最多钱的前10个客户。

(2) 主要客户(B 级客户)。

主要客户(B 级客户)是指除去 VIP 客户后,消费金额所占比例较多,能够为企业提供较高利润的客户。如在客户金字塔中,除了VIP客户,在特定期间,消费金额占最多的4%的客户可以作为主要客户。即如果所有的客户数为1000个,那么主要客户就是扣除VIP客户之外,花钱较多的那40个客户。

(3) 普通客户(C级客户)。

普通客户(C级客户)的消费额所占比例一般,能够为企业提供一定的利润。可以将总客户中15%的客户扣除前两类后的客户定为普通客户。即总客户数为1000个,那么普通客户就是扣除前两类客户后的150个客户。在这里,我们只是假定比例为15%,当然这其中因为产业或具体情况的差异,不同的企业所选择的比例会有所不同,但是从营收的角度来看,我们建议比例可以大体定在10%~30%的范围之内。

(4) 小客户(D级客户)。

小客户(D级客户)的人数众多,但是能够为企业提供的盈利却不多,甚至使企业亏损,他们位于金字塔的最底层。如可以将扣除上述三类客户后的80%的客户当做这类小客户。

3. 根据客户与企业之间的距离远近进行分类

(1) 非客户。

非客户是指那些与企业的产品或者服务无关的或对企业有敌意,不可能购买企业的产品或者服务的人群。

(2) 潜在客户。

潜在客户是指对企业的产品或服务有需求和欲望,并有购买动机和购买能力,但还没有产生购买行为的人群。如已经怀孕的妇女很可能就是婴幼儿产品的潜在客户。

(3) 目标客户。

目标客户是企业经过挑选后确定的力图开发为现实客户的人群。如劳斯莱斯就把具有很高地位的社会名流或取得巨大成就的人士作为自己的目标客户。

潜在客户与目标客户的区别在于,潜在客户是指主动"瞄上"企业、有可能购买但还没有购买行动的客户,目标客户则是企业主动"瞄上"的尚未有购买行动的客户。当然,客户与企业可以同时相互欣赏,也就是说,潜在客户和目标客户是可以重叠或者部分重叠的。

(4) 现实客户。

现实客户是指企业的产品或者服务的现实购买者,可分为初次购买客户(新客户)、重复购买客户和忠诚客户三类。

① 初次购买客户(新客户)。

初次购买客户(新客户)是对企业的产品或者服务进行第一次尝试性购买的客户。

② 重复购买客户。

重复购买客户是对企业的产品或者服务进行第二次及第二次以上购买的客户。

③ 忠诚客户。

忠诚客户是对企业的产品或者服务连续不断地、指向性地重复购买的客户。

(5) 流失客户。

流失客户是指曾经是企业的客户,但由于种种原因,现在不再购买企业的产品或服务的客户。

以上五类客户之间是流动的,可以相互转化。如潜在客户或目标客户一旦采取购买行为,就变成企业的初次购买客户,初次购买客户如果经常购买同一企业的产品或者服务,就可能发展成为企业的重复购买客户,甚至成为忠诚客户。但是,初次购买客户、重复购买客户、忠诚客户也会因其他企业的更有诱惑的条件或因为对企业不满而成为流失客户;而流失客户如果被成功挽回,就可以直接成为重复购买客户或者忠诚客户,如果无法挽回,他们就将永远流失,成为企业的"非客户"。客户流转模式参见图2-2。

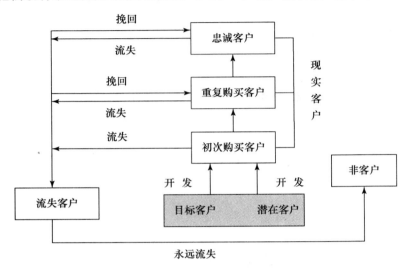

图 2-2　客户流转模式

4. 根据相关因素的组合结果对客户进行分类

影响企业营利能力的因素很多,根据相关因素的组合结果对客户进行分类,也称因素组合法。这些相关因素包括客户的规模、客户的忠诚度、客户的资信状况、客户的市场占有率、客户的经营状况等。每个因素一般都要通过具体的标准量化考核,如客户的忠诚度和客户重复购买率、对本企业和竞争对手品牌的关注程度、对商品价格的敏感度、对产品事故的承度力等密切相关。从一般企业的运作来看,因素组合的客户分类方法更有实际操作意义。

(1) 按照客户忠诚度与信用等级相结合进行分类。

按照客户信用等级与忠诚度相结合进行分类可以将客户分为以下四种类型(参见图2-3)。

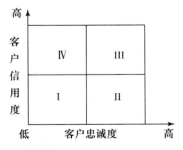

图 2-3　客户信用等级和忠诚度矩阵

Ⅰ类客户的信用等级和忠诚度都较低,这类客户是没有开发潜力或者是开发成本过高的客户。即使不考虑这类客户的开发难度和开发成本,若能够成功开发这类客户,由于没有良好的信用保障,企业也可能无法取得利润甚至无法收回成本。这无疑是不值得考虑的垃圾客户。

Ⅱ类客户的信用等级较低但是忠诚度较高,这类客户喜欢该企业提供的产品或服务,但是却不愿意为自己取得的产品或服务付出相应的费用,对于这种客户的后期维护成本很高,属于风险客户。因此,企业应根据实际情况在产品和服务的推广阶段再考虑对这类客户的开发,以降低风险。

Ⅲ类客户的信用等级和忠诚度都很高,是企业的黄金客户,因此这些客户应是企业开发客户时的首选对象。如果对这些客户采取了有效的措施,将会为企业的发展注入新的动力,也会稳定地保持企业的收益,并可使企业和客户获得双赢的综合效果。

Ⅳ类客户的信用等级较高但是忠诚度很低,这部分客户也是企业发展的主攻方向,属于未来的黄金客户。如果能有效地开发这种类型的客户,培养他们的忠诚度,无疑会为企业带来更多的收益。

(2) 按照客户忠诚度与客户规模相结合进行分类。

按照客户规模与客户忠诚度相结合进行分类可以将客户分为以下四种类型(参见图2-4)。

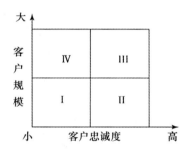

图 2-4　客户规模和客户忠诚度矩阵

Ⅰ类客户的规模小、忠诚度也低,对这类客户的开发需要耗费大量的人力、物力和时间,且不能保证取得令人满意的开发结果,所以,企业对此类客户的开发顺序仍然是排在其他类型的客户或其他容易开发的客户之后,只有在进入全面占领市场阶段时才可实行。

Ⅱ类客户是规模同样很小但是忠诚度很高的客户。这类客户对于企业有一定的价值,但由于这些客户相对分散,需要比较长的开发时间,投入的开发成本可能也比较高。所以企业需要根据自身情况选择恰当的时间和高素质的开发队伍才能完成对此类客户的开发和服务。

Ⅲ类客户的规模大、忠诚度也高,在企业自身实力能满足需要的前提下,这类客户是企业进行客户开发时的首选对象。这样的客户具有很好的规模效应和经济实力,是企业的主要利润来源;同时这类客户具有很强的示范效果,对其他类型客户的辐射能力强,可以帮助企业进行"免费"推广。此外,由于服务集中,所需要的平均客户支持小于其他类型的客户,节省人力资源。

Ⅳ类客户的规模很大但是忠诚度很低,此类客户具有不稳定的性质,其未来方向要视企业的开发手段和服务质量而定。如果企业能够很好地开发并与其保持良好的客户关系,此类客户极有可能转化为忠诚客户并给企业带来巨大收益。但也可能由于企业的失误或与客户的沟通和协作出现问题而使其转向竞争对手。

(3) 将客户忠诚度、客户规模与客户信用等级三者相结合进行分类。

虽然通过"信用等级-忠诚度"和"规模-忠诚度"两种分类方法进行分析可以建立一定的客户细分顺序模型。但是,对于企业来讲客户的信用等级、规模和忠诚度是同时存在于一体和同时发生作用的,因此可以建立起一个以信用等级、规模和忠诚度为三维变量的客户顺序模型。在这三个变量中,高信用度是第一位的,因为它是客户各种综合指标的整合,反映客户的综合能力和未来发展的前景;第二位是客户规模,这一变量在短期内变化较小,但客户的规模却是和企业获利程度成正比的;第三位是客户忠诚度,这一变量可以随着企业对客户关系管理的程度而发生巨大变化,这也是企业建立良好客户关系的工作重点,通过实施企业的努力提高客户的忠诚度,进而提高客户的顺序级别。

按照这种细分方法,可以得到八种类型的客户,这八种类型的客户对于企业的重要程度是逐级降低的,企业的工作是使客户逐步升级(参见图2-5)。

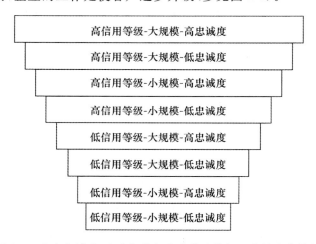

图2-5 客户忠诚度、客户规模与客户信用等级形成的客户等级

四、案例分析

普尔特的客户细分[①]

在全球房地产业中,普尔特被认为名副其实的标杆公司,名列美国四大房产商之首。2003年的业务遍及全美27个州、48个城市,同时在建项目达70个。一年间,普尔特共卖掉了三万多套住宅,实现销售额90亿美元。其决胜秘诀在于普尔特摒弃了传统的客户细分方法从生命周期和支付能力两个指标系,确认了新的客户细分标准,共包括11类

---

① 资料来源:根据中国营销咨询网相关案例编写。

客户,即首次置业者、常年工作流动人士、单人工作丁克家庭、双人工作丁克家庭、有婴儿的夫妇、单亲家庭、成熟家庭、富足成熟家庭、空巢家庭、大龄单身贵族、活跃长者。

仔细分析一下美国普尔特的 11 类客户细分,可以将它归纳为两大类。第一大类是以个人为单位的客户,其中有首次置业者、常年工作流动人士、大龄单身贵族、活跃长者;第二大类是以家庭为单位的客户,其中有单人工作丁克家庭、双人工作丁克家庭、有婴儿的夫妇、单亲家庭、成熟家庭、富足成熟家庭、空巢家庭。普尔特的客户细分基本上将一个人"从摇篮到坟墓"的生命过程中的家庭状态作了充分的提炼,每个人或者家庭都可以从这 11 种客户细分中找到自己的位置。客户细分是一种高度的抽象,并不是说在一个人的一生中,他都将体验过这 11 种家庭形态,但是他一定会体验这 11 种细分中间的某几种形态的生活,下面分别举例说明。

几年前的 A 先生是个首次置业者,资金有限,所以他的目光盯着的是 60 平方米以下的经济适用房。后来他结婚了,原来一个人供房子,现在变成两口子一起供,很快他就提前将楼款交完了,顺利地拿到了房产证。

他们两人都不想要孩子,觉得还是二人世界比较好,此时这是一个双人工作的丁克家庭。随着 A 先生在公司中职位的不断升迁,收入比以前丰厚了很多,他感到 60 平方米的房子有点小了,尤其是经济适用房的小区环境不能够体现他目前的身份,他开始寻求新环境,很快便选择了一个比较高档的社区,买了一套 120 平方米的中高档住宅搬了进去。

房子宽敞了,环境好了,也带来了新的问题,收拾和整理房子很费时间,由于没有孩子牵扯精力,A 先生的太太就将精力投到治理家务的琐事之中,而且感觉还很好,其乐融融。这时,A 先生又加薪了,他动员老婆说,干脆就不要朝九晚五地上班挣那份辛苦钱了,做个全职太太也很好。就这样,A 先生的家庭又变成了单人工作的丁克家庭。

是丁克到底,还是中途转型,这无疑是摆在 A 先生夫妇面前所不能回避的问题。如果 A 先生不丁克了,那么接下来之后,他们就会成为有婴儿的夫妇。如果接着继续丁克,他们就会成长为成熟家庭,或者是富足的成熟家庭。单亲家庭和空巢家庭就暂时与 A 先生夫妇无缘了。如果你问 A 先生:"如果再要买房的话,你的选择是什么?""当然是 170 平方米以上的大房,或者直接就奔别墅了。"A 先生肯定地说。

再来看 B 先生。

结束了上段婚姻之后,B 先生的家庭变成了单亲家庭,有一个儿子。这个单亲家庭在北京的首次置业选择的是二环内的一座高层楼宇。后来,他又开始二次置业。不过,B 先生家庭的二次置业不是为了改善居住环境,而是一项物业投资。这时 B 先生的家庭虽然是一个单亲家庭,但从支配收入的角度而言,这个单亲家庭已经提升为富足的成熟家庭。位于二环的那两套高层住宅都用来对外出租了,他搬到了新的联排别墅。

两年后儿子上高中的时候出国了,他的家庭就变为一个空巢家庭。有婴儿的夫妇——单亲家庭——富足的成熟家庭——空巢家庭,这就是 B 先生走过的客户生命周期轨迹。

再来看一下 C 先生。

八年前首次置业的时候,C 先生已经是有着两个女儿的四口之家,C 太太在一所学校工作,而 C 先生则是一家香港上市公司的白领,算得上是一个成熟家庭。

此后，C 先生又第三次置业，不过这次置业与上次截然不同。上次置业的出发点是家庭人员多了要扩大居住面积，同时也要体现一下自己的身份，是一种换房的概念。而第三次置业则是生活方式变化的功能性置业。新房子是位于大梅沙海滨的东海岸，选择在那里置业，是因为 C 先生喜欢 4+3 的生活方式，他希望以后每个星期的 7 天时间里，4 天住在福田的万科花城，余下的 3 天住在大梅沙的东海岸。

随着收入的增加，C 先生的家庭渐渐会成为一个富足的成熟家庭，到了那个时候，第四次置业的他选择的有可能就会是别墅，也有可能他会在公司所在地上海买一个小户型的高级公寓，这样一来，他就不用在上海租房了。

最后来看 D 先生。

1998 年受西部大开发的影响，D 先生离开深圳去了西部，2000 年又漂到北京。按照普尔特的细分，D 先生就是一位典型的常年工作流动人士。十年前 D 先生在深圳首次置业，离开之后，深圳的房子就出租给了别人，现在回深圳是选择住酒店。孩子出国之后，D 先生步入了空巢家庭的行列。今年 4 月，D 先生选择在北京再次置业，由于 D 先生的工作是常年流动的性质，每月在北京停留的时间也不过一周左右，其余的时间都是在飞机上或者酒店里度过，同时又是一个空巢家庭，客厅和厨房的功能对于 D 先生来说价值不太大，面积在 120 平方米即可，考虑更多的是附近有没有地铁，去机场是不是方便。D 先生下一个要步入的客户细分是活跃长者。

从上面可以看到，每一个家庭在其生命周期的过程中都扮演过多种客户形态。A 先生扮演过首次置业者、双人工作的丁克家庭、单人工作的丁克家庭的角色；B 先生的家庭也已经走过有婴儿的夫妇＋单亲家庭＋富足的成熟家庭的轨迹，正在体验着空巢家庭；C 先生已经有过首次置业、二次置业、三次置业，其家庭从一个有婴儿的夫妇成长为成熟家庭，正在向富足的成熟家庭迈进；而 D 先生从首次置业已经扮演过常年流动工作者和空巢家庭，接下来又要扮演的是活跃长者。

问题：你赞同普尔特公司的客户细分方法吗，为什么？你能提出更好的建议吗？

五、复习与思考

1. 你如何理解客户价值？通常将客户价值分为哪几个层次？
2. 为什么要对客户进行细分？如何进行细分？

任务 2　客户的选择与管理

一、任务目的和要求

★ 任务目的

了解客户选择的意义及必要性，掌握客户选择的具体方法，并学会针对不同类客户的管理措施。

★ 任务要求

掌握客户选择及管理的方法。

二、相关知识

1. 客户选择的意义

(1) 有些购买者并不是企业的客户。

一方面,每个客户都有不同的需求,需求的个性化决定不同的客户购买不同的产品。如劳斯莱斯是世界顶级的轿车,誉满全球,可是并不是所有的人都能够买得起,对没有足够购买力的人来说,他就不需要(当然,不花钱就需要)劳斯莱斯。可见,任何企业都不可能为所有的购买者提供令其满意的产品或服务,任何企业都不可能满足所有购买者的需要,任何企业都不可能把所有的购买者作为自己的服务对象。

另一方面,企业每增加一个客户都需要占用一定量的资源,然而企业的资源是有限的,无论是人、财、物,还是生产能力、时间都是相对有限的,这就决定了企业不可能什么都做。也就是说,没有哪家企业能提供市场上需要的所有产品或者服务,没有哪家企业能把全世界的钱都挣到。如奔驰、宝马打的是大款的主意,而夏利、吉利关照的是老百姓。

此外,竞争者的客观存在也决定了任何一家企业不可能"通吃"所有的购买者,不可能为所有的购买者提供产品或服务。因此,对企业来说,所有好高骛远的想法、做法都应当尽快抛弃和停止。

总之,由于需求的差异性和企业资源的有限性,每个企业能够有效地服务客户的类别和数量是有限的,市场中只有一部分客户能成为企业产品或服务的实际购买者,其余则是非客户。既然如此,在那些不愿意购买或者没有购买能力的非客户身上浪费时间、精力和金钱将有损企业的利益。相反,企业如果准确选择属于自己的客户就可以避免花费在非客户上的成本,从而减少企业资源的浪费。

(2) "客户就是上帝"并不意味着每位客户都值得保留。

有一种流行的观点认为"客户是上帝"、"客户总是对的"、"客户越多越好"。在特定的条件下,也可以这么说,但是不等于对所有的客户都适用,因为有时候有的客户不但没有带来收益,而且还可能会给企业带来损失。

传统观念认为所有的客户都重要,因而企业盲目扩大客户的数量,而忽视客户的质量。事实上,客户是存在差异的,有优劣之分,不是每个客户都能够带来同样的收益,都能给企业带来正的价值。一般来说,优质客户带来大价值,普通客户带来小价值,劣质客户带来负价值,甚至还可能给企业带来很大的风险或将企业拖垮。

美国人威廉·谢登的 80/20/30 法则认为:在顶部 20% 的客户创造了企业 80% 的利润,但其中一半的利润被底部的 30% 非营利客户消耗掉了。也就是说,一些优质客户给企业带来的超额价值通常被许多的非营利客户给扼杀了。他们不仅花费企业高额的服务费用,还可能会形成呆账、死账,使企业"赔了夫人又折兵"——不但得不到利润,还要赔钱。可见,客户数量已经不再是衡量企业获利能力的最佳指标,客户质量已经在一定程度上否定了客户数量,客户质量在很大程度上决定着企业盈利的大小。因此,企业应当放弃任何客户对企业都是有价值的想法,注意选择有价值的客户,而不是来者不拒。

选择正确的客户还能增加企业的营利能力。客户的稳定是企业销售稳定的前提,因为稳定的客户给企业带来的收益远大于经常变动的客户,而客户的每一次变动对企业来说都意味着风险和费用,不到万不得已的时候企业一般不考虑更换客户。这就要求企业在选择客户时一定要慎重——首先要区分哪些客户能为企业带来盈利,哪些客户不能为企业带来盈利,然后根据自身的资源和客户的价值选择那些能为企业带来盈利的客户作为目标客户,并且从源头上减少或者干脆不与"负价值"客户交往,不把他们列为开发的对象。如果能够做到这样,企业就能减少资源的浪费,营利能力也自然增强。

(3) 选择正确的客户是企业成功开发客户、实现客户忠诚的前提。

企业如果没有选好客户,或者选错了客户,那么开发客户的难度可能就比较大,开发的成本也可能比较高,开发成功后维持客户关系的难度也比较大,维护成本也会比较高,企业还会感到力不从心,很难为客户提供相应的、适宜的产品和服务。另一方面,客户这边也不领情,不会乐意为企业买单。

如一些小企业忽视了对自身的分析与定位,没有采取更适合自身发展的战略,如市场补缺战略等,而盲目采取进攻战略,与大企业直面争夺大客户,最终导致被动尴尬、甚至危险的局面。这样做使企业既失去了小客户,又没有能力为大客户提供相应的服务,而遭遇大客户的不满,同样留不住大客户,其结果是两手空空。

相反,企业如果经过认真选择,选对、选准了目标客户,那么开发客户、实现客户忠诚的可能性就很大,也只有选对、选准了目标客户,开发客户的成本和维护客户的成本才可能最低。如美国近几年来增长最快的共同基金企业 Vanguard 正是由于选择了那些喜欢成本低、波动小的指数基金投资者作为自己的目标客户,并且专注于为其提供满意的服务,从而赢得了一大批忠诚而稳定的客户。

实践证明,客户忠诚度高的企业往往更关注对新客户的筛选,而不是一味追求数量上的增长,他们非常清楚自己的目标客户是谁,在最初决定是否要开发一个客户时就有长远眼光,从双方长远合作的角度去考虑,而不是考虑一时一事的利益,然后有计划地吸引他们、保留他们,从而获得了长远的发展。

 案例 2-2   为青年学生提供廉价机票的旅行社①

日本创业者泽田秀雄 1980 年在东京新宿车站附近的一幢大楼里租了一间屋子并雇了一名职员,他用自己留学归来所赚到的苦力钱再加上投资股票所得共 1000 万日元作为资本,办起了一家以供应廉价机票为特色的国际旅行社。

日本到海外旅游的人每年不过三四百万,且以团体旅游为主,日本的大型旅行

---

① 资料来源:杜海清,《廉价机票编织起的旅行图》。

社经营的主要是团体旅游。泽田秀雄看准了个人旅游尚未被重视的市场空隙,异军突起,打出了以接待散客尤其是青年学生为主的经营旗号,同时建立了一个比正规国际机票便宜的廉价机票销售机制,并以此为特色,跻身于竞争激烈的日本旅游业。

由于市场定位准确,泽田秀雄的业务蒸蒸日上,不出几年,便有了令人刮目相看的业绩。

(4)没有选择客户可能造成企业定位的模糊,不利于树立鲜明的企业形象。

客户之间是有差异的,企业如果没有选择自己的客户,就不能为确定的目标客户开发恰当的产品或者提供恰当的服务。另一方面,形形色色的客户共存于同一家企业,也可能会造成企业定位混乱或定位不足,从而导致客户对企业形象产生混乱或模糊不清的印象。

如一个为专业人士或音乐发烧友生产高保真音响的企业,如果出击"大众音响"的细分市场无疑是危险的,因为这样会破坏其生产高档音响的专家形象。同样,五星级酒店在为高消费的客户提供高档服务的同时,也为低消费的客户提供廉价的服务,就可能令人对这样的五星级酒店产生疑问。

相反,如果企业主动选择特定的客户,明确客户定位,就能够树立鲜明的企业形象。如美国的"林肯"汽车定位在高档市场,"雪佛莱"定位在中档汽车市场,而"斑马"则定位在低档汽车市场。又如,新加坡航空公司、汉莎航空公司定位在高端市场,以航线网络的全方位服务和品牌优势为商务乘客服务;而美国西南航空公司和西方喷气航空公司定位在低端市场,为价格敏感型旅客提供服务。

主动选择客户是企业定位的表现,是一种化被动为主动的思维方式,体现了企业的个性,也体现了企业的尊严,更决定了一个企业的命运。如劳斯莱斯之所以成为世界公认的名车,有一个重要的原因就是它对客户的背景严加考证和选择——只卖给国家元首、皇室成员、绅士名流、商界富豪,而且不同的客户类型、车身颜色有区别,正是这些成就了劳斯莱斯"车坛太上皇"的地位。

仔细挑选并服务于特定的客户是成功建立和维护客户关系的基础,是企业对客户进行有效管理的前提条件,也是企业成功的基础——恐怕只有主动选择客户的企业才能够领悟其中的奥妙。

案例 2-3　　"嫩春"面霜的客户定位①

美国某化妆品企业生产一种叫"嫩春"的面霜,可以防治青春痘,并能够使皮肤层收缩。该面霜上市后,调查人员发现,80%的购买者是二十岁左右的年轻女子,

---

① 资料来源:吕植家,《广告传播与目标受众》。

> 而其余20%的购买者却是35岁至50岁的中老年妇女——她们认为该种产品能够减少皱纹。
>
> 年轻女子关心防治青春痘,而中老年妇女关心减少皱纹,这样企业面临两种选择,是强调防治青春痘,还是减少皱纹?企业考虑到80%和20%的差距,决定放弃中老年妇女这个较小的市场(只占购买者的20%),而强调"嫩春"面霜防治青春痘的功效,全力以赴抓住年轻女性客户,从而获得了成功。

总而言之,不是所有的购买者都是企业的客户,不是所有的客户都能够给企业带来收益,成功开发客户、实现客户忠诚的前提是正确选择客户。而对客户不加选择可能造成企业定位模糊不清,不利于树立鲜明的企业形象。因此,企业应当对客户加以选择。

三、实现步骤

第一步:选择实力相当的客户

现实中有些企业只注重服务于大客户,认为只有大客户才是好客户,也只有服务于大客户才能显示自己的实力。然而,由于双方实力的不对等,企业只能降低标准,委曲求全,迎合大客户提出的苛刻要求,或者放弃管理的主动权,从而对大客户的潜在风险无法进行有效控制,结果一旦这些大客户出事,企业就会遭受损失。

而"高级别"的企业如果选择"低级别"的客户往往也会吃力不讨好,由于双方关注点的不同会造成双方不同步、不协调、不融洽,结果可能是不欢而散。

可见,实力相当的客户才是最好的目标客户,也是企业的稳健而保险的选择。

如有一家生产汽车配件的公司打算把目标客户锁定为大型汽车制造厂,企图尽快达到盈亏平衡点,但经过几年的努力都未成功,因为这些大型汽车制造厂根本没把这家企业当成一回事。无奈之下,这家企业转向了一些中小型的汽车制造厂,而这些中小型的汽车制造厂也正在寻找具有价廉物美且未被大型汽车制造厂锁定的供应商,于是双方建立了长期稳定的关系,取得了双赢的局面。

第二步:进行双向选择

如果能够认识企业与客户之间是双向选择、对等选择就要好一些。这就要结合客户的综合价值与企业对其服务的综合能力进行分析,然后找到两者的交叉点。

第一,企业要判断目标客户是否有足够的吸引力,是否有较高的综合价值,是否能为企业带来大的收益,这些可以从以下几个方面进行分析:

(1) 客户向企业购买产品或者服务的总金额;
(2) 客户扩大需求而产生的增量购买和交叉购买等;
(3) 客户的无形价值,包括规模效应价值、口碑价值和信息价值等;
(4) 企业为客户提供产品或者服务需要耗费的总成本;
(5) 客户为企业带来的风险,如信用风险、资金风险、违约风险等。

第二,企业必须衡量一下自己是否有足够的综合能力去满足目标客户的需求,即要考虑自身的实力能否满足目标客户所需要的技术、人力、财力、物力和管理能力等。

对企业综合能力的分析不应从企业自身的感知来确定,而应该从客户的角度进行分析,可借用客户让渡价值(指客户获得的总价值与客户为之付出的总成本之间的差额,让渡价值的大小决定产品或者服务的竞争力,体现客户获得的利益)的理念来衡量企业的综合能力。也就是企业能够为目标客户提供的产品价值、服务价值、人员价值及形象价值之和减去目标客户需要消耗的货币成本、时间成本、精力成本、体力成本,这样就可以大致得出企业的综合能力。

第三,寻找客户的综合价值与企业的综合能力两者的结合点(参见图2-6)。最好是寻找那些客户综合价值高,而企业将综合能力也高的客户作为目标客户。也就是将价值足够大、值得企业去开发和维护的,同时企业也有能力去开发和维护的客户作为企业的目标客户。

图2-6 目标客户选择矩阵图

图2-6中,A区域客户是企业应该重点选择的目标客户群。因为这类客户的综合价值较高,是优质的客户,另一方面企业对其服务的综合实力也较高,也就是说,企业的实力足以去赢得和维系这类客户。因此,A类客户值得企业花费大量的资源去争取和维护。

B区域客户是企业应该择机选择的目标客户群。因为这类客户的综合价值高,具有非常高的开发与维护价值,但遗憾的是,企业对这类客户的服务能力实在有限,很难为客户提供满意的产品或服务。企业开发这类客户时将会面临很大的困难,即使开发成功了,如果企业对其服务的综合能力没有提高,最终也很难长期留住这类客户。因此B类客户属于企业在适当的时机(当服务能力提高时)可以选择的客户群。

C区域客户是企业应该消极选择的客户群。因为尽管企业对其服务的综合能力较强,但是这类客户的价值实在有限,企业很可能在这类客户上得不到多少利润,甚至还有可能消耗企业的一部分利润。因此C类客户属于企业应当消极选择的客户群。

D区域客户是企业应该放弃选择的客户群。因为,一方面这类客户群的综合价值较低,很难给企业带来利润,如果企业将过多的资源投入到这类客户群上是得不偿失的,甚至有时候这类客户还会吞噬企业的利润。另一方面,企业也很难为这类客户提供长期的具有较高让渡价值的产品和服务。因此D类客户属于企业不该选择的客户群。

第四,依据现有的忠诚客户的特征来选择目标客户。

没有哪个企业能够满足所有客户的需求,但是,可能会有些客户觉得企业提供的产品或服务比其竞争对手的更好、更加"物有所值"而成为忠诚客户,这至少说明企业的特定优势能够满足这类客户的需求,同时也说明他们是企业容易建立关系和维持关系的客户。

因此,企业还可以从分析现有忠诚客户所具有的共同特征和特点来寻找最合适的目标客户,即以最忠诚的客户为标准去寻找目标客户,这是选择最可能忠诚的目标客户的一个捷径。

案例 2-4　　美国西南航空公司对目标客户的选择①

美国西南航空公司以机票低廉著称,它的竞争对手不怀好意地说:"乘坐西南航空廉价航班的旅客应该感到羞耻。"

原来,美国西南航空公司为了与美国其他的航空公司进行差别化竞争,将目标客户定位在对航空票价敏感的低端市场上,飞机上不设商务舱和头等舱,而且对航空服务进行了一系列的简化。

乘客到了机场的候客厅后,也不给安排座位,乘客要像坐公共汽车那样去排队,上了飞机后自己找座位,如果你到得很早,可能可以找到一个好座位,如果你到得晚,就很可能坐在厕所边。飞机上也不供应餐饮,乘客一坐下就可以听非常幽默的笑话,直到飞机降落,一路上嘻嘻哈哈、闹哄哄的。

美国西南航空公司的这种"节约"服务,对收入低、消费低的人士有很大的吸引力,因为可以用极低的价格乘坐飞机。但对于稍微上层的白领人士来说就不适合了——他们不太在乎机票价格,但需要较好的航空服务,他们受不了要自己去"抢"座位,另外,他们上飞机后往往要想问题、做事情或者休息,不喜欢吵吵嚷嚷的……因此,中产阶级、官员、大亨很少愿意乘坐西南航空公司的班机。

不过,这正是西南航空公司所追求的效果,它很清楚自己的服务对象,因此,总裁凯勒尔在电视上说:"我认为乘客根本没有必要理会这种诬蔑,因为每坐一次西南航空的航班,你的包里就又省下了一笔钱。如果你对我们提供的服务感到不满,那么非常抱歉地告诉你,你不是我们服务的目标客户,我们不会因为你的抱怨而改变我们的服务方式,如果你认为我们的服务令你感到不满的话,你可以去乘坐别的航空公司的飞机。当你感觉需要我们服务的时候,欢迎你再次乘坐西南航空的班机。"

---

① 资料来源:梁娟,《营销的市场细分与定位——美国西南航空公司经营策略个案分析》。

第三步：对不同客户进行分类管理

下面介绍企业经常使用的客户管理方法，一种是按照客户价值分类的客户管理方法，另一种是按照客户与企业关系远近分类的客户管理方法。

1. 第一种方法：按照客户价值分类的客户管理方法

（1）VIP客户管理方法。

VIP客户是非常有利可图并值得花费大量的时间来服务的。他们的订单数量大、信誉较好，并且能很快付款，对这类客户的管理中应注意以下几个方面。

① 这类客户消费金额占总销售额的70%～80%，影响相当大，应加强注意。

② 密切注意其经营状况、财务状况、人事状况和异常动向等，以避免倒账的风险。

③ 要指派专门的销售人员经常去拜访这类客户，定期派人走访，提供销售折扣，并且熟悉客户的经营动态，业务主管也应定期去拜访他们。

④ 应优先处理VIP客户的投诉案件。

案例2-5　　　　温馨鸟的客户管理[①]

温馨鸟作为一个中小规模的服装品牌，能在短短的两年内，从名不见经传到在东北服装界声名鹊起，他们依靠的是什么呢？他们依靠的就是对VIP客户的有效管理。

首先它把贵宾卡（VIP）功能多方面地挖掘出来。贵宾卡已算不上很新的促销方式了。因为很多的商家都在用，有的甚至把贵宾卡变成了变相打折的一种手段。但温馨鸟将其功能作了深层次挖掘。

1. 丰富贵宾卡的种类，增加对消费者的优惠层面。刚开始时，温馨鸟的贵宾卡只有9折金卡和9.5折银卡两个卡种，是通过购物累计或一次性购物达到一定金额而获得的。比如银卡的获得就是一次性购物满1万元或累计购物满3万元。经过近一年实践，贵宾卡起到了很好的吸纳顾客的作用。但很多已取得金卡的消费者提出，随着购物累计的增加，能否提高打折幅度。于是在2000年伊始，贵宾卡又增加了8折钻石卡和8.5折白金卡两种。这样就起到了持续激励消费者购买欲望的目的。

2. 建立顾客营销档案，完善服务功能。开始顾客的购物累计是由各专卖店做的，需要申办贵宾卡时才向企划部申请，由企划部负责发放，中间环节难免会出纰漏。针对顾客的反映，所有贵宾卡累计都划归企划部专人负责，同时为了使每一次销售都有据可查，专门印制了两联单，顾客一联、企划部存档一联，并请专人编写了电脑软件，把所有的顾客档案都存入电脑备查。

3. 发挥贵宾卡的桥梁作用，加强沟通、强化品牌印象。对于在专卖店内购买

---

① 资料来源：宁俊，《服装企业客户关系管理》。

服装的顾客,不论金额大小,在自愿的原则上均记录其姓名、地址、联系电话等,并在贵宾卡持有者生日的时候,送去了生日祝福以及生日蛋糕。逢重大节日,所有的顾客均可获赠问候祝福卡,以强化品牌印象,使一些随机顾客成为具有品牌忠诚度的回头客。2001年的圣诞节,2002年的元旦期间,每一位顾客都收到了公司统一制作的精美圣诞卡,得到了较好的反响。2003年新店开业期间,又对每一位贵宾卡的持有者赠送了价值三百多元的高档衬衫,以回报数量迅速增长的消费者。

(2) 主要客户管理方法。

主要客户的消费金额占销售总额的10%~20%,也具有一定的影响力,销售人员要进行定期的拜访。这类客户往往容易变为企业的忠诚客户,因此,是值得企业花些时间和金钱来建立忠诚度的。如果这类客户的订单频率和数量没有上升或如果他们向竞争对手订更多的产品,那么企业要给他们提供更多的服务。在放弃一个主要客户之前,企业要找出他们从竞争对手那里订更多产品的原因。

(3) 普通客户管理方法。

普通客户的消费额只占10%以下,每个客户的消费额很少。对此类客户,企业若没有策略性的促销战略,在人员、财力、物力等限制条件下可减少推销努力,或找出将来有前途的"明日之星"培养为主要客户。对于这类客户,企业将对其服务的时间削减一半,但和这些客户保持联系,并让他们知道在他们需要帮助的时候企业总是会伸出援手的。

(4) 小客户管理方法。

在与小客户打交道时,他们往往是锱铢必较,忠诚度很低,不及时付款,订单不多却要求很多。对这些客户企业应提供很少的服务。

销售人员会拥有许多的客户,然而能为他们带来较大销售额和利润的客户却非常少,对那些重要的客户,销售人员要为他们花费更多的时间,否则就意味着是对自己的重点客户的忽视。销售人员要提高效率,就必须按照与客户的成交量来规划自己的推销拜访次数。总之,销售人员要记住,资源是有限的,要把有限的资源用在"刀刃"上。

2. 第二种方法:按照客户与企业关系远近分类的客户管理方法

(1) 对潜在客户和目标客户的管理。

潜在客房和目标客户虽然没有购买过企业的产品或服务,但是他们是有可能在将来与企业有交易的客户。当他们对企业的产品或者服务产生兴趣并通过某种渠道与企业接触时,企业应当详细介绍产品或服务,耐心解答他们提出的各种问题,帮助潜在客户和目标客户建立对企业及其产品或者服务的信心和认同,这是促使其与企业建立交易关系的关键。对潜在客户和目标客户的管理目标是先将他们发展为初次购买客户,再培养其成为重复购买客户,乃至忠诚客户。

虽然潜在客户和目标客户还没有与企业发生过交易关系,企业无从记录和跟踪他们的交易行为数据,但并不等于企业就不能对潜在客户和目标客户的价值进行合理的判断。企业仍然可以通过交易以外的其他途径收集反映潜在客户和目标客户基本属性的数据(如年龄、性别、收入、教育程度、婚姻状况等),然后利用这些属性数据分析他们的潜在价值。

(2) 对初次购买客户的管理。

对初次购买客户的管理目标是将他们发展为忠诚客户或重复购买客户。

虽然初次购买客户已经对企业有了初步的认同并接受了企业的产品,但是,初次购买客户在与企业初次交易过程中的体验以及对所购买的产品的价值判断将会影响到他们今后是否愿意继续与企业进行重复的交易,第一次购买如果感觉不好,很可能就没有第二次了。

初次购买是客户成长的一个关键性的阶段,企业要抱着与客户建立终生关系的目标与客户进行第一次交易,让产品和服务符合或超过初次购买客户的期望。另外,企业还要跳开针对大众的媒体广告,与初次购买客户进行个性化的交流,保持与他们的联系和沟通,呵护和关心他们,并且尽量提供满足其个性化需求的产品或者服务,努力与他们建立起一种互相信任的关系,这是让初次购买客户再次与企业进行交易的基础。

通常,企业很难在第一次交易时就收集到完整的客户信息,而需要在反复的交易过程中对客户信息进行完善。因此,相对于忠诚客户来说,企业很难对初次购买客户的价值进行有根据和有效的判断。此时,企业应该注意收集和积累初次购买客户的后续购买的每次交易数据,并跟踪和完善初次购买客户的其他信息,以便为今后的客户价值评价做好准备。

(3) 对重复购买客户和忠诚客户的管理。

研究表明,销售给潜在客户和目标客户的成功率为6%,而销售给初次购买客户,即新客户的成功率为15%。销售给重复购买客户和忠诚客户,即老客户的成功率为50%,可见,对重复购买客户和忠诚客户的管理是客户管理工作的重点。企业应努力加强与这些客户建立联系,听取他们的意见,与他们进行沟通,然后根据其要求及时对产品或服务进行改进。同时,对这些客户提供"特殊关照",甚至可以成立专门的部门来负责管理和服务这些客户,以加深与他们的感情交融,这样,企业就有可能将重复购买客户培养成忠诚客户,并且使忠诚客户继续对企业及其产品或服务保持最高的信任度和忠诚度。

反之,如果企业对重复购买客户和忠诚客户的关注不够,就可能使他们流失,甚至成为非客户——再也不购买企业的产品或服务,那企业就会出现危机了。

总之,企业对此类客户的管理必须环环相扣,从潜在客户、目标客户开始,直到对初次购买客户、重复购买客户及忠诚客户都必须加强跟踪管理,决不能放松。

四、案例分析

有一家以加工鸡肉为主的肉类加工企业的经理最近收到很多客户的来信,有的对企业提供的产品表示基本满意,并说如果以后厂家在加工的时候再多听听他们的意见就好了;也有几封来信把厂家的产品贬得一文不值,指责厂家怎么生产出如此糟糕的产品,简直就是在浪费资源。经理看完信以后,心里很不是滋味。他很发愁,客户的口味真是难调。他准备召开技术部门和市场营销部门的联合会议,讨论怎样答复这些客户的要求。综合各方面的情况,在众多的来信中,他们归纳出四种类型的客户,并做成以下一张表格。①

---

① 资料来源:李小圣,《客户关系管理一本通》。

客户代表类型	购买情况	反映情况
1. 以一家鸡肉罐头厂为代表的购买大客户	每年要从公司订购买大量鸡肉,是公司的大客户,销售额占50%	产品基本符合他们的要求,希望在加工鸡肉的时候再精细一些,以减少他们的劳动投入。另外,在价格上能否给予一定的优惠
2. 以一家饭店为代表的餐饮业	每年从公司订购的产品占销售额的30%	要求产品进一步加强保鲜,对肉味提出了许多具体的要求
3. 一些散客户	购买不固定,厂家打折的时候购买得多,占销售额的15%	要求价格低,对鸡的来源也提出了非常明确的要求
4. 少数挑剔客户	偶尔购买,占销售额的5%	对产品极不满意,指责鸡肉不合他们的口味,要求鸡肉加工出来以后,肥瘦分布要均匀,花费在烹调上的时间要短

问题:请你浏览以上的表格,给这位经理提出一些建议。

五、复习与思考

1. 为什么要对客户进行选择?
2. 结合企业实际谈谈如何对不同的客户进行管理?

任务3 客户开发

一、任务目的和要求

★ 任务目的

通过学习,掌握客户开发的策略和方法。

★ 任务要求

根据一个企业的实际情况,能够提出该企业的客户开发策略及方法。

二、相关知识

客户开发,就是企业将目标客户和潜在客户转化为现实客户的过程。

早在三十多年以前,当代管理学大师彼德·德鲁克教授就已经观察到,一个企业的首要任务就是要"开发客户"。客户是企业的生命源泉,给了他们所需要的,企业才能从他们哪里得到自己想要的。每一位伟大的企业创始人都有一套关于本企业的明确理念,从而指引他们的行动和决策,而这套理念却必须以客户为中心。

对于新企业来说,首要的任务就是吸引和开发客户,对于老企业来说,企业要发展也需要源源不断地吸引和开发新客户,即便企业拥有大量的客户,还是需要开发客户,为什么呢?因为新陈代谢不仅是自然界的规律,也是企业管理的规律。据一般经验,每年老客户流失率约为10%～30%,优质客户流失率会低一些,但也会流失,所以,企业在努力培养客户忠诚度的同时还要不断寻求机会开发新客户。这样,一方面可以弥补客户流失的缺口,另一方面可以壮大企业的客户队伍,提高企业的综合竞争力,增强企业的营利能力,实现企业的可持续发展。

客户开发常采用"推"的策略(如恰当的产品/服务、价格、分销、促销、公共关系等)及销售人员直接寻找客户与客户沟通的"拉"的策略。

三、实现步骤

(一)采用"拉"的策略实现客户开发

第一步:恰当的产品/服务

1. 强调产品功能效用

功能效用是吸引客户的最基本的立足点,一个功能效用能够满足客户需要的产品或服务肯定会吸引客户前来购买。对于相似的产品或服务来说,功能越强、效用越大的产品或服务对客户的吸引力就越大。

如被称为"PC机之父"的史蒂夫·乔布斯在产品开发中曾派工程师走访了三十多所大学,询问大学里需要什么样的机器。根据调查和咨询结果,他推出了存储量大、程序简单和兼容的分体式计算机,立即受到普遍的欢迎。

对老产品或者服务在功能和效用上加以改进后重新推出也能够有力地吸引客户。

如银行将原来的活期存款和定期存款的优点融合起来,推出"个人通知存款"业务,吸引了不少新的储户;有的银行推出了个人支票业务,既有结算功能,又有活期利息,由于可以使人们告别"腰缠万贯"的烦恼,尝到了"一纸抵万金"的潇洒,从而吸引了许多客户;招商银行推出的"一卡通",除具有"一卡多户、自动转存、代发工资、代收费用"等功能外,还有"证券保证金转账"功能,可以使客户不必携带大量现金进出股市,因此吸引了不少股民使用"一卡通"。

上海邮政局发现动迁居民在搬入新居后来不及将新的通信地址告知亲友,一度发生"断邮"现象,于是上海邮政局推出了"拆迁转邮"服务,并在动迁地现场提供这项服务,从而吸引了很多的客户前来办理。

 案例2-6 依靠挖掘产品的功能、效用来吸引客户[①]

有位年轻人在纽约闹市区开了家保险柜专卖店,但是生意惨淡,很少有人去留意店里琳琅满目的保险柜。看着川流不息的人群,他终于想出一个办法。他从

---

① 资料来源:http://lib.ortunespace.net/Market/HTML/57298.shtml.

警察局借来正在被通缉的罪犯的照片,并且放大好几倍,贴在店铺的玻璃上,照片下面附上一张通缉令。

很快,行人们被照片吸引,看到罪犯的照片,人们产生了一种恐惧感,于是本来不想买保险柜的人也想买了,年轻人的生意一下子好起来了。

不仅如此,年轻人在店里贴出的照片还使警察局获得了重要的线索,顺利地将罪犯缉拿归案,年轻人因此受到警察局的表彰,媒体也作了大量的报道。这个年轻人也不客气,他把奖状、报纸一并贴到店铺的玻璃上,这下,保险柜专卖店的生意自然更加红火了。

案例2-6告诉我们,有些需求是隐藏的,如果企业的产品或服务的功能、效用能够满足这种需求,那么企业就应当想办法去刺激这种需求,一旦这种需求被激发,那么市场就打开了,客户会争先恐后地寻觅企业,寻觅企业的产品或服务。

2. 保证良好的产品质量

"好东西自己会说话"——质量优异的产品或服务总是受到客户的青睐,质量在吸引客户上起到了至关重要的作用。

如法国家乐福公司对采购品的质量要求很严格,生产厂家必须通过包括工厂检测、产品测试直至装运检验等一系列的长达半年的考核才能向家乐福供货。德国麦德龙公司对产品质量的要求则永远排在第一位,所有进入麦德龙采购系统的产品先要在国内的一个区域销售,如果效果好才可以进入全国市场,最后才能分销到国外。日本大荣公司也很看重产品的安全性,因为进入大荣连锁采购系统的产品将有可能出口日本,而日本对进口产品都有严格的标准,尤其是产品的安全性。

一个质量有问题的产品或服务即使非常便宜也没有人愿意购买,人们会退避三舍,唯恐避之不及。相反,对于高质量的产品,即使价格高些人们往往也愿意接受。因为质量往往代表着安全、可靠和值得信赖,人们之所以购买名牌产品或服务最主要的就是看中其过硬的质量。

案例2-7 昆明安雅达装饰有限公司——先进的客户理念[①]

安雅达不仅以生产优质的天花板著称,更以先进的客户理念而受到无数厂商的信任。有一次,企业正在研发一种质量上乘、造型优美的新型天花板,恰逢一个房地产商前来订货。这位客户一眼就看中了这种新型的天花板的质地和美丽典雅的图案,并立即决定非该产品不买。于是企业为了满足客户当时迫切的需求,在这种天花板还没有经过最后的试验阶段的情况下,先为客户定作了一批。然而

---

① 资料来源:范云峰,《如何开拓与维护客户》。

在后来的产品试验中,企业担心的事还是发生了,企业发现为房地产商提供的产品还存在细微的问题,面对此情,企业陷入了矛盾之中,是否为客户更换产品呢?换,企业会遭受损失;不换,这批天花板虽然客户也能用上八九年,但却违背了企业的发展理念——"安雅达要做百年企业,每个人想做终身员工,我们的产品就是让客户至省满意十年!"

想到此,安雅达的管理层决定不能姑息任何一点错误,立即派人到该房地产公司,重新为他们安装了新的天花板。安雅达公司这种不放过细微质量瑕疵,以客户利益为重的精神令客户大为感动。安雅达也因此美名远扬,在市场上建立了良好的口碑效应,很多客户源源不断地找上门来。

安雅达公司总经理王志伟在总结此事时说:"行,未必真行;好了,还需要更好;可以了,决不可以;无可挑剔才是我们无可替代目标;无懈可击才是我们不懈的追求。"

案例2-8 航空公司以优质的产品——上乘的服务吸引乘客[①]

法国航空公司上海至巴黎的空中客车是直航,可是坐在飞机上的15个小时并不觉得烦闷。因为座位上配有耳机并可选择七八个频道的音乐节目,座椅旁拉出超薄型电视可选择15个频道的节目,并且配有中文字幕。虽然法国葡萄酒在世界各地卖得很贵,可在法航上却可以像喝汽水和矿泉水一样,让乘客过足瘾、喝个够。因此,法航吸引了许多往来上海和巴黎的乘客。

德国汉莎航空公司在头等舱和商务舱推出了机上卧床、自选菜单和不停播放影视节目等服务项目,还为旅游者设计了"快乐星期",其中为矩程游客设计"快乐一日",为各季节设计"特别季节游",所有这些项目都将租车、宾馆住宿、延伸服务、联运和转运捆为一体,实施"一条龙"服务。尽管汉莎航空公司的机票卖得很贵,但是这些周到的服务举措仍然有效地吸引了目标乘客。

此外,在激烈的航空市场竞争中,为了更好地吸引乘客,有的航空公司推出了其他的优质机上服务。

1. 专为60岁以上的老年乘客提供的温情服务——提供专座、老花眼镜、热饮软食、御寒的毛毯以及引领如厕、专人护送等敬老服务。

2. 专为小乘客提供的游戏服务,让孩子开心,对无家长陪伴的小乘客还提供特殊的全程服务,让家长放心。

3. 为当天生日或蜜月旅行的新婚夫妇乘客,送上最诚挚的祝福和精美的纪念品。

---

① 资料来源:苏朝晖,《航空公司的市场营销策略》。

4. 提供有营养且有当地特色的空中套餐,并考虑不同种族、不同信仰乘客的饮食习惯,为他们特别提供专门的服务……

3. 建立产品的特色

现在市场上产品或服务的同质化程度越来越高,因此,企业要想在激烈的市场竞争中脱颖而出,其产品或服务必须有足够的特色才能吸引客户的注意。

案例 2-9　　　　棺材酒吧①

在比利时首都布鲁塞尔有一家"棺材酒吧",酒吧里面摆着一副副棺材形的吧台,人们用一个像骷髅的酒杯饮酒,杯里边盛着独家调制的鸡尾酒"午夜之眼"、"吸血鬼之吻"等,令人毛骨悚然,整个店充满恐怖气氛。尽管如此,却客似云来,生意兴隆。

"棺材酒吧"的老板可谓是一位出色的心理学家,他抓住人们心理上的弱点,反其道而行之,从而刺激了人们的感官,吸引了更多的"勇敢者"光顾,开业不到3年,它的客户已遍布欧洲各国。

案例 2-10　　　不同特色吸引不同的客户②

在芝加哥斯泰特大街 3 个街区的短短距离内,就有美国最大的女鞋零售商爱迪生兄弟企业的 3 家不同定位的连锁店,虽然它们相互靠近,却不影响彼此的生意,这是因为它们针对不同的细分市场。

爱迪生兄弟企业经营了九百多家鞋店,分为 4 种不同的连锁形式,每种连锁形式针对不同的细分市场。如钱德勒连锁店专卖高价鞋,贝克连锁店专卖中等价格的鞋,勒特连锁店专卖廉价鞋,瓦尔德派尔连锁店专卖时装鞋,各有各的特色。这就是为什么它们同处一地,却相互不影响的原因——它们各自有自己的目标客户,所以相互不"打架"。

---

① 资料来源:覃祖强、李灯强,《海外营销怪招四则》。
② 资料来源:黄文庆,《市场细分——企业成功的关键》。

4. 创产品品牌

品牌是用以识别某个产品或服务,并使之与竞争对手的产品或服务区别开来的商业名称及标志。

品牌对于客户的吸引力在于,品牌是一份合同,是一个保证,是一种承诺。无论购买地点在哪里,无论分销形式如何,品牌向客户提供了一种统一的标准,减少了客户可能冒的风险,能够更好地维护客户的利益。当客户对产品或服务的安全和质量要求很高时(如给婴儿购买护理产品)或者当客户难以事先评估产品(如电脑、音响等高科技产品)的性能时,品牌的作用尤为重要。因为品牌能够让客户信任、放心,尤其是久负盛名的品牌是增强客户购买信心的重要因素。

有时候,当我们不是为个人购买,而是为团体或单位购买,就更要求产品的品质,不能出任何问题,这时候购买名牌产品或服务就是明智之举。所以,在美国,人们常说"购买IBM产品的雇员永远不会被解雇"。

品牌对于客户的吸引力还在于,品牌不仅有利于维护客户的利益,还有助于提升客户的形象,特别是有些产品的购买被称为社会地位标志性的购买,如服装、酒、汽车等,因为品牌产生的附加值是根本性的,起着绝对的作用。品牌将自己的身份传递到人们的身上,提高了使用它或消费它的人的身价,给人们带来心理上、精神上更高层次和最大限度的满足感。因此,无论是IBM还是GE,或者Nike、National,它们都受到了客户的追捧,唤起了无数客户的购买热情。

5. 适宜的包装

包装是指为产品设计并制作容器或包扎物的一系列活动,是不属于产品本身的又与产品一起销售的物质因素。包装能够方便产品的保护、运输、储存、摆放上架,被消费者识别、携带和使用,有助于吸引客户的注意,从而促进产品或服务的销售,增加企业的利润。

"人要衣装,佛要金装,产品要包装"。产品给客户的第一印象,不是来自产品的内在质量,而是来自外观包装。包装吸引客户的作用主要是体现在"无声销售员"上。

一方面,当产品被放到自选柜台或者自选超市时,好的包装能够吸引客户的视线,引起或加强客户的购买欲望。如好的食品包装可以引起人们的食欲,并能够提示产品的口感和质量,像方便面的包装通常色彩鲜艳,令人垂涎欲滴。据英国市场调查公司报道,去超市购物的妇女,由于受精美包装等因素的吸引而购买物品的数量常常超出原来计划购买数量的45%。

另一方面,当各个品牌之间的"内在"差异很小或很难被消费者感知的时候,包装在功能方面或视觉方面的优势就会让产品"占上风",并左右客户的购买决策。美国杜邦公司研究发现,63%的消费者是根据产品的包装来选择产品的。

此外,颜色、造型、风格、陈设、标签等功能因素实际也是"大包装"的范畴,它们可以建立赏心悦目的形象,吸引客户的光临。

如住房装潢设计室摆上计算机,给人以现代、高科技的感觉;面包房清新而芳香的空气能够提示所出售的面包新鲜程度高;温暖、宜人的气温,柔和的灯光和音乐能够提示西餐厅温情、细腻的服务;强烈的音乐能够提示酒吧热情、豪爽的服务……这些"大包装"的成功可以吸引众多的客户前来消费。

又如,天津亨得利钟表店在布局上全力推出一个"准"字,沿客户行走路线的柜台橱窗中陈列了样式各异的数千种钟表,并且全部处于走时状态,表针整齐划一,尤其是整点的时候,所有钟表都发出悦耳的声音,组成和谐的乐章,这样刻意的"包装"无疑有助于提升这里钟表的质量,给客户留下深刻的印象,从而吸引客户的购买。

6. 优质的服务

服务是指伴随着产品的出售,企业向客户提供的各种附加服务。如产品介绍、送货、安装、调试、维修、技术培训、产品保证等。企业向客户提供的各种服务越完备,产品的附加价值就越大,客户从中获得的实际利益就越大,也就越能够吸引客户。

IBM 曾经发生过这样一件事情:一位客户住在小镇的一个小岛上,一天 ThinkPad 发生了故障,呼叫中心咨询后判断必须由客户服务人员现场解决,但当地没有服务网点,公司决定派工程师乘飞机到当地城市再坐出租车到小镇,然后租用快艇到小岛进行维修。碰巧当天下暴雨,工程师在深夜两点才赶到小岛,为了不打扰客户,工程师露宿于小岛,第二天上门并很快排除了故障。这件事情不久后就得到了积极的市场响应,那就是小镇上几乎所有准备购买电脑的人全都选择了或者表示将选择 IBM——这就是优质服务的魅力。

如今,为了提供的优质的和完善的服务,争取更多的客户,越来越多的企业还延长了营业时间。如"永和豆浆"为了方便客户,接连延长了服务时间,直至推出 24 小时服务,满足了喜欢休闲式"夜生活"客户的需要,自然生意兴隆。有些企业则开展流动服务和上门服务,如北京邮政局用流动服务车向居住在市郊的外来民工提供服务。也就是说,通过时间上和空间上为客户提供方便也可以吸引客户的购买。

7. 承诺与保证

由于客户的购买总隐含着一定的风险,因此在一定程度上会限制其购买欲望。而卖方提供的承诺可以起到一种保险作用。如果企业对提供的产品或者服务做出承诺与担保,就可以降低客户购买的心理压力,就会引起客户的好感和兴趣,从而促进客户放心地购买和消费。

如航空公司承诺航班准点,同时承诺当航班因非不可抗拒的因素的延误、延期、取消、提前时,保证赔偿乘客的损失,这样便可以使乘客在一定程度上增强对航空服务可靠性的信心。

又如,杭州大众出租汽车公司承诺:凡是气温在 30℃以上时,一律打开空调,如没有打开的,乘客可以要求退回所有的车费,并且获得面值 30 元的乘车证一张,公司还将对违纪司机给予处罚。

第二步:恰当的价格

价格是一个广义的概念,包括商品的售价,提供服务的各种收费,支付给管理人员、员工及推销人员的薪水和佣金,为取得资金而支付的利息,以及为取得赚钱的机会而付出的代价(如税收、专卖权、使用权)等。

对于客户而言,价格不是利益的载体,而是代表一种牺牲。因此,价格既可能表达企业对客户的关心,也可能给客户以急功近利的感觉。

恰当的价格就是指企业应当根据产品或服务的特点,以及市场状况和竞争状况,为自己的产品或服务确定一个对客户有吸引力的价格。企业通过价格吸引客户的策略如下。

1. 撇脂定价策略

撇脂定价策略是指以在鲜牛奶中撇取奶油,先取其精华后取其一般,比喻新产品在进入市场的初期时,利用消费者"求新"、"猎奇"的心理,高价投放商品以期从市场上赚取丰厚的利润,从而迅速收回成本。当竞争者纷纷出现时,"奶油"已被撇走,企业可就市场销售情况,逐步降低价格。撇脂定价策略的优点是:定价高能获取较高的利润,可以尽快收回成本;当新产品上市时,消费者对其无理性的认识,利用较高价格可以提高新产品的身价,塑造其优质产品的形象;扩大了价格的调整回旋余地,提高了价格的适应能力,有助于增强企业的营利能力。

适宜采取撇脂定价策略的情况有:新产品比老产品有明显、突出的优点,市场上需求者多;生产方面拥有专利技术,没有竞争者;消费者认为高价代表高档、高品质的产品,虽然价格高但市场需求量不会大量减少;该商品是需求弹性较小的商品;消费者求购心切,愿出高价。

如1945年美国雷诺公司最先制造出圆珠笔,并且作为圣诞节礼物投放到市场上成为畅销货。虽然当时每支成本只需50美分,但是公司以每支10美元的价格卖给零售商,零售商再以每支20美元卖出。尽管价格如此之高,但仍然受到追时尚、赶潮流的客户的追捧。

案例 2-11   奥斯登公司的灵活的定价策略①

德国有一家奥斯登零售公司,它经销的任何产品都很畅销,资金周转非常快,平均只有17—20天,其诀窍就是采取灵活的定价策略。

例如,它推出一套内衣外穿的时装,一反过去内外有别的风格,有强烈的吸引力,客户也感到很新鲜,于是奥斯登公司采取了高价策略,即定价是普通内衣价格的4—6倍,但照样销售很旺;后来,当其他企业也相继推出这种内衣外穿的时装时,奥斯登公司改变策略,再继续推出两万套这种时装时,将价格下降到相当于普通内衣的价格,许多商家闻风而来,两天便抢购一空;又过了一段时间,奥斯登公司又以成本价——不到普通内衣价格的60%销售,这下,经济拮据的客户也纷纷跑来购买。

2. 渗透定价策略

与撇脂定价策略相反,渗透定价策略是以低价投放新产品,使产品在市场上广泛渗透,以提高企业的市场份额,然后再随企业市场份额的提高而逐步调整价格,最终实现企

---

① 资料来源:车贺明,《国外知名企业商务营销中的"撇脂"妙招》。

业盈利目标的定价策略。这种定价策略迎合了消费者求廉、求实的消费心理。

渗透定价策略的优点是：低价能迅速打开新产品的销路，有利于提高企业的市场占有率；低价薄利，使竞争者望而却步、减缓竞争，获得一定的市场优势；物美价廉的产品有利于树立良好的企业形象。

适宜采取渗透定价策略的情况有：需求价格弹性大、购买率高、周转快的产品，如生活日用品；在成熟市场上竞争，往往要采取这种策略，以便和竞争者保持均势；如果大多数竞争者都降低了价格，尤其是竞争者对价格很敏感，而且企业的主要竞争对手提供了本企业无法提供的附加价值时，只有降低产品价格。

3. 尾数定价策略

尾数定价策略又称非整数定价策略，是指保留价格尾数，采用零头标价。如一件衣服的定价为 49.9 元，而不是 50 元。利用尾数定价策略可以使价格在消费者心目中产生三种特殊的效应。

（1）便宜。

如将一双皮鞋标价为 98 元，就比标价 100 元的销路好，因为消费者会从心理上认为这是百元以下的开支。

（2）精确。

带有尾数的定价可以使消费者认为企业制定的价格是认真的、精确的，从而产生信任感。

（3）吉利。

由于民族习惯、社会风俗、文化传统和价值观念的影响，某些数字常常会被赋予一些独特的含义。如在我国，尾数是"8"的价格较多见，"8"与"发"谐音。人们往往乐于接受这个有吉祥意义的数字。根据这一情况，采用尾数定价策略时可以有意识地选择消费者偏爱的数字，则其产品因此而得到消费者的喜爱。

4. 整数定价策略

与尾数定价策略不同，整数定价策略在定价时把商品的价格定成整数，而不带尾数。整数价格又称方便价格，适用于某些价格特别高或特别低的商品。对于一些款式新颖、价格较贵、风味独特的商品采取整数定价取消尾数能够满足购买者高消费的心理。如精品服装可将价格定为 1000 元，而不定为 998 元，这样可以以千元价位的面目赋予商品以高档、优质的形象。而对于某些价值很低的日用品，如手帕纸定价为 0.50 元，较之 0.49 元对消费者而言在付款时更为方便。

5. 声望定价策略

声望定价策略是根据消费者的"求名"心理制定高价的策略。多数消费者购买商品时不仅仅看重商品一流的质量，更看重品牌所蕴涵的象征意义，如地位、身份、财富、名望等。声望定价策略适用于知名度高、广告影响力大、深得消费者青睐的名牌商品。如 20 世纪 80 年代世界著名品牌皮尔·卡丹进入中国的时候，一条皮尔·卡丹的皮带卖到 1000 元人民币这是一种典型的声望定价策略。声望定价策略不仅被广泛地运用于零售业中，而且在餐饮、娱乐、维修服务等行业也得到了广泛运用。

6. 习惯定价策略

习惯定价策略是按照消费者的习惯心理来制定价格。消费者在长期的购买实践中对某些经常购买的商品心目中已经形成了一个习惯性的价格标准。这些商品的价格稍有变动就会引起消费者不满,如降价易引起消费者对品质的怀疑,涨价则可能受到消费者的抵制。因此对于这类商品,企业宁可在商品的内容、包装、容量等方面进行调整,也不愿采取调价的方法。若确实需要调价,则应预先做好宣传工作,让消费者充分了解调价的原因,从而做好心理准备,然后再择权调价。日常生活中的饮料、食品一般都适用这种策略。

7. 招徕定价策略

招徕定价策略是指多品种经营的企业将一种或几种商品的价格定得特别低或特别高以招徕消费者,吸引他们来到本企业并期望他们在购买低价或高价商品时也购买其他的商品,从而带动其他商品的销售。招徕定价策略常为综合性百货商场、超级市场甚至高档商品的专卖店所采用。

第三步:恰当的促销

恰当的促销是指企业利用各种恰当的信息载体,将企业及其产品的信息传递给目标客户,并与目标客户进行沟通的传播活动,旨在引起客户的注意,刺激客户的购买欲望和兴趣,使其产生实际的购买行为。下面介绍促销的三种主要实现形式。

1. 利用广告

广告可以大范围地进行信息传播和造势,起到提高产品或服务的知名度、吸引客户和激发客户购买欲望的作用。在商业界有这样一种说法:推销商品而不做广告,犹如在黑暗中送秋波,这也体现出广告在促销中的重要作用。

案例 2-12   广告帮助"脑白金"点了一把火[①]

"脑白金"把"送礼人群"作为目标客户,先在电视上频频投放广告,主张"今年过节不收礼,收礼只收脑白金",打动并且吸引了"送礼人群"纷纷到市场上购买。

然而"脑白金"并没有铺货,买不到"脑白金"的"送礼人群"愈加着急和期待。而这种空前高涨的需求欲望很大程度地激发了无数的代理商和经销商的代理、经销欲望,于是"脑白金"一上市就被抢购一空。

此外,广告运用象征、主题、造型等方式也适合于品牌形象的推广及创造品牌的特色和价值,从而吸引客户采取购买行动。如美国著名的"旅游者"保险公司在促销时,用一个伞式符号作为象征,促销口号是"你们在旅游者的安全伞下"。又如,香港国泰航空公司的广告以一棵大树自比,恰当地树立了自己的形象,显示了自己的安全性。

---

① 资料来源:段焱、王凌土,《广告打下大市场——脑白金广告策略分析》。

案例 2-13　　　丰田公司的"安全广告"①

日本丰田汽车公司在开拓美国市场时,面对汽车业发达的美国,费尽心思寻找促销的"突破口"。他们了解到美国车多、车祸多,开车人大都缺乏安全感,于是就录制了这样一组短片:

一位司机驾驶着一辆丰田车连人带车从10米高的地方撞了下去……正当人们惊恐之际,只见那位司机安然无恙,丰田车也完好无损。

这一短片通过电视转播到美国的千家万户时,产生了出奇的效果,掀起了一股购买丰田车的热潮。正是因为丰田公司的广告把握了客户求安全的心态,从而刺激客户的购买欲望,才取得如此巨大的成功。

2. 应用公共关系促销

公共关系促销是通过企业的公共关系活动使企业与社会各界建立良好的理解、友谊和支持关系,从而以企业的知名度、美誉度来带动商品销售的一种间接的促销方式。应用公共关系促销的特点是企业与社会建立双向沟通,并注重企业的长远利益,其主要方法如下。

(1) 利用各种传播媒体和传播方式(如人际传播和大众传播),扩大企业的知名度,让社会了解企业。

(2) 开展联谊、庆典及咨询等活动,加强与社会各界的联系。

(3) 积极参与社会公益事业及其他社会活动,为企业创造良好的社会环境,获得社会的赞誉。

(4) 培养教育员工塑造良好的自身形象,建立企业与员工之间的良好情感。

3. 销售促进

销售促进是企业利用短期诱因,刺激客户购买的促销活动,其主要手段如下。

(1) 免费试用。

免费试用是吸引潜在客户或者目标客户迅速认同并且购买企业的产品或服务的最有效的方式。在买方市场条件下,"上帝"变得精明、挑剔,免费试用是"欲擒故纵,先予后取"。

如许多的报纸杂志采取在一定时间内请客户免费试阅,由此吸引了一些读者,而一旦读者满意后便会订阅。又如,中法合资上海达能酸乳酪有限公司为吸引长期客户向上海市民馈赠了10万瓶达能酸奶,许多的市民品尝后感觉不错便长期购买。

早在中国改革开放之初,美国的IBM公司曾经免费赠送给中国工业科技管理(大连)培训中心20台IBM计算机。该中心的学员都是来自全国各地的大中型企业的厂长和经理,他们在培训中心使用IBM计算机后印象很好,很多人回到企业后就做出了购买IBM计算机的决定。IBM公司正是通过这种方式打开了中国市场。

---

① 资料来源:http://www.globrand.com/2006/04/11/20060411-224730-1.shtml。

(2) 免费服务。

如电器商店为购买者提供免费送货上门、免费安装、免费调试。皮革行除免费为客户保修外,还免费为客户在夏季收藏皮夹克,从而吸引对服务要求甚高的客户前来购买。香港的酒楼看准每年有 5 万对新人办喜事而竞相推出优质服务——有的降价供应啤酒,有的免费代送宾客,有的免费提供新婚礼服、化妆品、花车及结婚蛋糕……谁的服务招数高,谁的生意就兴隆。

(3) 奖金或礼品。

奖金或礼品是指与购买一件产品相关联的馈赠奖金或礼品的活动。如购买一辆汽车可获赠一台 DVD。酒厂承诺凭若干个酒瓶盖就可换得若干奖金或者一瓶酒。航空公司推出"里程奖励"活动,对乘坐航空公司班机的乘客进行里程累计,当累计到一定公里数时,就奖励若干里程的免费机票。口香糖刚问世时销路不畅,后来规定回收一定数量的口香糖纸就可以换得一个小礼品,从而打开了市场。

(4) 优惠券。

优惠券是指企业印发的给予持有人购买产品时一定减价的凭证。优惠券可在报纸或杂志上刊印,还可以在产品中或在邮寄广告中附送。由于能够得到减价优惠,所以对价格敏感的客户有很强的吸引力。

在美国,人们在周五下班后就纷纷走进商店采购准备度周末,而在前一天,许多的商店已经在报纸上刊登减价广告和赠券,客户如被赠券所说的产品吸引可将赠券剪下来,然后持券购买该产品便可获得相应的优惠。

如美国一家公司为了把它的咖啡打入匹茨堡市场向潜在客户邮寄了一种代价券,客户每购一听咖啡凭代价券可享受 35% 的折扣,每听中又附有一张折价 20 美分的代价券,这样客户就会不断地被这种小利小惠所刺激,从而对该产品保持长久的兴趣。

4. 通过会员制或客户俱乐部吸引客户

会员制是类似于减价优惠的一种促销形式,客户可以从中获取许多的利益——会员一次性支出的会费远小于以后每次购物所享受到的超低价优惠,还可以享受各式各样的特殊服务,如可以定期收到有关新到货品的样式、性能、价格等资料,以及享受送货上门的服务等。如上海华联商厦对持有"会员卡"的客户在商厦购物可享受一定的折扣,并根据消费的金额自动累计积分;会员还可通过电话订购商厦的各种产品,不论大小,市区内全部免费送货上门,对电视机、音响等产品免费上门进行调试,礼品实行免费包扎;商厦还注意倾听会员的意见和建议,不定期地向会员提供产品信息和市场动态等各种资料,会员生日还能收到商厦的祝福贺卡及小礼物。

由于成为会员后可得到诸多好处,所以,会员制可以吸引和招徕新客户的加盟。此外,老会员还会在有意无意间帮助企业进行宣传,充当义务推销员的角色。

(二) 采用"推"的策略实现客户开发

作为客户开发最关键也是最困难的一个问题,就是销售人员如何从茫茫人海中找到需要我们产品的客户,销售人员找不到客户就没办法将产品销售出去,所以,寻找接近潜在客户作为客户开发的第一个环节是最具基础性和关键性的一步。

客户开发,除了依靠产品自身情况、广告及销售促进等活动以外,还要依靠销售人员掌握并运用一些基本的途径和方法来充分挖掘出潜在的客户。

第一步：采取恰当的方法找寻适合的客户群

1. 资料查询法

资料查询法是通过查阅各种有关情报资料来寻找客户的方法。目标客户的信息可能来源于某些公共情报，如人名地址簿、登记录以及专业名册等，常见的公共情报如下。

(1) 电话号码簿。

电话号码簿记录了各种企业、机构的名称及电话号码。销售人员根据自己营销产品性质、应用范围等信息在电话号码簿中查找出可能会成为目标客户的企业、机构，然后与它们联系。

(2) 客户记录。

为客户服务过程中要留下客户记录，如会员制服务形式就存在完整的客户记录。

(3) 报纸、杂志上登载的信息。

报纸、杂志上登载的信息，如新公司的成立、新商店的开业、新产品的广告、公司的招聘广告等。这些信息的形式很多，并且它们是公开的，销售人员仔细分析这些信息后，通过电话联系、直接邮寄和私下接触，可以顺利地找到目标客户。

(4) 专业名册。

如刊物的订阅名册，各种协会的会员名册，股份公司印行的股东名册，各行业的公司名册等。

资料查询法的优点和缺点参见表2-1。

表2-1 资料查询法的优点和缺点

优点	缺点
较快地了解市场容量和准客户的情况 成本较低	商业资料的时效性比较差

2. 广告搜寻法

广告搜寻法又称广告开拓法，是指利用各种广告媒体寻找客户的方法。广告搜寻法是利用广告媒体发布产品信息，并对产品进行宣传，由销售人员对被广告吸引来的客户进行销售咨询。

如当年的脑白金在产品上市时，没有先进行铺货，而是先进行广告宣传，在中央电视台、地方电视台频频投放广告，其宣扬的广告主张是"今年过节不收礼，收礼只收脑白金"吸引了无数的消费者。于是很多的消费者到市场上去购买，但是市场上还没有销售。这更加重了消费者的期待。

台湾一知名品牌的摩托车在推向市场时也曾成功地采用了这种方法，首先企业积极地向销售终端广泛宣传，连续不断打出广告，第一天打出"如果你想买摩托车，请你等待六天"；第二天，又打出"请你等待五天"；依次类推，设定悬念，激起人们的好奇、关注和期待。一个星期后，产品在市场上出现，消费者纷纷购买，出现了非常火爆的场面。

广告搜寻法的优点和缺点参见表2-2。

表 2-2 广告搜寻法的优点和缺点

优点	缺点
传播速度快	目标对象的选择性不易掌握
传播范围广	广告费用却日益昂贵
节约人力、物力和财力	企业难以掌握客户的反应

- 使用广告搜寻法时要注意：一方面，要选择针对目标客户的适当媒介；另一方面，广告的制作效果也极为重要。

3. 连锁介绍法

连锁介绍法又称介绍寻找法或无限寻找法，是指通过老客户的介绍来寻找有可能购买该产品的其他客户的一种方法。连锁介绍法是企业常用且行之有效的方法。

每个人都有一个关系网，而客户开发中就是依靠关系网进行人与人之间的交往、交流，客户开发过程也就是一个编制客户关系网的过程。如企业把产品卖给 A，A 再把企业的产品介绍给 B 和 C，B 和 C 再介绍给他们的亲朋好友，依次类推，不断继续下去……据统计，这样重复 12 次，企业就可以通过一个客户而得到 8400 名客户。

乔·吉拉德就是运用这个方法，并且形成自己的"250 法则"。他发现每个人在参加婚礼、舞会之后一般都能认识 250 人左右，每个人的亲属、朋友、同学大概有 25 人左右，得罪一个客户就等于得罪了 250 名客户，如果能把产品卖给一个客户，就意味着可以把产品卖给 250 个人，关键是要让买产品的人把他的同学和朋友介绍给自己。

于是乔·吉拉德要求客户把同学、朋友有需要产品的人介绍给他，生意谈成了，给客户提成 25 美元，有许多的客户给他介绍，就这样他拥有了 2.5 万个客户。

连锁介绍法的优点和缺点参见表 2-3。

表 2-3 连锁介绍法的优点和缺点

优点	缺点
信息比较准确、有用	事先难以制订完整的客户开发计划
能够增强说服力	销售人员常常处于较为被动的地位

使用连锁介绍法时要注意：一是该方法一般适用于寻找具有相同消费特点的客户或在销售群体性较强的商品才采用；二是要让客户相信企业的产品，只有取得客户的信任才能给企业介绍更多的客户；三是即使这一次业务不成功，也不要放弃，要想办法鼓励客户给企业继续介绍客户。

4. 会议寻找

会议寻找是指销售人员利用会议的机会，与与会者建立联系，寻找客户的方法。如新产品洽谈订货会、产品展销、贸易年度洽谈会以及其他类型的展览，如汽车展、科技产品等展览，销售人员都可以从中获得有关目标客户的信息。

使用会议寻找法在人际交往时要注意一定的技巧，以获得对方的信任。如某销售人员经常参加各种公司举办的经验交流会，在会上他有意收集各位与会者的名片，并利用各种机会与之交谈，会后进行整理归类，有针对性地选择交往，培养自己的客户，取得了很大的成功。

现在有很多的咨询策划人到处讲课，通过培训赚钱不是目的，主要是通过培训或会议推广自己的咨询项目。

会议销售是一种用较少时间得到更多客户和提高销售效率的直销形式。会议直销通常又分为家庭聚会示范销售会和工作聚会销售两种方式。

家庭聚会示范销售会一般由销售人员物色一位家庭主妇,由她出面邀请亲朋好友来家中聚会,销售人员在会上把商品陈列上来,并进行展示表演和宣传,请人们随意选购,散会后销售人员会根据销售额付给女主人一定的酬劳。这种销售方式可以弥补上门推销的缺点,可以避免被拒绝的尴尬,也比较容易取得客户的信任。

工作聚会销售的方法和形式都类似于家庭聚会销售,如首先征询单位主管的意见,然后再安排工作聚会销售。

第二步:采用适宜的形式进行联络

1. 电话联络

电话联络是指以打电话的形式与客户联络的方法。采取这种形式要注意,打电话的目标是获得一个约会,并不可能在电话上销售一种复杂的产品或服务,而且企业也不希望在电话中讨价还价。

用电话联系客户应该专注于介绍企业、企业的产品或服务,最好用最简短的语言作介绍,同时,大概了解一下对方的需求,有针对性地说明,从而抓住对方的注意力,引发其兴趣,促使客户想进一步了解产品的欲望。最重要的是不要忘记约定与对方见面,详细介绍企业的产品。

销售人员通过电话接近客户需要编制一个必要的电话联络计划:

(1) 建立核实预期客户的标准;

(2) 使用该标准列出预期客户名单;

(3) 了解每一次预期客户的财务状况和信誉度;

(4) 确定每次打电话的目的;

(5) 准备开场白和销售信息;

(6) 准备各种方式结束销售;

(7) 如果销售成功,准备快速跟进;如果不成功,请求一次会面。

销售人员打电话的应注意以下问题。

(1) 销售人员应该自报家门。

如"上午好,王先生,祝您今天愉快。我是××公司的小周。"然后,销售人员应进行能引起兴趣的评述:"我知道贵公司刚刚结束创纪录的一年,而且正准备将业务向海外拓展。我打电话是因为我们公司能帮助您和贵公司实现这一目标。"最后,销售人员应建立与客户的关系。"贵公司是本地区知名的能提供某产品的公司,我相信您想通过投放该产品到最可能的市场中以保持在海外的这种形象。我们公司曾帮助过像您这样的公司开拓在东南亚的市场。我知道您非常忙,我也不想浪费您的时间,我只想占用您几分钟的时间来解释一下我们的国际计划。"

(2) 销售信息应该强烈、简洁。

一个好的开头应该紧跟着强烈的、简洁的销售信息,以强调产品或服务的优势而不是特征。最好用积极的、生动的、能描述出乐观向上的词汇来描述好处。这些可以是个人的名词,如你、我、我们或行动导向,也可以是激发情感的形容词。销售信息应该能抵消任何预料中的反对信息。

(3) 结束语应试图劝说预期客户。

结束语是试图劝说预期客户购买少量尝试性产品,便于将来的大订单。当然在这次电话中获得了一次约会的机会也是一次成功的电话探寻。如"王先生,我想与您见个面,并向您展示我们公司的计划,从而能帮助您和贵公司在短时间内在海外获得利润。星期二上午8点或星期四下午1点,您方便吗?"

(4) 销售人员在遇到电话留言时要注意留言技巧。

销售人员应该注意电话留言的技巧,有些销售人员在遇到电话留言时常常是把业务情况一股脑说完后便认为万事大吉了,可是回电话的很少。经过分析正是由于说得太多,对方一览无余,一般不会产生太大的兴趣,最好的方法是少说,话留一半,激发对方的兴趣。如某销售人员留言:"我是小李,刚和张总通过电话,它建议我打电话给你,谈谈最近这件事情,我的电话是……"至于什么事情却只字不提,一来对方不愿得罪在电话中提到的第三者,二来对方不知道到底是什么事件,好奇心油然而生,结果是对方有回音,业务的成功率也大大提高。

2. 直接邮寄

直接邮寄是指以邮寄信函的方式来寻找目标客户。这种方式覆盖的范围往往比较广,涉及客户数量较多,但成本较高,时间较长,而且除非商品有特殊的吸引力,否则一般回复率很低。

目前我国直接邮寄的形式有以下几种。

企业借助于报纸、杂志等公开发行物刊登广告,宣传企业的产品,有兴趣的客户可以写信或打电话进行订购,这是目前中国比较普通的邮购方式,但这种方式的广告费用较高。

企业定期免费向客户寄送邮购商品的目录,有的企业甚至专门设置"邮购商品目录办事处"。这一类邮购企业普遍实行会员制,只要客户一次购买该企业的商品,就成为该企业的会员,在不同的季节,企业会提供各种商品目录,并给客户一声温馨的问候和一份意外的惊喜。

企业通过直接邮件,即把一些单独的邮件如信、广告宣传单、试用产品等直接寄给客户,向他们详细介绍企业的产品以及购买方式、联系方式等。

企业借助网络宣传自己的产品,客户在网上即可付款订购,这一形式随着中国电脑及网络科技的进步取得了较快的发展,它推进邮购直销向多元化方向的发展,变单向沟通为双向沟通,从而使整个邮购活动更加简便、完善、成熟。

案例 2-14   富士产经公司邮购直销运作[①]

富士产经家庭生活服务公司以目录销售和电视直销为主要业务,拥有员工650人,成立至今已有近三十年的历史。1997年,该公司以高达690亿日元的总营

---

① 资料来源:范云峰,《如何开拓与维系客户》。

业额,在日本邮购公司中名列第四。

1. 市场定位和商品选择。富士产经家庭生活服务公司将市场定位于女性消费者,公司的客户中约有90%的女性,其中,又有90%为家庭妇女。

与此相适应,公司的目录销售以服装和家具为主,这些商品很适合目标顾客的口味。对于服装,公司特别注重商品的附加价值,强调服装的花样、颜色、款式。如果定位准确,在综合目录中,一页服装目录的销售额能够达到5000万日元。与服装配套,目录中还介绍大量的装饰品,包括珠宝首饰。家具则是该公司较为独特的邮购商品,占目录销售额的70%左右。公司建立了自己独有的家具品牌,家具追求新潮。公司有专门的家具设计师,根据市场的流行式样,提出自己的设计方案,委托专门设计公司设计,由定点的生产厂家加工。目前,公司有60%的家具是自己设计的。

2. 邮购目录及散页广告的制作、发送。邮购目录和散页广告是邮购业务的主要直销渠道,公司的邮购目录有综合目录和专题目录两种。

综合目录每年负责制3期,每期印380万册,约刊登4000~5000种商品。综合目录的编制约需求4个月的时间,从业务部门预定接到第一张订单倒算。目录编制的程序是确定商品;确定版面和每一页的商品内容、商品摄影、编写方案、版面设计、印制。为了提高目录的吸引力,公司聘请了专门的模特,并建立了专门的摄影部门。目录制作人员都要求对所设计的商品进行试用,以加强对商品的感性认识。目录的文案要求通俗易懂,不使用专业术语,尽量多采用颜色、象声词等刺激性语言。公司专门从事目录编辑的人员有六十多人。

综合目录印制完成之后,公司根据以往的交易记录,从已掌握的650万客户中选取最有购买实力的300万客户,向他们寄发目录,以此提高目录的订货反应率。剩余的80万册目录,约有40万册通过书店出售,另外40万册通过各种宣传渠道宣传,由客户通过各种途径索取。为了节约费用,目录发送由公司委托送货公司进行,因为这一条渠道费用较日本邮政要节省将近一半。

公司每年还印制十余期专题目录,如女士内衣目录、花园用品目录、儿童用品目录等。专题目录根据客户资料,向特定的消费者发放。公司还印制散页广告,随着各大报纸投送。散页广告每次发行300万份,1年共发行6000万~7000万份。散页广告对于公开拓新的客户大有裨益。

3. 客户名址库的管理。客户名址库是开展邮购业务的核心,也是寄发邮购目录的主要依据。富士产经家庭生活服务公司拥有世界上最先进的邮购信息系统,该系统由公司与美国的IBM公司联合开发。公司的客户名址全部用计算机进行管理,建立了包含客户姓名、地址、电话、性别、年龄、成交记录(包括商品名称、成交数量、总金额)等内容的客户名址库。

公司的客户名址库实行动态管理,对于长期不购买公司商品的客户,公司将其名址放置在一个中转数据库中,并通过寄发信函的方式督促其购买,不再寄发目录。

公司的名址库具有很强的分析功能,可以根据公司的业务需要,对客户名址进行重新整理。如5年前购买过婴儿用品的客户成为儿童用品的潜在用户,将这些客户名址整理出来,可以向他们寄发儿童用品专题目录,订货比率自然高。

4. 订货处理和送货。富士产经家庭生活服务公司的订货主要有以下几种形式:电话订货、信函订货、传真订货、电脑订货等。

公司设定了专门的电话服务中心,面积近两千平方米。电话服务中心每日9:00—20:00均有人接听。1997年电话服务中心处理订货、咨询、投诉电话三百八十一万多个。公司设有三百多个电话接听席位,每个席位配备电脑,与公司的信息中心相连。为吸引客户订货,服务电话采用接听人付费的方式。电话服务中心有显示屏,可以显示日期正在打进、待接听的电话数量。接听小姐在接到订货电话后,电脑屏幕通过识别对方的电话号码自动显示订货人资料,接听小姐在电脑上查询商品资料,回答客户提问,在电脑上直接处理订货。

1997年,公司共接到订货296万笔,其中电话订货约二百二十五万笔,占75.9%。此外,信函订货、传真订货、电脑订货分别为60万笔、10万笔和1万笔。

公司的商品事先存放在其委托的送货公司——京滨商品发送中心的仓库中。公司的电脑系统与送货公司的电脑系统相连,商品订单通过电脑传到送货公司,由送货公司打印送货单,负责包装、发送商品。邮购商品在仓库中按照商品类别分类存放,仓库中配备了铲车、小推车等装卸设备。送货公司仍有专门的商品包装流水线,商品包装完毕之后,按照发送地区,分别装上送货汽车。在日本,客户在订货后的4—6天之内,就能够收到商品,客户在收到商品时,要求签名或盖章。

5. 货款结算。公司的货款结算主要有三种方式。依据不同的结算方式,发货单的颜色各异。红色发货单采用信用卡结算,通过银行付款;蓝色发货单通过邮政汇款结算;绿色发货单采用"货钱"两清的方式,这种结算方式所占的比例最大。

但不论采用何种方式,公司的邮购业务都是先发货,后收款,这主要应归功于日本较高的国民素质和较完善的法律法规制度。

6. 投诉处理。客户投诉处理的主要方式是电话。客户对公司的商品和服务有什么不满意,通过热线电脑向公司反映,必能够从服务小姐那儿得到一个满意的答复。

公司的退货条件是:客户在收到商品的8天之内,若未使用商品,可以退货。由公司方面的原因导致的退货,所需的退货费用由公司负担;由客户方面的原因导致的退货,所需的费用由客户负担。退货由送货公司负责处理。目前,公司的退货率为8%,远较美国23%的平均退货率为低。

7. 电视直销业务。富士产经家庭生活服务公司除了开展目录销售处,还开展电视直销业务。1997年,公司的电视直销业务营业额为140亿日元。由于该公司与日本最大电视台之一的富士电视台同属于一个企业集团,因而拥有电视媒体的宣传优势,这是其他邮购公司所难以比拟的。

> 公司的电视直销以现场直播为主,主要有"选购好商品"、"好商品争胜负"、"F-1商品集锦"等栏目。"选购好商品"栏目每周一至周五上午11:00—11:10播放,每次介绍3或4个商品。与我国电视直销不同的是,我国的电视直销节目往往很长时间才更新一次,而他们的电视直销节目每日更新商品,对客户有很大的吸引力。电视直销的商品主要有时装、和服、珠宝、厨房用品、家电、体育用品等。

3. 俱乐部接触

客户们一般都有自己的圈子和特定活动场所,进入他们的圈子,让他们接受企业自然生意就好办,有许多的销售人员光是凭一张嘴、两条腿去拉客户,有时让人生厌。参加企业协会,参加企业研究会,和客户们一起打球、旅游,了解他们的兴趣和需求,站在他们的立场上考虑问题,成为他们的一分子,甚至成为朋友,他们很容易接受企业及企业的产品。

4. 短信联络

短信的好处正在受到越来越多的销售人员的喜爱。费用低廉、使用便捷、互动性强、信息逗留时间长等是短信开发客户的典型特征。开发客户的工具从书信到电话到电子邮件,再到现在流行的手机短信,使企业能根据客户的不同需要选择不同的工具进行交流。

手机短信又比那些陈词滥调的电视广告以及略显笨拙的报纸广告要轻松得多,它和传统的印刷媒介上的表达方式也不太一样,也有别于泛滥的网络页面,而且即使客户关机或不在服务区内信息也不会丢失。

作为一个信息交换平台,短信被我们广泛地应用着。短信的类型也很多,有问候的、发布信息的、商务的、服务的等。

短信已不但是商业现象,更是文化现象。下面介绍几种用短信联络客户的方法。

(1) 广撒渔网法。

我们也许有这样的经历,有些时候会收到一些莫名其妙的短信,如某公司销售特价商品。其实这就是某商品的销售者在利用广撒渔网的方法把我们当做客户在做推销了。广撒渔网法的具体做法是:设计好发送文案后,然后按照顺序一一发送。在利用广撒渔网法时,企业还可以利用一些软件在网络上一次性发几千条信息,但这种做法一定要在国家法律、法规允许的范围内。

(2) 钓鱼法。

钓鱼比网鱼更有针对性。客户是企业认识的或者是企业资料库的客户,企业可以结合资料库一起运用。如"靓人服装店"用此法命使营业额上升了200%。在每到一款新式样的服装时公司就发短信给客户,一般的客户收到短信都会抽时间到店里去看看,客户也觉得特别满意,他们也减少了逛街找衣服的时间。

乔·吉拉得告诉我们,和客户打交道要有一种和客户谈恋爱的感觉,对我们的客户要和对我们的爱人一样,要勤问候。企业可以以短信方式问候客户,过年、过节、周末利用短信问候客户可以加强与客户的感情。

现在短信已成了春节最流行的时尚。据广州移动提供的信息,除夕夜8时至大年初一晚上8时,广州移动用户的短信息发送量比平增加了四倍以上,达2350万条,而整个广东移动用户的短信日发送量接近了50000万条。

5. 网络联络

随着科技的发展,互联网就成为企业与外界信息交流的一条主要通道,基于互联网的客户支持与服务系统已成为一个企业不可缺少的服务渠道。通过用网站可以向客户提供一个企业的最新产品信息、企业政策、常见的问题和疑难问题解答、客户互动交流等。

网上电子信箱会随时收集客户提出的各种问题,热线问答栏目提供最新、最有代表性问题的解答,客户可通过软件序列号注册为会员,获得在线的、个性化的、随时随地的服务支持等,不但可以维系与老客户的交流与合作,还有利于新客户的开发。同时还可以提高企业形象和声誉。

第三步:直接拜访客户

1. 拜访前的准备

在对客户进行拜访之前必须进行全面调查,尽量掌握客户可能多的相关信息,以保证拜访的成功。

访问客户的程序如下。

(1) 拟订访问计划,包括访问的地点、时间、方式、谈话的内容等。

(2) 收集和分析潜在客户资料,包括年龄、性别、婚姻状况、文化程度、职业、收入、健康状况、性格特点、投资经历、爱好特长、家庭状况等。

(3) 心理准备。访问客户之前,心理的准备是销售人员访问成败的关键。销售人员在访问之前心理准备比较充分的话会显得比较轻松,态度也会从容不迫,特别是在遇到不顺时也能从容应对。

2. 面对可能受到的冷遇

虽然销售人员是为了服务客户才前去访问,但销售人员的访问对客户的学习、工作和生活多少会有些妨碍,或者当客户情绪不佳时前去访问都有可能受到冷遇,销售人员事先要有充足的心理准备。

3. 面对可能的失败

销售人员访问之前不仅要做最充分的准备,而且要做最坏的打算。如果访问成功,固然可喜;万一访问失败,也要把失败当成是对自己的磨炼,更加发奋努力。

第四步:努力消除客户的不友善态度

访问客户经常会遭遇不友善的态度,如何消除上述因素呢?

(1) 销售人员对自己应有正确的认识,首先应当肯定自己的访问对于客户、企业和自己都是一件好事,这样才会产生自信心,也才能以不卑不亢的态度与客户应对,客户也才会尊重销售人员。

(2) 当一个人情绪不佳时,原本极为友善的人也会变得不可理喻。聪明的销售人员应有敏锐的观察力,当发现客户脸色不对时可先行告退,与其约定下次访问时间。虽然此次访问不是很成功,但是,销售人员给客户留下了良好的印象,通常客户会给销售人员下一次访问的机会。

(3) 能留给客户良好印象的是友善的态度。表现友善的态度最好的方法是微笑,真诚地发自内心的微笑。

要消除客户的偏见实非易事,只得靠销售人员的耐心、毅力以及锲而不舍的精神。

除了上面所谈的之外,销售人员一定要既迅速又明确地把"我能够给您带来好处"或"我能够替您解决问题"的信息传达给客户。

第五步:进一步拜访

1. 锁定访问对象

访问对象的选择必须注意以下两条原则:(1) 访问有决定权的人;(2) 不要忽略有影响的人。

2. 慎选访问时间

访问时间如果不恰当会引起客户的反感。

3. 选择有利的访问地点

选择有利的访问地点必须遵循以下两条原则:(1) 有利于交流而不受外界打扰的地方;(2) 访问的地点以对客户较方便为宜,尊重客户的意见。

4. 明确访问的目的

访问的目的包括:(1) 礼节性拜访;(2) 取得预约;(3) 正式访问;(4) 约请客户到企业参观;(5) 留住客户。

销售人员明确了访问目的,不但与客户谈话时可以做到井然有序,增加访问的信心,而且能够抓住重点,在短短的面谈时间里达到访问的目的。

5. 明确谈话的内容

销售人员在访问之前必须根据访问的目的准备谈话的内容。为了完成访问的使命,最好是在访问之前先做预演,把访问时可能发生的情况假想若干遍,并把客户可能提出的问题在自己的心中做答。

第六步:客户开发检核

开发客户是系统的、长期的工作,为了保证开发活动有序、有效地开展,需要对客户开发活动进行定期检查,以便及时调整思路,保证目标得以实现。

客户开发检查的内容如下:

(1) 是否做好行销地图;

(2) 对商圈的收入水准、风格、习惯、意识是否正确把握;

(3) 是否将潜在客户进行市场细分;

(4) 是否已经做好客户资料卡;

(5) 是否给销售人员明确的开发目标;

(6) 是否规定销售人员每天的访问数量;

(7) 是否活用了所有的促销品;

(8) 是否分配给每个销售人员重点开发地点或客户群；

(9) 开发难度较大的客户群时，有没有对销售人员进行特别的训练或指导；

(10) 是否已经将过去成交而目前不发生交易关系的客户名单整理出来；

(11) 是否按照不同产品建立了不同的开发方法；

(12) 是否建立了潜在客户层的开发方法；

(13) 是否建立了信息收集网络；

(14) 是否每次活动都制定预定时间表；

(15) 是否准备好避免被挡驾或被拒绝入内的话语；

(16) 是否利用各种场合争取订单；

(17) 是否充分借用了有力人士的介绍或口碑；

(18) 是否知道对方的关键决定人；

(19) 是否交叉运用了各种推销方式；

(20) 是否对潜在客户进行深度开发；

(21) 是否费尽心机地培养主要客户；

(22) 是否将自己喜欢的本企业的产品介绍给自己的亲朋好友。

四、案例分析

见面前的准备工作[①]

王经理将《都市时报》的一名客户分配给小李负责。《都市时报》是西南地区最有影响的报社之一，对于公司来讲是一家新客户。为了确保赢得这一客户，小李必须事先做一些周密的准备工作。小李首先登录到《都市时报》的网页上，了解报社的组织结构、经营理念、通信地址和电话，然后把这些资料记录到客户资料中。接着又给另一家报社信息中心的主任打了一个电话，了解到《都市时报》的计算机、编辑排版和记者采编等系统。然后，小李向行业界的朋友打听了关于《都市时报》的相关资料，并了解到《都市时报》信息中心的张主任经常与厂家联系，负责计算机的采购。

问题：请问小李作了哪些准备工作，并举例说明。

五、复习与思考

1. 结合一个企业的实际具体说明采用"拉"的策略开发客户的措施。
2. 借助于一种产品利用"推"的策略进行客户开发。

---

① 资料来源：杨莉惠，《客户关系管理实训》。

项目三

如何保持客户关系

项目描述

本项目主要完成客户关系保持的工作任务。具体任务是：对客户信息进行分类管理；如何与客户进行沟通；如何使客户满意并使客户忠诚。

知识目标

掌握客户满意的内涵。
正确理解客户忠诚，掌握客户忠诚的影响因素及其衡量。

技能目标

能够运用所学的信息收集的知识，对客户的信息进行初步的收集。
掌握与客户沟通的渠道及策略。
掌握处理客户投诉时的方法和注意事项。
掌握并学会运用提高客户满意的方法。
掌握并学会运用培养客户忠诚的方法。

主要任务

任务1　如何进行客户信息的收集
任务2　怎样与客户进行沟通
任务3　客户投诉管理
任务4　如何使客户满意
任务5　培养客户忠诚

引例　移动通信客户保持分析[①]

中国的移动通信市场竞争从 2002 年开始变得激烈起来，中国联通 CDMA 网络全面运营，中国电信和网通小灵通的飞速扩张，使得中国移动原本近 80% 的市场份额不断下跌。中国联通在国内发行 A 股，就推行了"百万部 CDMA 手机白送计划"；中国移动发行 80 亿债券，在 2002 年 10 月正式开通了彩色短信（MSS）业务等。

从广告、网络、销售渠道和价格战等各方面都可窥见竞争的激烈性，各运营商都直接打出了最吸引客户的招牌。移动通信市场的领导者中国移动，保持业务领先优势，先后开辟移动秘书、移动梦网等新业务。对全球通客户，中国移动推行的积分计划执行力度颇大，用于客户送礼的成本亦逐年攀升。

对于中国联通，"网络不好，信号不佳"成为联通 GSM 网的一大"尴尬"。联通提出了"打造 CDMA 精品网络"的口号。经过 2002 年二期工程的建设，CDMA 1X 精品网络已初步形成，其绿色环保、话音清晰、接通率高等特色逐步为客户所认同。"互动视界"、"彩 E-mail"、"神奇宝典"、"掌中宽带"、"定位之星"和"联通在信"，基于 CDMA 1X 的六大新业务构筑了"联通无限"。CDMA 1X 使得联通第一次在技术和以技术为支撑的移动通信业务上有了超越中国移动的基础和能力。同时，针对中国移动的积分计划，中国联通也推出了大客户俱乐部等一系列维系客户的措施。

在资费上，各地方的所谓"本地通"的资费实际上已经偏离了信息产业部的资费标准。接听免费、网内通话超低资费、包月等资费政策，都是变相的准单向收费。同时，为了吸引新增入网客户，运营商还与终端分销商开展送大礼包、预存送话费等变相资费下调。面对小灵通的低资费竞争，移动运营商更是开展了轰轰烈烈的价格战。

由于资费下调以及运营商优惠力度加大，客户离网的壁垒减小，激烈的竞争必然导致客户的强不稳定性。据移动统计，移动客户的月流失率为 3%~10%，这一数字相对于其庞大抢客户基数（截至 2006 年 6 月底，中国的移动用户数量为 42637.1 万户，移动电话普及率为 32.7%）来说，客户流失带来的损失很大，如果不采取有效的客户保持策略来稳定客户，这一流失数字还会继续上升，并且集团转网情况时有发生。

任务 1　如何进行客户信息的收集

一、任务目的和要求

★ 任务目的
通过学习，掌握客户信息收集的内容及各种渠道。

[①] 资料来源：李怀祖、韩新民，《客户关系管理理论与方法》。

★ 任务要求

掌握并能够运用各种信息收集的渠道。

二、相关知识

信息是决策的基础,想要维持好与客户建立起来的关系,就必须充分掌握客户信息。任何一个企业总是在特定的客户环境中经营发展的,有什么样的客户环境,就应有与之相适应的经营战略和策略。如果企业对客户的信息掌握不全、不准,判断就会出现失误,决策就会偏差,而如果企业无法制定出正确的经营战略和策略,就可能失去好不容易建立起来的客户关系。所以,企业必须全面、准确、及时地掌握客户的信息。

三、实现步骤

第一步:掌握获取客户信息的渠道

客户信息收集常采取以下信息收集的渠道来实现。

1. 直接渠道

直接收集客户信息的渠道主要是指客户与企业的各种接触机会。如从客户购买前的咨询开始到售后服务,包括处理投诉或退换产品,这些都是直接收集客户信息的渠道。以电信业为例,客户信息的直接收集渠道包括营业厅、呼叫中心、网站、客户经理等。也有很多的企业通过展会、市场调查等途径来获取客户信息。

具体来说,直接收集客户信息的渠道如下。

(1) 在调查中获取客户信息。

在调查中获取客户信息即调查人员通过面谈、问卷调查、电话调查等方法得到第一手的客户资料,也可以通过仪器观察被调查客户的行为并加以记录而获取信息。

如美国尼尔逊公司就曾通过计算机系统在全国各地 1250 个家庭的电视机里装上了电子监视器,每 90 秒钟扫描一次电视机,只要收看 3 分钟以上的节目就会被监视器记录下来,这样就可以得到家庭、个人收视偏好的信息。

优秀的销售人员往往善于收集、整理、保存和利用各种有效的客户信息。如在拜访客户时,除了日常的信息收集外,销售人员还会思考:这个客户与其他的客户有什么相同、有什么不同?并对重点客户进行长期的信息跟踪。

目前,IBM 公司在已有市场经理、销售经理职位的基础上增设了客户关系经理,其职责是尽可能详尽地收集一切相关的客户资料,追踪所属客户的动向,判断和评估从客户那里还可能获得多少盈利的机会,并且努力维护和发展客户关系,以便争取更多的生意。IBM 公司的这种做法使其拥有了大量的客户信息。

(2) 在营销活动中获取客户信息。

如广告发布后,潜在客户或者目标客户与企业联系——或者打电话,或者剪下优惠券寄回,或者参观企业的展室等,一旦有所回应,企业就可以把他们的信息添加到客户数据库中。

又如,与客户的业务往来函电包括询价、发盘、还盘、接受、合同执行、争议处理等函电,可以反映客户的经营品质、经营作风和经营能力,也可以反映客户关注的问题及其交易态度等,因此,往来函电也可以帮助企业获取客户信息,是收集客户信息的极好来源。

在与客户的谈判中,客户的经营作风、经营能力及对本企业的态度都会得到体现,谈判中还往往会涉及客户的资本、信用、目前的经营状况等资料,所以,谈判也是收集客户信息的极好机会。

再如,开展特价品或竞赛活动,由潜在客户填上信息后寄回,以换取免费赠品、特价品或奖品。一般来说,通过活动反馈回来的客户信息非常有针对性。

此外,启动频繁营销方案,或者实行会员制度,或者成立客户联谊会、俱乐部等也可以收集到有效的客户信息。如麦德龙是一家实行会员制的企业,会员入会不需要交纳会员费,只需填写"客户登记卡",主要项目包括客户名称、行业、地址、电话、传真、地段号、市区、邮编、税号、账号和授权购买者姓名。此卡记载的资料输入计算机系统就有了客户的初始资料,当购买行为发生时,系统就会自动记录客户的购买情况。

（3）在服务过程中获取客户信息。

对客户的服务过程也是企业深入了解客户、联系客户、收集客户信息的最佳时机。

在服务过程中,客户通常能够直接并且毫无避讳地讲述自己对产品的看法和期望、对服务的评价和要求、对竞争对手的认识以及其他客户的意愿和销售机会,其信息量之大、准确性之高是在其他条件下难以实现的。

此外,服务记录、客户服务部的热线电话记录以及其他客户服务系统也能够收集到客户信息。

（4）在终端收集客户信息。

终端是直接接触最终客户的前沿阵地,通过面对面的接触可以收集到客户的第一手资料。但是终端收集难度较大,因为这关系企业的切身利益,因此要通过激励机制,调动企业的积极性,使企业乐意去收集。

如服装商场可以要求客户在优惠卡上填写基本情况,如住址、电话、邮编、性别、年龄、家庭人数等,当客户采购时,只要在收款处刷一下就可以将采购信息记录在数据库中。

商场通过客户采购商品的档次、品牌、数量、消费金额、采购时间、采购次数等可以大致判断客户的消费模式、生活方式、消费水平以及对价格和促销的敏感程度等。

这些信息不仅对商场管理和促销具有重要的价值,因为可据此确定进货的种类和档次以及促销的时机、方式和频率,而且对生产厂家也具有非常重要的价值——通过这些信息,生产厂家可以知道什么样的人喜欢什么颜色的衣服,何时购买,在什么价格范围内购买,这样生产厂家就可以针对特定的客户来设计产品以及制定价格策略和促销策略。

（5）通过博览会、展销会、洽谈会等获取客户信息。

由于博览会、展销会、洽谈会针对性强且客户群体集中,因此可以成为迅速收集客户信息、达成购买意向的场所。

（6）网站和呼叫中心是收集客户信息的新渠道。

随着电子商务的开展,客户越来越多地转向网站去了解企业的产品或服务,以及即时完成订单等操作,因此,企业可以通过客户访问网站进行注册的方式建立客户档案资料。

此外，客户拨打客服电话，呼叫中心可以自动将客户的来电记录在计算机数据库内。另外，在客户订货时，通过询问客户的一些基本送货信息也可以初步建立起客户信息数据库，然后逐步补充。

信息技术及互联网技术的广泛使用为企业开拓了新的获得客户信息的渠道，同时，由于网站和呼叫中心收集客户信息的成本低，所以通过网站、呼叫中心收集客户信息越来越受到企业的重视，已经成为企业收集客户信息的重要渠道。

（7）从客户投诉中收集。

客户投诉也是企业了解客户信息的重要渠道，企业可以将客户的投诉意见进行分析整理，同时建立客户投诉的档案资料，从而为改进服务、开发新产品提供基础数据资料。

在以上这些渠道中，客户与企业接触的主动性越强，客户信息的真实性和价值就越高，如客户呼入电话，包括投诉电话、请求帮助或者抱怨时所反馈的客户信息就比呼叫中心的呼出电话得到的客户信息价值高。

同时，客户与企业接触的频率越高，客户信息的质量就越高，如在营业厅或呼叫中心获取的客户资料一般要比在展会中得到的客户信息真实，而且成本较低。

2. 间接渠道

间接收集客户信息的渠道是指企业从公开的信息中或者通过购买获得客户信息，一般可以通过以下渠道获得。

（1）各种媒介。

国内外各种权威性报纸、杂志、图书和国内外各大通讯社、互联网、电视台发布的有关信息往往都会涉及客户的信息。

（2）工商行政管理部门及驻外机构。

工商行政管理部门一般掌握客户的注册情况、资金情况、经营范围、经营历史等，是可靠的信息来源。对国外客户，可委托我国驻各国大使馆、领事馆的商务参赞帮助了解，另外，也可以通过我国一些大企业的驻外业务机构帮助了解客户的资信情况、经营范围、经营能力等。

（3）国内外金融机构及其分支机构。

一般来说，客户均与各种金融机构有业务往来，通过金融机构调查客户的信息，尤其是资金状况是比较准确的。

（4）国内外咨询公司及市场研究公司。

国内外咨询公司及市场研究公司具有业务范围较广、速度较快、信息准确的优势，可以充分利用这个渠道对指定的客户进行全面调查，从而获取客户的相关信息。

（5）从已建立客户数据库的企业租用或购买。

小企业由于实力有限或其他因素的限制，无力自己去收集客户信息，对此可以通过向已经建立客户数据库的企业租用或者购买来获取客户的信息，这往往要比自己去收集客户信息的费用要低得多。

（6）其他的渠道。

如从战略合作伙伴或者老客户以及行业协会、商会等也可以获取相关的客户信息。另外，还可以与同行业的一个不具有竞争威胁的企业交换客户信息。

总之，客户信息的收集有许多的途径，在具体运用时要根据实际情况灵活选择，有时也可以把不同的途径结合在一起综合使用。

相对来说,银行、保险、电信、医院、教育机构、旅游、航空运输等服务业最容易在企业内部收集客户信息,因为这些行业在与客户交易的过程中已经产生了很多的客户信息,只要稍微进行加工整理就可应用。但目前,在我国这些行业因具有一定的垄断经营性质而不重视甚至无视客户信息的重要性。

第二步:收集客户的基本资料
1. 个人信息
(1) 基本信息。

基本信息包括姓名、户籍、籍贯、血型、身高、体重、出生日期、性格特征,身份证号码、家庭住址、电话、传真、手机、电子邮箱,所在单位的名称、职务,单位地址、电话、传真等。

(2) 教育情况。

教育情况包括高中、大学、研究生的起止时间,最高学历、所修专业、主要课程,在校期间所获奖励、参加的社团、最喜欢的运动项目等。

(3) 事业情况。

事业情况包括以往就业情况、单位名称、地点、职务、年收入,在目前单位的职务、年收入、对目前单位的态度,对事业的态度、长期事业目标是什么、中期事业目标是什么、最得意的个人成就是什么等。

(4) 家庭情况。

家庭情况包括已婚或未婚、结婚纪念日、如何庆祝结婚纪念日,配偶姓名、生日及血型、教育情况、兴趣专长及嗜好,有无子女,子女的姓名、年龄、生日、教育程度,对婚姻的看法、对子女教育的看法等。

(5) 生活情况。

生活情况包括过去的医疗病史、目前的健康状况,是否喝酒(种类、数量)、对喝酒的看法,是否吸烟(种类、数量)、对吸烟的看法,喜欢在何处用餐、喜欢吃什么菜,对生活的态度、有没有座右铭,休闲习惯是什么、度假习惯是什么,喜欢哪种运动、喜欢聊的话题是什么,最喜欢哪类媒体,个人生活的中期目标是什么、长期目标是什么。

(6) 个性情况。

个性情况包括曾参加过什么俱乐部或社团、目前所在的俱乐部或社团,是否热衷政治活动、宗教信仰或态度,喜欢看哪些类型的书,忌讳哪些事、重视哪些事,是否固执、是否重视别人的意见,待人处事的风格,自己认为自己的个性如何、家人认为他的个性如何、朋友认为他的个性如何、同事认为他的个性如何。

(7) 人际情况。

人际情况包括亲戚情况、与亲戚相处的情况、最要好的亲戚,朋友情况、与朋友相处的情况、最要好的朋友,邻居情况、与邻居相处的情况、最要好的邻居,对人际关系的看法。

如房地产企业在收集客户信息时通常关注客户目前拥有房地产的数量、品牌、购买时间等,而这些在结合家庭人口、职业、年龄和收入等数据进行分析后往往能够得出该客户是否具有购买需求、预计购买的时间和数量、消费的档次等结论。

2. 企业客户的信息

企业客户的信息内容应当由以下几个方面组成。

(1) 基本信息,包括企业的名称、地址、电话、创立时间、组织方式、业种、资产等。

(2) 客户特征,包括规模、服务区域、经营观念、经营方向、经营特点、企业形象、声誉等。

(3) 业务状况,包括销售能力、销售业绩、发展潜力与优势、存在的问题及未来的对策等。

(4) 交易状况,包括交易条件、信用状况及出现过的信用问题、与客户的关系及合作态度等。

(5) 负责人信息,包括所有者、经营管理者、法人代表及其姓名、年龄、学历、个性、兴趣、爱好、家庭、能力、素质等。

第三步:填写客户资料卡

填写的客户资料卡有助于对客户资料的整理和分析,要妥善保管,并在开展业务过程中加以利用。客户资料卡范例参见表 3-1、表 3-2、表 3-3。

表 3-1　客户基本情况调查表(个人)

身份证号码					
姓名			性别		
民族			出生地		
文化程度			参加何种党派		
本人地址	户口地址				
	联系地址				
	邮政编码		联系电话		
婚姻状况	已婚	未婚	丧偶	离婚	再婚
配偶姓名		配偶身份证号			
子女情况	独生子女	无子女	非独生子女	子女出生日期	
健康状况	良好	一般或比较弱	有病	残疾	
学习经历	起始日期	学校名称	所学专业	毕业(肄业)	
工作经历	起始日期	工作单位	从事岗位	职务/职称	
备注					

填表人:　　　　　　　填表日期:　　　年　　月　　日

表 3-2 客户基础情况调查表（企业）

企业名称		主营部门		归口行业名称	
法人代码		法定代表人		法人联系电话	
企业地址		经济类型		企业规模	
注册资金		电子邮件		企业网址	
企业注册日期		开户银行		信用等级	
联系人		联系电话		邮政编码	
传真号码		职工总数		技术人员数	
占地面积		建筑面积			
基本情况					
经营范围					
经济效益指标					

填表人： 填表日期： 年 月 日

表 3-3 人际关系调查表

	同事姓名	专长　职务	备注
内部人际关系			
	上司姓名	专长　职务	备注
外部人际关系	同乡姓名	专长　单位	备注
	同窗好友姓名	专长　单位	备注
	顾客姓名	专长　单位	备注
	联谊会会员姓名	专长　单位	备注
	其他相关人员姓名	专长　单位	备注

填表人： 填表日期： 年 月 日

第四步：运用客户数据库管理客户信息

客户数据库是运用数据库技术，全面收集关于现有客户、潜在客户或目标客户的综合数据资料，追踪和掌握现有客户、潜在客户和目标客户的情况、需求和偏好，并且进行深入的统计、分析和数据挖掘，从而使企业的营销工作更有针对性。客户数据库是企业维护客户关系、获取竞争优势的重要手段和有效工具。

客户资料库的内容包括客户服务的对象、目的与企业决策需要，以及企业获取客户信息的能力的资料库整理成本等。客户资料库中即使是已经中断交易的客户也不应放弃。客户资料库一般包括以下三个方面的具体内容。

（1）客户原始记录。

客户原始记录即有关客户的基础性资料，它往往也是企业获得的第一手资料，具体包括个人和组织资料、交易关系记录等。

（2）统计分析资料。

统计分析资料主要是通过客户调查分析或向信息咨询业购买的第二手资料，包括客户对企业的态度和评价、履行合同的情况存在的问题、与其他竞争者的交易情况。

（3）企业投入记录。

企业投入记录应包括企业与客户进行联系的时间、地点、方式、费用开支记载，提供产品和服务的记录，为争取和保持客户所付出的费用等。

四、案例分析

金日集团依靠信息调整营销策略[①]

香港金日集团在东南亚素有"西洋参之王"的美称。在推出护心健脑功能性保健品——金日心源素的三个月后，金日集团的客户服务部在收到了来自全国各地近九百多封来信的基础上建立了金日心源素的客户数据库，结果发现真实情况与原来的主观判断存在较大偏差。

在这些反馈信中20—30岁这个年龄段的客户最多（占总数的20%），其次是40—50岁（占总数的13%），50—60岁（占总数的12.9%），而且实际服用人群的性别区分不明显，男女比例均衡——这与公司事前把金日心源素定位为"40岁以上男人"的保健品出现了分歧。

此处，客户症状最多的是头晕、失眠、记忆力减退，而金日心源素对头晕、失眠、胸闷、记忆力减退、头痛、嗜睡等症状效果明显，但是客户对"耐缺氧"、"抗氧化"的宣传不知所云。

为此，金日集团调整了市场定位——淡化了目标消费群的性别区别，将其定位为"中老年人"的保健品；增加了"延缓衰老"的功效诉求；停止宣传"耐缺氧"、"抗氧化"，集中诉求对"胸闷、心悸、头晕、失眠、心慌、气喘、疲劳、体虚"八大症状的疗效。

---

① 资料来源：乔辉，《战胜对手的秘密武器》。

经过调查,金日心源素上市几年就取得了良好的业绩,成为心脑保健领域的领导品牌。

问题:谈谈你对香港金日集团客户信息调查的体会。

五、复习与思考

1. 客户信息收集的主要渠道有哪些?
2. 企业主要收集客户的哪些信息?

任务2 怎样与客户进行沟通

一、任务目的和要求

★ 任务目的

通过学习,了解与客户沟通的重要意义,掌握与客户沟通的途径和方法。

★ 任务要求

熟悉与客户沟通的途径及策略。

二、相关知识

管理客户关系是一件很困难的事情,也是一个持续的过程,它需要客户和企业双方都深入地参与其中,并且都相互了解对方。为了达到这种亲密关系,企业就必须尽其所能去接近客户,要求企业必须做到以其竞争对手无法做到的方式了解其客户,而要了解一个客户,要理解一个客户,要从客户那里得到信息,唯一可行的办法就是同他们进行沟通互动。与客户良好的沟通能够帮助企业实现以下目标。

1. 了解客户需求

企业要发现一个客户究竟需要什么的最佳方法是与之进行直接的互动,每次在客户购买时,企业都应该掌握更多的客户信息,了解其喜欢以何种方式购物以及其倾向于购买什么东西等。互动之所以重要,不仅仅因为这是客户同企业一起投资到关系建设中,同样也是因为从互动中,企业了解到了更多的关于客户的信息,会得到企业需要的有价值的客户信息,而企业的竞争对手却没能了解到这些信息。

2. 预测客户潜在价值

在每一次同客户的互动中,客户都帮助企业更加准确地预测他对于该企业的潜在价值。该客户也许会有一个具体的计划,他会花多少钱来购买该企业的产品或服务,以及他会使用该企业的产品或服务多长时间等。在预测一个客户的潜在价值时通常都会包括,一个即将实施的计划所表现出来的前兆,或者是即将要购买的信息,或者是该客户同其竞争对手同样进行交易的有关信息,或者是推荐给其他的客户使该企业能够营利的举动等。这种类型的信息通常只能够通过与该客户进行直接的互动才能够得到,这对于企业要优先安排的营销力量和销售活动也是极为重要的,这就是企业要有效分配其客户投资资源的一种能力。

三、实现步骤

第一步:掌握与客户沟通的途径

1. 通过销售人员与客户沟通

销售人员可以当面向客户介绍企业及其产品或服务的信息,还可以及时答复和解决客户提出的问题,并对客户进行主动询问和典型调查,了解客户的意见及客户对投诉处理的意见和改进意见等。

销售人员与客户沟通,双方可直接对话,进行信息的双向沟通,可使双方从单纯的买卖关系发展到建立个人之间的友谊,进而维护和保持长期的客户关系。

案例 3-1　　一张卡片平息了客户的不满[①]

一个5岁的孩子在妈妈的带领下在迪斯尼乐园排队,准备玩梦想已久的太空穿梭机,他们排了40分钟的队,好不容易轮到了,可是临上机时却被告知:由于年龄太小,孩子不能玩这种游戏。

其实在队伍的开始和中间都有醒目标志:10岁以下儿童,不能参加太空穿梭游戏。

失望的母子俩正准备离去,迪斯尼乐园的工作人员亲切地上前询问了孩子的姓名,不一会儿,就拿了一张印有孩子姓名的精美卡片走了过来,郑重地交给孩子,并对孩子说,欢迎他符合年龄时再来玩这个游戏,那时他只要拿着卡片就可以不用排队——因为已经排过了。

就这样,一张卡片平息了母子俩的不满情绪,母子俩拿着卡片愉快离去。

销售人员与客户沟通要注意以下事项。

(1)要记住客户的名字,并且不时亲切地、动听地称呼他。

频频称呼客户的名字会使客户产生被尊重的感觉,因此能够加深与客户之间的感情。

(2)要善于倾听。

企业要想更多地鼓励客户参与,了解更多的信息,在善于提问的同时还要善于倾听,

---

① 资料来源:崔鹤同、徐玉平,《忠诚客户近在眼前》。

倾听不仅有助于了解客户,而且也显示了企业对客户的尊重。良好的倾听表现如下。

① 身体稍微前倾,保持虔诚的身体姿势,眼睛保持与客户的视线接触(不时对视,但不是目不转睛),经常点头,表示在听。

② 认真听客户讲的话,把客户所说的每一句话、每一个字都当做打开成功之门不可缺少的密码绝不放过,当然也要留意客户没有讲的话。

③ 适当地做笔记,适时地提问,确保理解客户的意思,并且思考客户为什么这么说或为什么不这么说。

如果销售人员能够有意识地从这些方面提高技巧,那么大多数客户都会乐意讲话。毕竟,这个世界上愿意听别人讲话的人实在是太少了。因此,销售人员要记住这样一个原则:在整个沟通过程中,自己说话的时间不应该超过40%。

案例3-2　　　　倾听——化解矛盾的良策[①]

美国纽约电话公司遇到一个蛮不讲理的客户,他拒不付电话费,声称电信公司的记录是错误的。对此,他暴跳如雷,破口大骂,甚至威胁要砸碎电话机,同时寄信给各大报社,向公共服务委员会抱怨。为此,与电话公司打了好几场官司。公司派出好几个人去处理此事都失败了。后来,公司派了最有耐心的乔治去处理此事。在乔治面前,那位客户没完没了地大发脾气。第一次,乔治静静地听了近三个小时,对客户所讲的每一点都表示同情。后来又去了三次,静听客户的抱怨。在第四次时,客户的态度渐渐地变得友好起来。最后,乔治说服了这位客户加入了他们的"电话用户保持协会",与此同时,客户付清了全部电话欠费账单,结束了他的投诉。

(3) 要避免用武断式的语言。

讲述可能引起争论的事情时应该以最温和的方式,如"据我了解……"、"如果没有记错的话……"来表达自己的观点,而不要使用绝对的或不容许怀疑的字眼。

(4) 要懂得微笑。

"饭店之王"希尔顿旅馆的创始人希尔顿的母亲告诉希尔顿,要使经营持久发展,就要掌握一种简单、易行、不花本钱却又行之长久的秘诀,那就是微笑——服务,环境可以令客户"宾至如归",热情微笑会令客户"流连忘返"。

2. 通过活动与客户沟通

通过举办活动可以让企业的目标客户放松,从而增强沟通的效果。

如通过座谈会的形式,定期把客户请来进行直接的面对面的沟通,让每个客户畅所欲言,或者发放意见征询表,向他们征求对企业的投诉和意见。通过这种敞开心扉的交

---

① 资料来源:施志君,《电子客户关系管理与实训》。

流可以使企业与客户的沟通不存在障碍,同时,这也是为客户提供广交同行朋友的机会,在座谈会上,客户们可以相互学习、相互取经。

通过定期或不定期地对客户进行拜访,与客户进行面对面的沟通,也可以收集他们的意见,倾听他们的看法、想法,并消除企业与客户的隔阂。

邀请客户联谊也是加深与客户的感情的好方式,如一个可携带配偶出席的晚会将增进企业与客户的情谊。

此外,通过促销活动与客户沟通可以使潜在客户和目标客户有了试用新产品的理由,从而建立新的客户关系,也使现实客户有再次购买或增加购买的理由,从而有利于维护和发展客户关系。但是,通过促销活动与客户沟通的缺点在于可能使客户对产品或服务的价格产生怀疑,从而造成不利的影响。

3. 通过信函、电话、网络、电邮、呼叫中心等方式与客户沟通

通过信函、电话与客户沟通是指企业向客户寄去信函,或者打电话宣传、介绍企业的产品或服务,或者解答客户的疑问。

随着技术的进步和沟通实践的发展,新的沟通渠道在不断地出现,特别是互联网的兴起彻底改变着企业与客户沟通、交流的方式,企业可以在强大的数据库系统支持下,通过电子商务的手段,开设自己的网站为客户提供产品或服务信息,与客户进行实时沟通,从而缩短企业与客户之间的距离。

此外,现代通信手段的发展使企业还可以通过电子邮件、手机短信和传真等形式与客户沟通,向客户提供产品及服务信息。

新型的 Internet 呼叫中心是一个具有语音、视频和聊天的综合交互界面,客户能够随时与服务者进行面对面的交流,给客户一种亲切的感觉,有利于增进客户与企业间的感情。

如上海通用汽车公司原来只有一个呼叫中心系统,远不能满足客户的需要。为了更好地与客户沟通,公司委托 IBM 公司帮助建立了客户关系管理系统,使客户通过免费的电话呼叫中心和"百车通"网站可以直接下订单购车。当然,客户还可以对购车时间进行选择,如立刻购买、3 个月内购买、6 个月内购买、1 年内购买,而上海通用汽车公司则根据客户不同的购买时间制定不同的应对方法。

4. 通过广告与客户沟通

广告的形式多样,传播范围广,可对目标客户、潜在客户和现实客户进行解释、说明、说服、提醒等,是企业与客户沟通的一种重要途径。

通过广告与客户沟通的优点是:迅速及时,能够准确无误地刊登或安排播放的时间,并可以全面控制信息内容,能让信息在客户心中留下深刻的印象。

通过广告与客户沟通的缺点是:单向沟通,公众信任度较低,易引起客户的逆反心理。这就要求企业的广告要减少功利的色彩,多做一些公关广告和公益广告,这样才能够博得客户的好感。

第二步:掌握与客户沟通的策略

1. 对不同的客户实施不同的沟通策略

企业要根据所掌握的客户信息,借助或者利用客户联系卡或客户数据库提供的信息

定期与客户联系,对不同特点的客户进行有针对性的、个性化的沟通。

此外,要考虑客户给企业带来价值的不同进行"分级沟通",即针对客户的不同级别实施不同级别的沟通。如在与客户的沟通中,对重要客户,每个月打一次电话,每季度拜访一次;对主要客户,每季度打一次电话,每半年拜访一次;对普通客户,每半年打一次电话,每年拜访一次;对小客户,则每年打一次电话或者根本不必打电话和拜访。

2. 站在客户的立场上与客户沟通

客户通常关心的是自己切身利益的事,从某种意义上说,客户购买的不仅仅是产品或服务,还包括企业对客户的关心以及客户对企业的信任。因此,企业只有充分考虑客户的利益,把客户放在一个合作伙伴的角色上、站在客户的立场上才能获得沟通的成功。

案例 3-3　　国内生产企业与跨国零售集团的沟通[①]

从根本上说,当前"中国制造"难进跨国零售集团"采购筐"的根本原因是,国内生产企业与跨国零售集团即供需双方缺乏足够的沟通和交流的平台。

跨国零售集团对我国企业及其产品不甚了解、不甚熟悉,要找到符合要求的供应商需要花费很长时间和很大成本;国内生产企业也缺乏直接与跨国零售集团联系的渠道,对跨国零售集团的采购程序和方法也知之甚少,对国外相关的技术标准、认证体系和市场规则更缺乏必要的了解,甚至不知道外商对产品有什么具体要求。

因此,国内生产企业必须加强与跨国零售集团的沟通,特别是要站在对方的立场上,积极地研究、熟悉和掌握跨国零售企业在长期的采购实践中已经形成的一整套严密的采购规则、程序、标准和要求,投其所好,才能获得更多、更好的跨国零售采购订单。

另外,国内生产企业要主动邀请跨国零售集团到企业进行实地考察或"验厂",或与跨国零售集团建立定期会晤机制,向他们提供详细的技术介绍和特殊服务,以此促进与他们的沟通和交流,使跨国零售集团能够切实了解和认同我国的生产企业及其产品。

3. 向客户表明诚意

由于沟通的成功有赖于双方的共同努力,因此企业与客户沟通时要首先向客户表明自己是很有诚意的(主要表现在对客户的态度上,如承诺的兑现),衷心希望得到客户的积极响应。如果企业都没有诚意,就不要指望得到客户热情的回报,也不要指望与客户的沟通能够获得成功。

[①] 资料来源:苏朝晖,《跨国零售采购市场的营销策略研究》。

案例 3-4　　　　与大客户的沟通①

有时候,当我们为大客户提供令其非常满意的服务时,他们非但没有带来预期的盈利,反而提出许多额外的要求。在这种情况下,所谓大客户就不一定具有大的价值,那么是否意味着企业就可以不重视他们、抛弃他们呢?当然不是,那企业应该如何与大客户沟通,使他们的行为有所收敛呢?

首先,要向大客户表明诚意。可安排企业高层进行拜访,通过真诚的交流和情感沟通,增进彼此的理解,使其认识到"一荣俱荣,一损俱损"的利害关系,不贪图眼前利益而损害双方的长远关系。

其次,要站在大客户的立场上。企业要努力为大客户提供富有个性的、与时俱进的产品或服务,使大客户离不开企业,甚至产生对企业的依赖。这样,当发生利益冲突时,大客户就会理智些,甚至有所顾忌,从而不敢轻易伤害双方的关系。

再次,软硬兼施,讲究策略和技巧,促使大客户能以情为重,以双方关系的稳定和正常化为重。

这样双方就可以建立平等、双赢的伙伴关系,并发展成为永久的关系。

四、案例分析

客户走进一家手机连锁店投诉要求换货②

处理场景一如下。

客户:你这是什么手机,刚买回去,外壳就破了,我要求换部新的。

售货员(仔细看过手机):不对,一看就知道这手机外壳的破损是由人为强有力的撞击等原因造成的,不在我们的包换范围之内,不过,我们可以给你免费换个外壳。

客户:什么叫人为强有力的原因,你们分明是在找借口,推卸责任,难道你说我撑得没事干,故意将手机摔烂来找你们的茬。

售货员:我不是这个意思,我只是说这是人为因素,没有说是故意,有可能是不小心,也有可能是你家的小孩,总之,不管具体原因是什么,你也不会说真话,但就是不应是我们承担的责任,因此,我们不会给你退货。

客户:你们这是什么态度,想"屈打成招",告诉你们,我也总之一句话,我昨天刚在你这买的手机,现在手机有问题了,就找你们退货……

处理场景二如下。

客户:你这是什么手机,刚买回去,外壳就破了,我要求换部新的。

---

① 资料来源:江林,《客户关系管理》。
② 资料来源:施志君,《电子客户关系管理与实训》。

售货员:哦,真是不好意思,昨天刚在我们这儿买手机就遇到问题了,我代表公司先向您表示歉意,您能先让我看看吗?

售货员(看手机,打开机身,认真检查后):您这手机主要问题是外壳破损,其他内部零件都完好无损的,功能都应很正常,因为这种手机外壳是采取一种特殊的感光材料制成的,优点是外观闪亮华丽,不足是不太耐撞、耐摔。先生您一看就是平时工作非常忙的事业成功人士,可能没有时间仔细看说明书,可能是当时我们售货员工作不太细心,没有观察到这点,忘记了给您多叮嘱一句:要特别注意保护好漂亮的手机外壳,防止强力撞击或重摔。我对我们的工作疏忽再次向您表示道歉。

客户:真是的,你们为什么不在销售时向我说清楚,否则我也许不会选这款,费事,现在自找麻烦,这样,我想看看其他的款式。

售货员:那天您挑了很长时间才选上这款的,也算是跟它有缘。其实,您现在对它最不满意就是外壳破损了,要不这样您看行吗?我们给你换一个新的外壳,或者你现在不想要这种外壳,可以给您换我们这儿所有20种款式中任何你喜欢的一种,另外,我们将以实际行动对告知不周表示我们最真诚的歉意,向您赠送一张价值50元的充值卡。

最后,客户换了外壳,拿了充值卡,比较满意地离开了。

问题:针对以上两则处理投诉场景实例进行比较,评说在与客户进行沟通时的策略。

五、复习与思考

1. 就你熟悉的沟通渠道,谈谈在沟通时的注意事项。
2. 你认为要达到有效沟通需要掌握的技巧有哪些?

任务3 客户投诉管理

一、任务目的和要求

★ 任务目的
通过学习,了解客户投诉的原因、客户投诉对企业的价值以及掌握客户投诉的处理方法。

★ 任务要求
学会如何处理客户投诉。

二、相关知识

1. 投诉的价值
通常情况下客户按照自己的愿望同企业联系的原因有三种,即为了获得信息、为了获得其产品或服务,或者是提出建议或进行投诉。美国"技术协助研究项目"发现,有50%的个人客户和25%的公司客户,在他们碰到麻烦和问题时,从来不对公司提出抱怨,但却放弃购买企业的产品或服务。当一个客户向企业提出投诉时,可能挽回客户的机会就出现了。

由此,评价一个投诉者的一种方法就是把他当做一个目前是"负面"价值的客户,但可以把他转化成有积极价值的客户。换句话说,一个投诉人具有极高的潜在价值。如果这种投诉得不到有效解决,那就极有可能投诉的客户会中断购买,也极有可能他会把他对企业的不满意告诉给许多人,使企业失去更多的商业机会。一个着眼于增加客户基数价值的企业会把一个客户的投诉当做一次好机会,把客户的巨大的潜在价值转化为真实价值。

案例 3-5　　　　及时满足客户需求①

一位叫赫兹的商人,当他开始从事机场的汽车服务时,他的注意力放到了培训司机为客户服务方面,如怎样帮客户搬运行李,怎样准确报站等,司机们也做得很好。但是,赫兹开始没有意识到客户的一个最主要的需要:对客户来说,最主要的是两班车之间的间隔时间要短。这一服务上的缺陷也引起了不少客户的抱怨,尽管事实上客户的平均等车时间为 7~10 分钟。为此,赫兹投资巨款购买了汽车和雇用司机,把两班车之间的平均等车时间定为最长 5 分钟,有时两班车之间间隔仅为 2~3 分钟,最终使客户得到了满意。赫兹公司另一项业务是租车给乘飞机来该市的客户,待他们回来乘飞机时再将车还回。由于租车的客户大多是商人,因此,对他们来说最重要的是速度。赫兹也认真地处理了这些租车客户的抱怨,尽管租车时的服务速度很快,但还车时的速度太慢,客户没有时间在柜台前站队等着还车。赫兹想了一个办法,能够使客户即刻还车。这办法是:当客户将车开到赫兹的停车场时,服务人员就将汽车上的号码输入到计算机里,这些计算机与主机相连,等到客户到柜台前时,服务人员能叫出其姓名,整个手续也只需要问两个问题:里程数与是否加过油,然后就能把票据打印出来,这样一来,原来需要 10 分钟的服务时间缩短到只需要不 1 分钟,使客户十分满意,从此之后,生意十分兴隆。

2. 客户投诉的心理状态分析

客户投诉时心里是怎么想的,他们希望通过投诉获得什么?客户投诉时的心理状态主要有以下六种。

(1) 发泄的心理。

客户遭遇不满而投诉,一个最基本的需求是将不满传递给企业,把自己的怨气、抱怨

---

① 资料来源:杨莉惠,《客户关系管理实训》。

发泄出来。这样,客户不快的心情会得到释放和缓解,恢复心理上的平衡。

耐心的倾听是帮助客户发泄的最好方式,切忌打断客户,让他的情绪宣泄中断,淤积怨气。此外,客户发泄的目的在于取得心理的平衡,恢复心理状态,在帮助客户宣泄情绪同时还要尽可能营造愉悦的氛围,引导客户的情绪。美国服务质量管理学院院长、客户服务管理大师约翰·肖曾在演讲中揭示了美国商业银行的制胜秘诀——做强大的零售商,做服务的楷模,而非仅仅是银行。如何做到呢?该行总裁维农·西尔的策略是:招聘外向的使别人开心的员工,然后对他们进行培训、培训、再培训。作为客户服务人员,即便有着过硬的业务能力和极强的责任心,如果整天苦着脸或神经质地紧张,给客户的感觉必然会大打折扣。但是,营造愉悦氛围也要把握尺度和注意客户的个性特征,如果让客户感到轻佻、不受重视,那宁可做一个严肃的倾听者。

(2)尊重的心理。

所有的客户来寻求投诉都希望获得关注和对他所遭遇问题的重视,以达到心理上的被尊重,尤其是一些感情细腻、情感丰富的客户。

在投诉过程中,企业能否对客户本人给予认真接待,及时表示歉意、及时采取有效的措施、及时回复等都被客户作为是否受尊重的表现。

如果客户确有不当,企业也要用聪明的办法让客户下台阶,这也是满足客户尊重心理的需要。

(3)补救的心理。

客户投诉的目的在于补救,因为客户觉得自己的权益受到了损害。值得注意的是,客户期望的补救不仅指财产上的补救,还包括精神上的补救。根据我国法律的规定,绝大多数情况下,客户是无法取得精神损害赔偿的,而且实际投诉中客户提出要求精神损害赔偿金的也并不多,但是,通过倾听、道歉等方式给予客户精神上的抚慰是必要的。

(4)认同心理。

客户在投诉过程中一般都努力向企业证实他的投诉是对的和有道理的,希望获得企业的认同。客户服务人员在了解客户投诉的问题时,对客户的感受、情绪要表示充分的理解和同情,但是要注意不要随便认同客户的处理方案。如客户很生气时,客户服务人员回应说:"您别气坏了身体,坐下来慢慢说,我们商量一下怎么解决这个问题。"这个回应就是对客户情绪的认同、对客户期望解决问题的认同,但是并没有轻易地抛出处理方案,而是给出一个协商解决的信号。

客户期望认同的心理得到回应,有助于拉近彼此的距离,为协商处理营造良好的沟通氛围。

(5)表现心理。

客户前来投诉往往潜在的存在着表现的心理。客户既是在投诉和批评,也是在建议和教导。好为人师的客户随处可见。他们通过这种方式获得一种成就感。

客户表现心理的另一方面是客户在投诉的过程中一般不愿意被人做负面的评价,他们时时注意维护自己的尊严和形象。

利用客户的表现心理,进行投诉处理时要注意夸奖客户,引导客户做一个有身份的、理智的人。另外,可以考虑性别差异地接待,如男性客户由女性来接待,在异性的面前人们更倾向于表现自己积极的一面。

(6) 报复心理。

客户投诉时一般对于投诉的所失、所得有着一个虽然粗略却是理性的经济预期。如果不涉及经济利益,仅仅为了发泄不满情绪、恢复心理平衡,客户一般会选择抱怨、批评等对企业杀伤力并不大的方式。当客户对投诉的得失预期与企业方的相差过大,或者客户在宣泄情绪的过程中受阻或受到新的"伤害",某些客户会演变成报复心理。存有报复心理的客户不计个人得失,不考虑行为后果,只想让企业难受难受,出自己的一口恶气。

自我意识过强、情绪易波动的客户更容易产生报复心理。对于这类客户要特别注意做好工作。客户处于报复心理状态,要通过各种方式及时地让双方的沟通恢复理性。对于少数有报复心理的人要注意收集和保留相关的证据,以防客户做出有损企业声誉的事情时,适当的时候提醒一下客户这些证据的存在,对客户而言也是一种极好的冷静剂。

3. 处理投诉的原则

(1) 态度积极。

当有客户投诉的时候,企业和客户服务人员要抱着积极的态度去处理。如果一个企业对投诉采取消极态度,就会打击客户的积极性,从而失去客户对企业的信任。

如海尔集团前些年推出一款叫"小小神童"的洗衣机。该款洗衣机刚推向市场时,由于设计存在一些问题,使得这款洗衣机的返修率相当高。海尔是怎么处理的呢?公司调集了大量的员工,然后向客户承诺"接到投诉电话后24小时之内提供上门维修"。很多客户的洗衣机都是经过海尔连续三四次甚至于五次上门维修才解决问题的。

最终这件事的结果是有很多的客户反映说:"任何新的产品都会存在这样那样的问题,但对海尔的服务我们是满意的。"因为,他们看到了一个企业对客户的尊重和重视。

(2) 尊重客户。

企业要懂得尊重客户,进行换位思考,站在客户的立场上看问题。为此,企业要经常提高全体员工的素质和业务能力,树立全心全意为客户服务的思想和"客户永远是正确的"观念。面对愤怒的客户时,客户服务人员要始终牢记自己代表的是企业的整体形象,因而一定要克制自己,避免感情用事,要注意倾听,让客户发泄不满,并从中发现客户的真正需求。

对于每一个投诉的客户都要认真记录他们的投诉原因和相关情况。表3-4提供一个客户投诉登记表以供参考。

表3-4 客户投诉登记表

客户姓名		编号	
填表人		填写日期	
投诉内容摘要			
已采取的行动	所需的行动		已进行跟进的行动

(3) 及时处理。

处理抱怨时切记不要拖延时间、推卸责任,各部门应通力合作,迅速做出反应,向客户稳重、清楚地说明事件的缘由,并力争在最短时间里全面解决问题,给客户一个圆满的结果。否则,拖延或推卸责任会进一步激怒投诉者,使事情进一步复杂化。

(4) 专业、规范。

作为企业,不单要提供产品,更要提供专业的服务,甚至是专业的指导。所以企业要有专门的制度和人员来管理客户投诉问题,规定明确的处理程序和时间标准以及标准的用语规范,保持服务的专业、统一、规范。

三、实现步骤

第一步:了解客户投诉的原因

客户为什么要投诉呢?简单地说,客户是基于不满才投诉的。不满的直接原因在于客户的期望值和服务的实际感知之间的差异,也就是预期的服务和实际感知的服务之间的差距。我们暂且不对差异本身进行价值判断,它可能是合理的、为社会所接受的,也可能是不应该出现的,企业要对此承担责任或消费者要调整期望值。

之所以在企业服务与客户期望两者之间出现了差异,绝大多数是企业方面的原因。

1. 产品质量存在缺陷

根据《中华人民共和国产品质量法》的定义,产品缺陷是指产品存在危及人身、他人财产安全的不合理的危险;产品有保障人体健康和人身、财产安全的国家标准、行业标准的,是指不符合该标准的。产品质量缺陷具体可分为:假冒伪劣产品;标识不当的产品;质量瑕疵产品。产品有缺陷,不仅消费者要向企业投诉、索赔,国家有关的质量监督部门还要处罚企业,并可能承担刑事责任。

2. 服务质量

国内一些优秀的产品品牌都意识到服务的重要性,在做好产品的同时确立了"服务制胜"的战略,以周到、优质的服务作为自己的竞争优势。

服务既包括有形产品,又包括无形产品,如电信、金融、保险、出租车服务、旅游等与人民群众的生活息息相关的服务。常见的服务问题如下。

(1) 应对不得体。

① 态度方面。一味地推销,不顾客户的反应;化妆浓艳、令人反感;只顾自己聊天,不理客户;紧跟客户,像在监视客户;客户不买时,马上板起脸。

② 言语方面。不打招呼,也不答话,说话过于随便。

③ 销售方式方面。不耐烦地把展示中的商品拿给客户看;强制客户购买;对有关商品的知识一无所知,无法回答客户的咨询。

(2) 给客户付款造成不便。

算错了钱,让客户多付了钱;没有零钱找给客户;不收客户的大额钞票;金额较大时拒收小额钞票。

(3) 运输服务不到位。

送大件商品时送错了地方,送货时导致商品污损,送货周期太长让客户等太久。

(4)售后服务维修质量不达标。
(5)客户服务人员工作的失误。

3. 宣传误导

企业有了好的产品还需要运用各种手段广泛进行宣传,赢得客户的关注和认可。但是广告宣传过了头、包装过度,或者不兑现广告承诺,就变成了误导消费者,甚至变成欺诈,具体表现在以下几个方面:(1)广告承诺不予兑现;(2)效果无限夸大,广告内容虚假;(3)只讲有好处、优势、优惠,不讲限制条件。

4. 企业管理不善

有人研究客户投诉的原因,结论是8%的客户投诉是由于产品本身的质量或价格问题,40%的客户投诉是由于服务和沟通。不知道这个结论中的"沟通"所指是否包括了虚假广告。但引起客户投诉可归因于企业方面的原因,无疑首先体现在客户对企业的接触点上,或者体现在所购买的产品或服务上,或者体现在与购买行为的有关的信息上,不过这些都仅仅是表面化的原因,探究原因的背后,根源是企业管理不善上,具体表现为:(1)企业机制问题,对上负责,对任期考核负责,不对市场和客户负责;(2)职能部门各行其是,业务流程混乱;(3)人力资源危机。

5. 投诉管理缺失

缺乏投诉管理机制、办法、流程,客户服务人员没有及时的后台支撑,部门沟通、协作不畅;已有投诉不能通过反馈意见、针对性改善的闭环管理予以消除或减少,造成大量的重复投诉,耗费资源;出现公关、传媒危机不能有效应对,造成投诉面扩大和升级。

第二步:正确看待客户投诉

对于企业来说,投诉的客户就存在着合作的积极面,代表着一种极高的潜在价值。

1. 投诉是一种"关系调整的机会"

向企业进行投诉的客户使企业能够了解他同客户的关系为什么会出问题,由此,企业就可以找到解决办法来维持这种关系。

2. 投诉使企业能够扩大对客户了解的范围

在倾听客户投诉的过程中,企业能够了解更多客户的需求,从而可采取措施去增加客户的价值。

案例 3-6　　　　小卷卫生纸的产生①

某商场老板在一次偶然的机会听到了两位客户抱怨卫生纸卷太大,他感到很奇怪:"卷大,量多不好吗?"问过之后才知道,原来这两位客户是一个低档宾馆的采购人员,由于在宾馆投宿的客人素质较低,每天放在卫生间里可用几天的卫生纸往往当天就没了,造成了宾馆管理成本的上升。这位商场老板了解情况后,立即从造纸厂订购了大量小卷卫生纸,并派人到各个低档宾馆去推销,结果受到普遍的欢迎。

---

① 资料来源:范云峰,《客户管理营销》。

3. 投诉提供了企业的产品或服务的数据采集点

在倾听客户投诉的时候,企业能够更好地了解如何去校正或改进其原来为客户提供的产品或服务的缺陷,并以这种反馈意见为基础。

美国"技术协助研究项目"的研究表明,如果一个企业的客服中心能够以一种对客户最有效的方法来解决客户的问题,由此把一个不满意的客户改变成一个满意的客户,那么,企业就能够把客户的忠诚度提高50个百分点。从总体上看,如果企业打电话给客户,或者这个客户不得不再打一次电话,客户的满意度和忠诚度就会减少10个百分点,而企业的成本也会增加一倍。美国"技术协助研究项目"的研究还表明,对于其问题解决的结果表示满意的客户,通常会比从来没有经历过任何问题的客户,对企业表现出更高程度的忠诚。

案例3-7　　一位客户的自述——我被感动了①

因为台风马上就要到来了,在检查家里的备用品时,我发现手电筒的电池没电了。为了做好万全准备,我亲自去电器行一趟,顺便买了录音带之类的杂物。但当我回到家里打开购物袋时,发现电池竟不在里面,于是我打电话给那家店,接电话的是女营业员,她很公式化地对我说:"你再次来的时候我们再补给你好了。"便挂上电话。"但我今晚就要用啊!"我叫着,然后气愤地挂上电话。风雨越来越大了,我开始担心如果停电,或是要避难时该怎么办。这时门铃响了,是谁在这个时候来?我一开门便十分惊讶,原来是那家电器行的老板,他的头发都湿透了,在这样糟糕的天气他竟然前来把电池送给我,当时我虽然觉得他的举动愚蠢,但却十分感动。后来每当我提起这件事时,老板都笑着阻止我不要再说了。从那以后,即使看到其他店的打折宣传,我仍然坚持做这家店的忠实客户。

第三步:态度诚恳,耐心倾听客户投诉

先听清楚客户说什么。态度认真,尊重客户,切忌打断客户。倾听的过程对于客户来说是一个发泄不满和宣泄情绪的过程,因而倾听过程中要有必要的回应,如"噢"、"嗯"等表明客户服务人员在用心听。很多的投诉在客户发泄完之后,他的情绪也基本平衡了,此时,问题已经解决了一半了。甚至有一些投诉,客户仅仅是想找一个人耐心地听取他的抱怨。

倾听能够传递出的理解和尊重也将会营造一种理性的氛围,感染客户以理性来解决问题。倾听要注意了解客户的真正意图,了解他所认为的真正问题是什么,他这次投诉真正要达到的目的是什么。千万不要主观地认为客户是遇到了什么问题,也不要从其语言表面进行判断。

---

① 资料来源:施志君,《电子客户关系管理与实训》。

第四步:把握客户的真正意图

要把握客户投诉的真正意图才能对症下药,最终化解矛盾。

但是,客户在反映问题的时候常常不愿意明白地表达自己内心的真实想法。这种表现有时是因为客户碍于面子,有时是过于激动的情绪而导致的。

因此,客户服务人员在处理客户投诉时要善于抓住客户表达中的"弦外之音、言外之意",掌握客户的真实意图。以下三种技巧可以帮助客户服务人员处理投诉。

1. 注意客户反复重复的话

客户或许出于某种原因试图掩饰自己的真实想法,但却又常常会在谈话中不自觉地表露出来。这种表露常常表现为反复重复某些话语。值得注意的是,客户的真实想法有时并非其反复重复话语的表面含义,而是其相关乃至相反的含义。

2. 注意客户的建议和反问

留意客户投诉的一些细节有助于把握客户的真实想法。客户的希望常会在他们建议和反问的语句中不自觉地表现出来。

3. 注意客户的反应

所谓客户的反应,就是当客户服务人员与客户交谈时,对方脸上产生的表情变化或者态度、说话方式的变化。

就表情而言,如果客户的眼神凌厉、眉头紧锁、额头出汗、嘴唇颤抖、脸部肌肉僵硬,这些表现都说明客户在提出投诉时情绪已变得很激动。在语言上,他们通常会不由自主地提高音量、语意不清、说话速度加快,而且有时会反复重复他们的不满。这说明客户处在精神极度兴奋之中。就客户身体语言而言,如果身体不自觉地晃动,两手紧紧抓住衣角或其他的物品,则表明客户的心中不安及精神紧张。有时客户的两手会做出挥舞等激烈的动作,这是客户急于发泄情绪,希望引起对方高度重视的不自觉的身体表现。

第五步:做好记录,归纳客户投诉的基本信息

客户投诉的基本信息包括记录投诉事实、投诉要求、投诉人的姓名和联络方式。记录投诉人的姓名和联络方式是非常必要的。

同时,记录本身还有双重的功效,既让客户感受到企业对他的重视,起到安抚情绪的作用,又能通过记录、询问将客户的注意力引向客观的描述和解决问题本身,起到移情的作用。

处理客户投诉,其要点是弄清客户不满的来龙去脉,并仔细地记录客户投诉的基本情况,以便找出责任人或总结经验教训。记录、归纳客户投诉的基本信息更是一项基本的工作。因为企业通常是借助这些信息来进行思考、确定处理的方法。如果这些报告不够真实和详细,可能会给企业的判断带来困难,甚至发生误导作用。

记录投诉信息可依据企业的"投诉处理卡"逐项进行填写。在记录中不可忽略以下要点:(1)发生了什么事情;(2)事情是何时发生的;(3)有关的商品是什么,价格多少,设计如何;(4)当时的销售人员是谁;(5)客户真正不满的原因何在;(6)客户希望以何种方式解决;(7)客户是否通情达理;(8)这位客户是否为企业的老主顾。

第六步:回应客户,对投诉内容表示理解

客户服务人员首先向客户表明自己的身份,当然视情况也可以在倾听客户投诉前就

表明。回应客户投诉的一个重要内容是向客户确认投诉事实和要求,目的在于确保正确地理解客户的意思。

回应时,要注意让客户感觉到他的想法得到了客户服务人员的共鸣。如客户讲"企业应该如何提供优质服务",那么可以引导客户谈服务的话题,不知不觉地让客户转移注意力。如果能够成功转移到客户感兴趣的其他话题上,双方将从一种敌对关系转化为一种交换信息、交流情感的平等关系上了。拉近与客户的心理距离,处理投诉要容易得多。客户的情绪比较稳定后,要及时抓住机会重新回到当前的纠纷话题。

但是要注意,对于不善言辞或者没有兴趣谈其他问题而一心就想解决投诉的人来说不要轻易转移话题;否则客户可能会觉得客户服务人员在回避问题。

第七步:及时答复或协商处理

首先向客户适当表示歉意。即使错不在企业也要致歉,因为道歉是平息客户不满情绪的有力武器。同时感谢客户的投诉,因为客户是企业的朋友,他们在提醒企业解决其忽略的问题。

对于投诉的问题,能够立即答复的,应马上给予答复,并征求客户的意见。如果需要进一步了解情况的,应向客户说明,并与客户协商答复的时间。

第八步:处理结果上报

给客户圆满答复以后,投诉处理并未完成。这是许多的企业容易忽视的地方。投诉处理情况一定要上报。根据企业的情况,以适当的方式和频度,对一定周期的投诉要及时上报,上报时可以进行必须的分类、分析。企业要重视小的细节才能及时避免重大的危机;同时,日常的投诉也是企业寻求改进的契机,甚至是企业的商机所在。

四、案例分析

某大型酒店内,一位客户向客户服务人员投诉他点的菜谱中有一道菜一直等到用餐结束准备离开时才端上来,他不再想要了,而且还拒付这顿餐的餐费(共计二千五百多元),原因是他很忙,还有很多的应酬,那道迟来的菜已经浪费了他的宝贵时间,没有要酒店赔偿损失也经很不错了。[①]

问题:

1. 假如你是该酒店的服务人员,你打算怎样处理这样的麻烦?
2. 怎样做既能让客户感到满意,又不会使酒店蒙受损失?

五、复习与思考

1. 客户常常因为什么进行投诉?

---

① 资料来源:施志君,《电子客户关系管理与实训》。

2. 客户投诉重要吗？假如你遇到客户投诉时，应该怎么处理？

任务4　如何使客户满意

一、任务目的和要求

★ 任务目的

通过学习，了解客户满意的内涵、客户满意对企业的价值，掌握使客户满意的具体方法。

★ 任务要求

掌握使客户满意的具体方法。

二、相关知识

企业实施客户关系管理的目的不仅仅是要拓展企业经营的触角和改变企业的经营模式，还应当强化企业与客户之间的互动关系，最终目的是要提升企业的利润。因此，企业如何满足客户的要求，进而留住客户，提升客户的满意度，这已经是目前企业经营中最重要的新课题，更是衡量企业竞争力的重要指标。那么什么是客户满意度呢，又如何提高客户满意度，下面对这些问题进行阐述。

1. 什么是客户满意

客户满意度是由客户的期望和客户的感知这两个因素决定的，如期望越低就越容易满足，实际感知越差越难满足。可见客户是否满意与期望成反比关系，与感知成正比关系。据此我们可以用一个简单的公式来描述客户满意状况的评价指标——客户满意度，即：

$$C=B/A$$

式中：C——客户满意度；

　　　B——客户的感知值；

　　　A——客户的期望值。

对客户的满意状况的测量实际是看客户满意度的大小。

当 C 等于1或接近1时，表示客户的感受即可认为"比较满意"，也可认为"一般"；

当 C 小于1时，表示客户的感受为"不满意"；

当 C 等于0时，则表明客户的期望完全没有实现。

在一般情况下客户满意度多在 0—1 之间，但在某些特殊情况下，客户满意度也可大于1，这意味着客户获得了超过期望的满足感受。

客户满意与否，取决于客户接受产品或服务的感知同客户在接受之前的期望相比较后的体验。通常情况下，客户的这种比较会出现三种感受（参见图3-1）。

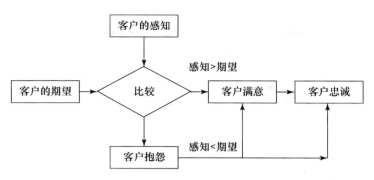

图 3-1 客户期望与客户感知比较后的感受

(1) 当感知接近期望时,一般会出现两种状态:一种是客户因实际情况与心理期望基本相符而表示"比较满意";另一种是客户会因对整个购买决策过程没有留下特别印象而表示"一般"。所以,处于这种状态的客户既有可能重复同样的购买经历,也有可能选择该企业的竞争对手的产品或服务。

(2) 当感知高于期望时,客户就会体会到喜悦和满足,感觉是满意的,其满意程度可以从事后感知与事前期望之间的差异来测量。当感知超过期望的越多,客户的满意程度就越高,而当感知远远超过期望时,满意就演变成忠诚。值得强调的是,客户满意并不等同于客户忠诚。客户满意其实是进行某种消费后的心理状态,而客户忠诚则是一种购买行为,代表了企业的营利能力。

(3) 当感知低于期望时,客户会感到失望和不满意,甚至会产生抱怨或投诉,但如果对客户的抱怨采取积极措施妥善解决,就有可能使客户的不满意转化为满意,甚至令其成为忠诚的客户。

总之,对企业而言,若要实施"以客户满意为中心"的经营战略,就必须尽力消除客户满意度小于1的情况,即通过提高产品或服务相对于客户价值来满足甚至超越客户的期望,实质上就是平息和预防客户抱怨的发生。

2. 客户满意对企业的意义

随着客户数量的不断增长和竞争对手的不断增加,企业除了在吸引新增客户上不断加大力度以外,将越来越关注已有的客户的满意状况和忠诚状况。因为从营销的角度来看,新兴市场的主要工作是吸引客户,但当市场进入成熟期时,保持客户显得重要得多,因为流失一个客户的损失比新增加一个客户的收益要大得多。所以企业定期考察客户满意度和忠诚度显得尤为必要。提高客户满意度对企业营利能力的影响主要体现在以下方面。

(1) 通过增加现有客户忠诚度增加企业利润。

提高客户满意度可以提高现有客户的忠诚度,这意味着有更多的客户在将来会重复购买该企业的产品。如果一个企业有着很高的忠诚度,它必然会体现在企业的经济回报中,即保证了企业具有一个稳定的、未来的现金流。同时,客户的忠诚度越高,他们可能继续从同一个企业购买产品的持续时间就越长,企业就可以从忠诚客户获得越高的累计价值。总之,客户忠诚度的提高会增加一个企业客户资产的价值,从而提高企业的盈利性。

(2) 通过降低现有客户的价格弹性来增加盈利。

研究表明,满意的客户更愿意为他们得到的产品或服务支付成本,并且更有可能容忍价格的上涨。这意味着企业可以获得较高的毛利率。如果一家企业有较高的客户满意度,并因此具有高于竞争者10%的产品价格,该种产品1年达到10亿元销售额,那么,这家企业由于较高的客户满意度就可多获得1亿元的毛利润。与此相对应,在行业内出现激烈价格竞争的情况下,客户满意度高可以保持较低的降价幅度,减少利润损失。相反,客户满意度低将导致价格弹性增大,致使企业客户追求更低的价格,客户流失率会很高。而要吸引竞争企业的满意客户作为本企业的新客户将会付出更高的成本。

(3) 通过降低交易成本增加盈利。

任何企业要保持和吸引客户都是有交易成本的。最典型的交易成本是花费在广告、促销、公关以及人员推销等领域。在消费品行业中,这些成本一般占销售额的5%~20%。研究表明,客户满意度高可以降低交易成本,主要体现在以下三个方面。

① 维护一个老客户的成本大约仅仅是吸引一个新客户成本的1/5。如果一个企业拥有很高的客户满意度,它就拥有固定的老客户群,不需要投入太多的资金来吸引新客户,从而降低交易成本。

② 满意客户很可能以更高的频率购买更多的产品,并且有可能直接购买这个企业提供的其他产品或服务。

③ 满意客户给企业传播正面口碑的可能性大,而传播负面口碑的可能性很小,而各种媒体也会因此更有可能传递该企业正面的信息,企业所做的广告和促销也将会更加有效。

(4) 通过减少失败成本来增加盈利。

一个持续一贯地提供客户高满意度产品或服务的企业,在处理产品退货、更换、修理、返工以及处理客户抱怨上所花费的资源更少。

(5) 通过提升企业总体声誉来增加盈利。

高的客户满意度会给企业带来良好的声誉。对客户来说,试用一个具有良好声誉企业的新产品,风险较小,这使企业在推广新产品时更加容易。声誉对于建立和保持与关键供应商、分销商和使用伙伴的关系也有好处,他们会认为这家企业更加可靠。好的声誉对于企业还有"光环效应",从而有力地帮助企业获得其他的重要资产,如增加品牌无形资产、提高股票市场价值等。

(6) 客户满意是企业战胜竞争对手的最好手段。

在当今买方占主导地位的市场上,客户对产品或服务能满足或超越他们期望的要求日趋强烈。如他们不但需要优质的产品或服务,同时希望能以最低的价格获得它们,此外还有其他的许多要求。

如果企业不能满足客户的需要,而竞争对手能够使他们满足,那么客户很可能就会叛离,投靠到能让他们满意的企业中去。只有能够让客户满意的企业才能在激烈的竞争中获得长期的、起决定作用的优势。

所以,企业间竞争的关键是比较哪家企业更能够让客户满意。谁能更好地、更有效地满足客户需要,让客户满意,谁就能够营造竞争优势,从而战胜竞争对手、赢得市场。

总之,通过提高客户满意度,企业可以在许多的方面增加盈利水平,从而更有效地实现企业生存与发展的目标。

三、实现步骤

第一步：了解哪些因素影响客户满意

客户满意是一种主观的心理感受，从菲利普·科特勒"满意是指个人通过对产品中可感知的效果与他的期望值相比较后所形成的愉悦或失望的感觉状态"的定义中，我们可以看出客户满意是客户期望和客户感知比较的结果。如果客户感知达到或超过客户期望，那么客户就会满意；而如果客户感知达不到客户期望，那么客户就会不满意。很显然，影响客户满意的因素就是客户期望和客户感知。

1. 客户期望

（1）客户期望对满意度的影响。

第一，期望是客户满意或不满意的参照标准。客户经常把对某种产品或服务实际表现的感受同他采购前的期望进行比较，当这种感受超过期望时，他是很满意的；当这种感受等于期望时，他刚好满意；当这种感受低于期望时，他是不满意的。如同人们常说"期望越大，失望也越大"，这表明期望与客户满意度是负相关的关系。

第二，期望是客户在购买之前对某种产品或服务未来实际表现的预期，这种预期来自于客户习惯的该种产品或服务的实际表现水平。从心理学角度讲，客户在使用或消费实际的产品或服务后，有将其感受到的满意水平向预期靠拢的心理倾向，以避免实际感受与预期差距太大从而感觉很失望。这种同化作用使得客户在预期水平较高时，满意度也较高；预期水平较低，满意度也较低。如此看来，客户期望与客户满意度又是正相关的关系。

期望对客户满意度的这两种影响互相消长，究竟哪种影响占据主导地位不仅取决于客户自身的性格、态度和生活方式等因素，而且取决于企业产品或服务的各种营销活动。

（2）影响客户期望的因素。

① 客户以往的消费经历。

客户在购买某种产品或服务之前往往结合他以往的消费经历对即将要购买的产品或服务产生一个心理期望值。

如客户过去吃一份快餐要 10 元，那么他下次再去吃快餐可以接受的价格，即对快餐的价格期望值也是 10 元；如果过去吃一份快餐只要 5 元，那么他下次再去吃快餐可以接受的价格，即对快餐的价格期望值就是 5 元。

也就是说，客户以往的消费经历会影响他下次购买的期望，而对于初次消费的客户来说，由于没有消费经历和经验，他们对产品或服务的期望主要来源于他人的介绍和企业的宣传等。

② 他人的介绍。

人们的消费决定总是很容易受到他人尤其是亲戚朋友的影响，特别是在中国这样从众心理普遍存在的国家，他人的介绍对客户期望的影响远远超出我们的想象。

如果客户身边的人极力赞扬，说企业的好话，那么就容易让客户对该企业的产品或服务产生较高的期望；相反，如果客户身边的人对企业进行负面宣传，则会使客户对该企业的产品或服务产生较低的期望。

③ 企业的宣传。

企业的宣传主要包括广告、产品外包装上的说明、员工的介绍和讲解等,根据这些客户会对企业的产品或服务在心中产生一个期望值。如药品的广告宣称服用3天见效,那么药品的服用者也就期望3天见效;如果广告宣称是服用3周见效,那么药品的服用者也就期望3周见效。

肆意地夸大宣传自己的产品或服务会让客户产生过高的期望值,而客观的宣传就会使客户的期望比较理性。

2. 客户感知

客户感知是客户在购买或者消费过程中,企业提供的产品或服务给客户的感觉。客户感知的价值实际上就是客户的让渡价值,即客户购买产品或服务所获得的总价值与客户为购买该产品或服务所付出的总成本之间的差额。

(1) 客户感知对满意度的影响。

客户对产品或服务等的实际感知值与期望值的比较对客户满意度产生影响。

当客户感知高于客户期望时,客户的满意度就高;当客户感知接近客户期望时,客户刚好满意;当客户感知低于客户期望时,客户会产生不满意。也就是说,客户感知与客户满意是正相关的关系。

如假设 A、B、C 三家企业同时向一个客户供货,假设客户对 A、B、C 三家企业的期望值都是 b,假设 A、B、C 三家企业给客户的感知价值分别是 a、b、c,并且 a>b>c。

那么,购买后,客户对 C 企业感觉不满意,因为客户对 C 企业的期望值是 b,但是 C 企业给他的实际感知价值是 c,而 b>c,也就是说,C 企业所提供的产品或服务没有达到客户的期望值,因此使客户产生不满。

客户在购买前对 B 企业的期望值为 b,而客户实际感受到 B 企业的产品或服务的感知价值刚好是 b,也就是说,B 企业所提供的产品或服务刚好达到了客户的期望,所以客户对 B 企业是满意的。

客户在购买前对 A 企业的期望值为 b,而客户实际感受到 A 企业的产品或服务的感知价值是 a,而 a>b,也就是说,企业给客户提供的感知价值不但达到而且超过了客户的期望值,从而使客户对 A 企业非常满意。

这个例子说明了客户感知对客户满意的重要影响。

(2) 影响客户感知的因素。

影响客户感知的因素有客户总价值和客户总成本两大方面,即一方面是客户从消费产品或服务中所获得的总价值,包括产品价值、服务价值、人员价值、形象价值等;另一方面是客户在消费产品或服务中需要耗费的总成本,包括货币成本、时间成本、精神成本、体力成本等。也就是说,客户感知受到产品价值、服务价值、人员价值、形象价值、货币成本、时间成本、精神成本、体力成本八个因素的影响。

① 产品价值。

产品价值是由产品的功能、特性、品质、品种、品牌与式样等所产生的价值,它是客户需要的中心内容,也是客户选购产品的首要因素。在一般情况下,产品价值是决定客户感知价值大小的关键因素和主要因素。产品价值高,客户的感知价值就高;产品价值低,客户的感知价值就低。

假如产品的质量不稳定,即使企业与客户建立了某种关系,这种关系也是脆弱的,很难维持下去,因为它损害了客户的利益。所以,企业应保持并不断提高产品的质量,这样才能提升产品价值,进而提升客户的感知价值,使客户关系建立在坚实的基础上。

假如产品缺乏创新,样式陈旧或功能落伍,跟不上客户需求的变化,客户的感知价值就会降低,自然客户就会不满意,还会"移情别恋"、"另觅新欢",转向购买新型的或者更好的同类产品或服务。为此,日本企业特别崇尚设计的新颖性与使用的舒适性,创造性地把客户所重视的形式与功能结合起来,如本田的发动机、索尼的电子产品等无不如此,从而提升了产品价值和客户的感知价值。

品牌对企业提升产品价值的影响也尤为突出。随着收入水平的提高,客户的需求层次也有了很大的变化,面对日益繁荣的市场,许多的客户产生了渴望品牌的需求,此外,品牌还充当着企业与客户联系情感的纽带。对此,企业可以通过对品牌形象的塑造来提升产品价值,进而为客户带来更大的感知价值。

② 服务价值。

服务价值是指伴随产品实体的出售,企业向客户提供的各种附加服务,包括售前、售中、售后的产品介绍、送货、安装、调试、维修、技术培训、产品保证,以及服务设施、服务环境、服务的可靠性和及时性等因素所产生的价值。服务价值是构成客户总价值的重要因素之一,对客户的感知价值影响也较大。服务价值高,感知价值就高;服务价值低,客户的感知价值就低。

虽然再好的服务也不能使劣质的产品成为优等品,但优质产品会因劣质的服务而失去客户。如企业的服务意识淡薄,员工傲慢,服务效率低,对客户草率、冷漠、粗鲁、不礼貌、不友好、不耐心;客户的问题不能得到及时解决,咨询无人理睬、投诉没人处理等都会导致客户的感知价值低。

优异的服务是提升客户感知价值的基本要素和提高产品价值不可缺少的部分,出色的售前、售中、售后服务对于增加客户总价值和减少客户的时间成本、体力成本、精神成本等方面的付出具有极其重要的作用。企业只有不断地提高服务质量才能使客户的感知价值增大。

③ 人员价值。

人员价值是指企业员工的经营思想、知识水平、业务能力、工作效率与质量、经营作风以及应变能力等所产生的价值。只有企业所有的部门和员工协调一致并成功设计和实施具有竞争性的价值让渡系统,营销部门才会变得卓有成效。因此,企业的全体员工是否就经营观念、质量意识、行为取向等方面形成共同信念和准则,是否具有良好的文化素质、市场及专业知识,以及能否在共同的价值观念基础上建立崇高的目标,作为规范企业内部员工一切行为的最终准则,决定着企业为客户提供的产品或服务的质量,从而决定客户的购买总价值。由此可见,人员价值对企业进而对客户的影响作用是巨大的。

凯马特是美国一家著名的大型折扣连锁店。虽然它的卖场很大,店里陈列的商品品种繁多、价格便宜,但客户如想找店员询问有关问题却不是一件容易的事,因为为了节约人工成本,这里的店员很少,客户在这里虽然满足了购买便宜商品的欲望,但是无法感觉到店员对他们付出的一点点关心,于是在客户心中就产生了被冷落的感觉。也就是说,客户在这里得不到多少人员价值,这使得客户对凯马特的感知价值不高,对凯马特的感觉总不是那么满意。

④ 形象价值。

形象价值是指企业及其产品在社会公众中形成的总体形象所产生的价值。形象价值是企业各种内在要素质量的反映。任何一个内在要素质量的不佳都会使企业的整体形象遭受损害,进而影响社会公众对企业的评价,因而塑造企业形象价值是一项综合性的系统工程,涉及的内容非常广泛。显然,形象价值与产品价值、服务价值、人员价值密切相关,在很大程度上是上述三方面价值综合作用的反映和结果,包括产品、服务、技术、品牌等产生的价值,以及企业的价值观念、管理哲学等产生的价值,还包括企业"老板"及其员工的经营行为、道德行为、态度作风等产生的价值。

所以,形象价值是企业知名度的竞争,是产品附加值的部分,是服务高标准的竞争,说到底是企业"含金量"和形象力的竞争,它使企业营销从感性走向理性化的轨道。

此外,如果企业形象在客户的心目中较好,客户就会谅解企业的个别失误,而如果企业原有的形象不佳,那么任何细微的失误也会造成很坏的影响。因此,企业形象被称为客户感知的"过滤器"。

美国纽约梅瑞公司把客户介绍给竞争对手的一反常态的做法,既获得了广大客户的普遍好感,又向竞争对手表示了友好和亲善,因此不仅树立了良好的企业形象,还改善了经营环境,因此该公司生意日趋兴隆。竞争对手可说是无所不在,但竞争中不要损人利己、相互拆台、造谣、诽谤、中伤,否则最终只能导致两败俱伤。相反,如果能与对手建立良好的竞争关系,则会塑造一个全新的企业形象而提升客户的感知价值。

⑤ 货币成本。

货币成本是客户在购买、消费产品或服务时必须支付的金额,是构成客户总成本的主要的和基本的因素,是影响客户感知的重要因素,对稳定和巩固客户关系有着举足轻重的作用。

客户在购买产品或服务时,无论是有意还是无意,总会将价格与其消费所得相比较,总是希望以较小的货币成本获取更多的实际利益,以保证自己在较低的支出水平上获得最大的满足。

即使一个企业的产品或服务再好,形象再好,如果需要客户付出超过其期望价格很多才能得到,客户也不会乐意。在产品或服务不变的情况下,低价格永远是有吸引力的。因此,如果客户能够以较低的货币成本买到较好的产品或服务,那么客户感知价值就高,反之,则客户的感知价值就低。

⑥ 时间成本。

时间成本是客户为想得到所期望的商品或服务而必须处于等待状态的时期和代价。时间成本包括客户等待服务的时间、等待交易的时间、等待预约的时间等方面。

时间成本是客户满意的减函数,在客户价值和其他成本一定的情况下,时间成本越低,客户购买的总成本越小,从而客户感知价值越大,反之客户感知价值越低。激烈的市场竞争使人们更清楚地认识到时间的宝贵,对于一些客户来说,时间可能与质量同样重要。

因此,为降低客户购买的时间成本,企业经营者在经营网点的广泛度和密集度等方面均需做出周密的安排,同时努力提高工作效率,在保证商品服务质量的前提下尽可能减少客户为购买商品或服务所花费的时间支出,从而降低客户购买成本,增强企业产品的市场竞争力。

如今,对客户反应时间的长短已经成为有些行业(如快餐业、快递业和报业)成功的关键因素。

⑦ 精神成本。

精神成本是客户在购买产品或服务时必须耗费精神的多少。在相同情况下,精神成本越少,客户总成本就越低,客户的感知价值就越大。相反,精神成本越高,客户总成本就越高,客户的感知价值就越低。

因此,企业如何采取有力的营销措施,从企业经营的各个方面和各个环节为客户提供便利,使客户以最小的成本耗费取得最大的实际价值是每个企业需要深入探究的问题。

⑧ 体力成本。

体力成本是客户在购买、消费产品或服务时必须耗费体力的多少。在相同情况下,体力成本越少,客户总成本就越低,从而客户的感知价值就越高。相反,体力成本越高,客户总成本就越高,客户的感知价值就越低。

在紧张的生活节奏与激烈的市场竞争中,客户对购买产品或服务的方便性要求也在提高,因为客户在购买过程的各个环节均需付出一定的体力。

如果企业能够通过多种渠道减少客户为购买产品或服务而花费的体力,便可以降低客户购买的总成本,进而提升客户的感知价值。

总之,客户总是希望获得更多的价值,同时又希望付出更低的成本,只有这样客户才会得到较高的感知价值。

第二步:提高客户感知价值

提高客户感知价值主要从两个方面出发:一是提高客户总价值;二是降低客户总成本。实现这两个目标,可以通过创新、价值、质量、服务、速度、品牌等战略途径,这些都是创造客户感知价值的重要因素。不同的企业可以根据不同的情况选择使用各战略途径,以降低客户认知价格或提升客户认知利益,从而为客户创造价值。

1. 创新

只有企业致力于为客户提供更有价值的产品或服务,满足不断变化的客户需求与偏好,从而提升客户认知利益,企业才能获得持续、稳定和健康的发展。客户需求的动态变化要求企业必须进行持续的客户价值创造,使客户感受到企业致力于以更好的方式、更好的产品、更好的服务为他们创造价值,吸引客户不断地重复购买。所以,企业应关注如何顺应客户的需求趋势,不断地根据客户的意见与建议,站在客户的立场上去研究和设计产品,并且利用高科技成果不断创新,不断地开发出客户真正需要的产品,这样就能够不断提高客户的感知价值,从而提高客户满意度。

如本田公司称"我们的客户之所以这样满意,理由之一是我们不满意!"又如,英特尔公司从 Intel186、286、386、486、586 到赛扬、奔腾系列,无一不是创造了市场奇迹,在不断提升产品价值的同时,提升了客户的感知价值,进而实现客户的满意。

同时,创新也可以构筑竞争者进入的壁垒,有效地阻止竞争对手的进攻。

2. 为客户提供定制化的产品或服务

定制化也称一对一营销,企业建立一种定制化的内部系统并根据客户的不同需求提供不同形式规格的产品以满足他们的特定需求。定制化是一种新的营销形式,企业为客户提供定制化的产品,以满足客户的需要从而吸引客户、保持客户最终达到忠诚的目的。定制化有以下四种基本形式。

(1) 合作定制化。

企业首先与客户进行沟通和交流以了解他们的需求,确定什么样的产品能满足他们的需要,然后由企业与客户联合设计,最后交与企业进行定制化的生产。

(2) 适应定制化。

企业为客户提供标准产品,但这种标准产品由标准化的部件和标准化的零件组成,客户可以根据自己的需要对企业产品重新组装,以符合他们的特定要求。

(3) 形式定制化。

企业为不同的客户提供不同形式的产品。如企业把产品销售给不同的销售渠道商时,根据他们的要求提供不同的包装、尺寸和其他特征。

(4) 透明定制化。

企业为每一位客户都提供独特的产品而没有告诉客户产品是特定为客户定制的。当客户不愿意重复他们的需要时,透明定制化效果极佳,也是非常有用的。网上书店亚马逊根据客户过去的购书记录通过电子邮件为客户提供定制化的书目推荐就是一个很好的例子。

不同的客户有不同的需要,对产品的具体要求不同,利益关心点也不同,这是传统营销所无法解决的。定制化让客户感到企业关心他们,企业专门为他们开发并符合他们需求的产品。定制化比传统营销方法更容易获得客户的满意和忠诚,企业与客户建立起的关系也更长久。

案例 3-8　　　　　　海尔按需生产①

为适应各地消费群体的不同需求,海尔为北京市场提供了最新技术的昂贵的高档冰箱;为广西市场开发了有单列装水果用的保鲜室的"果蔬王"冰箱;海尔冰箱从"大王子"到"小王子"再到"双开门",为的就是适应上海居民住房很小的现状,后来又为上海家庭生产了瘦长体小、外观漂亮的"小小王子"冰箱。由于满足了不同客户群的需求,客户对海尔的美誉度和满意度得到了大幅度提升,海尔也得到了丰厚的回报。

四川的客户反映,海尔的洗衣机洗地瓜时,经常阻塞出水道。为满足了四川农

---

① 资料来源:陈修齐,《论"海尔"的个性化营销》。

民轻松洗地瓜的要求,海尔又为四川市场开发了"地瓜洗衣机",能洗土豆、地瓜。尽管"地瓜洗衣机"的销量不大,但却真正体现了产品开发以客户为导向的理念,因而提高了客户的感知价值和满意度。

3. 提供质量优异的产品

通用电器公司总裁韦尔奇说:"质量是通用维护客户忠诚最好的保证,是通用对付竞争者的最有力的武器,是通用保持最长和营利的唯一途径。"

众多世界知名品牌的发展历史告诉我们,提高质量是创造客户忠诚的最安全的途径。提高产品质量要以对客户质量属性的评价为基础,着力改进关键的质量属性。质量改进和提高应该是持续不断的过程,因为客户的价值需求是动态的,而这正是创新行为的驱动力,如此才能有新产品或新服务的推出。

产品质量的提高还可以减少由于质量问题而导致的事后处理成本。企业应具有高标准的质量理念,否则只会使企业不断地面临质量难题,并导致某些客户流失。质量改进必须结合客户的需要,要让客户真正感知到企业重视为客户提供可靠的、无缺陷的产品或服务。

美国的哈雷摩托车公司就坚持"质量第一"的信念,其对产品质量的要求是苛刻的,在工业化批量生产、追求规模效应的今天,哈雷摩托车公司仍然坚持手工工艺和限量生产,从而使每一辆哈雷摩托车的品质都很过硬,给每一位车迷都留下坚固、耐用、物有所值的满足感。

4. 塑造品牌

树立企业品牌信誉也是企业提高客户感知价值的好方法。面对日益多样化的产品,客户的品牌偏好也逐步增强,现在许多的客户都习惯于购买品牌产品。品牌已不仅是不同企业产品和服务的一个简单标识,而是企业素质、个性、能力、形象、企业文化、产品质量与特色的综合体。良好的品牌信誉可以提高产品的价值,一方面是具有良好的质量、服务、形象保证,另一方面也是客户身份的标志。许多的客户已经逐渐由产品消费转为品牌消费,这就要求企业在打造产品质量的同时还要努力提高品牌的知名度和美誉度。

如宝洁公司不断进行新产品的开发,以此来满足不同客户的需求,即使是同一品种的产品,如洗发水,宝洁也造就出不同的品牌,如海飞丝、飘柔、潘婷、沙宣等,以此来满足差异化的客户需求,创造差异化的产品价值。

客户对品牌的选择又取决于品牌在客户心目中的形象,良好的品牌形象赋予企业的产品或服务更高的价值,提升了客户的感知价值,进而提升客户的满意度。任何一个有损品牌形象的失误,哪怕是微小的失误,都有可能严重削弱客户的满意度,因此企业要坚持树立良好的品牌形象。

美国哈雷摩托车公司建立的哈雷文化——奔放洒脱、彰显个性、张扬自我、崇尚自由,创造了一个将人性与产品融为一体的精神象征,树立了品牌文化的魅力。学者冯国江分析说,哈雷文化从一个侧面记录了美国整整一个世纪从工业到科技、文化雄踞世界的历史。因此,骑哈雷摩托就是对美国精神和美国文化的接纳和认同。对美国人来说,骑哈雷摩托车比遵守法律更能表达爱国精神,正是这样,哈雷摩托车让无数的车迷陶醉、倾倒。

案例 3-9　　　　哈根达斯为客户创造品牌价值[①]

1989年格兰德·梅特在欧洲知名的富人街区开设了几个优雅的冰淇淋大厅,并塑造了一种高贵、优质、洁净而自然的气氛,让走进这些咖啡馆似的哈根达斯大厅的人都在这个环境里流连忘返。

当哈根达斯进入超市和便利店时,它用具有品牌特征的玻璃门冷冻柜展示不同口味的产品,这些柜子把哈根达斯和其他品牌的产品区分开了——其他品牌的产品一般放在柜子下面或随便放在零售商的冷冻架上,显得无足轻重。哈根达斯这种品牌创建是成功的,在为客户创造品牌价值的基础上,哈根达斯走上了顺利发展的道路。

5. 提升服务价值

对一个企业而言,保证质量和价格优势是根本,但随着购买力水平的提高,客户对服务的要求也越来越高,服务的质量对购买次数的影响越来越大,能否给客户提供优质的服务已经成为提高客户的感知价值和客户满意度的重要因素。有研究资料表明,客户由于对服务不满意而离开企业,比由于价格或产品质量因素而离开的可能性大五倍。这就要求企业站在客户的角度,想客户所想,在服务内容、服务质量、物流配送等方面提高水平。

为客户提供优质服务的基础是企业注重与客户进行信息和情感上的沟通,及时关注客户的感受和满足客户的需求,实现与客户的"双赢"。

如美国总统里根访问上海时下榻锦江饭店,饭店打听到里根夫人喜爱鲜艳的服饰,于是特意定作了一套大红缎子的晨装,里根夫人穿上很合身,她感到很惊喜,对锦江饭店的细致服务自然非常满意。斐济总统身材高大,来华访问期间一直没有穿到合脚的拖鞋,到达上海时也下榻锦江饭店,出乎他预料的是,锦江饭店为他专门定作了特大号的拖鞋,不用说,总统非常满意,而且对锦江饭店留下了深刻的印象。

案例 3-10　　　　超越客户期望[②]

日本东京的一家贸易公司有一位小姐专门负责为客商购买车票的事务,一次她为德国一家大公司的商务经理购买往返东京与大阪的火车票。

---

① 资料来源:张会莉,《无法抗拒的"哈根达斯"》。
② 资料来源:斐然,《细致入微方显企业制胜魅力》。

不久,这位德国经理发现:每次去大阪,座位总在右窗口,从大阪返回东京,座位总在左窗口。经理问这位小姐,这是怎么回事。这位小姐笑答道:"我想,大家都喜欢日本富士山的壮丽景色,所以我特意安排了座位。您去大阪时,富士山在您的右边,就买了右窗口的票。您返回东京时,富士山在您的左边,我就买了左窗口的票。"

听了这席话,德国经理大受感动,他想,在这样一个微不足道的小事上,这家公司的职员能够想得这么周到,那么跟他们做生意还有什么不放心的呢?于是决定将与这家日本公司的贸易额由400万马克提高到1200万马克。

案例 3-11　　　　沃尔玛的服务理念①

沃尔顿曾说:"我们都是为客户工作,你也许会觉得是在为上司工作,但事实上他也和你一样。在我们的组织之外有一个大老板,那就是客户。"

沃尔玛经营的秘诀就在于不断地了解客户的需要,设身处地为客户着想,最大限度地为客户提供方便,并且一贯坚持"服务胜人一等、员工与众不同"的原则。

走进任何一间沃尔玛店,店员立刻就会出现在你面前,笑脸相迎,客户便可以亲身感受到周到的服务。

店内贴有这样的标语:"我们争取做到,每件商品都保证让您满意!"客户在这里购买的任何商品如果觉得不满意,可以在一个月内退货,商店返还全部货款。

沃尔玛把超一流的服务看成是自己至高无上的职责,致力于向客户提供超一流的服务。这源自于沃尔顿的成功经营法则之一:超越客户的期望,他们就会一再光临。

案例 3-12　　　　海尔是如何提升服务价值的②

1. "快乐三全服务"

如今,海尔在全国三十多个城市设立了电话服务中心,五百多家电脑服务网点,这样海尔就可以为客户提供快速、准确的高标准的服务。

---

① 资料来源:赵洁、赵滨,《从"沃尔玛"的服务真谛谈银行服务工作》。
② 资料来源:宋金格,《服务文化:塑造强势品牌的关键》。

（1）全天候 24 小时服务——24 小时电话咨询服务、24 小时服务到位、365 天服务等。

（2）全方位登门服务——售前详尽咨询服务，售中送货上门，售后建档回访、上门调试、解决各类问题。

（3）全免费义务服务——保修期内维修、服务、材料免费，保修期外也免收维修费。

此外，还开展了"全球化的网上服务"，即在互联网上设立"海尔彩电快乐网站"和电子信箱，国外的用户如发电子邮件向海尔提出服务需求，海尔在世界各地的服务网点保证在 24 小时内服务到位。

2．海尔售后服务的一二三四模式

（1）一个结果：服务圆满。

（2）二个理念：带走用户的烦恼，留下海尔的真诚。

（3）三个控制：服务投诉率、服务遗漏率、服务不满率。

（4）四个不满：一个不漏地记录用户反映的问题；一个不漏地处理用户反映的问题；一个不漏地复查处理结果；一个不漏地将处理结果反映设计、生产、经营部门。

第三步：掌握客户期望

我们清楚，如果客户期望过高，一旦企业提供给客户的产品或服务的感知价值没有达到客户期望，客户就会感到失望，导致客户的不满。但是，如果客户期望过低，可能就没有兴趣消费企业的产品或服务了。

这样看来，客户期望过高、过低都不好。企业要提高客户满意度，就必须采取相应的措施来引导客户消费前对企业的期望，让客户对企业有一个合理的期望值，这样才能吸引客户，又不至于让客户因为期望落空而失望，产生不满。那么，如何掌控客户的期望呢？

1．不要过度承诺

在一定的感知水平下，如果企业的承诺过度，客户的期望就会越高，从而会造成客户感知与客户期望的差距，因此降低客户的满意水平。可见，企业在宣传中应实事求是，要根据企业自身的产品或服务的实际情况进行恰当的宣传，不能夸大其词，更不做过度的企业难以做到的承诺来欺诈客户。如某品牌的厨房设备承诺保修十年，但当客户要求其兑现其承诺时，企业却难以做到。

2．留有余地的宣传

如果企业在宣传时恰到好处并且留有余地，或者干脆丑话说在前头，使客户的预期保持在一个合理的状态，那么客户感知就很可能轻松地超过客户期望，客户就会感到"物超所值"而"喜出望外"，自然对企业十分满意。

如日本美津浓公司销售的运动服里就有纸条写着：此运动服乃用最优染料、最优技术制造，遗憾的是还做不到完全不褪色，会稍微褪色的。这种诚实的态度既赢得了客户的信赖,又使客户容易达到满意——因为期望值不高。假如运动服的褪色不明显,客户还会很满意。因此,这家公司每年的销售额都达 4 亿日元。

留有余地的许诺如果得以实现,将在客户中建立可靠的信誉。正如 IBM 所说:"所做的超过所说的且做得很好,是构成稳固事业的基础。"

企业如果善于掌握客户期望,然后根据具体情况来超越客户期望,就能够使客户产生惊喜,这对于提高客户满意将起到事半功倍的作用。

四、案例分析

哈根达斯——冰淇淋中的劳斯莱斯[①]

如今的"小资"被称为有车、有房、有款、有型的"四有新人",穿 LEVI,喝在星巴克,唱在"钱柜",当然还有就是吃哈根达斯冰点了。

哈根达斯被称做是"冰淇淋中的劳斯莱斯",以高品质著称,其产品畅销世界 44 个国家,年销售额逾 10 亿美元。在国内,哈根达斯不仅是高品质,而且是高价位,其"卓尔不群"的营销方式使其成为一种"奢侈消费食品",被列为"小资"消费方式的榜首。不久前,哈根达斯所属的通用磨坊集团全球 CEO 斯蒂芬·森格再次强调:哈根达斯目前仍不会由中国制造,也不会在中国建加盟店。

就一种食品而言,其原材料的普遍性决定了基本价值,而附加值不会超过其本身价值太多。但是哈根达斯在中国的价格与其他国家相比可以说是昂贵的。为什么哈根达斯在中国更像个"贵族"呢?它的附加值来源有二:其一,哈根达斯的确是一个历史悠久的著名品牌,以纯正的原料和优雅的消费氛围赢得全球消费者的喜爱;其二,哈根达斯在中国的定位是奢侈食品并以此为核心展开对目标人群的营销轰炸,并以原材料全部空运为由保持其高价位的"合理性"。而后者即是哈根达斯能在中国保持其"尊贵"地位的重要手段——"距离营销"。它的效果是:哈根达斯在美国的普通超市和自动售货机就有销售,很少大张旗鼓地建立店面,而在中国哈根达斯甜品店已达 40 家,有一千多个零售点。

永远不低下高贵的头。哈根达斯的理论是:"由于哈根达斯冰淇淋对于原料鲜奶和奶油的品质要求非常高,目前中国的奶源质量虽然在进步,但是还没有达到我们的要求。"事实真的是这样吗?中国的牛奶哪里差呢?其实原因不在于此,事实上如果哈根达斯在中国的加盟店铺天盖地,就会失去原定的目标消费者,像下面所做的一切"距离营销"就会全部作废了。

哈根达斯进入上海市场之前就认真分析了上海消费者的心态。当时上海人认为:出入高档办公场所的公司白领和金发碧眼的老外是时尚的代言人。于是,哈根达斯就邀请这些人参加特别活动,吸引电视台、报纸的视线,争相报道,一举把"哈根达斯"定义为时尚生活的代名词。一批在哈根达斯有过"高贵、时尚生活"的人成了其口碑宣传者,很快更多的人蜂拥而至,让消费者觉得物有所值。这种分析消费者心态、口碑宣传的手法被业内认为是哈根达斯的专长,而且极为有效,每进入一个新的城市,它就如法炮制,从未

---

① 资料来源:赵国相,《哈根达斯——冰淇淋中的劳斯莱斯》。

失手。

留住消费者和赢得消费者同样重要,哈根达斯为此下足了工夫。哈根达斯的高档消费定位使得其目标消费群体小而精,为此,哈根达斯几乎从不大张旗鼓地做电视广告,原因是电视的覆盖面太广、太散,对于哈根达斯来说没必要。哈根达斯的大部分广告都是平面广告,而且是在某些特定媒体上刊登大篇幅的广告。如此既节省了广告费,又增加了广告效果,以此锁定那些金字塔尖的消费者。与此同时,哈根达斯还有选择地切入了其他零售渠道,以扩大自己的零售面,例如在上海,它慎重地选择了五六百家超市,进入家庭冰淇淋市场。

哈根达斯为了留住消费者,采取了会员制,一位客户消费累计500元,就可以填写一张表格,成为他们的会员。到目前为止,哈根达斯的数据库里已经有了几万名核心会员的资料。哈根达斯细心呵护每一位重点会员,其结果是在中国市场上这些消费者对其品牌忠诚度之高、之久,很少有其他品牌能及。

其具体策略包括:定期寄送直邮广告,自办"酷"杂志来推销新产品;不定期举办核心消费群体的时尚party,听取他们对产品的意见;针对不同的消费季节、会员的消费额和特定的产品发放折扣券。

申奥成功之后,哈根达斯邀请了申奥形象大使刘璇出席其举行的公益活动。同时,在上海的瑞安广场和中信泰富等高档写字楼给来来往往的行人派发卡片,卡片里就有一张印制精美的哈根达斯冰淇淋的书签,因为这种小东西往往可以让消费者带回家中,得以较长久地保存,消费者在不知不觉中就有了这种产品品牌的概念。

哈根达斯最经典的动作之一,就是给自己贴上爱情标签,由此吸引恋人们的眼球。

哈根达斯的广告语针对的目标也十分明确:"爱她就请她吃哈根达斯",将甜蜜的味道与爱情结合在一起十分和谐,给情侣消费一个新的理由。相对其他冰淇淋而言,哈根达斯是奢侈的,但是相对于情侣们的其他消费方式它又是廉价的,再加上耗费大量的人力、物力的选址与环境打造,使精心设计的"哈根达斯一刻"带来的浪漫感觉一点都不廉价。

在某年的情人节,哈根达斯把店里、店外布置得柔情蜜意,不但特别推出由情人分享的冰淇淋产品,而且还给来消费的情侣们免费拍合影照,让他们从此对哈根达斯"情有独钟"。

中国巨大的企业购买市场也吸引了哈根达斯。针对中秋节礼品市场,哈根达斯专门开发了价高质优的冰淇淋月饼,向所在城市的各大公司推销,很多公司把这款月饼作为送给普通员工的节日礼物,着实让哈根达斯猛赚了一把。

哈根达斯的销售员还专门带上新鲜的冰淇淋样品跑遍各大公司,让那些主管当场品尝。这种近距离营销的新鲜手法也吸引了一些大客户。有一年,上海对外服务公司——与所有外企有关系的一个公司向哈根达斯订了两万多份产品作为礼物。其实这部分销售额还是小收益,哈根达斯最大的收获是由此接触了这些目标群体,又一次将其触角伸向了目标消费者。

在定位目标市场上,哈根达斯的中国之路延续了该品牌创立之初的市场策略。在很多竞争者以为中国国内的市场正陷于价格战的时候,哈根达斯凭着高超的市场敏感度和营销手段开辟了一个崭新的高端市场,确实值得我们学习。

问题:一种新的商业经营模式,一种新兴的营销方式,一种创新的经营理念又一次为美国人所领先。我们是否应该深思,我们的企业差距在哪里?我们如何发现无处不在的商机?

五、复习与思考

1. 如何理解客户满意?
2. 客户满意对企业具有怎样的意义?
3. 如何才能使客户满意?

任务5　培养客户忠诚

一、任务目的和要求

★ 任务目的

培养忠诚客户是客户关系管理的最终目标,通过学习,了解客户忠诚的内涵,客户忠诚的意义,以及如何衡量客户忠诚,并掌握影响客户忠诚的各种因素及如何培养客户忠诚。

★ 任务要求

正确认识并掌握如何培养客户忠诚。

二、相关知识

在前面的分析中,我们已经发现客户满意对于一个企业是多么重要,但是客户满意不等于客户忠诚,即使客户对企业很满意,他仍然有很多的理由离开企业。现实的市场环境中,激烈的竞争使每一位客户都有广泛的选择空间,无论是否满意,他们都有权选择任何产品。虽然客户满意是促成客户忠诚的重要因素,但是客户对企业表示满意并不意味着一定要对其保持忠诚。所以在赢得客户满意之后,企业最重要的就是将这种满意转化为客户忠诚。

(一)掌握客户忠诚的内涵

掌握客户忠诚的内涵主要可以从以下两个方面来加以理解。

1. 态度取向

态度取向代表了客户对企业产品积极取向的程度,也反映了客户将产品推荐给其他客户的意愿。客户忠诚是指企业的营销行为或品牌个性与消费者的生活方式或价值观念相吻合,消费者对企业或品牌产生情感,甚至引以为豪,并将它作为自己的精神寄托,进而表现出持续购买的欲望。

2. 行为重复

行为重复是指消费者在实际购买行为上能持续购买某一企业产品的可能性,以客户购买产品的比例、购买的顺序、购买的可能性等指标来衡量。这种持续的购买行为可能出自对企业产品的好感,也可能出自于购买冲动或企业的促销活动或客户的购买习惯或转移成本过高或企业的市场垄断地位客户买不到其他的产品或不方便购买其他的产品等与感情无关的因素。

(二) 了解客户忠诚的类型

通过客户忠诚的内涵我们可以将客户忠诚分为以下几种类型。

1. 垄断带来的忠诚

垄断带来的忠诚源于产品或服务的垄断。一些企业在行业中处于垄断的地位,在这种情况下,无论满意与否,客户别无选择,只能够长期使用这些企业的产品或服务。一个典型的例子就是城市居民们用的自来水,一旦我们的家里安装上了自来水管道就必须使用自来水公司提供的服务,即使我们可能对他们的服务很不满意也不可能放弃使用。类似的例子如电力公司等。

2. 亲缘忠诚

企业自身的雇员甚至包括雇员的亲属会义无反顾地使用该企业的产品或服务,这是一种很牢固的客户忠诚,但是很多的情况下,这些客户对该产品或服务并非感到满意,甚至还会产生抱怨。他们选择该产品或服务仅仅是因为他们属于这个企业,或是他们的亲属属于这个企业。客户的这种忠诚我们称为亲缘忠诚。

3. 利益忠诚

利益忠诚来源于企业给予他们的额外利益,如价格刺激、促销政策激励等。有些客户属于价格敏感型,较低的价格对于他们有很大的诱惑力,因此在同类产品中,他们对于价格低的产品保持着一种忠诚。另外,一些企业,尤其是一些新进入市场的企业在推广产品时会突出一些优惠政策,这些政策对很多的客户有着巨大的诱惑力,因此在此期间这些客户往往对这种产品保持着一种忠诚。但这类客户的忠诚是极其不稳定的,一种倾向是客户通过初期的使用慢慢对这一产品真正产生了兴趣,或是对该企业真正感到了满意,所以这种忠诚就变得更加稳定和持久;另一种倾向则是一旦产品的价格上涨或是企业的优惠政策取消后,这些客户就离开了该企业,这种忠诚也就消失了。

4. 惰性忠诚

有些客户出于方便的考虑或是因为惰性会长期地保持一种忠诚,这种情形在一些服务行业中尤为突出。如很多人会长期而固定地在某家超市购物,原因仅仅是因为这家超市离得近;一些采购人员会选择固定的供货商,原因是他们已经熟悉该供货商的订货程序,诸如此类的例子很多。我们将这种由于方便需求或是惰性而形成的忠诚称为惰性忠诚。

5. 信赖忠诚

当客户对企业的产品或服务感到满意,并逐步建立一种信赖关系后,他们往往会形成一种忠诚。这种忠诚不同于前面的几种,它是高可靠度、高持久性的。这一类型的忠诚客户可以看做是企业的追随者和义务推销员,他们不仅仅是个人对企业的产品或服务情有独钟,还会主动将他们感受到的满意告诉自己的亲朋好友,并向人们推荐使用企业的产品或服务。这类客户才是企业最为宝贵的资源,这种客户忠诚也才正是企业最为渴求的。事实上,客户关系管理所要研究并帮助企业最终获得的正是这种信赖程度。

6. 潜在忠诚

潜在忠诚是指客户虽然拥有但是还没有表现出来的忠诚。通常的情况是,客户可能很希望继续购买企业的产品,或是享受企业的服务,但是企业的一些特殊规定或是一些额外的客观因素限制了客户的这种需求。因此,对这类客户企业可以通过了解他们的特殊需要对自己进行适当的调整,将这种潜在忠诚转变为其他类型的忠诚,尤其是信赖忠诚。

以上的各类忠诚,其持久性和客户依赖性是不同的,我们可以用图3-2来表示。

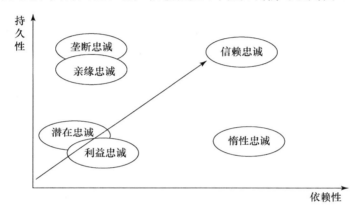

图3-2　各种忠诚的持久性和客户依赖性

可以看到,在各类忠诚之后,信赖忠诚的客户依赖性和持久性是最高的,因而这是企业最终追求的目标,也是客户关系管理的最终目标。在这里,我们可以简单地这样认为,客户忠诚在狭义上就是信赖忠诚,它实际上是这样的一种结果:当企业为客户提供便利,并由此而导致客户能在信赖的基础上保持和增加从该企业的购买行为;当客户在没有诱因也能成为企业的拥护者时,客户忠诚就产生了。正是这样,当企业察觉到客户的各种忠诚之后应当想办法努力将其向着依赖忠诚的方向发展。

(三) 了解客户忠诚的意义

在任何情况下,企业所面临的挑战都在于要给客户一个留下来的理由,这意味着必须要克服价格刺激的诱惑、要增加价格吸引之外的新的价值形式,除了与吸引新的客户有关的一次性成本之外,还有一些额外的因素构成了从长期客户获得利润的潜在来源。

忠诚客户不仅能给企业带来增值,而且对企业更具成本效益。忠诚客户产生的利润增值包括自身购买的基本利润、重复购买的增长利润、运营成本降低的利润、推荐他人购买的推荐利润以及溢价利润,随着与忠诚客户关系时间的延续,忠诚客户给企业带来的利润呈递增趋势。忠诚客户会经常性地重复购买产品并产生关联消费,而且对企业产品或服务的价格保持较低的敏感度。由此可见,客户忠诚价值的最主要和最终的体现是在企业利润的增加方面。

1. 重复购买

忠诚的客户会经常、反复购买某一企业的产品或服务,他们甚至会保持相对稳定的购买频度。而且,在购买某一企业的产品或服务时,选择具有多样性。只要是同一企业的产品或服务,他们都乐于购买。忠诚客户较其他的客户更关心该企业的新产品或新服务。忠诚的客户会排斥该企业的竞争对手,只要他们对该企业的忠诚没有改变,他们将不会注意那些可能更胜一筹的企业,甚至对其不屑一顾。

2. 口头效应和溢价

客户忠诚会提升企业在消费者心目中的形象,多数在接受别人推荐后做出首次服务购买决策的人又会随即推荐给别人。同时有研究证明,在消费者购买决策信息来源中,口碑传播的可信度最大,远胜过公共信息和商业信息对消费者购买决策的影响。因此,忠诚客户主动的推荐和口碑传播会使企业的知名度和美誉度迅速提升。

忠诚客户在与企业关系维系的过程中常常能获得诸如独特的产品与情感需求的满足等较高的价值,因此,他们不像新客户那样对价格敏感,大多数忠诚客户往往因满足需求而愿意支付一定程度的溢价。他们不仅不会计较较高的价格,而且企业对新客户所必须支付的营销成本和服务成本在老客户这里都可以省去。所以,忠诚客户所支付的价格实际上要比新客户的高,因此,企业将会从忠诚客户那里获得比新客户高的利润。

3. 服务成本减小

忠诚客户可以节约企业的营销成本和服务成本。企业赢得一个新客户不仅要付出广告宣传成本、人力成本、时间成本和精力成本等,而且在相当长的一段时间内,这些付出的成本很难在客户的基本贡献中得到补偿。忠诚客户会持续的重复购买产品并将产品向他人进行推荐,给企业带来不断增长的收入,使企业维持忠诚客户的成本呈不断下降趋势,客户的终生价值随着时间的推移而增长。此外,忠诚客户不仅有利于减少服务交互过程中的不确定因素,提高服务效率,还有利于增强针对新客户的新项目开发、服务供给等工作的针对性,从而大大降低新客户开发成本。

4. 有更大的利润空间

虽然必须通过价格手段或者其他激励的方式来吸引新的客户,忠诚客户仍然是企业更大的潜在利润来源,因为他们更愿意支付全价。他们不会等甩卖的时候才去购买,他们也不会在有折扣的时候囤积产品。他们帮助企业最大化产品和服务全价出售的百分比,这样就提高了企业的营利能力。

经济学家弗雷德丽卡·雷开尔德和厄尔·萨舍指出,客户忠诚度每增加5%就可以使企业的营利能力翻一倍。这主要是因为80%的销售来源于忠诚的客户。许多的学者认为,忠诚的客户会随着他们的满意度和舒适度的提高而增加他们与这家企业来往的业务量。有些企业甚至声称他们20%的客户创造了120%的利润。这20%的忠诚客户把自己的绝大部分业务都给了这家企业。客户忠诚度的取得依靠的是提供高质量的服务和确保客户完全满意。只有在企业的每个成员都为内部和外部的服务质量以及保持客户负起责任的时候,这样的结果才会出现。

20%的客户创造了80%的利润,那么企业是否应该放弃其余80%的客户呢?答案是否定的。直观地讲,尽管表面上看来这些客户并没有创造什么利润,但对于分摊其余的成本、维持企业的大规模生产仍有着重要的作用。从这个意义上讲,他们对企业的贡献同样是积极的。此外,纵使对于80%的无利可图的客户或微利的客户,企业也必须区别对待。对于企业来讲,不仅要考虑当前的客户对企业的利润创造力,还要考虑其潜在客户的盈利性,经过培养,某些当前无利可图的客户完全可能成为企业未来的利润源泉。

(四) 如何衡量客户的忠诚

企业在对于客户忠诚的管理中应当设计一系列定量指标来考核工作目标。由于企业的具体经营情况有很大的不同,因此,不同的企业在设计客户忠诚度的量化考核标准时可以从自身各个方面加以考虑,根据实际情况选择合适的因素,并给以不同的权值来得出一个综合评价得分。一些企业通用的和相对重要的考核标准有以下几种。

1. 客户重复购买率

考核期间内,客户对某一种商品重复购买的次数越多,说明对此产品或服务的忠诚度越高,客户保持效果越好;反之则越低。此项指标还适用于同一品牌的多种产品,即如果客户重复购买企业同一品牌的不同产品,也表明保持度较高。由于产品的用途、性能和结构等因素也会影响客户对产品的重复购买次数,因此在确定这一指标的合理界限时,需根据不同产品的性能区别对待,不可一概而论。

2. 客户需求满足率

客户需求满足率是指一定时间内客户购买某商品的数量占其对该类产品或服务全部需求的比例,这个比例越高,表明客户的忠诚效果越好。

3. 客户对本企业商品或品牌的关注程度

客户通过购买或非购买的形式对企业的商品或品牌予以关注的次数、渠道和信息越多,表明忠诚度和保持度越高。

4. 客户对竞争产品或品牌的关注程度

如果客户对竞争商品或品牌的关注程度提高,多数是由于客户对竞争产品的偏好有所增加的缘故,表明忠诚度有可能下降。

5. 客户购买挑选的时间

消费心理研究者认为客户购买商品都要经过挑选这一过程,但由于依赖程度的差异,对不同产品客户购买时的挑选时间不尽相同。因此,从购买挑选时间的长短上也可以鉴别其对某一品牌的忠诚度。一般来说,客户挑选的时间越短,说明其对这一品牌的忠诚度越高,反之则说明其对这一品牌的忠诚度就越低。

6. 客户对价格的敏感程度

客户对企业产品价格都非常重视,但这并不意味着客户对各种产品价格的敏感程度相同。事实表明,对于客户喜爱和信赖的产品,客户对其价格变动的承受能力强,即敏感度低;而对于客户所不喜爱和不信赖的产品,客户对其价格变动的承受能力弱,即敏感度高。所以,可以根据这一标准来衡量对某一品牌的忠诚度。

7. 客户对产品质量问题的承受能力

任何产品都难免会出现质量问题,当客户对于某品牌产品的忠诚度高时,对出现的质量问题会以宽容和同情的态度对待,会与企业合作解决问题,并且不会因此而拒绝再次购买这一产品。反之,若客户忠诚度不高,则会对出现的问题非常反感,有可能会从此不买该产品。

（五）哪些因素影响客户忠诚

长期以来，人们普遍认为客户满意与客户忠诚之间的关系是简单的、近似的线性关系，即客户忠诚度随着其满意度的提升而增长。然而，许多的企业采取大量的措施提高客户的满意度，希望借此提高客户忠诚度。但是实践和研究发现，客户满意度并不等于客户忠诚度，许多的行业存在高满意度、低忠诚度的现象。如在汽车行业中，有85%～95%的客户感到满意，可只有30%～40%的客户会继续购买同一品牌的产品，这种高满意度、低忠诚度的现象就是所谓的客户满意陷阱。那么客户的满意度和客户的忠诚度有什么关系呢？

满意度衡量的是客户的期望和感受，而忠诚度反映的是客户未来的购买行动和购买承诺。客户满意度调查反映了客户对过去购买经历的意见和想法，只能反映过去的行为，不能作为未来行为的可靠预测。忠诚度调查却可以预测客户最想买什么产品、什么时候买、这些购买可以产生多少销售收入。

客户的满意度和他们的实际购买行为之间不一定有直接的联系，满意的客户不一定能保证他们始终会对企业忠实并产生重复购买的行为。对交易过程的每个环节都十分满意的客户也会因为一个更好的价格更换供应商，而有时尽管客户对企业的产品或服务不是绝对的满意，企业却能一直锁定这个客户。

不可否认，客户满意度是导致重复购买最重要的因素，当满意度达到某一高度会引起忠诚度的大幅提高。客户忠诚度的获得必须有一个最低的客户满意水平，在这个满意度水平线下，忠诚度将明显下降。但是，客户满意度绝对不是客户忠诚的充分条件。

客户满意与客户忠诚之间究竟有何联系？美国学者琼斯和赛塞的研究结果表明，二者的关系受行业竞争状况的影响，影响竞争状况的因素主要有以下四类：

（1）限制竞争的法律，如法律规定、电信业务为指定公司专营。

（2）高昂的改购代价，如患者在治疗过程中转院，或企业在广告协议未完成时更换广告公司。

（3）专有技术，企业采用专有技术提供某些独特的利益客户要获得这些利益，就必须购买该企业的产品或服务。

（4）有效的常客奖励计划，如航空公司推出经常旅行者计划，给予常客奖励，刺激他们更多购买机票。

哈佛大学商学院的研究人员发现，当客户在满意度量表中标注最低分值时，基本与产品质量无关，而很大的原因在于客户经历了粗野无理或缺乏起码的礼貌对待。相反，当产品存在严重的缺陷，但客户服务人员表现出极其友善和礼貌的服务态度时，那么客户对满意程度的评价将会大大高于其应得的分值。情感的因素会降低满意度与忠诚度之间的相关性。研究者们还发现，只有最高的满意等级才能产生忠诚。如医疗保健业和汽车产业中，"一般满意"的客户的忠诚比率为23%，"比较满意"的客户的忠诚比率为31%，当客户感到"完全满意"时，忠诚比率达到75%。如施乐公司对办公用品使用者的满意度调查显示"完全满意"的客户在购买后18个月再次购买的概率是"比较满意"者的6倍。

同时,研究还表明在竞争强度较高的产业里,满意度与忠诚度的相关性较小。当客户面对许多的选择时,只有最高等级的满意度才能加强忠诚度。而在垄断的行业里,满意度不起什么作用,客户不得不保持很高的忠诚度。下面就不同竞争条件下的客户满意度对客户忠诚的影响进行说明。

(1) 高度竞争条件下客户满意度对客户忠诚度的影响。

在一般的客户满意度调查中,常用1—5分的尺度来衡量客户满意程度。1—5分依次表示非常不满、不满、一般、满意和非常满意(完全满意)。通过对施乐公司的实证研究,在高度竞争条件下发现了"质量不敏感区"(Zone of Indifference)的存在(参见图3-3),基本满意和满意(客户满意度低于4分)的客户的忠诚度都是很低的,只有非常满意(客户满意度高于4分)才表现出极高的重复购买率和口碑传播意愿,非常满意客户的忠诚是满意客户的6倍。

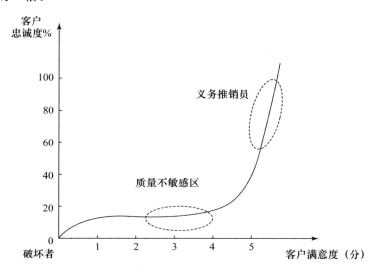

图3-3　高度竞争条件下客户满意度和客户忠诚度关系

在图3-3中,曲线的中间部分变化较平缓,它所反映的是在此范围内客户满意程度的变化并不会引起忠诚度较大的变化,究其原因是市场处于高度竞争条件下,不同企业的产品和服务在满足客户需求方面虽然有所不同,但由于缺乏对客户的独特的吸引力,致使客户难以对某一产品和服务产生特别的好感而萌发重复购买的热情。这就是在客户满意情况下,客户忠诚度变化不大的原因。图3-3中曲线右边部分反映出非常满意时客户忠诚度迅速提高的变化趋势。

(2) 低度竞争条件下客户满意度对客户忠诚度的影响。

在低度竞争条件下,客户满意程度对客户忠诚度的影响较小(参见图3-4)。因为市场上没有可替代品,不满的客户很难跳槽,他们不得不继续购买企业的产品或服务。但客户心里并不喜欢这家企业的产品或服务,他们在等待机会,一旦能有更好的选择,他们将很快跳槽。这种表面上的忠诚是虚假的忠诚,有一定的欺骗性。因此,处于低度竞争情况下的企业应居安思危,努力提高客户满意度,否则一旦竞争加剧,客户大量跳槽,企业就会陷入困境。

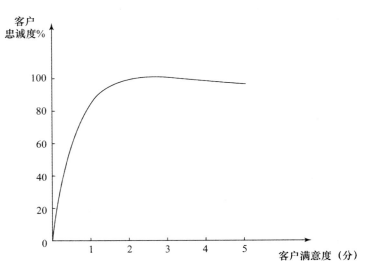

图 3-4　低度竞争条件下客户满意度和客户忠诚度关系

（3）转移成本存在的情况下，客户满意度对客户忠诚度的影响。

近年来有关客户关系管理的文献研究表明，转移成本对客户忠诚的影响作用已经引起人们的广泛关注。转移成本是指客户因转向购买其他产品或服务而发生的成本。客户和企业之间的关系持续可能不是因为忠诚的感觉，而是因为在转换现有企业和发展新关系的过程中需要付出时间、财力和精力成本或者是因为缺乏可供选择的企业。

随着转移成本的提高，客户对满意度的敏感性降低。由于转移成本使客户在转换现有企业过程中感知较高的成本，因此其在客户维系中发挥重要作用。由于转移成本的存在，客户满意与客户忠诚通常会呈现不同的转换关系特征。因此，我们所观测的客户忠诚或许是因为客户满意，或许是由于较高的转移成本，使客户难以转换现有企业；同样，我们所观测的客户非忠诚可能因为客户不满意，或者是因为客户拥有较低的市场转移成本，客户能够比较容易地做出转换行为的决策。

转移成本对客户满意与客户忠诚关系的调节作用受市场结构影响。

① 在完全垄断市场结构中，由于市场上没有可替代品，转移成本对客户满意和客户忠诚的影响很小。

② 在寡头垄断市场结构和垄断竞争市场结构中，市场中有可替代品，但是如果替代品很少时，转移成本就会变得十分重要。

③ 在完全竞争结构中，市场中会有很多可供选择的企业，较低的转移成本使客户轻松做出转换决策，因此，客户不满意可以随时转换企业，或者即使满意也不一定会忠诚。

三、实现步骤

第一步：企业上下要在思想上认识到客户忠诚的重要性

企业如果想真正做到"尊重客户，以客户为中心"，就必须首先从思想上认识到客户的重要性，这是赢得客户忠诚的基础与前提。要让企业的每一个人不仅仅是知道、懂得，而且要从思想上意识到：客户是我们的"衣食父母"，客户是每个月为我开工资的人，能够满足客户的需求是企业的荣耀,并由此真正能够将"以客户为中心"贯彻到自己的行动中去。

第二步:客户忠诚计划首先必须赢得企业员工的忠诚

企业员工是客户忠诚计划的主体,是实施者。企业赢得客户的前提是首先必须赢得自己的员工,不能设想一个人心涣散的员工群体能赢得客户的信赖。员工的忠诚主要包括两个方面:一是员工在工作中尽职尽责;二是员工对企业忠诚,不会轻易流失、跳槽。

第三步:客户忠诚计划要赢得企业高层人员的支持

建立客户忠诚计划是一个从上而下的过程,需要企业领导各方面的支持。无论是资金的投入,还是人员的配备上,如果没有企业高层领导的支持就很难进行下去。在建立客户忠诚计划的过程中,需要企业的高层管理人员精心组织实施,进行各方面的协调统一。除此以外,他们本身应当成为这一过程中非常重要的一个组成部分和决定因素,他们不是局外人。所以说,赢得了高级管理人员的支持,就打通了通向客户忠诚的道路。

企业的高层管理人员可以采取以下方式接近客户,为普通员工做出表率:与具体接触客户的员工交流;出席为赢得客户忠诚而举行的会议,并明确表达自己的观点;参加有关与客户交流的活动。

第四步:企业要使客户满意,就要赢得他们的信赖

客户的满意、愉悦和信赖是形成客户忠诚的最主要因素,是关键之所在,所以企业在这方面要积极努力,采取各种措施。

企业要不时地提高客户的购买兴趣。保持客户对企业的兴趣很重要,它可以使客户对企业始终保持关注。提高客户兴趣的方法有很多。有奖销售,明星助阵的广告牌,改变产品的颜色、形状,增加产品的附加功能,这些都是提高客户兴趣的好方法。但是,这些都是短暂且不牢固的,只能起到一时的作用。最为有效的措施还是通过自己优质的产品和服务来吸引客户。要无微不至地考虑客户的需求,并竭尽全力满足他们,这样做的结果不仅仅是让客户感到一种满足,更重要的是能够让客户对企业充满感激。一般来说,满意的客户乐意将自己的感受告诉他所熟知的人。所以企业应当牢记:客户的口碑,尤其是老客户的口碑,是最容易吸引新客户的。

第五步:企业与客户随时保持有意接触,并留心发现他们的需求

企业应当制订详细的计划,有意识地多和客户接触。企业与客户的接触应该被企业升华为一种心与心的交流。通过接触,客户可以更好地了解企业,企业也能够更好地了解他们,从而实现双方的互动。通过相互交流建立起一种朋友式的"双赢"关系。另外,企业可以通过接触展示自己的企业文化,为自己做宣传,表明自己对客户的尊重。通过这种接触,企业也可以了解客户当前的需求,以便于制定更有针对性的销售策略,更好地为客户服务。与客户接触,企业要采取主动。

案例3-13　摩托罗拉和迪斯尼的客户俱乐部[1]

摩托罗拉在它的网站上很早就开设了"摩托罗拉俱乐部",只要是摩托罗拉的用户都可以随时加入,一旦加入,不仅意味着在售后服务和购买配件时可以得到更周到的服务和更优惠的价格,而且还是享受优质的客户关怀的开始。陆续的各种活动和抽奖以及年终赠送的礼品都会使客户有意外的惊喜,虽然这些奖品和礼品并不昂贵,可是足以体现摩托罗拉的细心以及对客户的重视和关怀。不仅如此,俱乐部的会员卡还可以作为消费的折扣卡,让每个客户享受到最真挚的服务,从而得到了客户的普遍赞扬。正是这样,摩托罗拉赢得了众多客户的忠诚。

同样,迪尼斯也把客户俱乐部当做创造和维护良好的客户关系的战略武器,600万迪斯尼乐园优惠卡的持有者能够得到一份特别的杂志,在购买门票和商品时可以打折,与迪斯尼的合作伙伴如德尔塔航空公司和全国汽车租赁公司交易时,也可以享受特定优惠。迪斯尼还经常与俱乐部会员交流,鼓励他们及其家人经常到迪斯尼乐园游玩。总之,客户俱乐部使迪斯尼获得了大批忠诚和稳定的客户。

第六步：重视客户的意见,建立起有效的反馈机制

建立有效的反馈机制非常重要,企业面临的不是与客户的一次性交易,而是长期性的合作。一次交易的结束正是下一次新的合作的开始。事实上,客户非常希望能够把自己的感受告诉企业,而友善、耐心的倾听能够极大地拉近企业和客户之间的距离。反馈机制就是建立在企业和客户之间的一个桥梁,通过这一桥梁,客户与企业双方能够更好地沟通感情,建立起相互间的朋友关系。

大凡成功的企业都有一个秘诀：善于倾听客户的意见,并善于发现这些意见中有用的市场信息和客户需求,及时将其转化为新的商机。

建立客户反馈机制的方法很多,企业应当对客户公开自己的电话号码,并在企业内部设立独立的机构处理客户的反馈意见。另外,还应形成制度,定期派人主动接触客户,获取他们的反馈信息。

第七步：妥善处理好客户的抱怨

在倾听了客户的意见,并对他们的满意度进行了调查之后,就应当及时妥善地处理客户的抱怨,这也是赢得客户信任和忠诚的极有效的方法。客户的抱怨并不是麻烦,企业也决不能因此而感到沮丧和失望。相反,成功的企业会把客户的抱怨看做是自身发展的新机会,也是赢得客户的重要机遇。

---

[1]　资料来源：吴晓燕、张辉,《"MOTO"作秀总难免——摩托罗拉手机市场营销案例》。

第八步：从掌握的信息中分析客户的需求，开发适应客户需求的新产品

做到以上几点以后，企业已经掌握了很多来自客户的信息。对于这些信息，企业要仔细进行分析，找出其中最有价值的部分，并根据这些信息进一步改进自己的产品或服务。通过这些信息，企业还可以发现和开拓新的市场空间，开发出适应客户的需求，反映市场趋势的新产品。

以上这些步骤是一个循环前进的过程，前一轮工作结束正是新一轮工作的开始。企业应当将这些步骤看做是一个有机的整体，不断地满足客户的需求，赢得客户的信任，在这个循环的过程中逐步提高自己的客户忠诚度。

四、案例分析

泰国东方饭店的客户关系管理[①]

泰国的东方饭店堪称亚洲饭店之最，几乎天天客满，不提前一个月预订是很难有入住机会的，而且客人大都来自西方发达国家。泰国在亚洲算不上发达，但为什么会有如此诱人的饭店呢？大家往往会以为泰国是一个旅游国家，而且又有世界上独有的人妖表演，是不是他们在这方面下了工夫？错了，他们靠的是"真功夫"，是非同寻常的客户关系管理，我们不妨通过实例来看一下。

一位朋友因公务经常到泰国出差，并下榻在东方饭店，第一次入住时，良好的饭店环境和服务就给他留下了深刻的印象，第二次入住时的几个细节更使他对饭店的好感迅速升级。

那天早上，在他走出房门准备去餐厅的时候，楼层服务生恭敬地问道："于先生是要用早餐吗？"他很奇怪，反问："你怎么知道我姓于？"服务生说："我们饭店规定，晚上要背熟所有客人的姓名。"这令于先生大吃一惊，因为他频繁往返于世界各地，入住过无数高级酒店，但这种情况还是第一次碰到。

于先生高兴地乘电梯到餐厅所在的楼层，刚刚走出电梯门，餐厅的服务生说："于先生，里面请！"他更加疑惑，因为服务生并没有看到他的房卡，就问："你知道我姓于？"服务生答："上面的电话刚刚打下来，说您已经下楼了。"如此高的效率让于先生再次大吃一惊。

于先生刚走进餐厅，服务小姐微笑着问："于先生还要老位子吗？"于先生的惊讶再次升级，心想："尽管我不是第一次在这里吃饭，但最近的一次也有一年多了，难道这里的服务小姐记忆力那么好？"看到于先生惊讶的表情，服务小姐主动解释："我刚刚查过电脑记录，您在去年的6月8日在靠近第二个窗口的位子上用过早餐。"于先生听后兴奋地说："老位子！老位子！"小姐接着问："老菜单？一个三明治，一杯咖啡，一个鸡蛋。"现在于先生已经不再惊讶，"老菜单，就要老菜单！"于先生已经兴奋到了极点。

餐厅赠送了一碟小菜，由于这种小菜于先生是第一次看到，他问："这是什么？"服务生后退两步说："这是我们特有的某某小菜。"服务生为什么要先后退两步呢？他是怕自

[①] 资料来源：袁昀，《泰国东方饭店的客户服务》。

己说话时口水不小心落在客人的食品上,这种细致的服务不要说在一般的酒店,就是在美国最好的饭店于先生都没有见过。这一次早餐给于先生留下了终生难忘的印象。

后来,由于业务调整的原因,于先生有3年的时间没有再到泰国,在于先生生日的时候,他突然收到了一封来自东方饭店的生日贺卡,里面还附了一封短信,内容是:"亲爱的于先生,您已经有3年没有来过我们这里了,我们全体人员都非常想念您,希望能再次见到您!今天是您的生日,祝您生日愉快!"于先生当时激动得热泪盈眶,发誓如果再去泰国,绝对不会到任何其他饭店,一定要住东方饭店,而且要说服所有的朋友也像他那样选择。就这样,一封贴着六元邮票的信买到了一颗心。这就是客户关系管理的魔力。

东方饭店非常重视培养忠实的客户,并且建立了一套完善的客户关系管理体系,使客户入住后可以得到无微不至的人性化服务。迄今为止,世界各国大约二十万人曾经入住过那里,用他们的话说,只要每年有1/10的老客户光顾,饭店就会永远客满。

这就是东方饭店成功的秘诀。

问题:请你思考东方饭店在培养客户忠诚上有哪些方面值得我们借鉴?

五、复习与思考

1. 什么是客户忠诚?哪些因素影响客户忠诚?
2. 如何才能培养出忠诚的客户?

项目四

客户关系的恢复

项目描述

本项目需要完成的任务是企业在面对与客户关系即将破裂时,如何尽快、及时地恢复客户关系,防止客户尤其是有价值的客户的永远流失。

知识目标

对客户流失具有正确的认识。
掌握客户流失的原因。

技能目标

能够依照所掌握的知识对客户流失进行分析,并根据具体情况制定客户挽回的措施。

主要任务

任务1 挽回即将流失的客户

引例　挽回客户流失[①]

现改名为美国第一银行的原 M 银行是一家信用卡公司,在 20 世纪 80 年代初期,该公司的客户流失相当严重。为了扭转这一危机,公司通过开展客户满意服务以维系客户忠诚度。为此,M 银行开始针对流失的客户进行询问调查,这些问题包括他们为何离开、他们的问题何在、他们对信用卡公司有何要求等。通过调查了解到客户的需求,认识客户离开他们的原因是未能满足其需求。M 银行将收集到的信息整理后,制订行动方案并开始执行,他们经常检讨产品和服务,以期符合客户日益变化的需求。结果,M 银行的客户流失迅速下降,并成为同行业中客户流失率最低的公司。

任务 1　挽回即将流失的客户

一、任务目的和要求

★ 任务目的

正确分析客户流失的原因,正确认识客户流失,并能运用正确的方法挽回即将流失的客户。

★ 任务要求

正确理解并挽回流失客户。

二、相关知识

(一) 客户流失的原因

企业应当同停止购买或转向其他供应商的客户进行接触,了解为什么会发生这种情况。

客户流失的原因是很多的,并不是所有的流失都能够避免。有些流失是由于商业活动的外部力量造成的。如果采取正确的行动或采用新的战略,还有一些流失情况会避免的。一般来讲根据客户流失的原因,我们可以把客户流失分为下面一些情况。

[①] 资料来源:杨莉惠,《客户关系管理实训》。

1. 价格流失型

价格流失型主要是指客户转向提供低廉价格产品或服务的竞争对手。如价格低廉是人民航空公司的主要吸引力,1981年唐纳德·伯尔开优惠航线之先河。乘客可以在波士顿和纽约之间飞来飞去,费用几乎只是东部航线的一半。这样的费用对游客、学生和其他自付旅游的乘客是难以抵挡的诱惑。

2. 产品流失型

产品流失型是指客户转向提供高质量的竞争者。这种流失是不可逆转的。因为价格原因流失的客户企业可以再"买"回来,但是如果客户认为竞争对手的产品质量更好,几乎不可能再把他们争取过来。

3. 服务流失型

服务流失型是指客户由于服务恶劣而离开。这其中客户服务人员的素质和态度起着非常重要的作用。客户服务人员的失误主要源于客户服务人员的态度,对客户漠不关心、不礼貌、不反应或者缺乏专业的知识和经验技能。另外,客户服务人员对客户的抱怨和投诉没有及时的处理也会导致客户流失。

4. 技术流失型

技术流失型是指客户转向接受其他行业的企业提供的产品或服务。由于产品或服务的技术落后于竞争对手,导致客户流失。

5. 便利流失型

便利流失型是指客户对购买、使用、维修现有产品或服务购买的不便性而流失。这里面包括客户对企业的地理位置、营业时间、等待服务的时间、等待预约的时间太长等方面感到不方便的感觉。客户的自然迁移或者是由于企业经营地点的迁移而导致客户购买的不便利性也导致客户放弃原有的产品或服务。

6. 缺乏创新导致流失

企业缺乏创新,客户"移情别恋"。任何的产品都有自己的生命周期,随着市场成熟及产品价格透明度的提高,产品的利益空间往往越来越小。若企业不能及时地进行创新,客户自然就会"另寻新欢",毕竟利益才是维系企业与客户关系的最佳杠杆。

7. 员工跳槽导致流失

很多的企业由于在客户关系管理方面不够规范,客户与企业员工之间的直接联系过于紧密,利益分不开,而企业自身对客户的影响相对乏力,一旦员工跳槽,老客户就随之而去。与此同时带来的是竞争对手实力的增强。

8. 竞争对手的诱惑流失

市场竞争激烈,为了能够迅速在市场上获得有利地位,竞争对手往往不惜以优厚的条件来吸引那些资源丰富的客户,因此导致客户离企业而去也是不足为奇了。

9. 短期行为导致流失

企业的短期行为伤害了客户的利益,导致客户流失。另外,个别客户自恃经营实力强大,为拿到企业的市场最优惠"待遇",以"主动流失"相要挟,要求企业满足他们的要求。

10. 客户内在需求转变导致流失

由于客户自身客观条件改变,如消费观念改变、生活方式改变或者因为工作调动等方面的原因造成了自身需求的连锁变化,从而选择其他满足其新需求的产品或服务。

(二)正确认识客户流失

新陈代谢是自然界的规律。企业的客户也有一个新陈代谢的过程,特别是在今天的市场上,在各种因素的作用下,客户流动的风险和代价越来越小,客户流动的可能性越来越大,客户关系在任一阶段、任一时点都可能出现倒退,不论是新客户还是老客户都可能会流失。

虽然很多的企业提出了"客户零流失"的目标,但是这个目标太不切合实际。幻想留住所有的客户是不现实的,就算能够做到,成本也会相当高,得不偿失——因为企业的产品或服务不可能完全得到所有客户的认同,企业不可能留住所有的客户。

有些客户的流失是很正常的。他们对不同企业提供的服务或产品的差异根本就不在乎,转向其他的企业不是因为对原企业不满意,而是因为自己想换"口味",只是想尝试一下新的企业的产品或服务,或者只是想丰富自己的消费经历。对于这种流失,企业是很难避免的,流失是必然的,是企业无能为力和无可奈何的。

所以,完全避免客户流失是不切实际的,企业应当冷静看待客户的流失,企业要做的是确保客户流失率控制在一个很低的水平。

1. 流失客户可能会给企业带来很大的负面影响

客户背后有客户,流失一位重复购买的客户不仅使企业失去这位客户可能带来的利润,还可能损失与受其影响的客户的交易机会,此外,还可能会极大地影响企业对新客户的开发。

如蜂窝电话的经营者每年为失去的25%的客户支付20亿~40亿美元的成本。据资料记载,美国一家大型的运输公司对其流失的客户进行了成本分析。该公司有6.4万个客户,由于服务质量问题,在一年中公司失去了5%的客户,也就是有3200(64000×5%)个客户流失。平均每流失一个客户,营业收入就损失4万美元,相当于公司一共损失了1.28亿美元(3200×40000)美元的营业收入。假如公司的盈利率为10%,那么这一年公司损失了1280万美元的利润,但是随着时间的推移,公司的损失会更大。

因此,企业一方面要争取"破镜重圆",另一方面,实在无法"重归于好"的,也要安抚好,从而有效地阻止无法挽回的流失客户散布负面评价,造成不良影响。

2. 流失客户有被挽回的可能

有一种看法认为客户一旦流失便会一去不复返,再也没有挽回的可能,这是片面的,其实只要企业下足工夫,有些流失的客户还是会回头的,毕竟他们曾经是企业的客户。如果企业能够纠正引起他们流失的失误,他们还是很有可能回归的。

研究显示,向流失客户销售每4个中会有1个可能成功,而向潜在客户和目标客户销售每16个才有1个成功,可见,争取流失客户的回归比争取新客户容易得多。而且只要流失客户回头,他们就会继续为企业介绍新客户,从这个意义上讲,企业也不应完全放弃他们。

因此,当客户关系出现倒退时,企业不应该轻易放弃流失客户,而应当重视他们,积极对待他们,尽力争取挽回他们,尽快恢复与他们的关系,促使他们重新购买企业的产品或服务,与企业继续建立稳固的合作关系。相反,如果听任客户流失,他们就很可能成为企业竞争对手的客户,这对于企业的竞争地位是非常不利的。

总之,在客户流失前,企业要防范客户的流失,极力维护客户的忠诚,而当客户流失成为事实的时候,企业则应该最大限度地挽回流失客户。

3. "亡羊补牢"为时未晚

如果深入了解、弄清客户流失的原因,企业就可以获得大量珍贵的信息,发现经营管理中存在的问题,就可以采取必要的措施,及时加以改进,从而避免其他客户的再流失。相反,如果没有找到客户流失的原因,或者需要很长的时间才能找到流失的原因,企业就不能采取有效措施加以防范,那么这些原因就会不断地"得罪"现有客户而使他们最终流失。

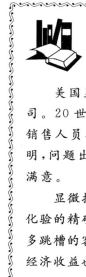

案例 4-1　　　"亡羊补牢"为时未晚[①]

美国显微扫描公司是为医院化验室生产自动化微生物化验设备的专业公司。20世纪90年代初,公司发现有些小型化验室开始跳槽,为此,公司要求销售人员与每一个跳槽的客户交谈,了解他们跳槽的根本原因。调查结果表明,问题出在客户既怀疑公司医疗设备的可靠性,又对公司的售后服务不满意。

显微扫描公司虚心听取了跳槽者的意见,重新研制了新型医疗设备,提高了化验的精确性,缩短了化验的时间,并完善了售后服务。通过短短两年的努力,许多跳槽的客户又重新回到了公司,该公司不仅在市场上确立了领先的地位,而且经济收益也明显提高了。

三、实现步骤

第一步:接触并分析客户流失的原因

1. 企业与流失客户联系并分析流失原因

首先,企业要积极与流失的客户联系,访问流失的客户,诚恳地表示歉意,如送上

---

① 资料来源:http://blog.China alibaba.com/blog/mbj yxsb/article/b40-186646.Html。

鲜花或小礼品,缓解他们的不满。其次,要了解流失的原因,弄清问题究竟出在哪里,有些问题是企业无能为力的,如客户离开当地,或者是改行了、破产了,除此之外,其他的因素:15%的原因是他们发现了更好的产品或服务,70%的原因是供应商提供的产品或服务更有吸引力等,这些因素中有些是企业无能为力的,但很多因素是企业可以改进的。

如 IBM 公司就非常重视老客户的保留,当一个客户流失时,IBM 公司会尽一切努力去了解自己在什么地方做错了——是价格太高、服务不周到,还是产品不可靠等。公司不仅要和那些流失的客户谈话,而且对每一位流失的客户都要求相关的销售人员写一份详细的报告,说明原因并提出改进意见,并且采取一切办法来恢复客户关系,从而控制客户的流失率。

2. 对流失的客户进行成本分析

(1) 流失客户的利润成本分析。

部分企业员工会认为客户流失了没什么大不了的,旧的不去,新的不来。而他们根本就不知道,流失一个客户,企业要损失多少。一个企业如果每年降低 5% 的客户流失率,利润每年可增加 25%~85%,因此对客户进行成本分析是必要的。

案例 4-2　　　杂货店老板的损失①

一位妇女每星期都会固定在一家杂货店购买日常用品,在持续购买了 3 年后,有一次店内的一位服务员对她态度不好,于是她换到其他杂货店买东西。12 年后,她再度来到这家杂货店,并且决定要告诉老板为何她不再到店里购物。老板很专心的倾听,并且向她道歉。等到这位妇女走后,他拿来计算器计算杂货店的损失。假设这位妇女每周都到店内花 25 美元,那么 12 年她将花费 1.56 万美元。只因为 12 年前的一个小疏忽,导致了他的杂货店少作了 1.56 万美元的生意!

或许面对单个客户的流失,很多的企业会不以为然,而一旦看到这个惊人的数字也不由地会从心底重视起来。客户给企业带来的利润是不可估量的,为有效地防止客户流失,让员工真正从心底认识到这个问题的严重性,对流失的客户进行成本分析是很必要的。

(2) 潜在的成本分析。

获取一个新客户的成本是保留一个老客户的五倍,而且一个不满的客户平均要影响 5 个人,以此类推,企业每失去一个客户,其实就意味着失去了一系列客户,其口碑效应的影响是巨大的。

---

① 资料来源:范云峰,《客户管理营销》。

第二步:"对症下药",争取挽回

企业要根据客户流失的原因制定相应的对策,尽力争取及早挽回流失的客户。

案例 4-3　　美国第一银行对流失客户的管理[①]

1982年,美国第一银行总裁库雷召集了300名员工开会,说他收到许多不满客户的来信,他指示从现在开始要致力于取悦、维系客户。为了实现这个目标,第一银行开始针对流失客户询问一些问题,包括为何离开、有什么要求。银行将收集到的信一一整理后,制订出一个行动方案并开始执行,同时经常检查流程,以符合客户日益变化的需求。

八年后,第一银行的客户流失率在行业中最低,大约每年只有5%,是其他银行的一半。在没有多做额外工作的情况下,第一银行的产业排名由第38名上升到第4名,利润则增加了16倍。

第三步:提高市场反应速度

1. 善于倾听客户的意见和建议

客户与企业间是一种平等的交易关系,在双方获利的同时,企业还应尊重客户,认真对待客户提出的各种意见及抱怨,并真正重视起来,才能得到有效改进。客户意见是企业创新的源泉。很多的企业要求其管理人员都去聆听客户服务区域的电话交流或客户返回的信息。通过倾听,企业可以得到有效的信息,并可据此进行创新,促进企业更好地发展,为客户创造更多的经营价值。当然,还要求企业的管理人员能正确地识别客户的要求,正确地传达给产品设计者,以最快的速度生产出最符合客户要求的产品,满足客户的需求。而在客户抱怨时,坐下来认真倾听,扮好听众的角色,有必要的话甚至拿出笔记本将其要求记录下来,要让客户觉得自己得到了重视,自己的意见得到了重视。当然仅仅是听还不够,还应及时调查客户的反映是否属实,迅速将解决方法及结果反馈给客户,并请其监督。

2. 正确处理客户投诉,提高解决客户投诉问题的效率

具体步骤包括多方面,但最首要的是真诚地对客户表达歉意,因给客户带来不便而抱歉。即使这并不是企业的过错,也应主动向客户道歉。此外复述客户投诉的内容,从客户角度考虑问题以及尽已所能满足客户,通过提供给客户需要从企业或期望从企业这里得到的任何东西来补偿他们。

3. 预测分析未来

所谓预测分析未来,就是企业通过模型利用现有数据对未来事件进行预测,可以从所采集到的大量实时数据中得到许多有用的信息。预测分析未来不只是预测将来哪些

[①] 资料来源:刘明晶、蒋宏勇,《客户关系管理带给我们什么?透视美国第一银行的客户关系管理》。

客户的流失风险会最高,或最有可能增加购买,还应对如何挽留客户提出具体的应对措施。要做到这一点,预测分析时必须建立在一对一的基础上,目标锁定于客户个体,而不是客户整体。预测分析解决方案运用运算法则和机器学习技术将客户群的分散信息综合起来,从而对未来行为做出预测。

第四步:强化市场管理体系

企业应建立强力督办系统,迅速解决市场问题,保证客户的利益。如窜货问题导致客户无利可图,企业应迅速解决。企业要定期派出业务员到市场上巡查,一旦发现窜货迹象要及时地向企业反映,以争取充足的时间来采取措施控制窜货的发生,从而降低经营风险。因为在很多的情况下,猖獗的窜货往往致使客户无利可图,最后客户才无奈地放弃产品经营而离企业而去。

案例 4-4　　　　对窜货经销商的处理[①]

某分销商是 A 品牌在东南地区的销售大户。有一段时间,该分销商为谋取年底丰厚的扣点返利,而自恃自己在 A 品牌销售体系中的销售地位及预期利润回报,开始以低价向邻近省市窜货,给当地的经销商带来了很大的损失。A 品牌及时发现了该经销商"图谋不轨"的行为,并对他采取了果断的断货措施。除此之外,还以年终扣点向该分销商提出了严厉的警告。没想到 A 品牌会动真格的,该分销商眼见自己的大批下游客户因拿不到货倒戈相向、另投明主,迫于内外交困的形势,迅速恢复了正常的区域分销及价格体系。而 A 品牌为了保证其他客户的利益,承诺承担因窜货而导致的损失,有效防止了客户的流失。

第五步:对不同级别客户的流失采取不同的态度

因为不是每一位流失的客户都是企业的重要客户,所以,如果企业花费了大量时间、精力和费用留住的是使企业无法营利的客户,那就不值得了。

因此,在资源有限的情况下,企业应该根据客户的重要性来分配投入挽回客户的资源,挽回的重点应该是那些最能营利的流失客户,这样才能达到挽回效益的最大化。

针对下列三种不同级别的流失客户,企业应当采取的基本态度如下。

1. 对"重要客户"要极力挽回,对"主要客户"也要尽力挽回

一般来说,流失前客户能够给企业带来较大价值的,被挽回后也将给企业带来较大的价值。因此,给企业带来价值大的关键客户应是挽回工作的重中之重,如果他们流失,企业就要不遗余力地在第一时间将其挽回,而不能任其流向竞争对手,因为他们是企业的基石,失去他们,轻则会给企业造成重大的损失,重则伤及企业的元气,这也是企业必

---

①　资料来源:范云峰,《客户管理营销》。

须做和不得不做的事情。

2. 对"普通客户的流失"和"非常难避免的流失"可见机行事

企业可根据自身实力和需要决定投入到对"普通客户的流失"和"非常难避免的流失"的挽回努力。如果不用很吃力,或者是举手之劳,则可以试着将其挽回。

3. 基本放弃对"小客户"的挽回努力

由于"小客户"的价值低,对企业又很苛刻,数量多且很零散,挽回他们需要很多的成本,甚至高过他们带来的利润,放弃这类客户对企业反而有利。因此,企业对这类客户可以抱基本放弃的态度,采取冷处理,顺其自然,任其流失,不予理会。

4. 彻底放弃根本不值得挽留的流失客户

有些流失的客户,如以下情形的流失客户就根本不值得挽留:

（1）不可能再带来利润的客户;
（2）无法履行合同规定的客户;
（3）无理取闹、损害了员工士气的客户;
（4）需要超过了合理的限度,妨碍企业对其他客户服务的客户;
（5）声望太差,与之建立业务关系会损害企业形象和声誉的客户;

对于这些根本不值得挽留的客户,企业要彻底放弃。

四、案例分析

美国强生公司挽回流失客户[①]

美国强生公司生产的泰诺止痛药是国际同类产品中的第一品牌。1982年前,在美国成人止痛药市场中占有35%的份额,年销售额高达4.5亿美元,占强生公司总利润的15%。但在1982年9月29日至10月1日期间,芝加哥地区竟接连有7人因服用该产品而死亡,在医疗部门与警方调查之后发现,死者服用的泰诺止痛胶囊竟含有剧毒氰化钾成分,一时间舆论哗然。很快,泰诺的销售额下降了87%。

事件发生后,强生公司迅速采取了一系列的措施。首先,公司配合警方全力封锁泰诺产品生产厂流水线,收回和封存了市面上的全部泰诺止痛药。同时,强生公司抽调大批人马对所有泰诺止痛药进行检验。在进行检测的800万颗药剂中,发现受污染的只有一批药,总计不超过75颗,并且全部在芝加哥地区。后经警方查证为有人刻意陷害。不久后,向胶囊中投毒的人被拘捕。

事后,善于"借势"的强生公司并没有将产品马上投入市场,而是推出了三层密封包装的瓶装产品,从而排除了药品再次被下毒的可能性。同时,强生再次通过媒体感谢美国人民对泰诺的支持,并发送优惠券。这一系列有效的措施,使泰诺再一次在市场上崛起,仅用5个月的时间就夺回原市场份额的70%。

问题:美国强生公司是通过什么方法挽回流失客户的?

[①] 资料来源:施志君,《电子客户关系管理与实训》。

五、复习与思考

1. 你如何理解客户流失?
2. 结合企业实际说明客户流失的主要原因。
3. 如何挽回即将流失的客户?

项目五

客户关系管理的营销策略

项目描述

本项目需要完成的任务是企业在进行客户关系管理时所采取的营销策略,具体为通过对客户生命同期的认识,使不同时期采取的不同策略,以及关系营销和数据库营销的具体策略。

知识目标

了解客户不同生命周期的具体特点。
认识关系营销。
认识数据库营销。

技能目标

能够依照所掌握的知识对企业客户进行分析,确定其所处生命周期的具体阶段,进而制定营销策略。
学会并能够运用一级关系营销、二级关系营销、三级关系营销的具体策略。
能够制定关系营销的营销策略。
学会并运用数据库营销策略。

主要任务

任务1　管理客户生命周期
任务2　应用关系营销
任务3　应用数据库营销

引例 罗布的秘密[①]

肯·罗布是迪克连锁超市的高级营销副总裁,这是一家在威斯康星州乡村地区拥有八家分店的超级市场。

罗布的秘密是当他的顾客来商场采购时,他十分了解这些顾客想要买些什么。这一点连同超市所提供的优质服务的良好声誉,是迪克连锁超市对付低价位竞争对手及类别杀手的主要防御手段。迪克超市采用数据优势软件(DataVantage)——一种由康涅狄格州的关系营销集团所开发的软件产品,对扫描设备里的数据加以梳理,即可预测出其顾客什么时候会再次购买某些特定产品。接下来,该系统就会恰到好处地推出特惠价格。

它是这样运行的:在迪克超市每周消费25美元以上的顾客每隔一周就会收到一份订制的购物清单。这张清单是由顾客以往的采购记录及厂家所提供的商品现价、交易政策或折扣共同派生出来的。顾客购物时可随身携带此清单也可以将其放在家中。当顾客到收银台结账时,收银员就会扫描一下印有条形码的购物清单或者顾客常用的优惠俱乐部会员卡。无论哪种方式,购物单上的任何特价商品都会被自动予以兑现,而且这位顾客在该店的购物记录会被刷新,生成下一份购物清单。

"这对于我们和生产厂家都很有利,因为你能根据顾客的需求订制促销方案。由此你就可以做出一个与顾客商业价值成正比的方案"罗布说。

迪克超市还依靠顾客特定信息,跨越一系列商品种类把订制的促销品瞄准各类最有价值的顾客。比如,非阿司匹林产品(如泰诺)的服用者可以被分成三组:全国性品牌、商店品牌和摇摆不定者。这些组中的每组顾客又可以根据低、中、高用量被分成三个次组。用量就代表着在某类商品中顾客对迪克超市所提供的长期价值(仅在这一个产品种类中,就有6个"模件",产生出总共9种不同类型的顾客——这足以发动一次批量订制营销运动了)。

假设超市的目标是要把泰诺用户转变成商店品牌的用户,那么罗布就会将其最具攻击性的营销活动专用于用量大的顾客,因为他们最有潜在价值。给予大用量顾客的初始折扣优惠远高于给予低用量和中等用量的顾客。促销活动的时间会恰好与每一位顾客独有的购买周期相吻合,而对这一点,罗布通过分析顾客的以往购物记录即可做出合理预测。

"顾客们认为这太棒了,因为购物清单准确地反映了他们要购买的商品。如果顾客养有狗或猫,我们就会给他提供狗粮或猫粮优惠;如果顾客有小孩,他们就可以得到孩童产品优惠,比如尿布及婴幼儿食品;常买很多蔬菜的顾客会得到许多蔬菜类产品的优惠,"罗布说,"如果他们不只在一家超市购物,他们就会错过我们根据其购物记录而专门提供的一些特价优惠,因为很显然我们无法得知他们在其他地方买了些什么。但是,如果他们所购商品中的大部分源于我们商店,他们通常可以得到相当的价值回报。我们比

[①] 资料来源:谷再秋、潘福林,《客户关系管理》。

较忠诚的顾客常会随同购物清单一起得到价值为30～40美元的折价券。我们的目标就是回报那些把他们大部分的日常消费都花在我们这儿的顾客。"

有时可以通过获取其他相关单位的赞助来尽量减少折扣优惠所造成的经济损失；反过来，这些单位可以分享你不断收集到的信息资讯。以迪克超市为例，生产厂商会给予绝大多数的打折商品补贴。作为整个协议的一部分，生产厂家可以获得从极为详尽的销售信息中所发现的分析结果（消费者名字已去除）。这些销售信息的处理加工均是由关系营销集团进行的，这家公司不但提供软件产品，而且还提供扫描数据采掘服务。

任务1　管理客户生命周期

一、任务目的和要求

★ 任务目的

客户生命周期管理是提高客户价值的一项重要任务，了解客户生命周期的内涵及不同生命周期阶段中客户的特点才能制定出具有针对性的客户生命周期管理策略。

★ 任务要求

正确认识客户生命周期并学会如何管理客户生命周期。

二、相关知识

（一）客户生命周期的内涵

1. 客户生命周期的含义

客户生命周期是指从一个客户开始对企业进行了解或企业欲对某一客户进行开发开始，直到客户与企业的业务关系完全终止且与之相关的事宜完全处理完毕的这段时间。客户的生命周期是企业产品生命周期的演变，但对商业企业来讲，客户的生命周期比企业某个产品的生命周期重要得多。客户生命周期描述的是客户关系从一种状态（一个阶段）向另一种状态（另一个阶段）运动的总体特征。

2. 理解

（1）在客户关系生命周期中包括个别客户与企业建立的客户关系，但更多的是指整个客户群体与企业建立起长期的、稳定的互动关系。企业与客户形成的这种关系往往不是一蹴而就的，需要企业较长时期的培养和维护。

（2）客户关系生命周期理论是从动态角度研究客户关系问题，可以清晰地洞察客户关系的动态特征：客户关系的发展是分阶段的，不同阶段客户的行为特征和为企业创造的利润不同；不同阶段驱动客户关系发展的因素不同，同一因素在不同阶段其内涵也不同。

（3）客户关系生命周期的概念产生于以客户为导向的市场营销中，客户生命周期理论对客户的购买行为进行分析研究，对目标人群进行细分，把一个客户从生产需求萌动，到再次消费或者流失的全过程分成不同阶段，并根据各个阶段客户需求的特点和价值对客户实施定制化的关怀和服务，从而获得长久和持续的客户关怀所带来的丰厚价值。

（4）客户关系生命周期管理是客户关系管理的一部分。它是针对客户与企业发生联系，按照时间顺序展开的全过程管理。在企业看来，企业资源中生产经营场所、设备设施、资金、原材料、存货、品牌和员工等都是极其重要的内部资源，而客户是企业重要的外部资源，市场竞争的焦点是客户，企业与客户的互动关系决定着企业的输赢，客户是市场竞争中最终的赢家。探索客户与企业互动关系中的规律性是企业永恒的主题和每天的作业。企业与客户的互动关系在接触和维系中形成生命周期，通过对客户关系生命周期划分各个时期，并针对不同时期制定不同的营销策略，以便对客户关系生命周期进行专项管理。企业对客户关系生命周期实施专项管理，首先要明确客户关系生命周期的含义，分析客户关系生命周期与企业生命周期系统中其他生命周期的关系，然后绘制客户关系生命周期曲线图，定量展开客户关系生命周期的阶段性分析，然后还要划分客户关系生命周期的各个时期，定性描述客户关系生命周期各阶段的特点，最后根据企业的具体情况和企业管理人员的经验制定客户关系生命周期各个时期的策略。

（二）客户生命周期各个阶段的特点

企业在对客户进行识别时，客户关系生命周期是一项重要的指标。客户的生命周期一般可分为考察期、形成期、稳定期、退化期四个阶段。考察期是客户关系的孕育期，形成期是客户关系的快速发展期，稳定期是客户关系的成熟期，退化期是客户关系水平发生逆转的时期。在客户生命同期不同阶段，企业的投入与客户对企业收益的贡献是大不相同的。

1. 考察期

考察期是客户关系的探索和试验阶段。在这一阶段，双方考察和测试目标的相容性，对方的诚意，对方的绩效，考虑如果建立长期关系双方潜在的职责、权利和义务。双方相互了解不足、不确定性大是考察期的基本特征，评估对方的潜在价值和降低不确定性是这一阶段的中心目标。在这一阶段，客户会下一些尝试性的订单。

2. 形成期

形成期是客户关系的快速发展阶段。双方关系能进入这一阶段，表明在考察期双方相互满意，并建立了一定的相互信任和交互依赖。在这一阶段，双方从关系中获得的回报日趋增多，相互依赖的范围和深度也日益增加，逐渐认识到对方有能力提供令自己满意的价值（或利益）和履行其在关系中担负的职责，因此愿意承诺一种长期关系。在这一阶段，随着双方了解和信任的不断加深，关系日趋成熟，双方的风险承受意愿增加，由此双方交易不断增加。

3. 稳定期

稳定期是客户关系发展的最高阶段。在这一阶段，双方或含蓄或明确地对持续长期关系作了保证。这一阶段有以下明显特征：双方对对方提供的价值高度满意；为能长期维持稳定的关系,双方都作了大量的有形投入和无形投入;高水平的资源交换,即大量的交易。因此,在这一时期双方的交互依赖水平达到整个关系发展过程中的最高点,双方关系处于一种相对稳定状态。

4. 退化期

退化期是客户关系发展过程中关系水平逆转的阶段。关系的退化并不总是发生在稳定期后的第四阶段,实际上,在任何一阶段关系都可能退化,有些关系可能永远越不过考察期,有些关系可能在形成期退化,有些关系则越过考察期、形成期而进入稳定期,并在稳定期维持较长的时间后退化。引起关系退化的可能原因很多,如一方或双方经历了一些不满意、发现了更适合的关系伙伴、需求发生变化等。退化期的主要特征有:交易量下降,一方或双方正在考虑结束关系甚至物色候选关系伙伴(供应商或客户),开始交流结束关系的意图等。

(三)客户生命周期管理

客户生命周期管理是客户价值最大化的基础,因为客户生命周期的长短是客户价值大小的决定因素之一。要想提高客户价值,可以采取以下三种办法。

(1)延长客户生命周期。企业要尽可能地延长客户的生命周期,尤其是成熟期。

(2)如果无法延长客户生命周期,就可以采取相应的营销策略来缩短客户与企业关系建立期和衰退期的时间,延长客户成长期和成熟期的时间,从而提高客户价值。

(3)针对不同客户的特点实施企业的客户忠诚度计划,使客户价值始终处于成熟期,从而为企业提供长期的客户价值,因为客户成熟期的长短可以充分反映出一个企业的营利能力。

总之,面对激烈的市场竞争,企业应当根据客户生命周期的不同特点提供相应的个性化服务,进行不同的战略投入,使企业的成本尽可能低,盈利尽可能高,从而增强企业的竞争能力。

三、实现步骤

第一步:客户关系考察阶段的客户关系管理

在客户关系考察阶段,说服和刺激潜在客户与其建立客户关系是客户关系管理的中心任务。

1. 说服客户

潜在客户对某种产品或服务一旦产生需要,就会设法收集有关该产品或服务的信息。但是,由于信息的泛滥和不对称,潜在客户往往难以找到适合自己的信息。因此,企业应设法通过各种有效途径向潜在客户传递信息,使潜在客户信服使用本企业的产品或服务是满足其需要的最佳选择。在这一阶段,企业必须向潜在客户证明自己满足特定需要的能力,可以借助于两种基本方法来说服潜在客户与企业建立业务关系,即承诺和推荐。

(1)承诺。

承诺主要是向潜在客户承诺本企业产品的性能或服务的质量,从而使其有充分的理由相信本企业满足其需要的能力。承诺一方面充分体现了企业自己对产品性能或服务质量的信心,另一方面也希望潜在客户认同。可以通过产品或服务的质量保证以及针对性的沟通策略加以传达。企业向潜在客户承诺自己的产品或服务完全能够满足它的愿望,否则给予必要的补偿。企业也可以通过针对性的沟通手段,如广告、中间商的促销活动、互联网主页等传达承诺。若企业的这类沟通具有较高的可信度和较强的说服力就容易说服潜在客户相信本企业的产品或服务。

(2)推荐。

推荐是指中立的第三者直接向潜在客户推荐某企业的产品或服务。客户正面的口碑宣传具有很强的说服力,因此,企业要通过各种沟通措施刺激现有客户为其做正面口碑宣传。

2.刺激客户

在客户关系建立期,除说服客户以外,企业还要刺激客户尽快使用本企业的产品或服务。刺激措施旨在直接诉求潜在客户与本企业达成某项交易,如各种媒体上发布的某种产品限期供应的优惠价格、企业直接向潜在客户发出的颇具诱惑力的推销函等。刺激措施直接诉求潜在客户与之建立长期的客户关系,并刺激其重复购买和交叉购买本企业的产品或服务。这类措施有价格折扣、产品组合销售、购物积分等。

第二步:客户关系的形成阶段的客户关系管理

在客户生命周期的形成阶段,企业的客户关系管理的主要目标是留住客户。如果说考察阶段是企业向客户定下承诺,那么形成阶段则是履行承诺的阶段。履行承诺就是将誓言变成行动,是维护和尊重关系方利益的体现,也是获得关系方信任的关键,是企业与关系方保持融洽伙伴关系的基础。

在这一阶段应注意做好以下工作。

(1)由于客户的购买经历、使用体验及对此次购买的价值评价很重要,所以让客户尽快熟悉本企业的产品或服务,帮助客户解决产品或服务使用过程中出现的问题。企业可以通过有针对性的客户培训,加快客户适应产品或服务的进程。

(2)保持客户联系部门的员工队伍稳定,建立高效率的客户服务热线或呼叫中心均有助于提高客户服务的效率。

在关系形成阶段,买卖双方的业务关系刚刚建立,企业与客户只是有了初步的接触,客户关系也许还十分脆弱。因为客户对企业的第一印象对将来客户关系进一步发展极为重要,因此,企业应想方设法尽快完成从客户关系的形成阶段向客户关系稳定阶段的过渡。

第三步:客户关系稳定阶段的客户关系管理

客户关系稳定阶段的主要任务是提高客户满意度,尽量延长稳定阶段的长度。因此,企业应该在企业产品或服务个性化或交叉销售以及提高客户退出壁垒和提高客户关系管理效益上做工作。

(1)企业应向客户提供符合客户特殊需求的个性化的产品或服务,以便从长远的角度保证企业的产品或服务在客户中的吸引力。企业通过将客户纳入产品的研发、规划和生产过程，使企业的产品能更好地符合客户的要求，增强客户对企业的信任基础。

（2）企业通过交叉销售可以进一步增强客户关系。交叉销售旨在提高本企业与某客户的销售收入，交叉销售的目标可以通过纯交叉销售和提高客户的购买频率来实现。纯交叉销售是扩大客户对本企业相关产品或服务的需求。提高客户的购买频率是指扩大客户重复购买的需求，以增加销售收入。

（3）企业通过提高客户退出壁垒增加客户转移成本，将客户在较长的时期内锁定。企业可以从经济、技术、契约三个方面提高客户退出壁垒以维系客户关系。

经济壁垒是指客户关系的终止会给客户带来经济上的损失，如客户无法获得约定的折扣，客户的这种经济上的损失称为转移成本，客户转移成本越高，客户关系越稳定。

技术壁垒是客户在使用产品或服务时对企业产生一定的依赖性，如客户只有在购买一定相关辅助产品的条件下，主产品的性能才能得到充分发挥。

契约壁垒是一种法律手段，企业设法与客户签订购销契约，契约规定客户有义务在一定时间内购买企业的产品或服务，否则，将会补偿企业一定的违约金。

第四步：客户关系退化阶段的客户关系管理

在客户关系退化阶段，可以分为两种情况：一种是将客户挽留，使其恢复满意；另一种是解除关系。对于处于危机中的客户关系重新回到原先的满意状态必须做好两项工作，即纠正错误和提供补偿，从而使客户恢复到稳定期。纠正企业及其员工所犯的错误是恢复客户关系的基础，除了纠正错误以外，企业还要向客户证明自己已经意识到缺陷的存在，并且说明这是一种例外情况。企业应给予客户相应的补偿以尽可能地消除或降低负面影响。无论是纠正错误或提供补偿，企业均可以从产品、沟通、价格和分销等策略着手。

（1）在产品策略方面，企业可以对有缺陷的产品进行返修。有些缺陷产品事后可以修复，并且不影响客户对产品的使用，如汽车召回服务。为了消除负面影响，在缺陷产品修理期间，企业应向客户提供补偿，以避免给客户带来不便，如汽车召回期间，厂商可准备一辆汽车供客户免费使用。

（2）企业的纠错和补偿工作也可以通过沟通策略加以实施。如果产品出错是客户使用不当所致，则企业可组织客户培训，以便客户今后能正确地使用产品，避免同类问题的再度出现。企业应主动与客户进行沟通，必要时登门致歉。

（3）在价格策略方面，企业可以通过价格折扣来纠正错误、提供补偿。一方面，企业通过价格折扣来调整瑕疵产品的价格性能比，使其回复到客户原先追求的价格性能比水平；另一方面，价格折扣对客户来说是一种实实在在的金钱补偿。

（4）最后企业也可借助于分销策略来达到纠正错误、提供补偿的目的。若客户未能按时收到发出的货物，则发货单位应尽快查询货物的下落，消除物流环节出现的差错。企业可通过免费送货上门以作补偿，并在事先充分做好解释工作。

在上述措施中产品或服务本身最为关键，其次是价格策略，沟通策略和分销策略作为补充。如果客户对企业提供的产品或服务的质量不满意，那么仅凭企业的道歉恐怕是无济于事的。

四、案例分析

中国电信公司客户生命周期管理[①]

电信客户按其生命周期来划分可分为获取阶段、提升阶段、成熟阶段和离网阶段。中国电信根据客户所处的不同阶段,采取了不同的营销策略。

在客户获取阶段,首先需分析和预测潜在市场的规模和变化,分析、跟踪潜在客户的构成和关键购买因素,如客户对产品最关心的是价格、速度、质量,还是内容。运用市场调查、客户购买行为分析等手段进行宏观和微观的市场细分和分析,从而发现目标客户源。一般可用的方法为入网优惠、终端赠送或设计资费套餐(如宽带计流量、计时、区分不同速率档次的产品)。在电信客户获取阶段,最有效和成本最低的渠道是呼叫中心。客户足不出户即可通过呼叫中心申请业务,方便快捷。其次是采取营业厅受理和社会代理渠道受理。营业厅渠道由于形象好、服务专业,深受客户青睐,而社会代理渠道覆盖面广、公关能力强,在客户获取上也有一定的优势。广告主要采取媒体广告、营业厅广告和销售人员促销。由于客户是潜在客户,因此采取点对点的宣传难度较大,同时潜在客户群体数量庞大,用公众广告的效果会比较好。同时,一线销售人员的口头宣传也是获取客户的有效方法,这类客户一般为主动上门办理业务的客户,对产品了解比较有限,此时销售人员的宣传将是获取客户的重要因素。

提升阶段的营销策略目的在于完成从客户获取到提升的平滑过渡。电信提升期的目标就是通过客户价值的提升策略引导客户关系向前发展,形成客户与企业之间互动、稳定的价值交集。中国电信客户在提升阶段的策略主要有提供基础产品和服务、品牌形象的树立、业务创新与引导等。一般采取产品捆绑和套餐优惠,以及增值业务的营销。如江苏电信将电话、宽带、小灵通等多种通信产品组合捆绑成为"全家福"套餐,套餐总价比单个产品单价之和有较大幅度的优惠,这种捆绑不仅增加了客户通信产品的使用量,同时也提高了客户的离网成本,提高其忠诚度。在这一阶段,更适合的针对性广告是直呼、直邮或短信宣传等手段,在大型媒体上可辅以形象广告来提升企业的品牌效应。

成熟阶段的营销策略目的就是要维持好客户的忠诚度,因为这个时期是客户对电信企业价值贡献最大、价值贡献最平稳的时期。具有较高的忠诚度既是这一阶段客户的特征,也是电信企业的工作重点。因此,保持客户在网,延长其成熟阶段的时间,主要的途径就是在客户行为忠诚的基础上,提高客户的满意度,建立客户的态度忠诚。客户成熟阶段的具体策略主要有以下几种:老客户新奖励策略、"预存话费送话费"策略和"合约管理"。合约管理在电信运营中体现方式主要是赠送客户相关终端,然后客户承诺在网时间而签订合约。

电信客户关系的衰退期属于电信客户生命周期管理的第四个阶段,该阶段不像前几

---

① 资料来源:宋泽龙等,《客户生命周期理论与营销在电信企业中的运用》。

个阶段那样能明显看到客户数的增多、收入的增加,常成为被忽视的阶段。随着电信市场竞争的日趋激烈,电信客户作为一项重要的资源成为电信企业之间相互争夺的对象,因此衰退期的客户往往是其他竞争对手获取阶段和提升阶段的重要目标,对衰退期客户的管理同样具有重要的意义。针对衰退原因进行相应的管理,努力恢复对企业有价值的客户,并及时识别对企业意义不大的客户,调整资源投入,同样能为企业带来巨大收益。该阶段的产品组合与定价主要采取针对高危客户的特殊套餐和资费,或向高危客户赠送附加设备(如话机)等。针对其他的运营商通过高折扣低价的电话卡分流长途话务量的现象,可以通过计费系统发现使用他网接入码的客户,然后通过长途话费包月限时等打折手段进行挽救。针对终端遗失或损坏的手机客户可以采取存话费送手机的方式将该部分衰退客户进行挽留。

当电信客户离网时,大多数会受到相应的诱导因素驱动。即使该客户对原运营商提供的服务100%满意,他仍然存在离网的可能,问题的根源在于目前绝大多数电信业务面临的市场是一个充满竞争的市场。找到诱导客户离网的因素,并"对症下药",可降低客户离网率,或者使离网的客户重新入网。总体来说,诱导客户离网的因素主要有品牌观转移、竞争对手促销、差异化业务、业务需求消失等。针对离网阶段的客户,其营销策略就是针对诱导因素来合理设置壁垒因素,同时采取竞争的应对措施,如开发针对性的产品、设计针对性的套餐等,从而消除诱导因素对客户的影响。在这一阶段仍然要以优质的服务对待客户,为赢回离网客户做好准备。

问题:你对客户生命周期管理是否有了更深入的理解?请你结合一个企业的实际谈谈客户生命周期管理的具体操作。

五、复习与思考

请结合一个企业或一个产品的实际情况,分析其客户生命周期并制定相应的营销策略。

任务 2　应用关系营销

一、任务目的和要求

★ 任务目的

通过学习了解关系营销的内涵,理解为什么说关系营销是"对传统营销的一次革命",掌握应用关系营销时的具体举措。

★ 任务要求

学会应用关系营销。

二、相关知识

据史料记载,在中国古代的江西有一个村庄,村中一共有六家米商。米商通常的做法都是在店铺等待客户上门购买。这使得生意非常清淡。一个叫蔡明华的年轻米商有一天意识到必须要了解一下客户,于是就进行了一番走访调查。通过调查,蔡明华认识到必须让自己的客户感到买他的米是物有所值,而且要比其他的几家米店购买划算。

于是蔡明华决定对销售过程进行记录,记下客户的饮食习惯、订货周期和供货的最好时机。同时在村子里面进行了市场调查,调查的问题包括家庭中的人口数量、每天大米的消费量是多少碗、家中存粮的粮缸的容量。

针对这次市场调查,蔡明华决定采取免费送货上门和定期将客户家中的米缸添满两个措施。例如,一个5口之家,3个大人、2个小孩,每天每个大人吃2碗大米,每个小孩吃1碗大米,这样,这个家庭一天的大米消费量为8碗,该家庭的米缸容量是120碗,接近一袋大米,一缸米可以消费15天,于是他决定每15天为这个家庭送一袋大米。

通过建立这样的极有价值的记录和推出新的服务,蔡明华的米店和客户建立起了广泛而且深入的关系,他的米店不断扩大,以至于后来不得不雇用人来帮忙,一个记账,一个帮助他整理销售发货数据,一个柜台销售,两个送货员。至于老板蔡明华,他的主要职责就是与村民不断地接触,搞好与政府官员和批发商的关系,这样蔡明华米店的生意蒸蒸日上,蔡明华最后成为江西有名的富商。这也是我国古代关系营销的一个成功范例。[①]

关系营销(Relationship Marketing)于20世纪90年代伴随着"大市场营销"概念衍生发展而来的,是以科学理论和方法为指导的新型营销观念。1984年,科特勒提出的所谓"大市场营销"概念,目的在于解决国际市场的进入壁垒问题。在传统的市场营销理论中,企业外部环境是被当做"不可控因素"来对待的,其暗含的假设是,当企业在国际市场营销中面临各种贸易壁垒和舆论障碍时,就只得听天由命、无所作为。因为传统的"4P"组合策略在贸易保护主义日益盛行的今天已不足以打开封闭的市场。要打开封闭的市场,企业除了需要运用产品、价格、分销及促销四大营销策略外,还必须有效地运用政治权力和公共关系这两种营销工具,这种策略思想称为"大市场营销"。

虽然"关系营销"概念直接来自科特勒的"大市场营销"思想,但是它的产生和发展同时也大量得益于对其他科学理论的借鉴、对传统营销理念的拓展以及信息技术浪潮的推动。

今天,人们对"关系营销"的讨论和"关系营销"的实践已从单纯的客户关系扩展到企业与供应商、中间商、竞争者、政府、社区等的关系。这样,营销的市场范围就从客户市场扩展到了供应商市场、内部市场、竞争者市场、分销商市场、影响者市场、招聘市场等,从而大大地拓展了传统市场营销的含义和范围,被西方舆论界视为"对传统营销的一次革命",也被看做是21世纪市场营销的一大发展趋势。随着经济一体化、国内市场国际化以及竞争全球化的发展,关系营销的理念在我国的企业得到了传播,并被运用到各类市

[①] 资料来源:谷再秋、潘福林,《客户关系管理》。

场活动中。

（一）关系营销的含义

所谓关系营销，是把营销活动看做是一个企业与消费者、供应商、分销商、竞争者、政府机构及其他公众发生互动作用的过程，其核心是建立和发展与这些公众的良好关系。

关系营销的本质特征可以概括为以下几个方面。

1. 双向沟通

在关系营销中，沟通应该是双向的而非单向的。只有广泛的信息交流和信息共享才可能使企业赢得各个利益相关者的支持与合作。

所以，在关系营销中，各关系方都应主动地与其他关系方接触和联系，相互沟通信息、了解情况，形成制度或以合同形式定期或不定期碰头，相互交流各关系方需求变化情况，主动为关系方服务或为关系方解决困难和问题，增强伙伴合作关系。

2. 合作

一般而言，关系有对立和合作两种基本状态。只有通过合作才能实现协同，因此合作是"双赢"的基础。

3. 双赢

双赢即关系营销旨在通过合作增加关系各方的利益，而不是通过损害其中一方或多方的利益来增加其他各方的利益。

所以，在与关系方交往过程中必须做到相互满足关系方的经济利益，并通过在公平、公正、公开的条件下进行成熟、高质量的产品或价值交换使关系方都能得到实惠。

4. 亲密

关系能否得到稳定和发展，情感因素也起着重要作用。因此关系营销不只是要实现物质利益的互惠，还必须让参与各方能从关系中获得情感的需求满足。

5. 控制

关系营销要求建立专门的部门，用以跟踪客户、分销商、供应商及营销系统中其他参与者的态度，由此了解关系的动态变化，及时采取措施消除关系中的不稳定因素和不利于关系各方利益共同增长因素。

此外，通过有效的信息反馈，也有利于企业及时改进产品或服务，更好地满足市场的需求。

（二）关系营销与传统营销的区别

在传统营销中，客户只是企业交易关系中的一个对立面，双方的交往只是单纯的商业往来，企业关注最多的是在单次交易过程中收益的高低。而关系营销则视客户为永久的伙伴，与之建立互利互惠的伙伴关系，目的是在企业与客户结成的长期关系中获取丰厚的利润。如果说传统营销的核心是获得新客户的话，那么关系营销的核心则是企业在获得新客户的同时，尽量保持住老客户，并使之转为企业的忠诚客户。用表5-1来具体说明传统营销与关系营销的具体区别。

表 5-1　关系营销与传统营销的区别

项目	传统营销	关系营销
适合的客户	眼光短浅和低转换成本	眼光长远和高转换成本
核心概念	你买我卖	建立与客户之间的长期关系
企业着眼点	近期利益	长远利益
企业与客户的关系	不牢固	比较牢固
对价格的看法	主要竞争手段	不是主要竞争手段
企业强调	市场占有率,一锤子买卖	建立长久关系,客户满意
营销管理的追求	追求单项交易利润最大化	追求与对方互利关系最佳化
市场风险	大	小
了解客户文化背景	没有必要	非常必要
最终结果	未超出"营销渠道"的概念	超出"营销渠道"的概念范畴成为战略伙伴

(三) 有效实施关系营销的具体策略

关系营销强调客户关系的价值,强调市场营销过程是一个为客户创造价值、传递价值的过程。因此,客户关系营销不应仅仅局限于销售环节,而应贯穿于企业整体营销活动中,应从企业的市场开发、产品开发、与消费者沟通、产品销售等环节进行系统的考虑和协调。最关键的在于改进和完善以下四个方面的工作。

1. 特色化的产品锁定客户

随着我国社会经济的发展,消费分层的现象越来越明显,关注和发掘消费需求、打造特色化的产品成为企业竞争制胜的关键,也是锁定客户的有效武器。产品的特色可以体现在品质、技术、价格、包装,甚至某种抽象的概念等多个方面,但是,绝不能将其等同于概念炒作。

如"小天鹅"与解放军某部联合设计的军用洗衣机 2005 年的销售额近亿元,增幅在 100％以上。被称为"沙漠之舟"的军用洗涤车可进行水的循环利用,战士在车上洗澡的水,经过水处理可用于洗涤衣物。一向以创新出众的招商银行在 2005 年推出"伙伴一生"金融计划,进一步进行客户细分,区分出初涉社会阶段、成家立业阶段、养儿育女阶段、事业有成阶段、安享晚年阶段的客户,从"关爱"客户的角度出发,为处于人生不同阶段的客户量身定做产品和服务,体现了对客户一生的关心、帮助和爱护。

2. 以精细化服务赢得客户

由于不同的客户给企业带来的价值是不同的,关系营销强调对客户进行分类管理,以保证将重要的资源用到主要的客户身上,避免资源的浪费。因此,企业应摸清自己的客户资源,抓住关键客户,制定有针对性的营销服务策略。

如零售巨头家乐福没有采用常见的会员卡的方式来维系客户,而采取了所谓的"积点成金"的做法。即凡是一次购物满 58 元的顾客,就可获得一个积分(积分数量随购物金额的倍数递增而递增),客户随时可以凭积累的积分小票(五个、十个等)换取一定的奖品。这种做法简便易行,客户的感受也是实实在在的,只要积分达到一定的数量就可随时兑现。此做法不仅有利于鼓励客户大量购买,更有利于维系和发展与客户的长期关系。

为了保证和提升服务质量,企业还应做好销售服务的标准化和规范化管理。"小天鹅"公司多年来一直特别重视售后服务环节的工作,在很多企业采取委托或外包做法的今天,该公司一直兢兢业业地亲力亲为,并对服务流程及质量进行严格的管理和控制。因为,他们曾调查了解到,老客户的口碑对产品销售的影响非常大。

3. 创新沟通方式吸引客户

有效的交流和沟通是建立和保持企业与客户之间良好关系的基本途径。随着社会经济的发展和消费水平的提高,消费者的需求已从"量的满足"发展到"质的满足",甚至"感性消费"、"体验消费"。因此,现代企业促销的核心在于与消费者的有效沟通,引起消费者的情感共鸣,进而诱导消费者的购买。而当今全球化、数字化时代的发展,导致媒体的数量激增,形式变化多样,大大分散了消费者的注意力。与数年前相比,同样规模的广告支出,其广告效果已相差甚远。正因为如此,使得依赖大量使用大众传媒做宣传的传统营销受到了极大的挑战,新兴媒体的迅猛发展需要企业充分发挥其个性化传播的优势,与客户达成良好的沟通。

如英国图书出版界针对青少年市场的促销已很少使用传统手法,而倾向于使用短信、公共汽车候车亭、男性杂志或者青少年网站。就短信这种方式来看,如某公司提供的短信服务总是包含一些时效性比较强的资讯,如比赛消息或者当天正在发生的新闻;而有的公司则把发送给青少年读者的信息内容制作得非常"酷"。如《吉他女孩》这本书有一个很酷的封面,他们就会在短信中询问读者是否愿意把该封面设为壁纸,从而收到了非常好的促销效果。

近年来,中国移动的"动感地带"也是凭借与目标客户群的良好沟通——"动感地带"专属的品牌体验店、与麦当劳的联合促销、大学生街舞挑战赛、夏令营、M-ZONE 人聚会等,成功地打开了"年轻人的通信自治区",成为"领跑青春"的时尚品牌。

当然,企业产品的设计及款式、包装及文字说明、店面布置、企业网站等一切消费者可以接触到的方面都会影响到消费者的感受和体验,也需要企业充分重视并有效利用。

据新闻媒体报道,为了迎接 2006 年世界杯,吸引大量涌入的球迷,德国的旅馆业纷纷在客房装饰上巧费心思,在新明斯特一家旅馆里,客房被打扮成了一个室内"足球场",非常受球迷的欢迎。

此外,企业还应重视客户的反馈意见,并善加处理,以帮助企业及时发现问题、及时改进,也有利于赢得客户的好感,避免客户流失。

走进家乐福,在出入口等非常醒目的地方就会看到其客户调查表,该调查表设计得非常简洁,一张笑脸和一张哭脸的图形分别代表"客户满意的"、"客户不满意的",供客户填写。因为取用方便,经常有客户将自己的意见和建议写上去,公司也会及时给予反馈和改进。客户得到了尊重和有效的激励,也从中实现了公司与客户的良性互动。

4. 提升员工的素质和满意度,从根本上保证关系营销的实施

员工的素质、能力、工作热情会直接影响他的工作效率和服务客户的水平。企业怎样对待员工,员工就将怎样对待企业和客户。企业对员工以及员工之间的相互关爱就像强大的纽带会激励员工快乐工作、主动奉献,进而满意的员工必然能够带来更多的满意的客户。相反,不满意的员工或素质、技能不高的员工必然会经常得罪客户。

如在星巴克公司,员工的流动性很小,且每一位员工都拥有最专业的知识与服务热忱。其员工可以对客户详细解说每一种咖啡产品的特性,赢得了客户的信任和口碑。该公司声称他们将本来用于广告的支出用于员工的福利和培训。2005年星巴克中国公司曾入选中央电视台等机构联合评选的"最佳雇主"。2007年年初,第一批享受"咖啡豆股票计划"的星巴克中国员工也将诞生。据报道,中国5000名员工中一半的人将获得年薪14%价值的股票期权,从高级管理者到普通员工,还包括每周工作20小时以上的兼职员工。其用意就在于吸引和留住中国本土的优秀人才。

在当代科技、社会飞速发展形势下,企业应注重加强对员工的培训、在职学习以及个人经验的提升共享等,不断提高员工的素质和能力。此外,要做好对员工的充分授权,把必要的权力、信息、知识等赋予员工,充分调动员工工作的主动性和创造性。

三、实现步骤

第一步:尝试应用一级关系营销(财务层次的关系营销)

一级关系营销主要是运用财务方面的手段,使用价格来刺激目标公众以增加企业收益。在财务层次关系营销中,具有代表性的方法是应用频繁市场营销计划和应用客户满意度计划。

1. 应用频繁市场营销计划

频繁市场营销计划是指给予那些频繁购买以及按照稳定数量进行购买的客户财务奖励的营销计划。美国航空公司是首批实行频繁市场营销计划的公司之一。20世纪80年代,该公司就决定对客户提供免费里程信用服务。接着,旅馆行业也采用了这种方法,如马里奥特推出荣誉贵宾计划,常住客户在积累了一定的分数后就可以享用上等客房或免费房。频繁市场营销计划也可以在企业之间联合进行。如新加坡发展银行有限公司、VISA和高岛屋公司联合发起的忠诚营销也是希望与客户建立长期的关系,智能卡(Smart-Card)的持有者能享受免费停车、送货服务、抽奖活动等一系列优惠,具体形式则取决于客户用智能卡购买商品的累积金额。

2. 应用客户满意度计划

一级关系营销的另一种代表形式是企业设立高度的客户满意目标来评价营销实施的绩效,如果客户对企业的产品或服务不满意,企业承诺将给予客户合理的价格赔偿。在印度,6家希尔顿旅馆和亚太地区的其他40家希尔顿旅馆通过签署希尔顿质量保证书做出承诺,如果旅馆没有按照预定条件提供住宿,或者没有按时供应饮食,或者没有配备音响设备以及这些设备没有按照合约规定的标准正常工作,客户将得到经济上的赔偿。目前我国的企业开展营销活动时常常制定一些客户满意目标,也做出承诺,而当客户觉得企业没有达到自身所制定的目标或没有履行其承诺要求其赔偿时,企业却又坐视不理,导致了大量客户的流失。

一级关系营销是一种低层次的营销,容易被竞争对手所模仿,很难将企业与竞争者区别开来。一旦营销方式被仿效,所产生客户忠诚的作用将会消失。因此财务层次营销可以购买客户忠诚感,但无法真正创造忠诚客户。当竞争者做出反应后,频繁市场营销计划反而会变为企业的负担。当竞争对手采用类似的措施后,企业要必须在经营方式上发生根本性变化,在一级关系营销的基础上同客户建立二级关系营销和三级关系营销的联系才会增加客户转移成本,使客户忠诚于企业。

第二步:尝试应用二级关系营销(社交层次的关系营销)

关系营销的第二种方法是增加目标客户的财务利益,同时也增加他们的社会利益。在这种情况下,营销在建立关系方面优于价格刺激,企业可以通过了解单个客户的需要和愿望,并使服务个性化和人格化来增加企业与客户的社会联系。因而,二级关系营销把人与人之间的营销和企业与人之间的营销结合起来。企业把客户看做是客户。

在这里我们要强调顾客与客户的区别:对于一个机构来讲,顾客也许是不知名的,而客户则不可能不知名;顾客是针对于一群人或一个大的细分市场的一部分而言的,客户则是针对个体而言的;顾客是由任何可能的人来提供服务,而客户是被那些指派给他们的专职人员服务和处理的。

二级关系营销的主要表现形式是建立客户组织。以某种方式将客户纳入到企业的特定组织中,使企业与客户保持更为紧密的联系,实现对客户的有效控制。

二级关系营销的实现常采用两种形式,即建立无形的客户组织和有形的客户组织。

1. 建立无形的客户组织

无形的客户组织是企业利用数据库建立客户档案来与客户保持长久的联系。如我国最大的网上书店当当书店在建立起一个大型的客户数据库之后,灵活运用客户数据库的数据,使每一个客户服务人员在为客户提供产品和服务的时候,明了客户的偏好和习惯购买行为,从而提供更具针对性的个性化服务。

如当当书店会根据会员最后一次的选择和购买记录,以及他们最近一次与会员交流获得的有关个人生活信息,推荐他们所感兴趣的书籍。同时企业可利用基于数据库支持的客户流失警示系统定期向会员发送电子邮件,通过对客户历史交易行为的观察和分析,赋予客户数据库警示客户异常购买行为的功能。客户数据库通过自动监视客户的交易资料,对客户的潜在流失迹象做出警示。

美国特惠润滑油公司的客户数据库在客户超过113天(这个数字已经过该公司多次验证,是客户平均的换油时间)没有再次使用他们的产品或服务,便会自动打出一份提醒通知,从而让企业制定相应的对策。在数据库支持下与客户加强联系,使客户感到公司理解他们,知道他们喜欢什么,并且知道他们在什么时候对什么感兴趣,通过这种个性化的服务培养起客户对企业忠诚。

2. 建立有形的客户组织

有形的客户组织是企业通过建立各种正式的或非正式的客户俱乐部来与客户保持长久的联系。

为了更好地为消费者服务,满足消费者的个性化需求,实现与消费者的零距离,2000年1月30日海尔推出了国内家电行业第一家俱乐部——海尔俱乐部。海尔俱乐部是海尔集团为满足消费者个性化需求建立的一个与海尔客户共同追求国际化生活品质,分享新资源、新科技的亲情化组织。在海尔俱乐部里,会员在享受海尔家电高品质生活的同时会体味到一种前所未有的乐趣:享受特有的尊贵权益和贴切的亲情服务;品尝到最新的家电时尚,感受海尔家电的国际品质;获得直达个人需求的个性化生产和服务;享受再购买海尔产品的会员优惠；还会被邀请到海尔青岛总部结识天南地北的会员朋友，参加海尔大学的培训；另外还有一卡行天下给您带来衣食住行各方面的增值权益……海尔俱乐部融融的人情味吸引了众多消费者的青睐，在短短10个月内海尔俱乐部的会员已突破800万人，使海尔集团与众多海尔客户的关系又上了一个新的台阶。

二级关系营销比一级关系营销前进了一大步，但在激烈的市场竞争中"只有永恒的利益，没有永恒的朋友"。面临激烈的价格竞争时，不管是一级关系营销还是二级关系营销都只能支撑价格变动的小额涨幅，当面对较大的价格差别时，交易双方难以维持低层次的销售关系，只有通过提供客户需要而竞争对手不能提供的技术服务和资金援助等深层次联系才能吸引客户。如果企业与竞争对手相比没有自身的核心竞争力，无论多好的财务层次营销还是社交层次营销也不能挽留住客户。在这种情况下，客户可能放弃与企业的联系，转而投向竞争对手的怀抱。所以企业应在上述两级关系营销的基础上，与客户结成稳定的结构纽带联系，使客户长久地留下来。企业的竞争优势来源于企业在设计、生产、营销、交货等流程及辅助性流程中所进行的各种活动，企业应通过比其竞争对手更廉价或更出色地开展这些重要的战略活动来赢得竞争优势，使客户忠诚于企业。

第三步：尝试应用三级关系营销（结构层次的关系营销）

第三种方法是增加结构纽带，与此同时附加财务利益和社会利益。结构性联系要求提供这样的服务：它对关系客户有价值，但不能通过其他来源得到。这些服务通常以技术为基础，并被设计成一个传送系统，而不是仅仅依靠个人建立关系的行为。

良好的结构性关系将提高客户转向竞争者的机会成本，同时也将增加客户脱离竞争者而转向本企业的利益。特别是当面临激烈的价格竞争时，结构性联系能为扩大现在的社会联系提供一个非价格动力，当面对较大的价格差别时，交易双方难以维持低层次的销售关系，只有通过提供买方需要的技术服务和援助等深层次联系才能吸引客户。特别是在产业市场上，由于产业服务通常是技术性组合，成本高、困难大，很难由客户自己解决，这些特点有利于建立关系双方的结构性合作。这种结构性纽带可以分为企业与客户的结构性纽带和企业与企业的结构性纽带。

1. 建立企业与客户的结构性纽带

企业与客户的结构性纽带是企业通过向客户提供独特的服务来建立起双方结构性的关系。如在厂家——代理商——经销商的销售体系中，厂家和代理商不仅仅充当向经销商提供商品的角色，而且帮助销售网络中的经销商特别是一些较小的成员提高其管理水平，合理地确定他们的进货时间和存货水平，改善商品的陈列；向经销商提供有关市场的研究报告，帮助培训销售人员；同时建立经销商档案，及时向他们提供有关产品的各种信息等。

如美国美林公司为了方便消费者的股票和债券交易，创建了一套先进的管理会计系统。这一自动平衡系统，通过在资金市场上卖出股票和债券，获得现金，让消费者的基金持续地赚取利息，同时也减少了消费者在交易上所消耗的时间，大部分消费者喜欢这一简单、灵活的账户。而与美林公司相比，竞争对手要提供类似服务的技术系统需要很多年，于是美林公司就通过这一系统与消费者结成了稳定结构纽带联系。

2. 建立企业与企业的结构性纽带

企业与企业的结构性纽带是指两个企业结成紧密合作的伙伴关系,在开发、研究、供应、人员等方面互相协作,以促进双方的共同发展。

德国工业巨子西门子每年销售额高达500亿美元,在世界各地的供应商总数超过12万,其中有2万个被认为是"第一选择供应商",西门子与其建立了结构纽带关系。这种关系的确立基于两个原则,供应商的竞争优势(主要根据产品和技术的复杂度以及寻找替代供应商的难度)和供应商对公司利润的影响。目的是促进共同发展。通过互派工作人员,对双方企业的工作流程和信息系统进行相应的改进和适应调整,西门子与"第一选择供应商"建立了密切的、长期战略合作伙伴关系,双方也取得了共同的发展和进步。

总而言之,财务层次营销、社交层次营销、结构层次营销这三种与客户建立关系营销的手段,在实际操作过程中应根据企业情况灵活加以运用。如果企业的规模较小,在企业与客户建立关系的过程中,可以只采取财务层次营销手段,也可以将财务层次营销、社交层次营销这两种手段并用;如果企业的规模较大,就可以将上面的三种关系营销手段综合运用了。通过上述三种关系营销手段的应用使客户成为企业长期合作的伙伴,从而让企业在激烈的市场竞争中立于不败之地。

四、案例分析

保时捷公司如何开展关系营销[①]

保时捷公司认为,只要与关键的客户建立良好的关系,利润就会滚滚而来。所以保时捷公司从不打折销售和赠送免费的金卡。保时捷认为:"打折只会亏你的老本。你免费送出去的所有赠品都会被看做是没有价值的。"保时捷通过与有价值的客户建立起良好的关系来提升自己的价值。如果客户在德国买了一辆"保时捷"牌的跑车,它会为客户提供免费停车与洗车的优惠。不论客户何时要乘飞机,只要把保时捷轿车开到机场的埃尔维斯租车公司的停车场即可。埃尔维斯的员工在客户离开的这段日子里会保管好客户的车,帮客户把车的内外都清洗干净。保时捷的车主在搭乘飞机旅行时一点也不需要担心自己汽车的安全,回来时又看到等着他的是一辆崭新、干净的轿车,自然会很高兴;更何况还为他省下了可观的机场停车费。这些无时无刻不在提醒车主:保时捷公司的人是真正关心我的。这些贴心的服务马上便将这家汽车制造商和其他竞争者明显地区分开来,且进一步稳固了公司与车主的关系。

问题:请你谈谈保时捷公司关系营销的特色?你能举例说明企业关系营销的一些具体举措吗?

五、复习与思考

1. 你如何理解关系营销?

---

① 资料来源:李小圣,《客户关系管理一本通》。

2. 你如何理解关系营销的三个层次？利用一个企业作为实例运用三个层次制定营销策略。

3. 关系营销与传统营销手段有何区别？

任务3　应用数据库营销

一、任务目的和要求

★ 任务目的

数据库营销是利用现代化信息技术的营销手段，是营销活动的进步。本任务的学习，要求从数据库营销的内涵、产生的原因、对企业的作用及数据库营销的应用等方面全面认知数据库营销。

★ 任务要求

掌握如何应用数据库营销。

二、相关知识

数据库营销并不是一种新的营销方式，它在西方已有十几年的历史了。20世纪80年代中期，西方发达国家市场经济体制发育得已经比较成熟，市场基本特点是供给大于需求，形成了买方市场，企业之间的竞争日趋激烈，越来越多的企业在历经价格战、质量战、广告战、品牌战之后，开始将生存和盈利空间寄托于客户资源开发和客户关系整合上，力求通过客户关系的优化管理来实现客户资源价值和企业利润的最大化。随着信息技术的迅猛发展，尤其是计算机技术的发展，数据库强大的数据处理能力逐步被应用到客户关系营销当中。企业通过客户数据库及时掌握现有客户的需求变化，再把信息反馈到决策层，以便做出正确的生产决策或投资决策。

（一）数据库营销产生的原因

1. 传统营销效率的降低导致企业需要一种更为有效的新的营销方式

目前，消费者越来越追求时尚化、风格化、个性化，商业客户则要求随需而变。企业要针对这种特点和变化对市场进行细分，以使产品更好地满足目标消费群的需要。但细分化的结果造成一种产品市场规模减少。而大众传媒又具有不可分割性，传统营销方式如大众营销广告中有相当大的部分是徒劳无益之举，浪费广告投资。大量的邮寄宣传品也同样无用，反馈率极低，一般只有2%～4%。另外，企业又只能借助于大众传媒进行广告促销，媒体资源供应紧张，结果促使媒体费用大幅度上升。于是，在广告投资无谓浪费和媒体费用急剧上升的双重压力下，营销成本大幅度增加，营销效率不断下降。因此，企业不得不寻找更经济的促销方式，其关键就是找准目标客户群，而建立客户数据库可以有效地做到这一点。

2. 了解客户购买习惯和行为的客观需要

营销学家和企业越来越认识到消费者过去实际购物的行为和习惯是未来购物模式最好的指示器。用消费者过去的消费习惯和消费行为来推测其未来消费行为具有相当的精确性,但是用收入、性别、职业、年龄等统计指标来确定目标市场,虽有很大的进步,却也存在着很大的不确定性。运用计算机和数据库技术贮存消费记录,企业可以准确模拟世界各个角落消费者的消费习惯和消费行为,从而使企业能很好地满足消费者的需要。

3. 激烈的市场竞争迫使企业和客户之间建立牢固关系,以稳定自己的客户群

一个企业如何才能建立与客户之间的个人关系呢？越来越多的企业相信,只有运用现代通信技术、计算机技术和数据库技术才能直接介入客户的生活中去,主动接近和了解客户,用数据库营销的方式掌握客户,与客户建立良好的关系。

（二）数据库营销的含义

数据库营销就是利用计算机强大的数据存储和处理能力,建立客户数据库,并利用客户数据库识别出最有价值的客户,并以此作为目标市场,向他们提供专门的产品和服务,由此提高客户满意度和客户忠诚度的过程。数据库营销流程参见图 5-1。

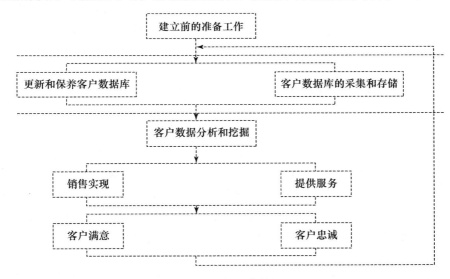

图 5-1 数据库营销流程

对数据库营销的含义我们可以作以下理解。

(1) 数据库营销的本质是提供了一个关于市场行情和客户信息的数据库,它主要在于强调运用市场营销策略的目的性和结果,即加强现有客户的品牌忠诚度和发现潜在客户。

(2) 客户数据库是客户与营销部门之间沟通的桥梁,营销部门通过客户数据库才能开展有目的的营销策划活动。

(3) 企业的现有客户和潜在客户的基本资料都被储存在营销数据库里,这些基本资

料包括：

① 客户身份和联系方式；

② 客户的需要（品种、款式、颜色等）及特征（人口和心理方面的信息），对于集团性消费者还包括其行业类型及其主管部门方面的决策信息；

③ 客户对企业营销计划的反应；

④ 客户与企业的竞争对手的交易情况。

（4）企业定期通过电话、调查问卷、信件、销售人员等营销媒介和营销渠道及时了解客户的需求变化及产品改进建议，并迅速反馈给市场营销政策的制定者。

（5）数据库营销能够代替许多的市场调研工作，并且能迅速获得比较充分的客户信息，客户也能对企业的产品有充分的了解，基本上解决了企业与客户之间信息不对称的问题，一定程度上减少了市场的交易成本。

通过数据库的建立和分析，各个部门都对客户的资料有了全面的了解，能进一步给予客户更加个性化的服务支持和营销设计。数据库营销为每一位目标客户提供了及时做出反应且可测定和可度量的反馈机会，使客户能够从被动接收转为"信息双向交流"。数据库营销以客户的满意率作为营销目标，通过维持客户关系来实现客户终身价值的最大化，为"一对一的客户关系管理"提供了坚实的基础。同时，数据库营销通过创建能使企业在最佳时间内，以最佳方式把信息发送给需要这些信息的群体，以方便客户，增加每单位营销费用的反应率，降低取得每个订单的成本，开拓市场并建立增加企业利润的可预测性模型。通过这个模型，对储存了客户详细信息的计算机数据库进行实时的管理，以区分高反应率客户，从而达到建立一种稳定的、长期的客户关系的目的。

（三）数据库营销的主要作用

1. 重点客户管理

重点客户管理就是有计划、有步骤地开发和培育那些对企业的生存和发展有重要意义的客户。与从区域和产品的角度出发进行销售管理不同，重点客户管理提倡将企业有限的销售和销售支持投资对企业有重大关系的客户。事实上，为在激烈的市场竞争中保持竞争优势，企业必须积极地与这些能够给企业带来大部分营业收入和利润的重点客户发展亲密、稳固的关系。因为竞争对手也是瞄准这些客户发动竞争性攻击的。

数据库营销可以从以下几个方面为重点客户管理提供支持。

（1）确定重点客户。

利用各种模型对客户数据库进行深层次的挖掘，从不同的角度分析客户对企业收入做出的贡献，并通过投入产出分析，计算出客户的价值和盈利率，最后用分类和关联分析就可以确定哪些客户对企业而言是最宝贵的，是需要重点发展的。

（2）提供客户化的推荐。

通过对客户购买行为的分析，了解客户的购买习惯和购买偏好，并预测出那些可能会吸引此客户的企业产品或服务，增强重复销售和交叉销售的可能性。

（3）提高客户满意度和忠诚度。

通过对重点客户反馈信息的分析，可以为其制订专门的产品或服务改进计划，不断提升奉献给这些客户的价值，由此促进他们对企业产品的满意度和忠诚度，保持这些重点客户并阻止竞争者的进入。

2. 挖掘潜在客户

潜在客户是企业产品未来的购买者,是企业利润增长的源泉。数据库营销可以利用数据挖掘、商业智能分析、知识发现等技术从客户数据中比较准确地辨识出目标客户。

(1)根据客户数据库中的资料和信息,将客户进行分类,然后再根据产品的特点确定营销目标和对象,做到有的放矢。如有些客户一向对新事物感兴趣,就可以把他们作为新产品的潜在客户进行挖掘。因为他们会带着极大的兴趣了解新产品的功能、性能、优点及与之有关的一切信息。

(2)销售人员还要对所有可能的潜在客户进行筛选,挑选其中一部分最有可能成为现实购买者的客户进行重点营销。这是因为仅仅根据基础信息对客户进行分类,得到的潜在客户范围往往很大,且不同的潜在客户成为现实购买者的可能性大小是不一样的。确定目标客户后,就可以利用客户数据库跟踪客户来源,并将其分配给适当的销售人员。销售人员接到任务后,可以利用客户数据库中相关信息,针对不同类型的潜在客户进行不同的后续跟踪。如对于那些购买意向大的潜在客户,可以先向其发送有关产品的基本信息。如果他的感兴趣程度在一至两周后仍没有变化,可以在今后的3个月内每月向其发送有关该产品的相关信息,不断提高其感兴趣程度,最终促成其购买行为。

(四)数据库营销对企业的意义

数据库营销可以帮助企业准确地找到目标消费者群;可以降低营销成本,提高营销效率;可以使消费者成为企业长期的、忠实的客户、企业稳定的客户群;可以为营销和新产品开发提供准确的信息;可以运用数据库与消费者建立紧密关系,企业可使消费者不再转向其他的竞争者,同时使企业间的竞争更加隐秘,避免公开、自然化的对抗。

企业实施数据库营销,可以从以下几个方面帮助企业获取巨大的市场竞争优势。

1. 帮助企业准确找到目标消费者群

通过客户数据库分析,准确找出某种产品的目标消费者,进行精确的市场定位,识别战略优势,改进营销战略部署,用针对性更强的促销方式代替昂贵的大众传播媒体。在生产观念指导下的营销,各种类型的消费者接受的是相同的、大批量生产的产品和信息。而在市场细分化理论下的营销,是根据人口统计及消费者共同的心理特点,把不知名的客户划分为一类。而现在,计算机和数据库技术可以使企业能够集中精力于更少的人身上,把最终目标集中在最小消费单位——一个人的身上,实现准确定位。

2. 数据库营销可以降低企业成本

数据库营销以互联网作为主要渠道,通过大容量的客户信息和相关市场信息挖掘,得出具有价值的数据并作为制订计划的基础,克服了传统市场调研中的滞后性、被动性和片面性,以及很难有效识别市场需求等缺陷,使制订的营销计划具有准确性、预测性、针对性和有效性,从而有效降低了企业市场调研成本。

通过数据库营销更容易使企业直接与其客户进行交互式沟通,更容易产生新产品概念。而对于现有产品,通过数据库营销容易获取客户对产品的评价和意见,从而决定对产品的改进方面和换代产品的主要特征,由此提高产品开发的成功率,降低相应的产品设计成本。

数据库营销可以提供企业内部员工之间和各个部门之间互相联络的方式,通过内部网络来获取信息、合约等,基于这些相互共享的信息,使得企业内部各个部门之间信息相对对称,确保为实现企业的总体营销目标使各个部门能够更好地协调,从而降低运作成本。

3. 数据库营销是实施企业物流管理的有效手段

物流管理是保证企业运转的重要环节,在市场竞争日益激烈的情况下,企业无论是在原材料的采购和供应方面,还是在产成品的配送方面都需要做到及时、快捷和低成本,数据库营销为此提供了一个良好的操作平台。企业可以凭借数据库营销的优势,对市场销售进行预测,确定合理的计划供应量,再根据生产的需要和时间的安排,以及市场的需求,将满足要求的供应品在恰当的时间送到指定地点进行生产,最大限度地节约成本和控制质量,同时确保满足企业的目标市场需求。

4. 数据库营销可以帮助企业选择合适的营销媒体

企业根据客户数据库确定的目标,从客户所在地区,从消费者的购买习惯、购买能力、商店数目做出大致销售的估计,这些是决定营销媒体分配、充分传达广告内容、使消费者产生购买行为必须要考虑的内容。在制订媒体计划阶段,有关消费者所有的情报更是销售人员必须了如指掌的内容。数据库营销的着眼点是在一个人而不是广大的群众,所以必须根据数据库提供的信息谨慎考虑要以何种频率来与个人沟通才能达到良好的效果。

5. 数据库营销可以通过个性化的客户交流,维系客户忠诚

根据客户数据库中客户的兴趣爱好以及行为数据,针对不同的客户制订相应的个性化交流计划,维持和增强与客户的感情纽带。得到这种一对一关照的客户会在心理上逐渐形成对企业的偏好,提高企业的口碑,增加其重复购买的可能性。越来越多的企业投资建立数据库,以便能够记录客户最新反馈,利用企业最新成果分析出针对性强的稳定消费群,"锁定"目标客户。

如某航空公司内存 80 万人的资料,这些人平均每人每年要搭乘该公司的航班达 13 次之多,占该公司总营业额的 65%,因此该公司每次举行促销宣传活动必须以他们为主要对象,极力改进服务,满足他们的需要,使他们成为稳定的客户。

6. 数据库营销为营销、新产品开发和市场探测提供信息

企业通过对特定客户购买产品的种类、满意情况的调查分析,以及对客户需求和欲望的追踪,从中发现新的市场机会,进一步明确新产品的研发方向,从而为客户提供独一无二的产品或服务。

7. 数据库营销可以开辟更加有效的营销策略

传统的营销通常运用大众媒体进行大规模的促销活动,容易引起竞争者的对抗和模仿,从而削弱了促销的效果,而数据库营销的促销活动可以针对特定客户进行隐蔽的、针对性强的一对一促销,大大提高了竞争者进入壁垒。

三、实现步骤

第一步:广泛收集有价值的客户信息

数据库营销的第一步工作就是收集客户信息。这些客户信息主要包括:客户的姓名、年龄、职业、家庭地址、电话号码等;客户的偏好及行为方式(心理学和行为学方面的数据);企业与客户之间的业务交易,如订单、退货、投诉、服务咨询等;客户购买了什么产品,其购买频率和购买量如何,最后一次购买的时间及从哪儿购买等方面的信息。收集信息时要注意避免信息的非结构化问题,否则信息杂乱无章,将会影响组织和输入信息的效率。

第二步:建立营销数据库

在充分掌握客户信息的基础上,企业必须以最有效的方式保存这些信息。要有效地组织和利用这些信息,就要建立客户数据库。客户数据库要能用来分析客户提供的数据信息并能够在此基础上产生更多的决策信息,能够直接接受订货、开展直接邮购、评估市场营销的成功程度,还要具有一定的需求预测功能等。

第三步:数据处理

定期从企业内部和外部收集信息,及时掌握客户需求变化,并尽快输入客户数据库。利用先进的统计技术,对数据库中的需求信息要定期进行汇总分析,找出客户需求变化的趋势,以便企业调整经营方向,及时抓住市场商机。

第四步:针对性营销

在掌握客户需求特点的基础上,企业有目的地运用市场营销手段,或者是加强客户的品牌忠诚,或者是刺激客户需求,挖掘潜在客户。根据消费心理学的有关规律,客户在购买企业某一品牌的产品之后总会有意识地与其他企业的同类产品在价格、性能等方面进行比较,以评估自己买的产品是否"物美价廉"。客户强烈需要自己购买的品牌得到大家的认可,以取得心理上的平衡。因此,企业在产品顺利地卖出之后还要继续对本企业的产品进行宣传、广告等,塑造名牌形象,满足客户的消费心理,加强客户对本企业产品的依赖和信任。

第五步:完善数据库

随着成立以产品开发为中心的消费者俱乐部、实施优惠券、抽奖销售活动记录及其他的促销活动收集来的信息不断增加和完善,数据不断地得到更新,从而及时地反映消费者的变化趋势,使数据库适应企业经营的需要。

四、案例分析

Mitchehell's of Westport 的数据库营销[①]

Mitchehell's of Westport 是美国一家服装零售店,创立于 1958 年纽约郊区的 Fairfield County。当时,店里只经营男装和少量童装,款式不多,营业面积不足 90 平方米。

---

① 资料来源:宁俊,《服务企业客户关系管理》。

1965年,许多大公司逐渐迁出纽约市区来到郊区,许多高收入管理人员也随之入住郊区。服装店的主人由此看到了商机,认为只要能提供更多的选择和更好的服务,这些高收入者会很乐意在郊区消费。于是店里增加了女装系列。并开始增加服装尺码,而且着手引入设计师品牌。这种做法果然为他们带来了越来越多的客户。但是,随着客户的不断增加,员工们发现要很好地记住每位客户已经变得十分困难。于是Mitchehell's of Westport在1972年开始使用商务计算机系统。这使得他们即使在与其竞争对手Richard's Greenwich合并后客户数量增加到5万人的时候,都能对客户的背景、工作环境、体型尺寸、偏好和兴趣等了如指掌,并以此来实现他们"将客户看做朋友"的经营方法。

Mitchehell's of Westport最初使用的是IBM32系统,后来又升级为IBM34系统。1989年Mitchehell's of Westport安装了AS/400系统,它不仅能跟踪客户信息,统计日销售记录,还能发送致谢函、促销信和邀请函,并且能分析销售记录,进行需求预测和供应商供应情况预测等。

AS/400在每个客户的初次购买时就开始记录信息,并在以后的购买中不断地加入新的资料。基本资料内容包括姓名、地址、电话号码、生日等,同时,销售人员会尽可能地记录其他的客户品味、工作环境和个人兴趣等。系统所记录的资料可以用各种方式提取。如某个客户的购买情况,来自某个批发商的货品的销售情况,某个店某个员工甚至某个时间段的销售业绩等。

Mitchehell's of Westport的AS/400以POS系统为基础,允许个人PC机与之链接。随着Mitchehell's of Westport网站的建立,系统也随之网络化,员工可以在网上接受订单和制订计划。

Mitchehell's of Westport有专门的买手为指定的客户进行采购。每个买手负责一定数量的客户。利用AS/400系统提供的信息,买手们可以根据每位客户的特点为他们设计和选择服装,真正做到个性化服务。比如,买手们会为最喜欢ESCADA品牌服装的100个客户列一个表,上面标注他们的尺寸和偏好,由此来为客户专门地采购合适的服装。

客户关系管理系统的使用使得Mitchehell's of Westport取得优秀的经营业绩,其客户数量在不断地增加,其中有超过3万人是他们的活跃客户。

问题:从上面的案例我们可以看到数据库营销对企业的贡献,请你谈谈应用数据库营销需要做好哪些方面的准备?

五、复习与思考

1. 你如何理解数据库营销,它的产生给企业营销活动带来怎样的变化?
2. 在进行数据库营销之前,企业应在数据库中存储哪些信息?
3. 如何进行数据库营销?

项目六

客户关系管理的具体实施操作

项目描述

客户关系管理的具体实施是企业实现客户关系管理理念的重要环节,企业需要对进程有一个整体的规划。本项目将介绍企业如何根据自己的实力,将客户关系管理理念转变为企业实践的整个操作过程。

知识目标

了解客户关系管理实践的准则。
了解客户关系管理的产品和服务。
了解客户关系管理实施的组织分工。
了解影响客户关系管理成功的因素。

技能目标

能够根据企业情况制定客户关系管理实施的总体规划。
能够根据企业情况制定具体的客户关系管理实施步骤。

主要任务

任务1　理解并熟悉客户关系管理的实施工作
任务2　客户关系管理实践的总体规划
任务3　客户关系管理的具体实施步骤
任务4　选择合适的客户关系管理产品
任务5　分析影响客户关系管理成功实施的因素

引例　苏宁电器的客户关系管理①

苏宁电器是中国3C(家电、电脑、通信)家电连锁零售企业的领先者。以客户关系管理为核心的苏宁信息化平台在国内商业零售领域是第一家。

基于ATM专网实现采购、仓储、销售、财务、结算、物流、配送、售后服务、客户关系一体化实时在线管理。适应管理和处理日益庞大的市场数据的要求，建立全面、统一、科学的日常决策分析报表、查询系统。有效控制物流库存，大幅提高周转速度，库存资金占用减少，盘点及时有效。电脑区域配送派工，完善售后服务系统(送货管理、安装管理、维修管理)为客户服务中心提供强有力的基础服务平台。通过多维分析模型、商品生命周期分析模型等现代分析手段，综合运用数据仓库、联机分析处理、数据挖掘、定量分析模型、专家系统、企业信息门户等技术，提供针对家电零售业运营所必需的业务分析决策模型，挖掘数据的潜在价值。

B2B、B2C、银企直联构筑的行业供应链，实现了数据化营销。与索尼、三星等供应商建立了以消费者需求和市场竞争力为导向的协同工作关系。知识管理和数据库营销成为基本工作方式，标志中国家电和消费电子类产品供应链管理从上游厂商制造环节，延伸零售渠道环节。苏宁与索尼、摩托罗拉率先实现B2B对接与LG、三星、海尔等上游企业B2B对接完成，贯通上下产业价值链信息系统粗具雏形。供销双方基于销售信息平台，决定采购供应和终端促销，实现供应商管理库存功能，加强产业链信息化合作，建立电子商务平台与现有的SAP/ERP系统完美结合，行业间B2B对接，订单、发货、入库和销售汇总等数据实时传递、交流，大幅度缩减业务沟通成本；建立完善的客户服务系统以及信息数据采集、挖掘、分析、决策系统，分析消费数据和消费习惯，将研究结果反馈到上游生产和订单环节，以销定产。

苏宁全国一百多个城市客户服务中心利用内部VOIP网络及呼叫中心系统建成了集中式与分布式相结合的客户关系管理系统，建立5000万个顾客消费数据库。建立视频、OA、VOIP、多媒体监控组成企业辅助管理系统，包括图像监控、通信视频、信息汇聚、指挥调度、情报显示、报警等功能，对全国连锁店面及物流中心实时图像监控，总部及大区远程多媒体监控中心负责实时监控连锁店、物流仓库、售后网点及重要场所运作情况，全国连锁网络"足不出户"的全方位远程管理。

实现了全会员制销售和跨地区、跨平台的信息管理，统一库存、统一客户资料，实行一卡式销售。苏宁实现两万多个终端同步运作，大大提高管理效率。苏宁各地的客服中心都是基于客户关系管理系统为运作基础的。客户服务中心拥有客户关系管理等一套庞大的信息系统，客户关系管理系统将自动语言应答、智能排队、网上呼叫、语音信箱、传真和语言记录功能、电子邮件处理、屏幕自动弹出、报表功能、集成中文TTS转换功能、集成SMS短消息服务等多项功能纳入其中，建立了一个覆盖全国的对外统一服务、对内

---

① 资料来源：http://www.doc88.com/d-67943683042.html。

全面智能的管理平台。

依托数字化平台,苏宁会员制服务全面升级,店面全面升级为会员制(CRM)销售模式,大大简化消费者的购物环节,方便顾客。现在,累积积分可以冲抵现金,成为苏宁吸引消费者一个重要因素。目前苏宁针对会员消费者,推出会员价商品、会员联盟商家、会员特色服务等专项服务内容。

比如,某一款产品限量特价之后,顾客荣誉卡里记录着该顾客的信息,苏宁可以提前通知这些有意向购买这个商品的顾客,把优惠让给他们,而不需要他们排队。

另外,苏宁针对客户的个性化优惠变得切实可行,比如苏宁可以给某些有着良好购买记录的顾客直接现金优惠,也可以根据对方的购买习惯打包进行捆绑式销售,这些都给顾客带来实际效益。而且让利是可见的,是实时的,比大规模没有针对性的促销更有利。

任务1 理解并熟悉客户关系管理的实施工作

一、任务目的和要求

★ 任务目的

将客户关系管理理念转变成企业的实践活动对企业才具有实质性的作用,那么首先要清楚什么样的实践活动才符合客户关系管理理念的要求,其次要明白在客户关系管理实践中要从事哪些工作。

★ 任务要求

掌握客户关系管理实践的工作内容。

二、相关知识

客户关系管理实践是指企业所进行的任何符合客户关系管理经营理念的管理行为或活动。那么什么是符合客户关系管理经营理念的管理行为或活动,什么又是不符合客户关系管理经营理念的管理行为或活动呢?

对于客户关系管理的实践,是指在理解了客户关系管理的经营理念后,企业应该采取哪些具体的措施来实行或强化符合客户关系管理理念的经营行为,修正或放弃哪些不符合客户关系管理理念的行为,从而最大化地实现它所隐含的经营目标。

在这里我们需要进一步说明客户关系管理实践的意义,即企业根据客户终生利润贡献能力的大小,充分调配可用资源以有效地建立、维护和发展同客户的长期互利合作关系。

显然,这是一个企业管理的指导性原则,它指导企业应该怎么做(充分调动可用资源)、做什么(有效地建立、维护和发展同客户的长期互利合作关系)、通过何种方式去做

（应该根据客户终生利润贡献能力的大小，而不是无差异的）。从这个理解出发，我们应该不难推出三个是否为"客户关系管理实践"的判断准则。

1. 准则之一：是否着眼于同客户长期关系的建立、维持和发展

我们称一个企业在从事客户关系管理实践，是指这个企业试图同客户建立一种长期的而不是短期的关系。如那种一次性的沿街叫卖，整天打"游击"的销售活动就肯定不是客户关系管理实践，一锤子买卖也肯定不是，因为他们根本就不想同客户有什么关系，能撞上一个算一个。国内很多的企业将销售价格"拼"到低于产品成本价的行为也肯定不是，因为他们即使赢得了一次关系，也根本无力维持客户的长期关系。当然，有些企业利用价格战作为一种临时的营销策略，而后再"偷偷"地从客户手中慢慢捞回来的行为是另一个话题了，这种"价格战"不但不符合一般的经济规律，也不符合客户关系管理的经营理念。

因此，客户关系管理实践的头一个准则就是要确立实践中"关系"的主体性质，如果一个活动或行为不具有建立长期客户关系的目的或意图，这种行为就不是一个客户关系管理行为。这些"非关系策略"在现代企业的经营活动中还是大量存在的，很多的企业虽然一直标榜"以客户为中心"，而实际上却采取很多短视的经营策略，离客户关系管理实践的要求差距还很大。

总之，是否以建立客户长期关系为目的是各种客户关系管理实践活动的根本准则。从事这种客户关系管理实践并不是一件很容易的事，企业要付出的心力和成本都是不容低估的，如果对企业进行客户关系管理实践所需要的"耐心"付出没有足够的估计，所进行的各种客户关系管理活动将很可能变成一种急功近利的行为，从而偏离客户关系管理实践的真正轨道。

2. 准则之二：是否以提高关系的长期利润率为目标

如果只关注"关系"本身，而忽略关系价值大小的经营活动也不是一个客户关系管理中的"管理"行为，即使企业的满腔热情地向客户"讨好"了一阵，一旦发现没有什么回报，企业的热情也会很快减退，要知道关系维护要消耗很多的精力，要细心、要周到，最难的是还要有耐心。

因此，强调客户关系管理中的"功利性"是很重要的，这完全符合企业的"生存道德"，企业在大声呼吁"客户是上帝"的同时对自己的动机也没有必要过分害羞，企业即使不说，客户也是明白的。只要企业的经营行为的目的是以互利为前提的，大可不必将自己的功利目的用各种口号进行过多的粉饰。

3. 准则之三：是否着眼于对企业资源的有效分配

客户关系管理中的"管理"还具有有效利用可用资源的意义，这主要是由于企业的资源总是有限的。客户关系管理实践中必须强调一个合理利用、优化利用各种资源的问题，以区别那种不考虑回报导致资源浪费的实践行为。从另一个角度来看，这里涉及的是进行客户关系管理实践的"费用"问题，或者说是投入产出的问题。忽略了这个准则，最后就有可能产生无效的管理行为，产生"负增长"情况，导致客户关系管理实践的失败。

以上三个"是否"的准则基本上可以为我们辨别真假客户关系管理实践提供一个基本的方向。

三、实现步骤

从对客户关系管理的理解出发,我们可以用图 6-1 来具体描客户关系管理的实践环节的基本内容。

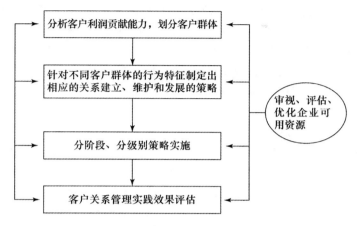

图 6-1　客户关系管理的实践环节

从图 6-1 可以看出,客户关系管理的实践是一个闭环过程,需要根据客户关系管理实践效果对原有的各个环节进行不断地调整。下面就每一项工作做具体的说明。

第一步:审视、评估、优化企业的可用资源(技术、人、流程和资金)

这个环节实际上处于客户关系管理实践的中心位置,几乎影响着每一个客户关系管理实践的具体步骤。企业要做任何一件事情总有一定的约束,这种约束可以表现在人员素质、资金、技术以及内部作业流程等这些企业的微观经济方面,也可以表现在经济大气候、企业文化、经济体制等宏观约束环境,所有这些约束条件都在一定程度上影响着企业的"变化能力",即做某一件事情的实际能力。

俗话说"有多少钱,办多少事"。这句话反映了一个人或一个企业从事某项活动的能力限度,如果对自己的能力和通过其他的方法可能提升的能力无法充分估计,就可能欲速则不达,既浪费了资源,又无法实现预定的目的。因此,在客户关系管理实践上,对每个过程都要看看自己能否做到这一步、做到哪种程度,如果程度不够,有没有办法提升某个方面的能力,如果暂时没有办法提升,那么就要思考是否要适当降低这个阶段的目标,以实现在给定资源下客户关系管理效果最大化的目的。

第二步:分析客户利润贡献能力——划分客户群体

企业要想办法找出客户的利润贡献能力大小,这种能力可以是现实的(过去的)、潜在的(将来可能的),增量的或减量的(变化趋势)。至于做到何种程度和准确度是要受企业的可用资源约束的。

当然,如果企业为了获得客户群体的利润贡献力的信息所付出的资源(包括人力、技术等)比从客户关系管理实践有可能获得的效益还多,所谓"得不偿失",理论上是可以放弃的。但是，在实践中我们的目标也是可以调整的。如企业完全可以先对某一个区域的、某一阶段的小量客户进行分析，也可以固定客户数量进行分析，并没有必要一定要利用数据仓库、数据挖掘这些昂贵的技术来获得这些情况。总之，这一步骤强调的是企业必须去做，并且在可用的资源分配以及客户分析范围和程度上取得一个恰当的平衡。

第三步：针对不同客户群体的特征制定出相应的关系建立、维护和发展的策略

企业必须针对所划分的群体设计出在关系生命周期各个阶段的关系策略。换句话说，企业必须根据客户的重要性（潜在利润、潜在流失风险大小等指标）以及客户行为特征设计出最佳关系发展、维持和深化的策略和手段。如对潜在流失客户企业可能开展一个"客户维持"的活动，设计出各种有吸引力的挽留措施来避免这种情况的发生。

第四步：分阶段、分级别策略实施

分阶段、分级别进行策略实施是综合考虑策略实施重要性、时间紧迫性、实施难易程度以及资源限制这些因素的结果。由于各个策略的实施必然会消耗企业的资源，我们必须对各个策略实施可能对企业的正常运转所带来的影响有一个充分的估计，分出先后、分出主次来进行实施。而不是"虎头蛇尾"，一开始"信誓旦旦"，最后由于资源的不到位或对企业正常经营影响太大等原因而导致"半途夭折"。这种无法持续最后"销声匿迹"的例子在企业内部发生得非常普遍，很像一个人想减肥，或者想戒烟的真实情形，不断地开始又不断地放弃，直到最后彻底失去信心。

第五步：客户关系管理实践效果评估

对每一次客户关系管理实践活动都要想办法评估，评估本身也是一个重要的活动之一，它的作用是为了给下一次实践活动或正在实施的活动提供经验性的反馈，以便对各个步骤做出必要的修正。没有评估的实践是盲目的，因为企业永远无法得知自己的努力是否值得，也无法对今后的实践环节提供任何借鉴作用。

总之，客户关系管理实践是一个持续的过程，应该像发电厂的电动机一样持续运转。一个严重缺乏客户关系管理文化环境的企业在早期必须通过一系列的活动来改善整个企业进行客户关系管理实践的文化氛围，直到一些活动逐渐成为企业自觉的、常规的行为。达到一定的水准之后，企业便可以往上一个层次进一步提升企业的客户关系管理能力，这个客户关系管理实践过程应该永远不能中断。

四、案例分析

美国 Sierra 健康服务公司成功实施客户关系管理[①]

美国的拉斯维加斯 Sierra 健康服务公司是该州最大的一家医疗保险机构。长期以来，该公司一直牢固地把持着拉斯维加斯的医疗保险市场，几乎控制了该城市 90% 的市

---

① 资料来源：比特网，《客户关系管理投资故事》。

场份额。

然而,随着外部竞争者的不断入侵,特别是某些全国性的医疗保险机构,如 Unite Healthcare 和 Aetna 公司的进入,市场的格局发生了新的变化。面对激烈的市场竞争,Sierra 不得不寻求新的方法,以帮助销售人员改进他们与保险代理商的合作,即需要更快速、更高效地响应代理商的需求。Sierra 70%的营业是通过代理销售的形式完成的。因此,Sierra 从与代理商合作的销售部门着手,寻找新的、可更有效地维护市场份额的销售手段。

调查研究结果表明,如果 Sierra 要想保持现有的市场份额,客户关系管理是他们所必须采用的一个行之有效的系统。过去,Sierra 的每一主要部门——保险的销售、保单的提交以及相应的客户服务都在各自传统的数据库系统中存放着相互分离的信息。因此,只有通过不断的电话联系和不断地把来自不同传统系统的报告充分加以综合之后才能得到关于客户的统一的信息存放窗口。在采用客户关系管理方案之前,Sierra 的销售人员与代理商的业务以及公司政策的传达主要依赖书面形式。Sierra 的官员们认识到:部门之间低效率的通信手段意味着销售人员必须花费大量的时间收集和录入相关的信息,使他们很难走出办公室进行现场销售。而且,一旦销售人员跳槽,很多有价值的代理商及客户信息也将随之丢失。

因此,Sierra 决定采用客户关系管理系统,而且是较早采用客户关系管理系统的健康服务公司之一。他们采用的是华盛顿 Onyx 软件公司的 Onyx Front Office CRM 软件。它们能够把 Sierra 不同部门的传统系统数据库连接在一起,它允许销售以及代理商从一个单一的接口寻取所有的有关公司客户的数据。

这一系统从安装到具体应用,共花了四个月的时间,包含咨询服务、系统实现以及技术培训,公司总共投资了一百多万美元。因此,管理层决定不允许将这一昂贵的新系统闲置在一边。为此,该公司决定把每一销售代表的工资收入与他们对客户关系管理系统的使用直接联系在一起。销售代理商必须使用这一新的系统录入代理销售的信息,否则代理商们将得不到相应的收入。第二年,Sierra 便看到了显著的投资回报。销售代表们发现,使用这一系统可以使他们更快地与代理商达成更多的生意,因为新的公司数据仅需要一次而不是多次便可同时录入多个系统。过去由于各部门信息的重复性录入,客户大约需要 2~4 个星期才能得到他们的保险卡。而使用客户关系管理系统后,可充分实现数据的共享,录入到某一数据库中的数据能够同时进入其他相关的数据库系统,保险卡登记后,当天便可打印出来,并可立即寄到客户手中。销售周期的缩短使每一位销售代表的销售额显著增长。另外,客户关系管理的使用也进入了 Sierra 的客户服务部门。自从采用了客户关系管理系统以来,Sierra 的客户量增加了 15%……

问题:谈谈你从 Sierra 客户关系管理系统的成功实施中得到的启示。

五、复习与思考

请结合一个企业实际说明实施客户关系管理的出发点。

任务2 客户关系管理实践的总体规划

一、任务目的和要求

★ 任务目的

客户关系管理实践活动对企业来讲是一件重要而艰巨的任务,首先需要对这项任务进行整体规划。要求在学习过程中,了解成立客户关系管理实施小组的重要性,掌握企业总体规划的具体工作及完成步骤。

★ 任务要求

掌握客户关系管理总体规划的工作内容及完成步骤。

二、相关知识

(一)为什么要成立客户关系管理实施小组

在前面我们讨论了客户关系管理实践的内容时指出了客户关系管理实践基本上由5个主要工作内容组成,这些工作内容应用于特定企业特定经营环境中实践时存在很大的困难。它的每一项内容都不是目前企业内部某一个人或某一个部门能单独完成的,需要员工之间的充分协调,所以客户关系管理实践行为是一种"合力"行为。而且,在一个企业日常经营过程中突然产生一个"客户关系管理实践"必定会影响正常工作流程的方方面面,在这个时候,如果没有一个强有力的组织来计划、协调和监控这个持续的客户关系管理实施过程,基本是很难完成的。

很多的情况下,企业的某个问题产生后常常开会进行讨论,会上人们提出许多的解决方案,但是到会后落实情况就不同了,因为缺少解决问题的相应的执行者和监督者,从而导致很多的企业出现"天天问题,天天论"。另外一个原因是,即使某个问题已经安排好员工去作了、去执行了,可由于日常工作的内容也很多,虽然员工口头上答应下来了,但是常常是被一贯的工作内容挤"出局",而且还很容易找到没能完成的理由,因为这个工作常常被认为是一种"额外"的工作。另外,执行者还会产生诸如"这个工作我完成了,我能得到什么好处呢"的想法。这些由于缺乏后备的激励机制所产生的比较心理都会影响工作的顺利完成。

那么,如何才能解决这些问题呢?如何才能使客户关系管理实践过程能够确实地被执行而不只是停留在讨论阶段呢?

为了在规定的时限下保证企业实施的客户关系管理项目能够达到预期的性能指标,必须对有限的资源进行有效管理、分配以及对项目的进程进行计划、调度、监视和控制,而这就要求企业首先建立一支高效的客户关系管理实施团队。该团队的任务就在于对客户关系管理项目进行全面的规划和控制,不断根据实施过程中出现的问题进行适当的调整,制订分阶段、分步骤的系统模块实施细化方案,并以高效的运作来保证实施项目的顺利进行,最终达到预定的量化实施标准。一个客户关系管理项目的实施会涉及企业、软件供应商,有时还有咨询机构。因此,客户关系管理项目团队的成员除了有企业的员工外,还有软件供应商的专员,也有可能邀请资深的客户关系管理实施专家。

(二)行动小组将要完成的主要任务

很显然,客户关系管理行动小组的最终目的就是为了在企业进行有效的客户关系管理实践,当然,光讲这个肯定是相当笼统的,因为,根据我们的客户关系管理实践的基本内容,有客户群体划分、策略设计、策略事实、效果评估以及资源审核和优化这五个具有密切关联性的工作环节。但是这五项工作内容还不足以为我们提供一个明确的执行步骤,如从什么地方开始、到什么地方结束这些具体步骤必然要确定的问题。我们现在只能将这些工作内容看成是进行客户关系管理实践的总体思路也许更为恰当。

显然,为了将这些工作内容进一步细化成一系列可以执行的行动还有一段艰难的路途要走。要准确地找到企业客户关系管理的最薄弱点,并同企业资源状况相结合以寻求一个可行的实践方案,不是光靠企业内部某一两个人就可以完全做到的。客户关系管理行动小组的根本任务就在于此,它必须将客户关系管理实践的各个环节进行必要的分解和充分描述,并利用小组成员的共同智慧找出一个最佳实践活动,而且,还必须担当实践监督者的角色。归纳起来,客户关系管理行动小组有以下几个任务。

1. 确定具体的客户关系管理实践活动或项目

这是一个客户关系管理小组的首要任务,必须根据企业目前的状况找出一个最佳切入点以解决客户关系管理的"瓶颈"。

2. 协调活动的资源分配

一旦确定了某个活动,并得到客户关系管理小组成员的共识,小组的任务就是要协调执行这个活动的各个资源分配,使这项活动能如期进行。

3. 制定有效的员工激励措施以配合活动的执行

必须制定激励措施,对参与这个活动的员工进行必要的奖励,以调动员工的积极性。

4. 监督活动的开展

客户关系管理小组必须担当活动全程的监督任务,对出现的问题要及时解决或对活动进行必要的修正。

5. 评估活动的效果

最后,客户关系管理小组对本次活动的效果要进行评估,对经验和教训要进行总结,以提高客户关系管理小组下次活动实施的成功率。

(三)客户关系管理行动小组的成员和角色定位

一个典型的客户关系管理项目实施小组组织机构参见图6-2。整个项目由项目指导委员会统筹协调,由项目经理负责领导业务组、技术组和培训组进行具体实施,由项目监督组对项目的实施过程和实施结果进行检察和监督。

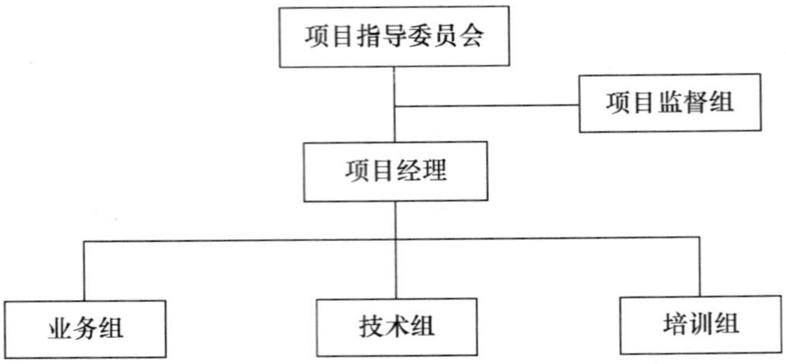

```
         ┌──────────────┐
         │ 项目指导委员会 │
         └──────┬───────┘──────┐
                │         ┌────┴─────┐
                │         │ 项目监督组 │
         ┌──────┴───────┐ └──────────┘
         │   项目经理    │
         └──┬─────┬─────┬─┘
    ┌───────┤     │     ├────────┐
┌───┴──┐ ┌──┴───┐ │ ┌───┴──┐
│ 业务组│ │ 技术组│ │ │ 培训组│
└──────┘ └──────┘   └──────┘
```

图 6-2　客户关系管理项目实施小组组织机构

1．项目指导委员会

项目指导委员会是客户关系管理项目的最高决策机构。

项目指导委员会一般由企业的最高层领导(如总经理、营销经理、IT 经理)、软件商代表以及实施顾问组成。项目指导委员会决定项目的总体目标、范围、投入资源，对项目计划等进行审核和批准，并进行协调。

项目指导委员会的具体职责包括：(1)建立并传播项目实施的愿景；(2)促进企业的文化做出相应的转变；(3)审定项目目标、范围及评价考核表；(4)制定方针政策，指导项目推进小组；(5)审批项目的预算，安排项目资源，并保证资源的可利用性；(6)推进项目计划的实施，监控项目进程；(7)解决项目进展中可能出现的矛盾；(8)审批客户关系管理流程与组织机构改革的方案；(9)审批新系统的工作准则与工作流程；(10)任命项目经理。

项目指导委员会的建立有助于从组织上确保企业和外部合作伙伴双方最高管理者的实际参与，使各种矛盾和争执得到尽快的解决，避免在项目实施过程中产生常见的拖拉、相互推诿的不良现象。但是，为了保证项目指导委员会能够真正发挥作用，必须注意以下三点。

(1) 在确定项目指导委员会成员时，要看实际起作用的能力，而不是光看"官位的大小"而把委员会流于形式。否则，这种委员会不仅起不了正面作用，反而会妨碍项目的进程。

(2) 项目指导委员会成员必须有紧迫感，要把项目议题作为优先事项来处理。

(3) 要加强对参加项目指导委员会的企业高层的客户关系管理培训，使他们建立起客户关系管理的管理理念。在现实中，很多企业的高层只对资金层面比较感兴趣，而对业务层面或技术层面了解很少，不能从宏观上把握项目的总体方向。在这种情况下，项目指导委员会的作用可能会被架空，如同虚设。所以，只有加强对这些企业的领导进行培训，以他们感兴趣的语言揭示客户关系管理案例的"效应"，使他们真正领会客户关系管理的管理理念后，他们才可能成为客户关系管理项目的坚强后盾。

2．项目经理

项目经理是客户关系管理项目具体实施的负责人，是日常项目活动的主协调员。

项目经理必须在规定的时间内，制订项目计划，合理调配各种项目活动的资源(包括人、财、物)，对项目阶段性的产出进行评估，并根据评估结果对项目计划做出相应的调整。项目经理统管各个项目职能小组,向项目指导委员会负责,受项目监督组的监督。

项目经理的主要职责包括:(1)协调企业与软件商和咨询商之间的关系;(2)确保项目成员对企业的目标和期望有着一致的理解;(3)为项目实施的范围、目标、预算提供建议;(4)制订详细的项目实施计划;(5)管理项目资源,使资源发挥最大的效用;(6)为项目职能组分配任务和资源;(7)指导、组织和监控各职能组的工作;(8)组织开展调查分析工作,为流程的优化提供建议;(9)密切关注项目中出现的重大问题,并确保问题得到及时解决;(10)规划系统的原形,制定系统集成测试、转化和切换的策略;(11)对项目做出阶段性评估,并及时向项目指导委员会汇报项目的进展情况;(12)建立教育培训计划,组织和开展对相关的各级人员进行客户关系管理的培训。

由于项目经理充当了业务和技术两大块黏合剂的角色,他在客户关系管理项目管理中起着非常重要的作用,是一个项目全面管理的核心和焦点。因此,对客户关系管理项目经理的要求,除了必须具备基本的项目执行能力外,对客户关系管理的主要业务领域(营销、服务和销售)必须具备充分的知识,并且具备良好的学习能力和沟通能力。任何一种能力的欠缺都会给项目带来影响,甚至导致项目的失败。

具体而言,对客户关系管理项目经理的能力要求包括个性因素、管理技能和技术技能。

(1)个性因素。

项目经理个性方面的素质通常体现在他与组织中其他人的交往过程中所表现出来的理解力和行为方式上。素质优秀的项目经理能够有效地理解项目中其他人的需求和动机并具有良好的沟通能力。客户关系管理项目实施过程本身就是一个项目理解、互相学习的过程。这就首先需要项目经理来营造一种虚心向别人学习的氛围。在个性因素中还有一个很重要的问题就是项目经理要能够转变观念,积极灵活的解决项目实施过程中所遇到的新问题。

(2)管理技能。

管理技能首先要求项目经理把项目作为一个整体来看待,认识到客户关系管理项目各部分之间的相互联系和相互制约以及单个项目与母体组织之间的关系。只有对总体企业战略和客户关系管理项目有清楚的洞察力,项目经理才能制订出明确的目标和合理的计划。由于以往客户关系管理项目的成功率不容乐观,因此对项目经理的管理技能提出了更大的挑战。

(3)技术技能。

客户关系管理是新兴的管理思想和管理方法,而且成功的案例还不是很多,这对于项目经理而言是一个很大的挑战。因此,项目经理在领导项目团队推进项目的过程中,客户关系管理项目经理除了要根据自身的客户关系管理技术技能做出判断外,更需要经常共同讨论、互相学习,共同解决从未遇见过的问题。

3. 业务组

业务组是客户关系管理项目实施团队与最终客户之间的联络人,为业务需求和技术的最终"磨合"提供业务层面上的支持。

业务组的成员主要来自企业的三大业务领域的负责人和专家,包括营销、市场和客户服务,也可以是来自外部的第三方咨询机构的人员。业务组必须对营销、销售和客户服务领域的运作流程进行深入分析,并且根据企业的实际情况对企业的各种业务瓶颈进行诊断,最后根据诊断结果撰写出业务需求表。

业务组对业务部门的项目实施负责,其主要职责包括:(1)安排各部门的销售人员参加项目的实施;(2)帮助规划和确认项目的具体实施方案;(3)明确各部门对软件功能与性能的要求;(4)提出各部门或各领域之间的相关联的业务对软件的要求;(5)提供各业务领域的专业知识,改善业务流程;(6)负责各部门的软件模块的构造和实施;(7)收集客户对其部门的软件模块的设计和构造上的建议;(8)设计和构建各个软件模块的系统参数;(9)与客户一起为适应软件的应用而对相关流程作出改变;(10)激励客户对项目的参与并发挥作用;(11)对各部门的最终客户开展相关培训;(12)及时向项目经理汇报各部门的项目实施情况。

由于客户关系管理实践活动同营销经理的角色密切相关,由营销经理担任业务组组长往往可以从企业的高度综合考虑各类客户问题,在业务整合上可以起到比较积极的作用。另外,由于业务分析小组同其他技术组之间的联系非常密切,在小组内配备一名或多名具有较强IT技术背景的业务成员也可以促进同技术人员之间的交流,这种技术"翻译员"所发挥的效果是很明显的。很多时候,业务组认知的一个小问题在技术实现上却并不容易,小组内这种"翻译员"的存在在一定程度上可以避免出现在技术人员和销售人员之间互不理解的现象。

4. 技术组

技术组由信息技术人员组成,负责提供企业现行系统技术的资料,进行系统的开发与配置、硬件和网络结构的设计和系统的部署。

从技术的角度帮助规划和确认项目的实施方案、处理流程。根据在项目实施中所扮演的角色的不同,技术组又可以细分为系统开发和配置小组、技术架构小组和系统部署小组。

(1)系统开发和配置小组。

该小组主要负责将业务组的各项业务需求在技术上加以有效实现,并将原始数据准确地导入客户关系管理系统。这要求必须对客户关系管理软件的功能和配置非常熟悉,具备很强的数据分析和处理能力,能够熟练使用各种数据清理、转换和整合的工具。

我们知道,一个操作型或者交互型客户关系管理应用系统是客户关系管理技术资源的基础框架,主要目的是为企业员工提供合适的客户管理和交互工具,是企业积累客户数据的基本手段。因此,系统开发人员应当以客户关系管理系统客户为对象,对客户的日常工作界面进行定义和设计,然后根据界面需求回归到系统业务逻辑和数据逻辑层的配置。

在系统设计和调试阶段,技术开发人员应与客户保持密切合作,根据客户的需要反复调整直到客户的要求得到满足。如果出现客户的期望同项目书里的目标不一致的情况,必须及时向项目经理反映,以便得到及时的修正。因此,这对技术人员的沟通能力也提出了较高的要求。能否想客户所想,耐心地解释和倾听客户的意见是非常重要的素质要求。

(2)技术架构小组。

该小组主要从企业应用网络的角度,对计划加入的客户关系管理系统进行统一规划和部署,负责服务器以及用户终端的选择和安装调试,在操作系统和数据界面上为客户关系管理应用提供条件。对于跨地域的客户关系管理应用,技术架构小组必须负责考虑数据同步、数据备份以及广域网的数据带宽等要求。

一个稳定可靠的系统操作环境是客户关系管理应用系统"安家落户"的重要保证。因此,在客户关系管理立项时,项目组人员除了对客户关系管理应用系统本身必须有足够的关注以外,对企业整个网络和应用环境也必须统一考虑。如果目前环境不足以支持中长期的客户关系管理应用需要,建议暂时搁置客户关系管理项目,先单独进行像网络建设这样的客户关系管理实践活动项目,从而将大项目小型化,降低项目实施的复杂度和风险。

(3)系统部署小组。

系统经过小范围内的试运行后,系统部署小组便要着手在企业范围内全面部署系统。具体地说,就是负责计划客户的终端系统安装测试直至交付客户使用。当然,系统部署小组可以同技术架构组合并,一起解决系统的安装和调试应用问题。

5. 培训组

作为项目实施的一项重要任务,客户培训组负责客户关系管理系统使用的各类培训。

培训组负责各类教材的开发,按照项目要求开展各种培训工作,将培训贯穿整个项目的实施过程。企业导入客户关系管理,与其说是引入一套系统,不如说是为企业导入一种思想。所以,培训组需要准备两种培训计划。第一个是转变观念的"洗脑"培训,另一个是软件技术的操作层面的培训。在培训过程中,可让员工介入并观察工作流程的设置,并通过他们的配合实现整个系统的效益最大化。在考虑培训时,要注意尽量减少培训活动对正常工作的影响。利用晚上或周末进行培训是一个很好的安排,可以减少工作干扰。建议客户培训工作可以提前开始,以免拖到项目后期"手忙脚乱"。

6. 项目监督组

项目监督组是对项目经理领导下的项目执行组进行必要的考查和监督。

项目监督组的组成可以从员工中选出代表,或者是选择员工内部具有较大影响力的人。项目监督组直接向项目委员会报告,项目委员会可以对项目实施工作提出必要的修改意见。

项目人员如何组织和配合以便项目得以成功实施,取决于项目本身的规模。以上的客户关系管理实施团队的组织结构比较适合于中大型企业的客户关系管理项目情况。对于一些小型的客户关系管理软件项目或者企业规模较小的,一个小组可以兼任多个功能。就像任何项目一样,项目人员认真细致、充分沟通与合作的精神是项目成功实施的首要前提。

三、实现步骤

第一步:组建项目小组

在组建项目小组的工作完成之后,项目小组的成员便要着手确定客户关系管理项目的实施总体规划。

对客户关系管理项目制定实施规划,目的是审查企业的整体需要,确定客户关系管理系统的实施范围及企业对客户关系管理系统的要求。在实施规划的过程中,项目小组按照顺序完成以下几个步骤的工作。

第二步:制定客户关系管理战略

客户关系管理战略是企业为了优化管理客户资源,最大化客户价值而制定的长远规划和长远目标。作为企业思考经营和发展的新角度,基于客户的战略在不断变化的市场环境中显得愈发重要。客户关系管理战略是企业进行客户需求导向的风向标,直接影响企业认识客户和对待客户的方法,影响企业的生存和发展。客户关系管理战略必须与企业的商业战略和IT战略相匹配。

完整的客户关系管理战略一般包括以下几个部分。

1. 客户战略

客户战略即企业如何建立和管理一个客户组合,一个客户战略必须要能够回答客户是谁、客户想要什么、客户如何被管理这几个问题。

2. 产品和渠道战略

产品和渠道战略保证一个组织能有效地配送其产品,确保销售能力和有效渠道管理。

3. 基础设施战略

基础设施战略保证客户关系管理的实现能得到一定技术支持和保障。

4. 相互协调战略

相互协调战略能创造出可以和客户建立关系并满足客户需要的环境,这需要企业具有客户管理和互动客户关怀的能力。

基于市场上许多的企业在客户关系管理战略制定上的失败经验,建立客户关系管理战略时应注意以下几个问题。

(1)应制定确保数据质量的战略,重视数据的处理与维护。

(2)应制定基于企业整体的战略,并指派一名高级管理人员负责部门间客户关系管理应用的规划与协调。若企业仅仅注重某一方面或某一部门的客户关系管理需求,导致企业客户关系管理应用过于分散,则难以获取最大的收益。

(3)应制定有前瞻性的战略。企业应制定长远的、具有前瞻性的客户关系管理战略,明确企业客户关系管理在三年或更长时间内的发展目标与方向,使企业能有计划地进行客户关系管理投资。实际上,许多的企业在客户关系管理系统的部署过程中,由于缺乏长期发展战略的指导而严重影响了客户关系管理系统的应用效率。

第三步:评估现有流程

实际上,很多的企业管理人员将企业的业务流程也列入企业的主要竞争因素中,也就是说,企业可以有完全相同的产品、价格和资金等宏观和微观的环境,但业务内部业务流程的"质量"无疑是一个重要的企业资产。

正是由于流程对企业竞争力的重要性,我们将业务流程也列入企业实践客户关系管理的资源种类中,从而提出对流程必须审视、评估和优化,使它能够最大限度地服务于企业客户关系管理实践的目的。那么,从事客户关系管理实践时有哪些流程可供评估和优化呢？表 6-1 中我们罗列了一些企业常见的业务流程供大家参考。

表 6-1　企业常见的业务流程

业务流程名称	业务流程名称
产品/服务询问	销售机会建立
产品报价	销售机会分配
客户电话订购	销售机会跟踪
电子邮件处理	邮件促销
客户传真订购	设备/零件采购
客户网络订购	货物进仓
客户服务请求	盘点
客户信用核对	货物发送
客户账号建立	设备维修与服务
电话销售	退货
升级销售	客户报怨
连带销售	

对业务流程的评估和优化的第一步就是要对发生在企业的流程进行归纳、总结并以文档方式进行记录。这个过程其实就是企业"知识"的整理过程,最好的办法就是企业让流程整理者在每个业务环节"实习"一段时间,仔细了解和观察流程所涉及员工的"所作所为",并加以整理和记录,通过各方调查和分析从而整理出一整套业务流程手册。而这个流程手册就是我们进行客户关系管理实践时对流程评估和优化的基础。

对流程进行优化,首先要坚持一个指导思想,就是要在以客户为中心和以企业制度为中心之间取得最佳平衡。任何流程先从客户的角度出发,一定要把客户的"期望"放在首位来考虑流程的合理性及其运转效率,然后,根据企业的"实际约束"或者组织、制度的限制对它们进行调整,有些环节对企业内部来说,或对某个部门经理来说是"天经地义"的,但对于企业来说却是完全浪费的,这个时候,企业就必须下比较大的决心做这个"改革手术",否则将会被部门的习惯力量所控制,使企业陷于被动。

客户导向的业务流程是客户关系管理实施的载体,在多变的市场环境下,流程创新正是企业保持客户满意度和竞争力的有效手段。在这个阶段,项目小组对企业业务流程的现状进行描述和仔细评估,识别其中存在的问题并制订改善方案。

第四步：评价企业 IT 现状

一个企业现有的 IT 状况以及近期内可能提升的技术资源也是从事客户关系管理实践的一个重要的因素。实际上,客户关系管理的概念同技术背景息息相关,可以这么说,一个企业的技术资源在很大程度上影响着企业客户关系管理实践的效益和质量。

在这个阶段,项目小组需调查掌握企业的 IT 现状,了解 IT 对业务和流程的支撑程度;并分析现有问题与企业 IT 现状之间的关系。企业信息化主要有以下几种具体表现形态。

1. 数据信息化

数据信息化包含两个方面：一是企业的内部数据，包括人事、费用、采购、库存、销售信息都以数字的形式存入计算机，随时查询；二是企业的外部数据，包括市场、供货、客户、服务，以及外部媒体获取的信息，也以数字的形式存入计算机，通过网络传输数字化的信息、文件、邮件等，实现共享。

2. 生产过程信息化

生产过程信息化即采取自动化的智能控制技术，实现生产过程自动化，把企业已经规范的生产流程数字化，用智能化手段解决加工过程中的复杂问题，使得流程所涉及的各个环节的工作更顺畅。

3. 产品设计信息化

产品设计信息化是指企业引进先进的设计应用软件工具，实现产品设计、工艺设计方面的信息化，提高产品设计质量及工艺水平。

4. 市场经营信息化

市场经营信息化企业健全市场供求信息库，通过电子商务，实现网上订货、网上销售、网上回访客户、服务质量反馈、网上调研等，缩短企业与客户的距离，节约经营成本，提升客户满意度，扩大市场份额，提高经济效益。

5. 企业管理决策信息化

企业管理决策信息化通过对企业原始数据信息化与科学的加工处理，引进或编制管理信息系统，用于企业实现动态的管理和决策，可以节省办公费用与人力成本，提高企业的管理效率。

6. 企业产品信息化

企业产品信息化是指企业依据产品所处的行业领域，应用数字技术和网络技术，拓展传统产品的功能，提高产品的附加值，提高服务质量，增强产品的市场竞争力。

评价企业的信息化可使项目小组对客户关系管理系统所处的IT环境进行全面了解，并寻找出对客户关系管理系统实施产生影响的部分，如客户关系管理与其他系统的整合问题等，纳入小组在后几个阶段的考虑范围。

第五步：分析业务需求

业务需求分析是指项目小组与销售、营销和客户服务经理就客户关系管理系统的要求和策略进行讨论，最终达成对理想中客户关系管理系统的一致看法，确定企业对客户关系管理系统的需求。项目小组先确定每一部门内部所期望的客户关系管理主要目标，然后总结性地阐明客户关系管理应如何影响每一工作小组和整个企业，从而确定客户关系管理的总体需求。在需求分析阶段，项目小组通常要解决以下基本问题。

(1) 明确管理目标。

调查与分析管理上希望达到的目标或需要解决的问题，区分主次。

(2) 优化管理流程。

由于引入客户关系管理系统，对原有的手工业务操作或审批流程必然会有所调整，需要以客户为中心重新梳理流程，使流程顺畅、合理。

(3) 明确应用权限与功能。

根据岗位与业务角色,明确各角色在系统中的应用权限与详细应用功能。

(4) 确定功能规格与应用界面。

根据应用要求,确定应用界面与详细的信息格式与展现方式。

(5) 确定与其他信息系统的接口。

(6) 明确系统部署与应用模式;分析数据,确定数据导入与数据质量控制的方案。

(7) 协商与明确系统应用培训的模式。

客户关系管理业务需求分析通常以调查和访谈的方式进行。调查和访谈的对象包括企业的内部人员和主要客户。项目小组应尽量多地从系统的最终客户、销售人员、客户服务人员、订单执行人员、客户管理人员等每天与客户打交道、从事日常工作的系统用户处获取信息,了解他们在客户关系处理方面的经验、存在的问题以及期望的改进方法。下面是一个进行客户关系管理业务需求调查的提纲:

(1) 你所在部门的主要职责是什么;

(2) 你在工作中使用什么类型的数据;

(3) 你怎样实现同客户之间的互动;

(4) 你通常利用哪些数据来增进对客户的了解;

(5) 你认为如何才能增加同客户和管理层的沟通;

(6) 你认为如何能减少建立客户关系时间的行政和计划要求;

(7) 你以何种形式参与外部活动,如远程营销和直邮;

(8) 你如何参与追踪、跟进、数据传送和其他细节问题;

(9) 你将如何改进自己在上述过程中的做法。

通过对业务需求的调查,项目小组可以发现哪些业务领域最需要自动化,哪些领域需要业务的改善,在选择客户关系管理解决方案时应该考虑哪些技术特点。由于软件的特殊性,在需求分析阶段,实施人员的行业应用经验对确定应用需求较为关键,个人的经验与水平在服务过程中通常会直接影响分析结果。

第六步:总结现状问题

对现状问题的总结是指项目小组基于以上几个阶段的分析,归结出企业在客户关系管理方面的关键问题或关键性需求所在,并对问题改进的效果及改进的可行性进行分析。然后,选择那些改进效果明显同时又改进可行的问题作为客户关系管理实施的突破重点。如某提供仓储服务的第三方物流企业通过分析得出其对中小企业客户的管理急需改善,且预测在改善之后收益及客户满意度都将有相当程度的提高,那么在客户关系管理系统的功能要求等方面就要将它作为考虑重点。

第七步:明确实施目标

在这一阶段,项目小组设立客户关系管理实施的总体目标以及阶段性目标和功能,为各目标提供有效的量化指标,并确定各个业务系统间的数据流程图。在这一阶段,项目小组必须根据从企业收集的具体资料,确定明确具体的实施目标。如某企业将其客户关系管理总体目标设定为:建立以市场为中心的营销机制,实现前后台的业务对接及数据共享,为大客户提供个性化服务;两年内,大客户收入增长60%以上,大客户收入占全部收入的比重达到50%以上。这就是一个具体、明确、可量化的实施目标。事实上,仍有不少企业的客户关系管理项目在不清晰最终目标的情况下开展,因其实施团队在项目开始前并没有就目标达成共识。这就导致了客户关系管理系统实施的最终失败。

在阶段性目标的制定过程中,项目小组应保证每个阶段的工作符合当时企业的实施能力与实际需求,做到阶段实施、阶段突破,从而保证客户关系管理实施工作的顺利开展。

在量化客户关系管理阶段目标方面,惠普咨询事业部提供一种叫Index的量化方式——根据客户关心度定义各元素所占的比重。如对于客户满意度,设定产品的质量占30%,当产品合格率达到99.9%时该指标可得30分;出问题时的响应时间占10%,如响应时间不超过5分钟,该指标可得10分……依此类推,就可以量化制定阶段目标。项目小组可根据企业的特点及需求来设计量化方式。

在设立实施目标时,项目小组还需要考虑以下几个问题。

1. 效益

首先,必须产生效益。通过客户关系管理的实施,能够提高企业的销售收入并且降低销售成本,从而增加利润,这是显性效益。另一方面,提高了客户的满意度和忠诚度,同时也增加了内部员工的满意度和工作热情,加强了部门之间的团结合作等,这是隐性效益。隐性效益从某种角度来说也给企业带来了竞争优势。

2. 成本

成本是任何项目实施所必须考虑的重要因素。制定客户关系管理实施目标亦不能脱离成本上的考量。统计实施客户关系管理企业的项目成本约是:软件占成本的1/3,咨询、实施和培训占2/3。

3. 目标必须可以衡量

目标应当以数字来表示,如提高10%的销售收入,降低15%的销售成本等。

4. 目标必须可以完成

制定的目标必须切合实际,不切实际的目标只不过是空想而已,企业可以同时制定多个目标。在评价客户关系管理实施时,可以拿实际效果与制定的目标作相应对比,寻找差距和不足,以便进一步改进。当然,客户关系管理的实施是一个长期的不断提高的过程,不能太注重短期利益,在竞争日益残酷的今天,获取战略利益更有利于企业的长期发展。

5. 系统的可扩展性

设立实施目标的过程中,项目小组应将系统必须包含的高层次需求找出来,在业务需求和外加的功能之间寻求一个平衡点。在分析高层次需求时,除了要关注历史数据的处理问题以外,也要关注客户关系管理系统与其他系统的集成问题。

第八步:明确IT系统支撑框架

明确了客户关系管理系统的实施目标之后,项目小组应描述出支持目标实现的整体IT框架。此阶段需要考虑的问题包括在实施客户关系管理的同时,是否建设相关的ERP、EIP等其他系统;或在企业现有ERP等系统的情况下如何将其他系统与客户关系管理系统进行有效集成。

为保证客户关系管理项目的成功，IT框架的设计必须灵活。因为没有哪两家企业是完全相同的，所以并不存在适合所有企业的IT框架，每一家企业的独特之处都必须在这个框架之中反映出来。因此，此IT框架中的技术都应该是可修改的、开放的，并能与企业或组织现有的IT基础设施相整合。

对客户关系管理系统本身的IT架构设计可从其功能的角度进行分析。一般说来，客户关系管理的功能可归纳为三个方面：

（1）对销售、营销和客户服务三部分业务流程的信息化；

（2）与客户进行沟通所需手段（如电话、传真、电子邮件、网络等）的集成和自动化处理；

（3）以支持企业决策为目的对上面两部分功能产生的信息所进行的加工处理。

对企业而言，这三方面功能的实现需要结合企业的业务流程细化为不同的功能模块，然后设计相应的IT架构，包括确定选用的软硬件产品及这些产品的功能等。客户关系管理系统的规划目标主要体现在技术和功能两个方面。企业对客户关系管理系统的技术要求一般集中在以下几个方面：

（1）能够统计大量的客户信息并支持对客户的多维特征分析；

（2）能够处理复杂的数据并支持对客户进行行为分析；

（3）具有自定义的建模方式和参数调整的功能；

（4）能够进行融合人工智能的数据挖掘。

第九步：制定实施时间表

客户关系管理实施规划的最后一项是给项目制定实施的时间表。有效的时间表并不只是给工作分配好时间，还应该符合以下几个要求：

（1）落实明确而具体的工作，针对每一项工作应明确责任人做到双责明晰；

（2）明确每项任务的合格标准和验收条件，并设立进行进度检查的时点；

（3）确保时间安排合理公平。时间表的编制看起来似乎是一件容易的事，但其实要对项目的各个环节、工作内容与工作量都有深入了解。在编制时间表的时候要多问这几个问题：

（1）有多少时间；

（2）同时还需要处理什么事情；

（3）这样安排是否合理及现实；

（4）时间进度安排公平吗；

（5）负责各项任务的人有没有被工作和苛刻的时间进度压得喘不过气来。

值得提醒的是要在预计的时间上再加25%～50%，可以让时间表更现实。大多数人在大多数项目上都会低估所需时间。一个好的时间表应该是合理而公平的，它能获得执行者的支持。

为了防止时间表在实施过程中的失控，企业在制定的过程中应明确需求范围，避免无休止的客户化。随着客户关系管理项目的深入实施，大家对客户关系管理的热情越来越高涨，提出的要求也越来越多。造成的后果是无论删减、增加或者改变项目需求都致使时间表发生相应的调整或滞后,并且模糊了最初的客户关系管理项目需求。这就要求企业在客户关系管理系统实施的过程中必须做到需求范围明确,严格坚守核心功能,并在项目过程中保持跟踪,以便将实施时间控制在时间表范围之内。

四、案例分析

某橡胶业巨头的客户关系管理应用[①]

该集团企业是一家集橡胶化学品生产、科研、贸易为一体的综合性企业集团,拥有多家子公司,员工近二千人,形成5万吨的年生产能力,是国内最有影响力的橡胶助剂制品生产企业。目前集团的国内销售网络已覆盖全国大中小城市,国外网络遍及七大洲。

随着企业的快速发展,面临的问题也在递增。"立足国内,面向全球"是集团的营销策略。未来五年中,集团计划在全球市场份额上升10%,但是日益增长的业务量背后却隐藏着集团内部客户关系管理上的不足,成为公司持续发展的阻碍。具体表现在:第一,销售代表各自为政,掌握的客户信息公司无法确切统计,一旦人员流失,也带走了客户资源;第二,销售代表的工作安排公司无法做出规划和指导,无法准确地统计销售人员的工作、计划情况;第三,销售费用居高不下,虚报费用的情况时常发生,财务人员无法跟踪、核实费用的来龙去脉;第四,销售人员经常出差,跟主管的沟通缺乏统一的平台,无法及时获得业务上的有效支持。针对这些问题,集团的高层意识到实施先进的客户关系管理迫在眉睫。

由于公司领导对于企业发展过程中存在的矛盾有着非常明确的认识,因此在对客户关系管理功能的具体需求上很清楚。一是要求规范销售和服务工具,帮助增强销售力,提高成功率;帮助销售代表合理做出计划;提供统一平台用于合理进行客户资源分配;二是需要对客户进行合理的分级管理,并根据级别进行相应的销售活动;因为客户信息的日益增多,已很难用现有的Office文档和人工记录管理来完成这些工作;三是实现到位的管理,销售代表的行动往往很难进行计划和目标管理,上级需要管理下级行动,尤其是对较高级别的客户公司要求定期拜访;四是实现费用报销与实际业务的关联以及信息收集效率,需要进行适时地信息分析和汇总;五是高层管理人员希望实时获取翔实的数据,进行决策分析。

在考察了数十家软件厂商后,企业选择了北京某公司的客户关系管理。实施的客户关系管理项目覆国内整个业务,目前所有中高层管理人员和销售人员都能通过IE随时访问客户关系管理,并能将客户数据进行数据整理和导入。应用客户关系管理的效果显示:提升了销售过程管理和人员管理效率;减少手工操作,实现合同的有效管理;统一的信息平台,能快速响应用户的需求;能为管理者提供灵活的交叉分析报表和销售分析工具;把企业熟悉的业务流程和先进的系统业务流程结合起来,为集团提供了涵盖销售、市场、服务的完整解决方案,并提供所有自定义工具以及工作流程管理,符合企业的业务需求……

---

① 资料来源:企业信息化联盟论坛。

问题：请按照案例中的信息整理出该公司实施客户关系管理的整体规划。

五、复习与思考

请结合企业实际说明成立客户关系管理小组的意义及其主要职责。

任务3　客户关系管理的具体实施步骤

一、任务目的和要求

★ 任务目的

客户关系管理具体实施是企业完成客户关系管理战略思想的重要一步，它需要在总体规划的前提下制定出详细、具体的实施步骤。

★ 任务要求

掌握客户关系管理的具体实施步骤。

二、相关知识

如果企业不自行开发客户关系管理软件系统，而是根据自身业务需求特点来选择客户关系管理商品软件。客户关系管理软件本身就蕴含了客户关系管理的管理思想和先进的信息技术，同其他的管理软件一样，客户关系管理软件系统的实施过程同样要遵循科学的管理方法。下面我们介绍应用于实施客户关系管理实施的六步骤方法（参见图6-3）。

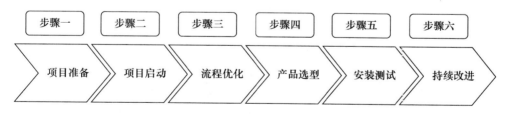

图6-3　客户关系管理实施步骤

三、实现步骤

第一步：项目准备

客户关系管理项目进行准备，目标是取得企业高层领导的支持和勾画出整个项目的实施范围。主要任务包括确定项目目标、界定项目范围、建立项目组织、制订阶段性的项目计划和培训计划（包括每个阶段的交付成果）。从某种意义上说，全面实施客户关系管理系统其实是一种战略决策,它意味着一场深刻的组织变革。虽然客户关系管理软件系统的应用面向的只是企业的前台,范围没有 ERP 这类主要侧重于企业后台业务集成的管理信息系统来得广,但就客户关系管理系统中蕴含的管理思想而言却意味着企业从以产品为中心的管理模式向以客户为中心的管理模式的转变、企业相关流程的转变、管理观念的转变、制度的转变、人的转变。

所以,拥有企业高层对客户关系管理的理解、指导和承诺,各级管理人员的有力支持,项目才有可能取得成功。可以这样说,企业高级管理层的承诺是成功实施客户关系管理的首要条件。

项目准备阶段主要由以下两个活动构成。

1. 确定项目范围

可以通过初步了解现行系统的业务以及目前已经在使用的软件系统来确定。不同于 ERP 项目,客户关系管理项目的应用范围主要在企业的前台业务部门,即市场营销管理、销售管理以及客户服务与支持。

2. 中高层经理的相关培训

只有让企业的中层管理人员真正理解客户关系管理的概念和原理才可能对客户关系管理的实施给予充分的支持。

第二步:项目启动

在取得了企业高层的支持和确定了项目实施范围之后,项目进入正式启动阶段。这个阶段的主要任务包括确定项目目标、确立项目组织、制订阶段性的项目计划和培训计划,每个阶段的交付成果都要有相应的文档加以整理和记录。

1. 建立项目实施小组并明确职责

此项内容在项目六"客户关系管理的具体实施操作"任务 2"客户实践的总体规划"中已作了详细的介绍,在这里不再重述。

2. 制订项目计划

制订贯穿于各阶段的项目计划,其中包括交付成果。由于客户关系管理系统实施的复杂性,通过工作任务分解,把整个项目分为不同的阶段,每个阶段都有自己的目标、任务和交付成果。

3. 制订培训计划

培训在客户关系管理实施中是非常重要的因素,它贯穿于项目的各个阶段。培训可以针对不同的对象,安排在不同的时间和地点,培训的成本也会有所差别。培训是成功的关键,培训应该从高级管理层开始。有些培训可能还要根据培训对象的不同,依据客户关系管理信息系统的特点,加一些实例练习,以便更快地实现知识转移。

4. 确定项目目标和评价方法

此项内容在项目六"客户关系管理的具体实施操作"任务 2"客户实践的总体规划"中已作了详细的介绍,在这里不再重述。

第三步:流程优化

这一阶段是任何管理信息系统实施中必不可少的关键环节。这一阶段主要有以下两个方面的任务。

1. 流程的分析和诊断

由于客户关系管理倡导的是以客户为中心的管理理念,是围绕客户需求开展业务流程的一种管理方式。在客户关系管理的实施过程之中,进行企业业务流程的优化是必要步骤,其目标是标准化、精细化和可衡量化,原有的以产品为中心的政策和流程必然面临着改变。不仅与企业前台业务相关的流程需要改变,企业后台的流程也要做出相应的调整。以销售流程为例,流程优化需要分析从销售机会到正式获得订单要经过怎样一个流程以及需要哪些部门的参与。在销售机会分析中,既要分析企业的销售机会的来源,是企业的 Web 网站、电话、销售代表还是分销渠道,也要分析各种来源在销售中所占的比例,以强化其中重要渠道的管理。

不妨通过一个大多数企业都有的流程案例来看看现有的流程和优化细化的流程。如房地产企业,管理规范的房地产企业会要求客户服务人员快速接听投诉电话、及时回复客户、热情对待客户,相信很多企业都有这样的流程规范。应该说这三项要求已经体现了以客户为中心的思想了,但是从流程精细化的角度来看还远远不够,还只是一种粗放的、笼统的要求。如果要建立可衡量的服务标准,细化的流程指标可以为:铃响三声后接听电话、24 小时内回复客户、客户走近 5 秒内做出反应。这样的流程细化可以有效规范标准化流程,并能够有效地促进客户服务流程的优化,通过系统的融合还可以自动对客户服务人员进行绩效考核。

总之,对现有流程的分析和诊断是通过确定流程的需求和实现客户价值的程度,分析现有流程和政策中存在的问题,确定要改进的关键环节。

2. 描绘业务蓝图

所谓业务蓝图,即改进后的企业流程模型。虽然经过了初步培训,已经对客户关系管理信息系统有了初步的了解,但对其详细功能的认识还比较有限,考虑到将来新流程与客户关系管理信息系统的有机结合,所以先描绘初步的业务蓝图,但并不是系统的详细设计。在经过原型测试后,再对业务蓝图进行修改,使其不断完善。新流程应该符合客户关系管理的管理思想和管理目标,着眼于提高客户满意度和忠诚度。

在挑选业务流程进行重新设计时,首先要挑选一些关键的流程。挑选的原则可以根据地位的重要性、绩效的低下性和落实的可能性来衡量。如客户投诉服务流程,如果运行的绩效低下(响应速度慢、信息不共享、无规范的文档记录,也没有解决方案的数据库等)会直接影响客户对售后服务的满意程度,导致客户流失,同时由于客户关系管理信息技术的支持,重新设计后的流程应有落实的可能性,所以对此流程的改进就是非常必要的。

另外,在设计新的业务流程时必须根据企业本身的实际情况和行业的特点,同时结合客户关系管理信息系统的优势来确定,既不应该盲目照搬其他企业的模式,也不应该完全按照客户关系管理信息系统本身包含的标准业务流程。流程再设计时可以运用一些优化流程的方法和技术,如创造性技术(头脑风暴法、黑箱思考法等)和数据建模技术(IDEF 工具等)。在改进企业流程结构的同时也要对与新流程运作相适应的人力资源和企业制度有所考虑。业务蓝图的设计是客户关系管理系统实施成功的关键所在,如果不对企业原有的业务流程作任何改进,直接把它放进客户关系管理信息系统中作原型测试,即使由于信息技术的引入对流程有所改进,但其程度是有限的,这样做其实是用信息技术来迎合不符合客户关系管理思想的业务流程,从根本上违背了实施客户关系管理系统的目的。

第四步:产品选型

一般而言,企业对客户关系管理系统的功能要求主要集中在以下几个方面:(1)信息分析能力;(2)对客户互动渠道进行集成的能力;(3)支持网络应用的能力;(4)对客户信息进行集成的能力;(5)对工作流进行集成的能力;(6)与 ERP 功能的集成能力。

当然每个企业自身的情况各异,具体需求也有所不同。依据企业的需求分析选择适合的客户关系管理产品是客户关系管理项目实施的关键步骤。具体方法将在下一项任务中分析。

第五步:安装测试

产品选型完成后,企业就可以与相关的软件供应商和应用服务商一起将其付诸实施。实施客户关系管理系统的过程,不仅是系统的配置、安装的过程,同时也是企业观念、机构和人员对客户关系管理系统的适应过程。此阶段可实现客户关系管理系统的配置和客户化以满足业务要求,培训员工,并安装所需的新的软硬件。在这个过程中,项目小组的工作内容如下。

1. 建立系统的原型,并进行测试

(1)客户关系管理基础数据的准备。

数据准备是客户关系管理实施成功的关键环节。由于客户关系管理系统是面向企业前台应用的管理信息系统,所以其基础数据主要是一些市场、销售以及客户服务与支持的有关数据。

如果客户是消费者(B2C),则指消费者的性别、年龄、职业和消费偏好。如果客户是企业(B2B),则指一个企业的员工人数、总产值和主营业务等。实施客户关系管理需要从不同的来源获取大量的数据,如企业内部保存的客户数据和从企业外部取得的人口统计数据、态度数据、生活方式数据、财务数据和调查数据等。

在客户关系管理实施中,掌握大量的数据是十分必要的。数据可以帮助企业了解每一个客户的有关属性,了解客户群的大体轮廓,了解并提高企业营销活动的效果,从而更好地进行客户组合分析和确定目标客户,及时满足客户需求,降低成本和提高效率,与客户建立紧密联系和提高客户的忠诚度。

根据数据获取方式的不同,可将数据分为初级数据(Primary Data)和次级数据(Secondary Data)两大类。初级数据又称原始数据,是通过发问卷、电话采访、面谈等方式直接从客户那里收集到的有待进一步加工的数据。初级数据一般比较可靠和真实,但收集成本较大。飞速发展的互联网技术为企业获取客户和市场信息提供了新的渠道,通过在互联网上与客户的互动沟通,既节省了成本,又能使有关数据及时更新。次级数据又称间接数据,它是经过别人收集,并已被加工整理过的数据。根据来源不同,次级数据又分为内部数据(Internal Data)和外部数据(External Data)。内部数据存放在企业的信息系统中,主要是指企业各时期的销售历史记录、促销活动记录、客户购买记录和售后服务记录等。外部数据主要来自于市场调查机构、信息服务机构、有关行业协会组织以及竞争对手等。客户关系管理系统的主要目标是维系现有的客户,其最主要的内部数据是客户行动数据和客户服务数据。客户行动数据包括所有由于客户和企业之间的关系而发生的销售和促销活动的资料,如客户个人数据、重复购买数据、产品项目数据以及各种形式的促销数据等。而客户服务数据主要是指售后服务的有关数据。这两类数据都是针对企业现有的客户而言的。当然,不同的行业所需要的数据都会有不同的侧重点。

尽管企业的营销和客户服务人员从各种途径收集了大量的原始数据,但管理人员并不能以它们为依据立即做出决策,数据还需要进一步的处理和加工变成信息。客户关系管理的软件系统中已经根据客户关系管理的管理思想设计了科学的数据库结构,基本上能满足企业的需求,因此,数据的准备应当在理解了客户关系管理思想和软件应用培训的基础上进行。只有经过培训,理解了客户关系管理的管理思想,了解了客户关系管理软件系统中对各项数据的定义、概念、作用和要求,才能有针对性地进行数据的收集、分析整理和录入工作,使数据转变为有用的信息。

(2) 原型测试的准备。

由于客户关系管理原型测试的复杂性,需要做一些准备工作,主要包括确定参与人员、定义将要测试的场景,即把新的业务蓝图置于客户关系管理的信息系统中进行测试,尤其是一些经过改进后的关键的业务流程。另外,客户关系管理的软件覆盖了市场、销售以及客户服务与支持这些职能领域,由于需要对客户关系管理软件的所有功能模块进行测试,所以还需要确定对各业务领域进行测试的不同人员,这可以在项目组内进行分工。

(3) 原型测试。

原型测试的目的主要在于:深入理解客户关系管理软件系统,分析与业务蓝图的差异,熟悉软件及其报表的用途,理清数据之间的关系,作为全面实施客户关系管理系统的依据。

原型测试可与各功能模块同时进行,由项目实施组长或咨询公司的项目经理亲自主持,同业务相关的关键客户都应参加,按照在原型测试准备活动中定义的场景进行交互式的测试。在测试过程中,找出业务蓝图的需求和软件功能的差异,研究解决方案,通常有以下三种情况。

第一种情况,业务蓝图中的某些新流程,其流程设计本身是合理的,虽然标准化的软件功能不能支持,但可以通过二次开发,增加软件的功能来加以满足。

第二种情况,由于信息技术条件的限制,无法通过加强软件功能的方式来支持合理的新业务流程,只能重新定义流程,使之在现有条件下可以实现。

第三种情况,由于对客户关系管理信息技术更加深入的认识和挖掘,进一步改进了业务蓝图或者开拓了完全崭新的业务流程。

原型测试的最终目的在于比较和分析企业的业务蓝图与客户关系管理软件系统功能的差异,根据企业的实际情况和信息技术的特点来寻找适宜的解决方案。

2. 进行培训

项目小组在各部门中选择几个员工参加由软件商提供的培训,变成新系统方案的专家,然后再由他们负责对所有系统的系统客户和管理人员进行培训。

对所有客户的正式培训,首先设定对培训的期望,然后通过正式的培训来实现这些期望。这个培训是在计划阶段所确定的需求的基础上进行的。切实的培训计划和严格实施是成功培训的重要保障。

3. 局部实施

局部实施的系统应该是一个良好的系统原型。由一个客户小组利用该系统进行工作和测试,写出质量保证测试报告,并送交项目小组经理。

4. 最终实施和项目的铺开

项目小组给每个成员一份实施时间表,在表中说明项目实施的每个阶段所应完成的工作和在此阶段之前该完成的工作。

第六步:持续改进

根据上一阶段原型测试的结果,分别视不同情况进行软件更改和其他更改(业务流程、制度和组织结构等的更改)。

1. 软件更改

软件更改的目的在于通过修改软件程序和客户化报表的开发来满足企业业务蓝图的需求。其中软件程序的修改由软件供应商按照其特定软件质量标准进行,增强后的软件功能还要根据一定的标准进行测试,经审核后确认。对软件的更改要慎重,可以先尝试运用软件的现有功能,寻找非标准的方法来满足需求。

2. 其他更改

其他更改包括对业务流程、制度和组织结构等的更改。

业务流程的更改主要有两大原因:(1)运用信息技术的潜能进一步修订业务蓝图;(2)由于信息技术的限制(或者可以理解为重新设计的新流程太过理想化),新流程不可实现。对于第二种情况,如果设计的流程从业务的角度确实能达到比较好的绩效,即使有些活动信息技术不能提供有力的支持,这些活动的实现方式还可由销售人员的知识和经验来取代。

客户关系管理信息系统的介入对业务蓝图中的流程有了进一步的修订,由于流程是活动的有序集合,活动也会发生变化,活动之间的联系规则也要发生变化,执行活动的人的角色或技能也发生变化,随之员工的报酬和激励制度也会发生变化,更进一步,流程的变化会导致组织结构的变化。

需要强调的是随着业务流程的变化,制度一定要作相应的调整,因为制度是新的流程得以真正实现的保证。

可以这么说,运用客户关系管理系统实现管理目标是一个持续改进的过程。为了有效实现客户关系管理系统的持续改进,企业应成立以相关部门直接领导组成的"持续改进委员会",对持续改进的方案进行决策,并配置人力资源来支持持续改进工作的信息收集、执行和信息反馈。

四、案例分析

鹏华基金的客户关系管理实施之旅[①]

鹏华基金管理有限公司是中国首批由证监会批准,进行开放式基金运作的基金公司,在投资研究、信息公布与基金管理等方面具有良好的声誉。鹏华基金与TurboCRM公司合作实施客户关系管理的系统,为开放式基金的发行和成功募集发挥了重要作用。

对基金管理公司来说,管理封闭式基金并不需要与基金购买人发生直接的接触,而管理开放式基金就如同银行的储蓄业务一样,需要了解投资者信息,并且能够随时提供投资者关心的信息。因此对鹏华基金来说,开放式基金的业务模式将与封闭式的基金管理模式有很大不同,业务流程和重点都将发生较大的改变。

鹏华基金的管理人员与TurboCRM的咨询顾问一起,先从深入探讨开放式基金的特点入手,提出最大的挑战在于建立内部运营流程,使大量的客户能够快速方便地与基金管理公司接触,能够服务大量客户是开放式基金最大的竞争优势。虽然鹏华基金十分注重从国外和港台等较为成熟的基金管理企业中吸取经验,并组织了专门的开放式基金管理经验交流,但是,对于实际操作才刚刚开始。在经过TurboCRM的咨询后,鹏华基金的管理者达成了共识:要从服务做起,让客户的口碑传播成为鹏华基金的发展之道。对开放式基金客户的服务首先要体现在无论通过什么渠道、网站、电话、传真、电子邮件或网点柜台都能够让客户快速、方便地查询到最关心的内容,包括:基金当前净值、所持份额、交易记录等。因此,服务好客户的第一要求是能够以多种方式迅速地提供整合、统一的客户信息。其次,对于不同的客户,公司要能够快速识别,并且在服务内容上加以区别对待,要让不同的客户感受到服务的差异性。

在完成流程梳理后,鹏华基金引入的TurboCRM客户关系管理系统正是通过整合的客户数据,提供了服务大量客户的渠道和进行客户识别的数据基础。通过整合呼叫中心、交易系统和网站信息,客户关系管理为鹏华基金建立了客户数据仓库,所有关于客户的信息包最终汇集到客户关系管理中,保证基金客户能够通过各种方式:网站、呼叫中心和交易柜台都可以查询到统一、完整的基金份额、当前净值等信息。另外在服务流程中,公司利用客户关系管理系统与客户的定期交流,如对重要客户的定期联谊会采用客户关系管理系统中的市场活动管理,能够定期执行重要客户的邀请,寄送邀请函,分析客户反映的最关心的信息,以便提供有针对性的服务。客户关系管理系统中的大批量邮件递送、地址标签打印可以支持鹏华基金向大量的客户进行节日、红利发放日等主动的多渠道的联络,为主动服务打下了良好的基础。

通过实施客户关系管理,鹏华基金完成了客户信息收集,使"鹏华行业成长基金"的认购客户信息达到了完整汇总,并且实现了对覆盖全国代理渠道网点的统一管理;以客户关系管理为客户信息核心构建完成了与交易系统、呼叫中心和网站三方融合的客户数据仓库,并且对潜在机构客户的认购联络过程完成了记录和预测,这使得鹏华基金的客

---

① 资料来源:王广宇,《客户关系管理方法论》。

户关系处在了一个较高起点上,公司将会以更优质的服务、多样化的产品和专业素质将成为中国基金行业的领先者。

问题:请归纳鹏华基金的客户关系管理实施的步骤。

五、复习与思考

请说明客户关系管理实施的具体步骤及每一步骤需要完成的主要任务。

任务 4 选择合适的客户关系管理产品

一、任务目的和要求

★ 任务目的

大多数企业不会自行开发客户关系管理产品,而多是借助于客户关系管理开发商,市场上客户关系管理产品种类很多,那么如何在有限的资源下选择合适的产品是企业实施客户关系管理的关键一步。

★ 任务要求

掌握如何进行客户关系管理产品的选择。

二、相关知识

对于大多数企业来说,客户关系管理项目一般都是从多个客户关系管理供应商中进行选择,而不会自行开发。因此如何选择客户关系管理系统就成为企业非常重要的一个工作任务,在这儿我们所要讨论的内容就是选取客户关系管理系统的正确方法。

(一) 客户关系管理产品类型

从功能上看,客户关系管理产品可分为运营型客户关系管理、分析型客户关系管理及协作型客户关系管理。

1. 运营型客户关系管理

运营型客户关系管理(Operational CRM)可从客户的各种"接触点"将客户的背景信息和行为数据收集整合在一起,经过整合和变换,装载进数据仓库,运用 OLAP 和数据挖掘等技术,从数据中分析和提取相关规律、模式或趋势,再利用动态报表系统把有关客户的信息和知识在整个企业内进行有效流转和共享。运营型客户关系管理使销售、服务、支持和市场相关的业务流程自动化,响应时间加快,从而提高客户满意度。

2. 分析型客户关系管理

分析型客户关系管理(Analytical CRM)充分利用数据仓库技术和数据挖掘工具提

供了客户关系管理通常包含的复杂的分析功能,如客户概况分析、客户忠诚度分析、客户利润分析、客户性能分析、客户未来分析、客户产品分析、客户促销分析、客户满意度分析、交叉销售分析、产品及服务使用分析、客户信用分析、客户流失分析、市场分类分析、市场竞争分析等。通过多层次和多视角的商业智能及客户行为分析,透视客户需求、消费习惯、行为模式,分析各种客户占有率等,为企业挖掘最具潜力价值的客户,实现交叉销售,提供决策分析依据。此类软件技术含量高,实施和掌握的难度也较大。

3. 协作型客户关系管理

协作型客户关系管理(Collaborative CRM)用于提高在所有渠道上同客户交互的有效性和针对性,通过诸如电话、传真、电子邮件、Web以及各种无线接入方式等,使企业与客户充分沟通和自由互动,通过合适的渠道,在适当的时候,将合适的产品提供给适当的客户,让客户充分了解企业的产品与服务,在双赢的基础上建立良好的客户关系。

通常软件公司提供的解决方案兼有以上功能,只是侧重点各有不同。因此,选择时应考虑企业当前的技术基础和实际需求,对客户关系管理的功能进行取舍。如果企业当前基础工作做得比较到位,硬件设施齐备,网络分布合理,"接触点"即各营业网点以及客服中心数据收集及时正确,企业决策层希望客户关系管理能辅助决策支持,可选用偏重分析型的软件,否则,可首先考虑兼有运营型和协同型的软件。

(二)选择时应注意的问题

1. 确定实施客户关系管理的目标和动机

企业是因为什么样的目标和动机开始考虑选择客户关系管理?这对于理解"企业通过客户关系管理创新设法实现什么样的目标"非常关键。因此,企业首先要确定自身最初的目标和动机。客户关系管理最初的目标和动机的确定需要企业能够针对目前的营销、销售和服务状况来分析存在的问题,以及哪些方面需要进一步改善。实施客户关系管理的最初的目标和动机主要包括以下几个方面:(1)提高营销、销售和服务的效能;(2)增加收入;(3)改善客户忠诚度;(4)提高市场份额;(5)改善边际利润;(6)缩短销售周期;(7)支持团队销售;(8)降低管理费用;(9)改善渠道效力;(10)降低成本。

以上是最初目标的主要方面,企业应该针对自身的现状以及对行业内外环境的分析,确定:(1)需要改善的主要目标(找到企业发展的薄弱环节);(2)各个目标改进的重要优先级。

2. 详细分析实现最初目标的经营改进方法

上述都可以作为企业选择客户关系管理的理由,但是要想目标实现的机会最大化,企业必须确定通过哪些运营改进措施才能实现自身确定的目标。企业具体的、与客户关系管理相关的运营改进措施主要包括:(1)提高客户忠诚度;(2)增加客户服务和支持渠道;(3)增加新的营销、销售和服务人员;(4)共享最好的实践;(5)引入新产品;(6)准确咨询预测;(7)获得更多的营销和销售线索;(8)交叉/追加销售;(9)提供信息访问的简便性。

以上是与客户关系管理相关的、实现目标的主要方法和途径,企业针对自身情况来确定:(1)可以采取的具体运营改进措施;(2)各个具体运营改进措施的重要优先级。

3. 寻求软件厂商解决方案的建议和信息

确定了具体的运营改进措施之后,企业需要真正理解应该解决的基本问题,只有这样企业才能够确定哪些特定的解决方法可以应用于这些基本问题中。一旦企业的业绩目标已经得到了具体的确定便需要开始考虑寻求解决问题的技术。这时候,企业需要考虑从何处获得解决方案以及供应商的建议和信息。企业获得相关信息的途径主要有以下几种渠道:

(1) 咨询顾问(包括 MIS、ERP、客户关系管理、SCM 等项目的顾问);

(2) 咨询公司(主要是一些信息化领域的第三方咨询公司);

(3) 文章(主要包括一些客户关系管理理论、客户关系管理案例研究、客户关系管理产品剖析等);

(4) 网站(包括企业管理信息化方面的门户网站、信息化咨询公司以及软件厂商的网站);

(5) 厂商客户(对软件厂商已有客户进行调查与分析,了解客户部署该厂商客户关系管理的投资回报情况);

(6) 研讨会(政府机构、咨询公司、软件厂商主办的研讨会,企业可以从演讲者那里获得很多客观的、系统性较强的有关客户关系管理厂商产品、客户关系管理功能实现、客户关系管理实施策略等方面的知识);

(7) 座谈会(厂商与客户、客户与客户的交流);

(8) 直邮(厂商发布的各种有关产品的直邮信息)。

不同的渠道的信息有不同的成本和不同的可靠性,企业可以根据自身情况酌情选择,并验证其可靠性。

4. 要注意客户关系管理与其他应用软件系统的集成等的技术因素

技术因素对于客户关系管理项目成功与否也是至关重要的。没有任何两个完全相同的企业,因此也就没有任何一套客户关系管理解决方案是适合所有企业的。每个企业都应当在技术方面被区别对待。所以,企业所采取的新技术如何实现个性化、如何与企业现有的基础设施相集成是非常重要的,表现在:快速应用开发工具、跨平台的数据同步、客户和数据的多级安全设定、可升级的定制数据库、与其他应用程序实现实时集成、网络技术等。

选型时尽可能选一些产品线比较全面的供应商,同一家企业出来的客户关系管理系统和其他产品线的糅合性基本上可以很好地解决,如果软件系统是由不同的供应商提供的,通常会有一些问题。购买软件前的评估步骤的主要目的有两个:(1) 确定是否有必要购买客户关系管理技术;(2) 如果有必要,应该购买哪些软件厂商的产品。

5. 详细了解"真实"的软件厂商

了解软件厂商的情况可以使企业真正认识软件厂商的一些实际情况,这对今后应用客户关系管理软件是非常必要的。供应商的服务体系与自身成长性问题不可忽视。软件就是服务,供应商的服务水平、服务能力、服务网络、服务响应时间、服务的条件包括价格等都要考虑。另外,供应商的成长性风险也要关注,不可想象一个缺乏资金连生存都有问题的公司能持续不断地开发出稳定的新产品。客户关系管理软件中的管理模式是否先进、科学、具有前瞻性除了取决于供应商的行业经验外,还很大程度上取决于供应商的研发实力。不仅仅是技术研发实力,更多的是管理学的研究。一般可以进行以下的步骤:(1)获取客户关系管理软件厂商信息的策略;(2)研究定制的范例;(3)让厂商描绘现有的流程;(4)厂商的详细技术评价;(5)看标准的产品示范;(6)看厂商的产品展示;(7)研究"第三方"对厂商的间接评价;(8)综合评价"真实"客户关系管理软件厂商的方法;(9)进行厂商产品的 ROI 分析;(10)访问厂商的客户;(11)评价厂商的实施计划;(12)评价厂商的建议;(13)注意厂商总部的高层简报。

6. 建立适合自身的产品评价体系

当上述数据收集好之后,企业应该根据自身情况建立复杂程度适当的选型指标评价体系。不同的企业的评价指标体系是不一样的,其复杂程度(指标的个数)应视客户关系管理项目本身所期望达到的目标、客户关系管理项目的投资、客户关系管理系统的复杂程度而定。该指标体系由产品技术评价指标和产品功能评价指标两部分组成。

三、实现步骤

企业要根据自身的经历和经验正确选择客户关系管理产品,具体的选择步骤如下。

第一步:评估当前环境状况

一般来说,自己开发软件不如购买现成的商业软件经济,但是也要慎重对待管理软件,交货时间、许可费用、维护费用对做出正确的决策有着重大的影响。如A公司进行管理软件实施的可行性研究时发现他们要求的功能太多,以至于没有一家公司的产品符合要求。在这种情况下,他们放弃了购买现成软件产品,而是向主要的软件提供商招标,让这些软件供应商来分析公司需求,然后提出解决方案。在这时就应该聘请第三方的咨询公司站在中立的立场上客观地评价这些解决方案。除了软件公司外,第三方的咨询公司拥有足够的技术人员和行业专家,这样客户就用不着为了系统实施而准备庞大的项目队伍,因为项目结束后的系统维护和推广将不需要这么多人。

第二步:选择客户关系管理解决方案

企业应该选择专业的咨询公司、顾问、研究人员等,他们具有丰富的行业经验,可以提供对市场上主要的客户关系管理解决方案的系统评价。在对软件解决方案进行评价时必须多方参与。一个复杂的客户关系管理解决方案有软件、技术和供应商三个重要的要素。只有这三个要素紧密结合在一起才有客户关系管理的成功。单个要素的优势并不能弥补其他要素的弱势。

第三步:选择软件供应商

与软件供应商联系,询问自己关心的问题,要求软件供应商提供可行性报告,访问软件供应商的网站,这都是很有效的途径。还有重要的一点就是别忘了要求他们进行一次演示活动。很多的软件供应商在产品展示时只展示他们软件所具有的功能,或者大讲管理理念。要特别小心那些不愿意进行产品演示的软件供应商,因为他们所许诺的功能可能代价昂贵,或用起来不方便,或在现有的条件下根本不可能实现,而活生生的产品演示活动则很容易地把存在的问题找出来。

第四步：费用预算与核算

就整个客户关系管理项目的费用而言，软件的费用一般占 1/3，咨询、实施、培训的费用占 2/3。另外，还要考虑系统升级和改变系统所需的费用。有一些软件在改变系统时需要软件供应商的技术人员和咨询顾问的充分参与才能完成，给企业带来了额外的费用。实际上，如果咨询、实施和培训进行得很好的话，系统的变化可由客户来完成，而不需要额外的咨询顾问的费用支出。在考虑系统的方案的费用时要力争回答以下一些问题：

（1）系统需要客户化工作吗，该软件是否为黑箱作业；
（2）客户化的工作量大吗，费用如何；
（3）这个项目的咨询费用是多少；
（4）系统上线后，此系统的配置和维护是否困难，是否不断需要外部力量的协助；
（5）为了使得本企业的员工能使用该系统，所需要的培训费用是多少；
（6）系统上线后，需要的维护费用多吗，本企业的员工能否完成这项工作；
（7）为了配合该系统的实施，还需要购买哪些软件和硬件；
（8）系统实施的时间表是什么样的。

回答了上面的问题后基本上可以了解该解决方案所需要的费用。

第五步：签订合同

软件公司将对软件问题负责，而顾问公司将在项目结束后签署支持和维护的协议。企业应该仔细阅读合同，很多的合同有清楚的或样板式的条款说明所有权和支持条件。

四、案例分析

美国 State Farm 保险如何选用客户关系管理系统①

创建于 1922 年的 State Farm 保险公司是美国最大的互助保险公司，全美 1/5 以上的汽车都在 State Farm 投保。它有一句著名的广告词"Like a good neighbor, State Farm is there"（如同一个好邻居，State Farm 无处不在），但 20 世纪 90 年代以来客户越来越多，其呼叫中心效率大为下降，如何在网络时代保持并提高服务质量，成为一个更加亲切、周到的好邻居是摆在 State Farm 面前的迫切任务。

State Farm 想到了利用客户关系管理系统来改善业务。在选择客户关系管理软件时，State Farm 没有采用知名大公司如 SAP 或 PeopleSoft 的系统，主要是不想为上一套客户关系管理而再购买昂贵的 ERP 系统。State Farm 还曾考虑由自行开发客户关系管理，其 IT 部门有六千多名员工，研发能力很强。但在仔细考察后，State Farm 最终选用了专业软件公司 WebTone Technologies 的客户关系管理系统。原因是 State Farm 认为

---

① 资料来源：王广宇，《客户关系管理方法论》。

该公司的客户关系管理产品专业性强、质量可靠、综合成本低、按时上线可能性高、富于创新;更重要的是,虽然 WebTone 只是一家较小的客户关系管理公司,但它专注于保险行业。

事实上 WebToneCRM 的产品很好地吻合了 State Farm 的需求。作为保险公司,State Farm 非常关心客户利润率及相关的风险,Webtone 就提供了可以准确计算风险的功能。在系统上线后,State Farm 呼叫中心成本显著降低,但销售能力明显提高:销售量增长了近100%;效率的提高还使得客户满意度大为改观,客户评分在8个月内增长了4个评分点。

问题:请你结合上面的案例谈谈在选择客户关系管理产品时应注意的问题。

五、复习与思考

一个企业在进行客户关系管理产品的选择时,应从哪几个方面考虑?

任务5 分析影响客户关系管理成功实施的因素

一、任务目的和要求

★ 任务目的

客户关系管理的成功实施受很多因素的影响,如前面所讲的项目总体规划、实施步骤、产品的选择等都会影响客户关系管理的实施,但一个重要的因素却常被我们忽视,那就是人的因素,了解这些因素并能将这些因素加以重视才能更好地保证客户关系管理的成功实施。

★ 任务要求

掌握影响客户关系管理成功的因素。

二、相关知识

在企业正在计划实施客户关系管理系统,或许已经与软件提供商或咨询公司签订了合约,也着手购买了相应的硬件和软件,但是,企业常常忽视一个非常重要的问题。什么是客户关系管理实施中的关键?人的因素——企业的领导者、业务团队和所有的员工是客户关系管理实施成功与否的关键。如果在客户关系管理实施中不重视人的因素,企业为实现一个完善的客户关系管理系统而付出的所有的金钱和财力物力都将白费。

在项目规划之初,企业主要重视业务流程重构和组织再造,人的因素经常被忽视,当时可能主要是因为对如何解决这个问题不甚明了。在实施中,由于复杂的流程、信息和模式的处理工作,忽视了人的因素对于整个客户关系管理系统成功实施的决定作用。

重视人的因素对项目的成功是极为重要的。因为如果企业高层对客户关系管理实施有不同的意见，或是企业管理层对于项目的意见不统一、理解不深；如果企业的各业务职能部门对客户关系管理实施的意义和方法并不了解，或者有较强的抵触情绪或消极心理；如果系统的最终客户对系统不持积极态度，或者缺乏使用的知识或条件的话，那么，一切最新、最有力的技术和解决方案，或者最合理的业务流程、再造组织也可能会产生不理想的结果。

三、实现步骤

下面我们对影响客户关系管理成功实施的人的因素进行分析。

第一步：企业在实施客户关系管理项目之初，首先应当获得高层领导的支持以及企业管理层的理解和共同认可

总的来讲，成功的客户关系管理项目都必须有一个行政上的项目支持者，他们在企业中应当具有相当的决策权力，其主要任务是确保企业在日趋复杂的市场上能有效地参与竞争。企业的这个高层领导可以从总体上把握这个项目，并扫除前进道路上的障碍，他应该有足够的权威，或者是获得足够的授权来改变企业的现状。他在客户关系管理项目实施中将为计划设定明确的目标，向改造团队提供为达到目标所需的时间、财力、人力和其他资源，并推动这个目标从上到下的实施。企业的管理层应当具备对实施客户关系管理项目的充分理解和协作支持。只有这样，当涉及跨部门业务和不同利益结构时，为保证企业范围的整体改进，客户关系管理项目才有可能得到顺利的开展。

第二步：客户关系管理项目中企业要组织一个或一批良好的团队

实施客户关系管理的队伍应该在以下四个方面有较强的能力。

第一是企业业务流程的重组，需要对其流程的关键部分自愿进行改造。

第二是了解系统的客户化，因为不论企业选择了哪种解决方案，一定程度的客户化工作经常是需要的，应该根据企业的工作流程对客户关系管理工具进行修改。

第三个方面是对技术有一定的掌握，可能支持相关功能的实现。

第四是具有改变管理方式的技能，这对于帮助客户适应和接受新的业务流程是很重要的。

所有成功的客户关系管理项目中都非常重视一支强有力的团队，企业应当从各部门、咨询公司等寻找适当人员加入，充实力量，从而保证小组能实施复杂的客户关系管理项目。

第三步：要在企业内推进认识水平，实现观念的一致

如果从领导者到基层员工、从内勤研发到行销业务都认识到客户关系管理的价值，并且身体力行、配合实施，相信客户关系管理项目的成功指日可待。但如果其中某些群体极力抗拒或消极对待，客户关系管理项目将难以顺畅运作。如业务员觉得客户资料不重要，客服中心就无法取得正确的资料进行联络；研发人员认为客服中心统计的客户意见不值一提,新产品就无法融入客户的需求。如果客户关系管理融入了企业每个环节之中,那么这样的企业的竞争实力在任何条件下都是值得对手尊敬的。

第四步:客户关系管理项目实施中还要加强培训和对最终客户的支持

不成功的客户关系管理最普遍的原因就是员工的抵触情绪和缺乏培训。显然不能期望仅仅把系统建立起来,然后就由员工自己去运作。企业要培训自己的员工,使他们能成功地运用这一系统并以此来对待企业的客户。如果企业内部没有可以利用的资源,不妨向专业的培训公司寻求帮助。企业将从培训和对最终客户的支持中获利。

四、案例分析

阿里巴巴成功实施客户关系管理[①]

阿里巴巴是一个年轻的公司,同传统企业相比,在实施客户关系管理有独特的优势。公司"让天下没有难做的生意"的伟大使命,从上到下一致认同的"客户第一"、"拥抱变化"等价值观,以客户为导向的战略和强大的企业文化为客户关系管理的顺利实施创造了良好的环境。从中国网站成立之日起,就开始了客户关系管理的实施。在实施的过程中,得到了高层的极大支持,同时,他们具有成熟的变革管理机制,员工对变革充满激情。而以上这些正是客户关系管理能实施成功的关键要素。

在目前,中国网站的诚信通会员都是国内的中小企业,他们购买诚信通服务是为了通过网络寻找到更多的生意机会。因此他们使用网络的效果会直接影响到他们是否会继续留下来,同时,也发现,在那些效果不好的客户中,大部分是因为他们很少使用阿里巴巴的产品。提高客户满意度,是让客户继续购买的关键。在客户满意度方面,阿里巴巴做得非常不错,根据第三方的调查,他们的客户满意度达到了98%以上,在所有的客户中,60%以上的客户是通过朋友推荐加入的。

阿里巴巴是一个有远大目标和长远计划的企业,阿里巴巴公司的目标是:
(1) 成为一家持续发展百年的企业
(2) 成为全球十大网站之一
(3) 只要是商人就一定要用阿里巴巴

阿里巴巴的使命:让天下没有难做的生意!

阿里巴巴的价值观:客户第一,拥抱变化,团队,激情,诚信,敬业

同公司的目标、使命、价值观相一致,他们定义了的客户关系管理的远景:建立起全球领先的,与公司远景和使命相一致的,并是不断优化完善的、支撑公司持续发展的客户关系管理体系。

他们的变革管理做的非常成功。在阿里巴巴的六大价值观中,第二条就是"拥抱变化","唯一不变的是变化"是全公司范围内一致认同的理念。除了理念,他们也有成熟的变革管理机制。

---

① 资料来源:http://www.51callcenter.com/newsinfo/156/26856/.

为了提升客户体验和提高续签率,他们成功实施了将新签和续签分开的变革。当时的情况是这样的:他们发现在诚信通销售中,销售同时负责新签和续签服务有很多问题:新签和续签对销售的技能要求是不同的,是属于两种不同的能力模型,同一个销售人员同时负责新签和续签,销售人员的工作不能专注,销售的能力没有得到最大的发挥,效率比较低,相应的造成了因为服务不及时和服务水平引起的客户投诉,续签率一直不能有一个突破。为了解决这些问题,他们决定要将新签和续签分开,由不同的团队去负责。然而,这个改变是有风险的,因为改变会影响整个销售和服务的流程,影响销售的工作习惯和心态,同时也会带来后端的订单、财务等流程的变化。

为了保证变革的实施能顺利,他们进行了精心的准备工作,从开始产生这样的想法,到最后实施变革,用了3个月的时间来酝酿。在这3个月期间,他们进行了大量的访谈,访谈对象包括一线的销售、专家和经理,最后发现大家的意见是一样的。他们发现员工的心态是变革能否成功的一个关键因素,为此,他们专门召开了一个全体销售会议。会议请到公司高层来参加,采用论坛的方式,让员工畅所欲言。在会上,高层列举了各种销售模式的失败和成功案例,并给员工介绍了戴尔的这种销售模式的成功之处,让员工认识到电话销售是可以有很好的职业发展的,也让员工们认识到续签率对于公司可持续发展的重要性。在变革开始实施前的一段时间,又让其他相关部门(财务、IT等)来参与讨论,最后,大家都达成了共识,并为具体的实施献计献策,各个环节都制订好自己所负责部分的计划和执行人。从最后一次全体的动员会后开始实施这个变革,到完成实施,总共只花了两周的时间。从后续的效果上看,这次变革取得了理想的效果,不仅客户投诉减少,员工的工作效率和效果提升了,而且从业绩上看,续签率比以前提高了十个百分点,而新签的业绩翻了一倍。

在实施客户关系过程中,他们所有为了提升客户体验、提高客户满意度的努力和举措都得到了员工的激情支持和投入。他们为员工制订了周详的培训计划,新员工到岗后都要经过"百年诚信"、"百年阿里"的培训,诚信通的商业规则,销售、服务等流程和制度,客户关系管理系统的使用技能都是培训和考核的重点,如果没有通过考试,就不能正式上岗。他们还设定了金点子奖,鼓励员工提出关于客户流程优化和系统改进的任何建议。

问题:你认为客户关系管理成功实施的关键因素是什么?

五、复习与思考

1. 你认为在客户关系管理实施中哪些因素最重要,为什么?
2. 你如何认识在客户关系管理实施过程中高层的支持?

项目七

了解呼叫中心的工作情况

项目描述

呼叫中心是企业实践客户关系管理理念的一个关键部分,本项目将详细介绍呼叫中心的内涵、呼叫中心的发展、呼叫中心所起的作用及呼叫中心的主要技术。同时,我们还将了解呼叫中心的整个工作流程以及呼叫中心的组织结构情况,了解呼叫中心的工作状态、工作过程、工作原理。

知识目标

了解呼叫中心的内涵。
了解呼叫中心的发展历程。
了解呼叫中心的关键技术。
熟悉呼叫中心的工作流程。
熟悉呼叫中心的组织结构。

技能目标

掌握呼叫中心坐席员与客户沟通的步骤与技巧。

主要任务

任务1 初步了解呼叫中心
任务2 熟悉呼叫中心的工作流程
任务3 熟悉呼叫中心坐席员的工作
任务4 熟悉呼叫中心坐席员与客户沟通的步骤与技巧

引例　泰康人寿的客户服务中心建设[①]

泰康人寿保险股份有限公司成立于 1996 年,由中旅总社、中外运等 16 家大型企业组建,注册资金 6 亿人民币。2000 年全面完成外资募股后公司净资产达 20 亿元。

为应对激烈的竞争,泰康人寿决定建立一个面向全面的客户服务中心,以提高公司的服务水平和服务质量。为此与北京浩丰时代公司合作,建设特服号码为 95522 的客户服务中心,一期系统已于 2002 年 3 月在全国 23 个点开通,其规模为单点 30 路中继,30 路 IVR,8 路人工坐席。客服中心接入部分采用浩丰时代自主研发的全世界交互通信平台——xContact,前台业务应用部分采用浩丰呼叫中心平台产品——iAgent,采用三层 C/S 结构,提供了开放的底层应用和二次开发平台。使用泰康人寿 95522 系统,客户可以听取公司简介、险种介绍、投保、理赔、续期等业务的业务须知及有关手续,利用数据库相关操作进行身份验证后,可查询保单的投保状态、交费记录、给付记录及变动等情况。

通过一期建设,泰康客服中心顺利达到了保监会针对投保人回访率 100% 的要求,在全国范围内实现了客户管理的数字化。2003 年年初,泰康人寿客户服务中心二期工程在北京正式投入运营,新开了银行保险和团体保险业务,为客户提供了更优质的服务。

任务 1　初步了解呼叫中心

一、任务目的和要求

★ 任务目的

呼叫中心是客户关系管理得以实现的保证,了解呼叫中心的内涵、产生、发展历程以及呼叫中心对企业的重要作用,从而对呼叫中心有一个初步的了解,这是本任务设立的目的。

★ 任务要求

了解呼叫中心。

二、相关知识

1. 呼叫中心对我们生活的改变

"呼叫中心"这个名词的产生其实比客户关系管理早得多。呼叫中心是指综合利用

[①] 资料来源：王广宇,《客户关系管理方法论》。

先进的通信及计算机技术,对信息和物资流程优化处理和管理,集中实现沟通、服务和生产指挥的系统。传统意义上的"呼叫中心"是指以电话接入为主的呼叫响应中心,为客户提供各种电话响应服务。现阶段,呼叫中心的概念已经扩展为可以通过电话、传真、互联网访问、电子邮件、视频等多种媒体渠道进行综合访问,同时提供主动外拨服务,应用业务种类非常丰富的客户综合服务及营销中心。

在日常生活中,我们常常可以足不出户,通过电话就能购买到所需的商品、享受到所需的服务。有时候,我们还会接到陌生人的电话,热情地向我们介绍他们的产品或服务,也许他们的服务或产品正是我们所需的,也许我们自己还没有考虑的需求,他们已经替我们想在前面了。我们在充分享受着通信技术的发展带来的舒适与方便,也许您根本就没有想到,在为您提供服务的某个电话号码的背后运行着一个采用先进的通信技术、计算机技术及二者集成技术的、庞大的、我们称之为"呼叫中心"的信息服务系统。

2. 呼叫中心是如何产生的

呼叫中心最早起源于北美,其雏形可以追溯到 20 世纪 30 年代美国民航业和旅游业。30 年代初,美国的一些经营旅游餐饮业的公司开通了电话服务热线,客户可以通过电话进行服务预定。1937 年美国泛美航空公司开通了电话服务热线,当时旅客可以通过这个 24 小时都提供服务的全天候服务中心进行机票预订、航班查询等。

呼叫中心形成一个初具规模的行业是 20 世纪 70 年代。有代表性的是美国 AT&T 公司,该公司首家推出了被叫方付费的 800 服务号码,由于这一举措的有效性,800 号码得到了非常广泛的使用,也是在这一时期,IBM 推出了具有专门客户服务界面的工作站,这两点极大地促进了呼入型呼叫中心的快速发展。这时期呼叫中心的应用主要集中在民航业、银行业和旅游业。

客户服务价值观念的提升和为客户提供优质服务的需要更是呼叫中心发展的强大动力。在产品相对匮乏、消费者购买力相对较低的时期,消费者处于理性消费期,不但重视产品的价格,而且更看重产品的质量,追求的是物美价廉和经久耐用,此时,消费者价值选择的标准是"好"与"差"。当产品相对丰富、消费者购买力相对提高时,消费者进入了感性消费期,这时消费者的价值选择不再仅仅是经久耐用和物美价廉,而是开始注重产品的形象、品牌、设计和使用的方便性等,选择的标准是"喜欢"和"不喜欢"。当产品十分丰富、消费者购买力较强时,消费者就进入了感情消费期,这时消费者越来越重视心灵上的充实和满足,更加有意追求在商品购买与消费过程中心灵上的满足感,其选择标准是"满意"与"不满意"。因此,随着产品的不断丰富和人民生活水平的不断提高,企业的竞争不再仅仅是产量和产品质量的竞争,更体现在为客户提供优质服务的竞争。现代企业越来越认识到,竞争中获得优势的企业就是能够获得和保持较大客户群体的企业。从这个意义上说,现代企业的竞争就是服务的竞争,就是客户满意度的竞争,谁能为客户提供满意的服务,谁能占有较大的客户群体,谁就是竞争的胜利者。统计数字显示,对企业来说,一个终身客户的价值是一次购买客户价值的 10 倍。企业纷纷建立呼叫中心的主要目的之一,就是要通过呼叫中心的优质服务吸引和保持客户。

最先提出和贯彻呼叫中心经营理念的戴尔公司,在全球 PC 营销中独占鳌头,靠的就是提供优质的客户服务。在美国,呼叫中心已形成 44 亿美元的行业价值,年销售额达到 6500 亿美元,并以每年 20% 的速度递增。由于呼叫中心能在诸多方面对企业产生巨大的效益,因此成为大型企业向客户提供服务的必需品,相信在中国也必将有着广阔的市场发展前景。

3. 呼叫中心已成为一种新型产业

最近几年,呼叫中心已迅速发展成一种新兴产业,出现了大批硬件设备提代商、专用软件开发商、系统集成商和大批运营商,呼叫中心服务已成为电信应用服务的重要领域。

呼叫中心具有操作方式简单、业务种类丰富、服务专业化、智能化,及时显示客户信息等特点,是集语音技术、呼叫处理、计算机网络和数据库技术体的系统。呼叫中心能够实现一般话务台排队及自动呼叫分配、查号、话间插来话转接、自动总机服务及留言、用户数据、计费管理等功能,还可以实现远户端话务台辅助拨号、来话自动识别与显示以及话务员夜间服务等许多功能,可以作为企业的公共信息话务中心。呼叫中心是计算机语音集成技术的一个发展方向和市场热点,是一套集中处理语音、数据信息的信息处理系统。呼叫中心将计算机系统和通信系统密切地连接在一起,实现经济、高效、完善的客户呼入服务,资源可实现集中管理和全面共享。除此之外,还将信息通信技术与数据库技术结合在一起,使商业运作达到快捷、高效和经济的效果。基于呼叫中心原理的服务系统,不仅在电信行业有广阔的市场前景,在邮政、银行、医疗、保险、烟草、交通、旅游、出版以及政府部门等众多行业亦有很好的推广前景。

呼叫中心以北美、欧洲、日本、澳大利亚、新加坡、中国香港等国家和地区发展较快,全球呼叫中心产业发展规模最大的是美国、欧洲和澳大利亚。澳大利亚有5000个呼叫中心,共有雇员10万人。仅澳大利亚电信这一个公司就建有150个呼叫中心,拥有近一万个坐席。美国以经营长途电话为主的AT&T公司,尽管本地电话公司很少,它也建有14个呼叫中心,拥有9000个坐席,12160名雇员,电信运营收入达到289亿美元。早在2001年欧盟七国拥有916万个坐席,51亿美元的收入,其中英国占45%,德国占20%的份额。在美国,呼叫中心已形成一大服务行业,而且每年在以20%的速度增长。据调查,在美国有70%的客户服务是在呼叫中心发生的。在亚洲,那些世界级的大城市也在致力于使自己成为全球的通信枢纽和最重要的呼叫中心。

因为这些国家和地区的电信业很发达,电信基本业务日渐饱和,各大电信运营商正在千方百计寻求新的业务增长点。呼叫中心产业,特别是呼叫中心外包服务已成为近几年电信增值业务的一个新的亮点。亚非拉发展中国家的电信业发展滞后,受电信网络基础设施的影响,通信线路普及率低,电信业务发展受限,呼叫中心还尚未完全形成产业。

近几年随着我国电信市场的开放,电信业的重组,行业管制加强,竞争力度加大,各大电信运营公司都在寻求发展空间,正在加快电信增值业务的发展,同时也带动和加强了呼叫中心产业和外包服务的发展,中国电信、中国移动、中国网通、中国联通、中国铁通等电信运营商共投入数十亿元,大规模地建设呼叫中心,许多的省市分公司纷纷建设本省市的呼叫中心。与此同时,在银行、证券、保险、税务、电力、交通、海运、航空、旅游、商业、娱乐,以及政府、法律、计算机等行业和部门也大规模建设先进的呼叫中心,提供各种专项服务。我国香港地区呼叫中心产业的规模也比较大,仅电讯盈科一家就已突破国家和地域的限制,在亚太地区拥有三千多个坐席。随着市场的日益全球化,电信业的放松管制和技术革新的层出不穷极大地改变了我们的生活方式。

呼叫中心在一些发达国家已经是一个相对独立的产业,不仅有呼叫中心各种硬件设备提供商、软件开发商、系统集成商,还有众多的外包服务商、信息咨询服务商、专门的呼叫中心管理培训学院。每年举办有专业的呼叫中心展会,有专业的呼叫中心杂志、期刊、网站等,从而形成一个庞大的、在整个社会服务体系中占有一定比例的产业。

4. 我国呼叫中心的发展状况

与国外相比,我们在呼叫中心的发展方面要落后大约十年左右,并且离形成一定的规模的产业化还有一段距离。

国内的发展轨迹与国外相似,如果要在三十多年前,甚至更早的时候,找到呼叫中心的影子那非 114 和 119 莫属。这两个家喻户晓的号码实际上是我们接触到的最早的呼叫中心。虽然那时根本就没有采用计算机电话集成技术,但也不能因为设备简陋就不把它称为呼叫中心,因为它们完全符合前面给出的呼叫中心的概念。

在 20 世纪 90 年代初或更早的时候,也有一些公司在开发属于计算机和通信范畴内的产品,不过那时并不知道这就是 CTI(Computer Telephone Integration,计算机电话集成),因为还没有人将这一概念引入国内。随着一些信息台的出现才逐渐将人们的视线引到这一类型的产品上。如果把寻呼业也纳入到呼叫中心的范围,那可以说在 20 世纪 90 年代中期伴随着寻呼业走入黄金时期,呼叫中心曾经有过一段辉煌。但不管是信息台、寻呼台还是后来的一些相类似的产品都不是现代呼叫中心概念的体现。因为它们只是简单地接收呼叫,提供一般的信息服务,并没有存储客户的信息和数据,也不能为客户提供广义上的服务功能。

呼叫中心产业在中国目前以企业自建自用型的客户服务系统为主,它们主要集中在市场竞争比较集中的电信、邮政、金融以及公共服务等行业,比较有代表性的系统主要有中国电信 10000 客户服务热线、中国移动 1860/1861 客户服务热线、中国邮政 11185 客户服务热线、中国银行 95566 客户服务热线以及中国平安保险 95511 客户服务热线等。此外,海尔、联想等中国著名的制造企业也通过 800 免费电话系统建立起了庞大的客户服务网络。企业自建自用的客户服务中心系统规模往往很大,然而它们目前都还普遍缺乏对于成本和效益等方面因素的考虑。一些以外包服务为特色的呼叫中心系统也已建成并投入运营,它们中的相当一部分来自于寻呼业和声讯业的转型企业,目前的规模都还比较小,运营也还处于起步阶段。按照国外呼叫中心市场的发展情况来看,一个成熟的呼叫中心市场(如美国),其电信部门的市场仅占全部市场份额的 10%。而我国电信部门现在却占有 2/3 的市场份额,可见未来的市场潜力还是很大的。

这一行业在中国的快速发展得益于中国经济的快速增长,各个行业中企业竞争日趋激烈,迫使许多企业的经营理念和经营模式发生了根本的转变,由原来的粗放型经营逐渐向集约型经营转变,在产品同质化趋势加强的情况下纷纷打出服务牌,需要借助一定的通信技术快速响应客户需求,加上电话普及率逐年提高、电信资费的下调、互联网的迅速普及和 WTO 等因素的影响,促使中国呼叫中心产业由萌动期向快速发展期演进。

中国的呼叫中心市场在过去的 5 年中持续保持高速的增长,产业的发展不仅在数量上(坐席总数、市场规模)有了较大的突破,其根本的变化表现在产业结构上逐步形成并相对完善,市场活动的参与者(厂商、集成商、咨询培训商、客户、第二方机构)其业务日趋活跃。

1999—2003 年是国内大型客户服务系统建设的黄金阶段,呼叫中心作为提高客户服务质量的重要手段不断引起各行业的重视。在此阶段,对信息化应用程度较高的行业,如金融业(银行、证券、基金、保险)、IT业和以服务导向为驱动市场化行业,如民航、公用事业(自来水、电力、煤气、公交)、报业、家电、商旅服务等行业也开始不同程度地应用呼叫中心提供服务。

2002年是中国呼叫中心形成相对完整产业的一个关键转折点。据赛迪集团研究测算,中国呼叫中心市场在过去的几年中由于国内经济的快速增长、企业竞争和服务意识的提高、电信资费下调、电话普及率的逐年提高以及中国加入WTO等因素的综合影响,其呼叫中心产业在1998—2001年以复合年均增长率(CAGR)38%的速度高速增长。在2002年以后呼叫中心行业进入平稳发展时期,更加偏重于运营管理。2004年下半年开始,企业级呼叫中心的建设需求呈放量增长的态势,由此迎来了中国呼叫中心行业的第二个发展高峰。

2008年的奥运会和2010年的世界博览会以及每年召开的高新技术成果交易会使科技、经济、旅游、文化等方面的交流非常活跃,这为呼叫中心市场带来了新的动力。截止到2009年年底,中国呼叫中心坐席总数达到四十八万多个,市场累计规模470亿元人民币。市场规模在数量上的进一步扩大进而促成产业基础的形成和结构的进一步完善。呼叫中心系统在更加广泛的行业领域被采用,进一步推动了中国全社会客户服务理念的形成,各行业呼叫中心应用的成果已经成为人们每天与外界接触的重要手段之一。

三、实现步骤

第一步:搞清楚什么是呼叫中心

呼叫中心是一种基于CTI技术、充分利用通信网和计算机网络的多项功能集成,并与企业连为一体的一个完整的综合信息服务系统,利用现有的各种先进的通信手段有效地为客户提供高质量、高效率、全方位的服务。初看起来呼叫中心好像是企业在最外层加上一个服务层,实际上它不仅仅为外部客户,也为整个企业内部的管理、服务、调度、增值起到非常重要的统一协调作用。

第二步:了解一下呼叫中心的作用

呼叫中心可以很好地把客户与企业的联系拉近。因为尽管从效率或者成本的角度来讲,完全网络化的人机界面操作实现的交易是最迅速的,也是便宜的。但是,当客户把信任、消费习惯、运输、付款、售后服务等因素进行通盘权衡的时候,纯电子化交易在现在还略显单薄。根据互联网数据中心的调查,在网上购物的消费者在购物车选定好商品以后,最后放弃完成交易的比例高达70%,因为一般人购物前需要一些互动的接触。如果通过方便的呼叫中心,客户或者可以确认网络信息是及时有效的,或者是为习惯于运用电话工具的客户提供了方便的联系渠道。已实施客户关系管理系统的亚马孙书店曾发现,消费者在其网页上放弃完成交易的比例约60%,显示只是单有网站作为电子商务交易的媒介是不够的,因此亚马孙书店不单使用网站作为电子商务的媒介,亦大力扩充其呼叫中心的规模。

从总体上来说，在客户关系管理系统中，呼叫中心为企业发挥的作用包括以下几个方面。

1. 成为企业与客户联系的重要窗口

呼叫中心是企业为客户提供的一个明确且方便的对话窗口，在与客户联系过程中解决客户的困扰，同时也避免干扰企业内部作业。如果没有呼叫中心，客户不同性质的问题必须直接寻求企业中不同部门人员的协助，或牵扯许多的单位往来奔波。而企业如果任由客户打电话到内部单位来联系时常会干扰到内部人员的作业，并且可能造成内部人员忙于日常的工作而给予客户不友善的态度或不一致的答案。企业通过呼叫中心可以为客户提供产品之外更多的附加价值，如个人化咨询服务等，这将有助于协助客户解决问题。

2. 是企业收集客户资料、了解客户需求的关键渠道

企业利用呼叫中心可以全面地接近市场和客户的需求。呼叫中心收集客户的基本资料、偏好与关心的议题，帮助企业建立客户资料库作为分析市场消费倾向的依据；可以收集客户的抱怨与建议，作为改善产品及服务品质的重要依据；企业还可通过呼叫中心的各渠道来了解市场的动向，提早协调后台活动单位来调整市场营销活动等。

3. 是为客户提供优质服务、维护客户忠诚度的中心

优质服务可以增进客户的满意度和忠诚度，促使客户回头购买更多的产品或服务。优质服务依赖于企业听取和响应客户需求的能力。从全盘的角度讲，企业面对客户要有选择地提供个性化服务，就必须借助呼叫中心来完成。呼叫中心收集并利用相关的个性化客户知识，以协助企业了解客户的需求、想法、要求以及客户下一步想做什么等问题。客户关系管理的呼叫中心意味着通过技术的应用将与客户的交流从简单的活动变为对双方都有意义的经历。反过来，这种转换将使企业的业务代表持续提供优质的客户服务，从而为企业建立起一个战略性竞争优势。

4. 从成本（Cost）中心变成利润（Profit）中心

呼叫中心作为提供优质客户服务的有效手段，如果能够真正深入挖掘呼叫中心的潜力，使其由被动接入电话发展为积极的出击，呼叫中心完全可以主动为企业创造丰厚的利润来源。呼叫中心可以根据客户资料向其推荐适用的产品，满足客户的需求，增加销售额。满意和忠诚的客户也可能免费为企业宣传，或推荐他的人际关系来购买或了解，增加更多的新客户，此时呼叫中心将由原来的成本中心变成利润中心。

第三步：知晓一下呼叫中心的发展历程

早期的呼叫中心在业务量不断扩大的情况下越来越难以满足客户的需求。企业希望呼叫中心能从一个简单的电话处理中心发展成为以客户服务为本的"客户服务中心"或"万能联络中心"。现代企业希望呼叫中心能提供每周 7 天、每天 24 小时的不间断服务，允许客户在与业务代表联络时选择语音、邮件、传真、文字交谈、视频等任何通信方式，并希望能事先了解有关客户的各种信息，针对具体情况安排具有特殊技能的业务代表来满足客户的特殊需求。在这种愿望的驱动下，呼叫中心或者说客户服务中心的建立不只是简单地采用了一种服务手段，而是使服务的观念及其方式也发生了巨大的变化，甚至企业整体管理方式与经营模式也将随之改变。

呼叫中心作为一个新型的产业其规模在不断扩大,技术手段也发展得非常迅速,呼叫中心的技术发展历程归纳起来共经历了以下四个阶段。

1. 第一阶段：人工热线电话系统

早期的呼叫中心实际上就是我们今天常说的热线电话,企业通常指派若干经过培训的客户服务人员专门负责处理各种各样的咨询和投诉,客户只需拨通指定的电话就可以与客户服务人员直接交谈。这套系统就是第一代呼叫中心(参见图7-1)。这种服务方式可以充分利用客户服务人员的专长,因而在提高工作效率的同时也大大提高了客户服务质量,其应用范围也逐渐被扩大到民航以外的许多领域。

图7-1 第一代呼叫中心

第一代呼叫中心的特点是：硬件设备为普通电话机或小交换机(排队机),结构简单,造价低,自动化程度低,一般仅用于受理客户投诉、咨询,适合于小企业或业务量小、客户要求不高的企业或单位。目前,没有正式设立呼叫中心的企业、单位一般采用这种方式。第一代客户服务中心系统的优点是：没有采用CTI技术,因此只能提供人工服务,客户的来话无法转接,而且网络及作业系统落后,同时完全依赖于人工服务,不仅使客户服务部门人工成本高而且人员工作强度大,可能会影响服务质量。

2. 第二阶段：交互式自动语音应答系统

随着计算机技术和通信技术的发展,第一代呼叫中心由于基本上靠人工操作,对话务员的要求相当高,而且劳动强度大、功能差,已明显不适应时代发展的需要。因此,功能完善的第二代呼叫中心系统应运而生(参见图7-2)。

图7-2 第二代呼叫中心

第二代呼叫中心是由具有简单排队功能的交换机和自动语音应答系统构成,客户拨入客户服务中心后,可以选择人工服务或自动语音应答服务方式。客户可以根据语音提示选择不同的操作,获得需要的服务,如168信息台。

第二代呼叫中心的优点是：广泛采用了计算机技术,如通过局域网技术实现数据库数据共享；用语音自动应答技术减轻话务员的劳动强度,减少出错率；利用自动分配器均衡坐席话务量,降低呼叫损耗,提高客户的满意度等。但是第二代呼叫中心也存在一定的缺点：它需要采用专用的硬件平台与应用软件,还需要投入大量的资金用于集成和支持客户个性化需求,灵活性差,升级不方便,风险较大,造价也较高。

3. 第三阶段：兼有自动语音和人工服务的客户服务系统

第三代呼叫中心是在第二阶段的基础上引入CTI即计算机电话集成技术,实现数据与语音的融合,从而实现了人工处理与计算机自动应答之间的有机结合,在系统中实现自动话务分配、预测拨号、客户资料显示等功能。这样客户服务系统可以根据客户资料和客户选择等信息为客户提供高效的和个性化的服务。目前国内外厂家推出的客户服务中心系统均属于这种类型,是目前客户服务中心的主流。与第二代呼叫中心相比,第三代呼叫中心采用CTI技术实现了语音和数据的同步,主要采用软件来代替专用的硬件平台及个性化的软件。由于采用了标准化的通用软件平台,呼叫中心成了一个纯粹的数据网络(参见图7-3)。

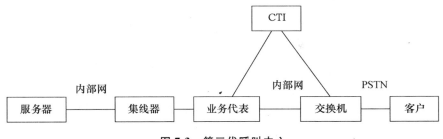

图 7-3　第三代呼叫中心

第三代呼叫中心的优点是:采用通用软硬件平台,造价较低;随着软件价格的不断下调,可以不断增加新功能,特别是中间件的采用,使系统更加灵活,扩容升级更加方便;无论是企业内部的业务系统还是企业外部的客户管理系统,不同系统间的互通性都得到了加强;同时还支持利用远程代理技术实现虚拟呼叫中心功能。

4. 第四阶段:客户互动中心

随着时代的发展,企业在社会中的作用从提供产品转变为提供服务,企业之间的竞争也从产品竞争发展到了服务竞争的新格局。企业的社会作用和竞争模式的改变导致企业提高了呼叫中心的作用和地位。企业建立呼叫中心的目的就是利用先进的科技手段和管理方法让客户服务质量得到一个质的飞跃,并逐步形成以市场和客户服务为中心,带动企业各相关产业的迅速发展的局面。因此,新一代呼叫中心——客户互动中心(Customer Interactive Center CIC)出现了(参见图7-4)。

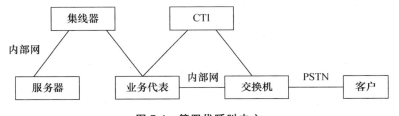

图 7-4　第四代呼叫中心

第四代呼叫中心CIC完全提供了前三代呼叫中心所具有的语音交换功能,同时利用了集成的IP交换功能,能够完全支持计算机的网络服务。CIC的技术优势使它真正实现了对多媒体应用的支持,从而完全脱离了传统的呼叫中心所固有的单调的表现形式。同时,由于技术的支持,CIC改变了呼叫中心和客户之间的关系。传统的客户中心只能被动地由客户来呼叫,信息流是单向的;而CIC支持多种媒介的交互方式,使得呼叫中心能主动地为客户提供各类服务,从而使两者之间能够真正实现互动。CIC可以伴随业务的进展而快捷地定制和追加应用功能,以最短的时间增加客户服务的内容,从而保证能够始终领先于其他的竞争者,摆脱传统交换机方案所无法回避的复杂系统集成工作。客户可以把宝贵的时间和精力以及投资专注于企业业务的完善和拓展方面,而不是浪费于复杂的系统集成上。CIC 最大限度地提高了客户的自主性,其完全开放的系统平台可以和客户现有的 Mail 服务器、Web 服务器、数据库以及业务应用系统紧密集成,有效地保护了客户以往的投资,最大限度地提高了系统集成的效率。

CIC 采用了和前几代呼叫中心完全不同的技术,特别是充分利用了先进的计算机技术和网络技术,因此具有以下几个特点。

(1) CIC 不仅仅专注于话音处理,而且更顾及到与客户的多媒体互动(Multi-media Interactions)。

(2) CIC 设计重点集中在应用层面上,使得呼叫中心能够更加切合企业的要求及更有效地配合企业客户关系管理的进程。

(3) CIC 系统采取了开放式设计,大大提高了系统的灵活性,同时又加强了与其他系统的整合性。

(4) CIC 基于通信服务器平台,采用模块化结构,与接和交换技术无关,可以平滑地进行呼叫的升级。

案例 7-1 中国银河证券打造规模最大呼叫中心[①]

2004 年 6 月,银河证券与信雅达合作,打造证券业规模最大的呼叫中心系统——1200 线集中接入的银河证券上海客户服务中心再次刷新纪录。

作为全国规模最大的综合类券商之一,银河证券长期致力于利用先进的信息技术整合公司资源、提升企业形象和市场竞争力。在信雅达建设的银河证券上海总部客户服务中心一期系统成功运营的基础上,为了有效整合上海地区的线路和服务资源,配合集中交易系统的建设,作为此项目的二期扩容,此次双方再次携手,在华为 Intess 平台上建设区域集中的客户服务中心系统,系统融合了电话、传真、短信、电子邮件等媒体渠道,是稳定可靠的交换机平台与信雅达成熟的CTI整合能力的完美结合。利用信雅达功能强大的业务支撑系统,实现非现场交易、查询、专家咨询、消息定制等客户服务功能,在做到数据和管理集中的同时,为银河证券上海地区 24 家营业网点客户提供全方位的优质服务。利用信雅达全面的运营管理分析系统,为客户中心管理人员提供客户分析和坐席管理工具,为银河证券的主动营销服务提供有效的数据来源和服务手段。

第四步:了解我国呼叫中心的未来发展

2004 年 1 月的《福布斯》杂志预测了"2004 年全球 12 大经济趋势",其中一条称"资源外流:众多白领职位和呼叫中心将持续流入低成本的发展中国家",由此可见呼叫中心在未来将成为一个重要的 IT 产业的分支。预测呼叫中心及 CTI 产业的未来主要热点包

---

① 资料来源:王广宇,《客户关系管理方法论》。

括以下几个方面。

1. 中国呼叫中心产业伴随 IT 产业回暖进入第二个发展高峰

呼叫中心产业将伴随 IT 行业回暖、客户关系管理理念日益深入人心、CTI 技术日益成熟,加上电话普及率提高、电信资费下调、互联网普及等因素影响,在 2004 年获得快速发展。企业"e"化与 IT 管理研究机构于 2004 年预测,未来几年,中国呼叫中心市场增长速度将在 20% 以上。截至 2007 年年底,中国呼叫中心坐席总数达到 34 万个,市场累计规模为 349.5 亿元人民币。

2008 年金融危机以来,国家采取了一系列宏观调控政策,为我国呼叫中心行业提供了较为宽松的国内发展环境,使该行业从 2008 年下半年以来的困境中得到了缓解和恢复。我国呼叫中心行业也在加快产业结构调整、转变发展方式,为行业持续发展提供了动力和支撑。在全球经济不景气、国际市场持续低迷的情况下,我国的呼叫中心行业仍然呈现出了良好的发展势头。

2. 国内呼叫中心行业标准趋于成熟

2003 年 11 月,中国信息化推进联盟客户关系管理专业委员会颁布了《全国呼叫中心标准体系》(CCCS-2003),掀开中国呼叫中心行业标准新的一页。随着未来几年国内呼叫中心行业的兴起,政府和有关机构主持制定的行业性指导原则和规范逐渐成熟,对国内的呼叫中心建设和运营担负起指导作用。

3. IP 分布式呼叫中心持续升温

IP 分布式呼叫中心(IP Distributed Call Center)完全采用 IP 内核的一体化设计,能够帮助企业构建统一的语音和数据接触平台;客户可以用普通电话、手机,也可用 Web 网页、IP 电话、传真、电子邮件等方式取得服务。预计未来 IP 分布式呼叫中心将会持续升温。

4. 集成新型技术的"客户联络中心"替代传统呼叫中心

由于技术的进步,始于 20 世纪 60 年代的传统电话呼叫中心已不能适应客户服务的需要,未来几年,集成应用了更多新型技术的"客户联络中心"(Contact Center)将在许多行业超越和替代传统呼叫中心。"客户联络中心"应用的新技术包括 VoIP、Voice-to-Testfiles、Unified messaglng 等。

5. 金融、电信、公用事业等率先走进客户关系管理时代

进入 WTO 后,中国的金融、电信和公用事业等受保护最久最严的行业也加快了开放进程,市场格局变化激烈,信息化在企业运营成本、客户资源以及获利能力中优势日益显现。能否建立一个具有弹性和高效的、包括呼叫中心在内的客户关系管理系统成为增强客户忠诚度、提升自身的核心竞争力的关键。呼叫中心和客户关系管理在金融、电信和公用事业受到更加的重视。

6. 呼叫中心培训和咨询市场快速成长

从 20 世纪 90 年代中期开始呼叫中心培训咨询业务伴随技术市场悄然兴起。第三方的呼叫中心培训和咨询业务随着产业链条的完善进入成长时期,"企业内训"、"公开课"和"运营咨询"为主的传统服务,以及项目辅导、认证服务、职业资格培训、高等职业教育、人员外派、技术咨询、技术监理等新型服务形式将不断涌现,成为新的一年中呼叫中心产业的重要力量。

7. CTI标准化程度进一步提高

CTI产业发展中遇到的一大障碍即是技术的标准化程度不够,厂商、集成商和客户都还在一种相对混乱的局面中摸索。CTI技术会在标准化、规范化方面迈出重要一步,如呼叫中心中间件产品的出现,支持业内开放的、标准的、通用的基础软硬件架构的成熟,都是重要的技术标志。

8. 业务驱动替代技术拉动,旧系统改造成为热点

经过多年的呼叫中心建设,中国主要行业多拥有自建的呼叫中心,但由于建设初期考虑解决以客户咨询、投诉为主,随着时间的推移,对呼叫中心所能提供的服务质量要求更高、响应速度要求更快、内容要求更全面。企业对原有呼叫中心系统进行扩容、技术升级、异地联网、资源共享、业务扩充、应用客户化会成为热点,但前提是客户需求以业务驱动为主,而非技术拉动。

9. 外包和SME市场兴起,应用企业更注重与IT系统的整合

新的呼叫中心市场需求如众多中小规模企业(SME)会选择外包的方式,也将成为重要发展趋势。多数应用企业由于自身已具备一定的信息化水平,对呼叫中心与IT系统的整合更为关注,更为关心呼叫中心的实施效果,对ERP等整合也有强烈的需求。

10. 人力资源问题显现,客服代表的招聘和筛选成为瓶颈

呼叫中心行业的发展离不开一大批具有专业技能的服务人员。对于许多的企业来讲,"为什么招聘回来的客户服务代表都不是我要的人"是共同的心病。将来是否有更多的专业人员投身到呼叫中心行业中将是决定产业发展的关键。呼叫中心客服代表的招聘和筛选将成为整个呼叫中心产业中的重要一环。

四、案例分析

花旗银行台湾分行的呼叫中心[①]

从1989年10月,英国米兰银行开创了世界上第一家电话银行,1995年10月在美国诞生了世界上第一家网上银行"安全第一网络银行"以来,眼下全球至少有超过3000家的银行提供基于电话和网络的金融服务。对于银行来讲,现代呼叫中心本身的含义应该是一种充分利用通信网和计算机网的多项功能集成,与企业各业务渠道连为一体的完整的综合信息服务系统,能有效、高速地为用户提供多种服务在银行信息化实践中,对电子化业务渠道的推出,首先即是建设电话银行(Call Center)。电话银行应用了一系列先进IT技术,如CTI(计算机电话集成)、ACQ(呼叫分配)、IVR(交互式语音应答)以及计算机网络应用,相互进行语音与客户数据资料的同时转接,使计算机、电信系统和银行业务系统相结合,为客户提供高效便捷的服务。

花旗银行是世界第一大银行,在与旅行者集团合并后,其市价一度高达300亿美元以上。花旗以其卓越的声誉和优质的服务成为世界银行业当之无愧的领头羊。但花旗银行进入我国台湾地区的时间很晚,因此在台湾金融行业中并没有经营网点的优势,截

---

① 资料来源:王广宇,《客户关系管理方法论》。

止 1999 年 8 月花旗银行在全台湾地区只有 10 家分支机构。因此，如果仅靠经售网点吸引办理业务的客户，花旗将可能达不到营业网点的成本界限，同时网点少也让许多既有的客户深感不便。在花旗台湾分行考虑自身发展时，其管理者认为网点在现代金融行业竞争中的地位已大大下降，一方面，客户渴望能得到随时、随地、随身的金融服务；另一方面，与银行提供金融服务的多种渠道相比较，电话中心是比较适合当前客户的应用需求，也是相对低廉的方式。花旗银行内部评估了多种金融服务方式的成本，认为每位客户的理财成本到银行网点办理为 120 元，通过电话由专人提供理财为 60 元，自动提款机为 20 元，电话语音系统为 10 元，网络银行为 5 元。根据银行客户的情况和市场环境以及网络的发展，花旗台湾分行决定先行建设呼叫中心，为客户提供电话银行服务来弥补自身网点较少的缺陷，并力争获得更多的客户资源。

花旗台湾银行建成的呼叫中心里约有二百八十位专业电话理财员，每月为 120 万人次的客户提供服务。顾客只要打一个电话就能办理银行信息的查询、确认等业务，理财、转账和基金、外汇买卖等工作则由电话理财员来办理。花旗采取了各种方式提高理财人员的服务水准，首先，呼叫中心的每位理财人员都经过严格的银行业务培训和谈话技巧的训练，其次在呼叫中心内部实现客户知识的积累和共享相对方便和快捷，再次如果有问题呼叫中心监听服务电话的主管会随时就需要改进的电话提出建议，从而使呼叫中心无论在规模、响应速度、服务质量、运营效率还是成本方面都达到一个相当高的水平，具备了自己的优势。花旗台湾银行的呼叫中心也因此曾被评选为亚洲最有创意和经营效率的话务中心。

为了保证呼叫中心能持续保持高水准的服务并不断改善运营质量，花旗银行台湾分行制定了一系列的指标来衡量和评价呼叫中心的运营情况，这些指标包括接听电话的平均时间、电话未接通比率和占线率、电话平均等待时间、自动语音系统的处理问题比率和反应、服务人员回答的正确程度以及客户满意度等。银行根据这些可衡量的指标进行调查和分析，并对照指标采取改善措施。

花旗银行台湾分行不仅把呼叫中心视做服务的主要渠道，更要求中心与营销等业务结合，同时能为银行管理者决策提供参考意见。在支持业务方面，银行要求话务人员不仅要正确解答顾客的问题，还要千方百计为顾客提供额外的服务。即使在处理顾客投诉时也要态度良好，不能引起顾客的不满，或要尽量挽留客户。此外银行还与快递公司合作，为顾客提供送货到门的快递服务等。在支持决策方面，呼叫中心可为管理者提供市场和客户状况的监控、分析和报告，比如有一段时间呼叫中心的话务量大增，经分析是因为当期花旗新出台的信用卡利息办法让许多的银行客户有意见，银行决策者得到这个信息后就可以采取正确的措施来改进工作。

问题：请你谈一谈呼叫中心的建立和完善对花旗银行发展的影响。

五、复习与思考

1. 什么是呼叫中心？它的产生对企业具有怎样的作用？
2. 现代企业常采用第几代呼叫中心？其主要功能是什么？

任务 2　熟悉呼叫中心的工作流程

一、任务目的和要求

★ 任务目的

信息及通信技术的发展推动了呼叫中心的发展,首先要了解呼叫中心的关键技术,这样才能对呼叫中心的工作过程有一个全面的理解,对今后从事呼叫中心的工作也会具有一定的帮助。

★ 任务要求

了解呼叫中心的关键技术及工作过程。

二、相关知识

信息与通信技术(Information&Communication Technology,ICT)推动了呼叫中心的发展。程控交换机的出现使得电话通信成本大幅度降低,电话普及率迅速提高,同时也为呼叫中心处理大量的电话提供了可能。自动呼叫分配技术(Automatic Calling Distributor,ACD)的出现使来话管理更为科学和有效,呼叫中心可以有针对性地处理各种不同类型的、不同需求的呼入电话;随之出现的交互式语音应答(Interactive Voice Response,IVR)技术可以使呼叫中心节省大量的人力从而极大地降低了呼叫中心的运营成本。计算机电话集成技术的应用使得呼叫中心的服务更具人性化,同时也使得呼叫处理的效率极大地提高。数据库技术在呼叫中心的应用不仅使话务代表为客户提供的服务更为全面、准确,而且还使得呼叫中心能在为客户提供服务的同时获取对企业有极大价值的客户需求信息。

目前,更多的呼叫中心都采用了 CTI 技术。但是需要明确的是,并不是使用了 CTI 技术才是呼叫中心。呼叫中心的出现远远早于 CTI 技术的产生,现代呼叫中心虽然大多应用了 CTI 技术,但是 CTI 技术并不是呼叫中心所必需的。换句话说,没有用到 CTI 技术的呼叫中心也是呼叫中心。如一个完全由众多的中继线和单独的电话机组成的系统,没有 CTI、ACD、IVR 等技术,就是一些人员用简单的电话来进行所有的操作也必须把它叫做呼叫中心。而我们所研究的呼叫中心的关键技术是指应用了 CTI 技术的呼叫中心。

从系统构成上讲,呼叫中心的基本组成部分包括:交换机/排队机(PBX/ACD)系统、计算机电话集成中间件(常被称为 CTI 中间件)、交互式语音应答系统(常被称为 IVR 系统)、呼叫管理系统(Calling Management System,CMS)、业务计费系统、管理/统计系统、客户关系管理系统、坐席计算机系统、录音系统、培训系统和知识库系统等。通常情况下还有多种应用服务器,如 Web 服务器、E-mail 服务器、Fax 服务器等。

此外,呼叫辅助系统还会包括来话呼叫管理系统、去话呼叫管理系统、劳动力资源管理系统、壁板、文语转换系统等。

从技术构成上讲,呼叫中心的核心技术包括ACD、IVR、CTI中间件,统一消息,知识库,语音合成与识别,录音监控以及基于软件的多种应用服务模块,如Web功能、E-mail处理系统、文本交谈系统、网页同步、即时通信等。

(一) 自动呼叫分配系统(ACD)

1. ACD概述

自动呼叫分配系统(ACD)是现代呼叫中心有别于一般热线电话系统和自动应答系统的重要标志,也是决定呼叫中心规模以及系统质量的重要部分。目前生产ACD的也就是生产程控交换机的著名厂商如华为、北电、西门子、AVAYA等。

ACD是现代呼叫中心的核心系统,它极大地提高了呼叫中心的劳动生产率。ACD能按照预先设定的策略将大量、并发的呼叫合理地分配到相应的坐席去。ACD与其他呼叫中心技术的集成可以使得在全网中的各个ACD看上去像一个单一的交换机一样。ACD更适合为大量的、来自各方的呼入型呼叫分配路由。使用ACD可以保证人力资源能得到更加有效的使用,甚至可以按照应用的需要创建自定义的分配模式。ACD可以将电话呼叫、Fax呼叫、E-mail呼叫、Web文本交谈、IP电话、手机短信等进行统一排队和分配。高级的ACD能够定义优先级队列,根据呼叫中心坐席员不同的技能等级进行分配。

ACD一般包括两个功能模块,即排队模块和呼叫分配模块。排队模块可以实现留言排队、重要客户优先排队等增强排队功能,此外,还可以在客户排队时向客户通知排队状态,如目前在队列中的位置、预计等待时间等。呼叫分配模块可以将呼叫中心坐席员按技能和技术熟练程度进行详细分组,并与CTI路由模块结合,实现专家呼叫中心坐席员选择,保证客户得到最合适的呼叫中心坐席员的服务,对于重要客户还允许其直接呼叫中心坐席员。

2. ACD的核心功能

(1) 呼叫流程控制。

系统对于每个呼入电话设置应答的流程。流程是通过一些专用的命令组成的脚本,客户可以自由编写各种呼入电话的处理逻辑和流程,如按时间分配呼叫;提供简单语音菜单选择、录制并播放各种提示语音;在等待时播放音乐或铃声;检查各个队列状况等。一旦确定呼叫的最终目的地,呼叫即进入等待队列(或称技能组)。

一个呼叫中心同时处理宾馆预订、机票预订、旅游线路预订等电话预订服务,同时开设专门客户服务专线,接受各种咨询、投诉,还有一些特别的服务内容,如广东话服务、大客户服务等。系统可以根据各个部门的被叫号码、服务时间、服务要求设置不同的处理流程,保证每个呼叫能及时、准确地到达相关的服务人员。

(2) 技能分配。

系统对于呼叫分配和坐席选择是通过技能和技能组来实现的。系统按照业务种类设置各种技能组,呼叫中心坐席员被分配一个或一个以上的技能,同时还可以对每个呼叫中心坐席员的技能设置优先级。当一个呼入电话被转到一个技能组时,优先权较高的坐席代表优先接听该电话,而在优先级相同的情况下,可以设置多种算法进行分配(如平均分配、空闲分配等)。

呼叫中心按照部门、业务种类设置了不同的技能组,在每个技能组中按照呼叫中心坐席员的工作职责、业务能力设置不同的优先级,同时还设置了一些专门的技能组(如专家组、外语组)以接听特殊的电话。

(3) 预测等待时间。

利用这项技术可以在呼叫处理流程中编写相应的程序,根据交换机计算的时间提示客户需要等待的时间。如果等待时间过长,可提示客户在较空闲的时间拨打,以节约客户等待的时间。

除了这些功能外,ACD 系统还可以提供以下功能。

(1) 提示功能。

呼叫进入排队机后可以设置成直接振铃,或播放一段提示语音后进入排队状态。

(2) 呼叫转移。

当坐席无法处理当前问题时可以通过按指定命令将来话转移至另一座席或到另一外线电话。

(3) 话务统计。

排队机可以进行呼叫总次数、呼叫接通次数、呼叫未接通次数、平均呼叫等待时间、平均处理时间等统计工作。

(4) 监听。

在授权情况下,可监听其他坐席通话或进行三方通话。

(5) 坐席提示。

呼叫进入坐席时提供振铃提示和拨号音提示。

(二) 计算机电话集成(CTI)

1. CTI 概述

CTI 即计算机电话集成,是随着电信技术和计算机技术的发展而产生和发展的。随着两者的逐步融合,计算机领域引入了通信技术,电信设备中也增加了计算机技术的应用。这就诞生了 CTI 这个横跨电信和计算机两大领域的新技术。CTI 技术从诞生开始就随着电信和计算机技术的发展而不断发展。如今,它已经演变成了不仅仅是计算机和电话的结合,而且还支持传真、互联网、视频、语音邮件等媒体的通信形式,从而成为计算机与电信的融合。这种计算机电话集成技术的发展从简单的语音信箱应用开始,很快发展了智能网业务、IP 电话技术、Ant 语音技术、统一消息技术、交互式会话系统等,其中 IP 电话和交互语音应答 IVR 技术是目前发展最快和应用前景最为广泛的两种技术,并且已经逐步渗透到无线通信网络和多媒体网络中。

CTI 服务器是现代呼叫中心的控制中心。CTI 服务器是一台与交换机相连、安装了 CTI 软件中间件的计算机,它通过接收来自交换机的事件/状态消息、向交换机发送命令,实现计算机对整个呼叫中心的全面管理。同时,CTI 服务器屏蔽了交换机与计算机之间复杂的通信协议,向上提供统一的编程接口,使开发人员能方便地开发呼叫中心的各类应用。CTI 服务器一般由电话服务单元、安全数据库和电话服务库等组成,使交换机和计算机系统实现信息共享,传送、转发、管理各类呼叫相关的数据,并根据呼叫者、呼叫类别、客户服务等级、呼叫所处的时间段和呼叫中心的通话状况等来选择呼叫路由和更新数据库,实现同步语音与数据的传送、协调语音与数据的转移、智能路由等功能。

2. CTI 中间件在呼叫中心中的典型应用

(1) 弹出式屏幕菜单。

将电话与计算机数据库相连,当客户来电时,客户的主叫信息与呼叫一起被传送到数据库,并随着铃声的响起而把客户的资料同步显示在坐席代表的显示屏幕上。

(2) 协调话音与数据转移。

将来话从一个坐席转接到另一个坐席时,可以将话音与屏幕上的数据同时转移到其他的坐席上。

话机控制功能可以通过客户端的应用程序来实现所有话机功能,呼叫中心坐席员只需集中在 PC 屏幕上进行各种来话操作,如可通过基于 Windows 的图形界面单击各种图标完成来话应答、转接、会议、释放、前转等一系列功能。

(3) 智能拨号。

可以由计算机控制发起一个呼叫,然后再接通相应的坐席。

(4) 计算机增强路由控制。

可以由计算机根据主叫、被叫等一系列信息对来话进行路由控制,从而根据来话类别接通至相应的坐席组。

(5) 计算机增强话音控制。

可以由计算机根据主叫、被叫等信息对来话提供相应的语音处理,如不同的主叫或被叫提供不同的录音播放等。

(三) 呼叫管理系统(CMS)

呼叫管理系统(CMS)就是负责记录和汇报呼叫中心内各种和呼叫有关的数据的管理系统。和自动语音应答系统、互联网呼叫中心、呼叫预拨系统、录音系统等一样,CMS是目前呼叫中心解决方案中不可缺少的一环。根据管理呼叫中心的结构组成,CMS可以分为单点呼叫管理系统(为集中式呼叫中心服务)和组网呼叫管理系统(为分布式呼叫管理系统服务)两种。

一套标准的 CMS 能够提供的功能包括以下几类。

1. 对呼叫进行监控

监控、记录和统计各种呼入、呼出的相关数据,包括次数和时间等。

2. 对坐席进行监控

监控、记录每个坐席的工作情况,包括每一次操作的细节以及对坐席工作表现的总结。另外,可以显示出每个坐席实时的工作状态,如通话、示闲、示忙等状态。

3. 对 ACD 组进行监控

能够从全局的角度记录一个 ACD 组的整体工作情况,包括整个 ACD 组的工作强度和服务质量。

4. 对整个呼叫中心进行监控(仅适合于组网呼叫管理系统)

如果 CMS 面向分布式呼叫中心,那么 CMS 应该可以对连接在一起的每个独立呼叫中心进行信息监控,包括被监控的呼叫中心整体呼叫量、坐席人员整体表现等。

通常情况下,一个CMS还要包括诸如大屏幕、信息公告牌、信息滚动条等电子系统,进行管理信息的公布。

(四)交互式语音应答(IVR)

交互式语音应答系统又称语音应答单元(Voice Respond Unit,VRU)或自动语音应答设备。交互式语音服务是呼叫中心实现自动服务的重要手段,通过IVR可实现语音菜单提示、按键识别(如输入卡号)、自动语音报读等,更先进的功能还可以实现自动语音识别。交互式语音应答系统提供自动语音服务,是企业为客户提供的自助服务的主要设备。IVR系统实际上是一个"自动的业务代表"。系统采用客户导向的语音目录,根据客户选择(通过电话键盘或语音)完成相应的信息查询和命令执行,所以可以说是通过电话机的按键控制计算机。通过在IVR后端连接数据库,IVR系统能为客户提供动态的、实时信息。如果呼叫最终转入人工坐席,系统可将用户在自动语音服务流程中输入的信息(如输入的卡号)传送到呼叫中心坐席员的电脑上,以提高呼叫中心坐席员的工作效率,减少重复输入工作。作为企业客户服务的前端,IVR系统可引导客户到达指定的呼叫中心坐席员,使客户得到及时、准确的人工服务。目前典型的IVR系统是电话银行、证券电话委托等。

现代呼叫中心的业务特点是呼入电话主要由人工接听,系统中语音自动服务的内容较少。因此,IVR系统主要实现了菜单提示、按键识别、自动报读呼叫中心坐席员工号、语音留言以及结合呼出系统的录音播放等功能。IVR的自动语音服务流程一般是通过可视化的流程生成器完成设计工作的,可根据要求设置各种语音服务流程,包括判断和复杂的逻辑关系,同时具有与数据库连接的功能,可根据数据库的数据动态控制语音服务的流程。

通过IVR系统,客户还可以通过电话索取传真资料(Interactive Fax Respond,IFR)并使用留言信箱的功能;支持常见问题应答(Frequently Asked Questions,FAQ)自动语音咨询和管理;系统可定制和随时修改呼叫流程并实现语音导航,遇忙有提示并播放音乐或广告信息;当客户在系统中等待时间超过一定时段时,系统给客户"继续等待/放弃/留言"的重新选择机会。

使用IVR可以使客户24小时、365天(24×365)随时都能得到信息服务,提高了服务质量,并可以协调客户的操作过程。如果在呼叫中心使用了IVR系统,大部分的呼叫就可以实现自动化,据估算这样可以节省60%的费用,同时还能减轻呼叫中心坐席员的负担,使他们能从事更重要的客户服务工作。

随着语音识别技术的不断突破,现在的IVR系统还可以和语音识别相集成,通过直接的语言输入就可以操作计算机系统。这对IVR来讲无疑扩大了应用的范围,因为一般的电话机上毕竟最多只有16个按键。这种语音识别的IVR系统在航班查询、银行账户查询、转账、外汇查询、证券委托、公用事业费用查询和通知等领域具有广泛的应用。

(五)自动外拨系统(AD)

自动外拨系统(AD)是呼叫中心实现主动呼出的重要业务系统之一。呼叫中心的呼出系统一般分为预览呼出（Preview Dialing）和预测呼出（PredictiveDialing）。预览呼出是指呼叫中心坐席员先在计算机上预览呼出电话的情况，如电话号码、客户资料等，然后再由系统呼出电话并进行处理的操作。预测呼出是由系统根据预先设置的条件生成呼出电话队列，由系统根据当前的系统状态（如中继线的忙闲程度、坐席的空闲情况等）自动进行拨号，然后将接通的电话转移到空闲的呼叫中心坐席员分机上，同时通过CTI将该电话的信息同时显示在呼叫中心坐席员的屏幕上，业务代表可根据系统显示的内容直接开始和客户进行交谈。若外拨没有拨通，系统可自动重拨，亦可自动侦测外拨后忙音、无人接听等信号做相同后续重拨处理，重拨次数可自行设定，接通后再转接给值机人员处理，提升外拨及人员处理效率。普通的呼叫中心较多采用第一种方式，而一些专业的呼叫中心，尤其是规模较大的呼叫中心通常采用预测呼出系统进行电话营销、市场调查等活动，这样可以最大限度地节约业务代表的时间，提高工作效率。

通常情况下，AD主要分为以下两大单元。

1. 活动管理

活动管理（Campaign Management）可以规划并管理外呼活动，使用者可自行设计行销、推广、调查等相关活动内容，并形成呼叫列表（也称为客户清单）。通常情况下，活动管理还要规定呼出时间、判断策略、成本计算等模型。

2. 外拨处理

外拨处理（Outbound Call）通过预览外拨（Preview）和预测外拨（Predictive）完成呼叫工作。并可搭配客户资料分析对比机制，依据客户消费习惯进行分析对比，区分客户等级，进行外拨，亦可透过此机制让设计活动者参考设计出最有竞争力的活动。

（六）数据库服务器

数据库服务器是呼叫中心的数据中心，存放呼叫中心的各种管理配置统计数据、呼叫记录数据、客户联系管理信息的数据库（如电话号码、联系方式等和为客户提供过服务的各种历史数据库），以及提供各种业务信息资源数据库（如号码资源、话单信息、用户投诉、建议及相关处理等各种信息）。有些数据为本地数据，有些数据还需定期从业务数据库复制到呼叫中心数据库或通过应用网关从业务系统数据库中联机检索得到。

数据库服务器一般具有高性能、高可靠性、可扩充性、开放性、安全性等特点，大型的呼叫中心的数据库一般选择双机热备的多CPU服务器硬件平台，或集群解决方案，外接大容量的磁盘阵列。数据库系统一般采用企业级数据库软件如MS SQLServer、Oracle、Sybase、DB2、InformiX等。

客户资料数据库是呼叫中心系统最核心的价值之一。通过长期呼叫服务的积累，逐渐收集并拥有齐全的客户资料，可以帮助企业开展主动的营销和直销，发现市场趋势及掌握市场状况。

数据库系统是呼叫中心开展客户关系管理的基础。收集客户服务数据并加以分类加工，通过数据挖掘、数据仓库和CTI技术完成数据分类，实现对多方面性质的客户数据信息的整理工作；然后将其分析、加工、整合，通过数据挖掘或数据归档等分析技术协助发现，更好地判断客户的性质、类型和需求趋势，形成完整的客户数据分析报告。

显然，数据也是重要的资源，可以向特殊的用户提供租用或购买。在一个采用数据库的呼叫中心系统中,当同一个客户再一次打进电话的时候,系统会自动显示为该客户前次服务的全部记录,客户服务人员可以与客户开始愉快的交流。

在对外提供服务时,如果要用到已有的数据库和信息管理系统里的信息,就会涉及原有系统主机的数据集成问题。这种集成通常有以下三种方式。

1. 直接的远程数据库访问

这种方法适用于数据安全性要求不高或同为企业内部资源、拥有足够的网络带宽来满足预期的访问量等情况。

2. 由本地获得日常呼叫所需的数据

通过准确的周期性从原有系统主机上的数据库向本地数据库更新数据。这种方法适用于数据访问实时性要求不高,从安全角度上考虑不允许呼叫中心直接访问其他系统主机或数据库的情况。

3. 访问非开放式平台的数据

对于采用专有系统(非开放式)的主机,通过一个"应用代理"程序,连接呼叫中心服务器和系统主机数据库,对非开放式平台的数据进行访问。这种连接方式逐渐成为呼叫中心与企业其他应用数据交互的主要方式,是一种比较安全、接口简单、系统关联性小的解决方案,尤其适合外包呼叫中心的应用。

三、实现步骤

学习完典型呼叫中心的主要技术,下面我们进一步分析和描述一个典型客户呼叫的智能路由处理的全过程。

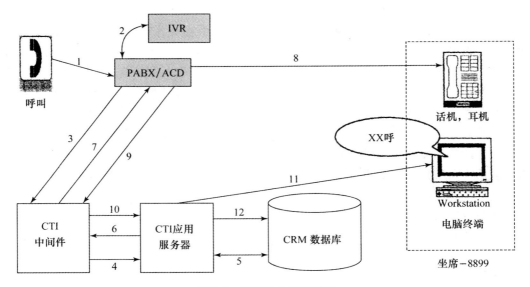

图 7-5 呼叫中心处理过程

图 7-5 描述了一个呼叫中心处理过程的全部结点以及信息流向(假设 IVR 与交换机集成),下面我们对每一步骤进行说明。

第1步：客户呼叫企业交互机，交换机通过ANI、DNIS获得关键号码。

第2步：如果有IVR设备，交换机记录客户按键信息。

第3步：交换机将上述两步获得的号码信息、按键信息传递给CTI中间件服务器。

第4步：中间件服务器转换信息格式，向CTI应用服务器发送。

第5步：CTI服务器根据输入参数执行业务路由逻辑，如执行数据库存储过程以搜索最佳坐席代表。

第6步：CTI将执行结果（最佳代表8899）返回至CTI中间件。

第7步：CTI中间件将最佳代表8899告知交换机。

第8步：交换机将来话导向分机8899。

第9步：交换机向CTI中间件告知"交换完成"信息。

第10步：CTI中间件向CTI应用服务器传达"交换成功"信息。

第11步：CTI应用服务器向坐席电脑终端发布各种数据信息，如"自动弹出呼叫提示"、"自动调出呼叫客户信息视图"等功能组件。

第12步：CTI应用服务器将"开始通话状态"写入呼叫跟踪文件，以今后备查的需要。

从上述流程示例中我们可以看出，呼叫中心必须负责将"语音"和"数据"两路信息同时送达最佳坐席。交换机通过CTI与计算机集成，利用计算机的强大处理能力，使企业可以按照实际需要设计出相应的呼叫路由逻辑同时向客户端传送处理特定呼叫所需的各种即时信息。客户代表拥有这种自动化工具可以极大地提高工作效率，减少客户等待时间或重复呼叫次数提高客户满意度。

四、案例分析

美国艾克公司的eCRM系统[①]

通过美国艾克建置的eCRM平台，易网通商旅建立了统一的客户服务中心，该中心具有咨询功能，还包括销售功能和企业市场计划功能。

客户通过越来越多的途径接受企业的服务，他们最看重的是服务的质量和效率，所以采用整合多种媒体渠道的服务平台是必然的趋势。对于企业来讲，充分利用多种媒体的交叉和综合，特别是利用最廉价的网络资源是降低服务成本的重要途径。易网通商旅通过网络进行在线热销活动，通过相应的促销手段，迅速扩大网络销售的比例，占领市场。同时，还建立邮件回复统一数据及销售技术统一资料，通过群发邮件拓展业务。

对于高端用户来讲，他们需要企业为他们提供最方便快捷的服务，甚至是度身定制的服务。通过美国艾克的eCRM系统，易网通商旅找到了对企业贡献度高的客户群，建立了相应的机制，回返贡献度高的客户，做到有的放矢，提高客户忠诚度。易网通建立了多种业务项目、多种客户群组的统一客户数据库，并通过分析结果划分了企业客户群体，

---

① 资料来源：杨路明、巫宁，《客户关系管理理论与实务》。

制订不同的销售计划。如根据对预订折扣机票的敏感度,推荐相关的机票打折信息和相应的积分制;根据对航空公司及航行时间或酒店的偏好,向客户推荐客户喜欢的航班或酒店等。

通过建置美国艾克的 eCRM 系统,易网通公司的企业整体信息化建设更加完善,销售、管理系统更加规范。美国艾克的 eCRM 系统可以同下单系统直接连接,可以实时地将客户资料直接发送到后台的下单系统,进行即时快速的下单交易过程。企业负责人可直接浏览客服专员在服务过程中交办给销售部门的代办事项,并进行及时处理;主管可及时监控客户服务后续工作的绩效。易网通公司实施美国艾克公司 eCRM 系统前后状况对比参见表 7-1。

表 7-1 方案实施前后对比

对比项目	实施前	实施后
服务时间	7×8 小时专职服务	7×24 小时自动语音服务
智能话务分配	无	有
客户资料管理	个人整理、使用	系统自动记录每一次问题解答过程,并可以共享
对重点客户的支持	仅靠主管人员掌握	自动化,通过定制的流程和业务规则加强对重点客户的支持力度
统一服务口径	不容易做到	通过建立统一客户服务中心,提升服务形象
对服务人员的监督考核机制	无	有
业务人员的绩效考核	传统的主管判断	科学的统计指标
服务效率	一般	高
客户满意度、忠诚度	一般	高

问题:通过对呼叫中心的关键技术和工作流程的了解,结合上述案例谈谈你最为感兴趣的技术,并提出你的改进建议。

五、复习与思考

1. 呼叫中心主要应用的设备及其功能是什么?
2. 呼叫中心的工作流程是怎样的?

任务 3 熟悉呼叫中心坐席员的工作

一、任务目的和要求

★ 任务目的

呼叫中心的发展需要大批坐席员,坐席员对业务的掌握和熟练程度将直接影响呼叫中心的工作质量,了解呼叫中心的组织结构、坐席员所用设备、坐席员的工作职责及坐席员的各项业务有助于我们对坐席员的工作进行全面的了解。

★ 任务要求

熟悉呼叫中心坐席员的工作。

二、相关知识

(一) 呼叫中心的组织结构

为了提高呼叫中心坐席员的服务质量,同时对整个呼叫中心进行有效管理,常见的呼叫中心内部组织结构参见图 7-6。

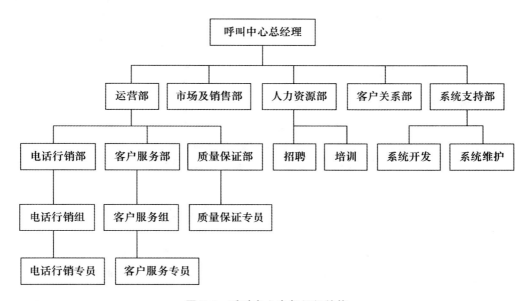

图 7-6 呼叫中心内部组织结构

1. 运营部

运营部的主要职责是负责呼叫中心日常运行,提供服务达到挽留和赢得客户的目的,并开展电话行销开发新客户,同时对服务质量和服务流程进行有效的监控。

2. 市场及销售部

市场及销售部的主要职责是设计电话行销、数据管理(Data Management,DM)、数据库营销的销售策略,并通过运营部得以实施,达到获得新客户的目的。

3. 人力资源部

人力资源部的主要职责是负责为运营部、市场及销售部、客户关系部等部门提供高素质的人员,以满足运营的需要,并提供运营所要求的新员工的入职培训。

4. 客户关系部

客户关系部的主要职责是在市场部门的配合下设计、执行客户忠诚度计划，并控制客户忠诚度计划项目的进度来提高客户忠诚度，提高客户回头率和提高客户关系，同时进行数据分析，挖掘客户的购买能力进行升级销售和交叉销售。

5. 系统支持部

系统支持部的主要职责是开发适合运营需求的程序，并维护部门的网络、系统、服务器、电信设备、数据库、资料库和桌面，保证网络和系统有效运营。

（二）呼叫中心坐席员的常用工作设备

呼叫中心坐席员的工作设备包括话机（数字话机或专用模拟话机）和配套的耳机、话筒，以及运行 CTI 应用程序的 PC 或计算机终端。由于 CTI 服务器实现了对程控交换机的完全控制，呼叫中心坐席员可以把全部注意力都集中到 CTI 应用程序上。通过 PC 上运行的仿真电话（CTI 应用的一种），呼叫中心坐席员可以用鼠标和键盘完成电话的接听、挂断、转移、外拨等工作，而不必对话机进行物理上的操作。

（三）呼叫中心坐席员的工作职责

（1）负责客户热线咨询、信息查询及疑难问题的解答工作。

（2）上班后立即登录服务系统，来电铃响三声内必须应答。

（3）接听客户电话时必须使用文明用语，热情周到、认真负责。

（4）协助客户进行信息登记和更新。

（5）接到疑难电话或投诉，应详细记录来话时间、内容和客户联系方式，明确答复时间并填写疑难反馈单转交直接上级处理解决。

（6）对工作过程中接触的企业商业机密及客户数据进行严格保密。

（7）按时参加工作例会，分享工作经验和知识，并向上级汇报工作中的问题。

（8）负责所用电脑和办公设备的内外部清洁。

（9）负责自己办公席位的卫生环境。

（10）严格遵守企业的各种规章制度及客户服务中心的各种规章制度和工作流程。

（11）对部门工作和企业文化提出有价值的建议和意见。

（12）熟悉本岗位工作，努力学习相关知识，提高服务技能和综合素质。

（13）参加部门安排的各项培训和考核。

（14）服从直接上级领导的工作安排和管理。

（15）及时进行工作总结和工作述职。

（16）在完成本职工作前提下，积极帮助组内新员工提高工作技能。

（17）积极与同事进行沟通，相互学习，相互帮助，发扬协作精神，努力提高组内工作绩效。

三、实现步骤

呼入电话服务在呼叫中心系统中常见的应用包括受理查询、登记预约、电话目录直销、报名登记受理、受理订单、客户服务热线、账务查询、货品跟踪、支持热线、中小企业虚拟商务中心等。呼入服务是呼叫中心最初的业务应用,伴随着 800 被叫付费业务为企业所广泛采用,呼入电话服务在接听数量、服务时间以及服务方式等方面有着巨大的发展。通常,呼入电话服务视不同的呼叫类型分别有不同的流程。

第一步:咨询电话的处理

咨询电话的处理是呼叫中心最常见的一种业务方式(参见图 7-7),客户通过拨通面向社会公布的相关服务号码即可咨询自己希望知道的内容。

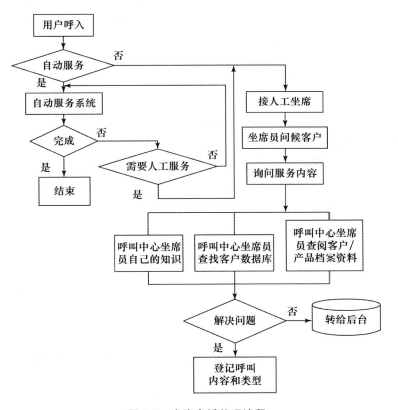

图 7-7 咨询电话处理流程

第二步:投诉电话的处理

随着企业客户服务意识的不断提高,通过电话这种普及率极高的途径收集客户对企业的意见及投诉成为许多企业的共识。设置投诉热线参见图 7-8,实现客户意见收集和反馈途径畅通是呼叫中心现存业务中的重要部分。

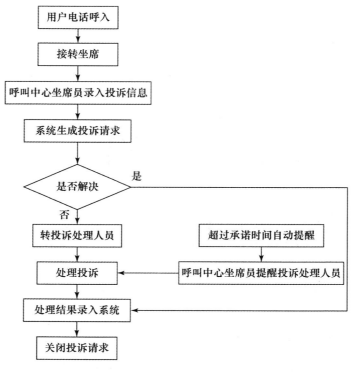

图 7-8　投诉热线处理流程

第三步：销售电话的处理

销售电话适用于电视购物、仓储式会员超市等，是一种新兴的销售形式（参见图 7-9）。销售电话的特点是目标指向明确，需要涉及企业的仓储、货运、支付等系统。销售电话是一个典型的电子商务流程，而在这样一个流程中，呼叫中心无疑是信息流的入口和终端。

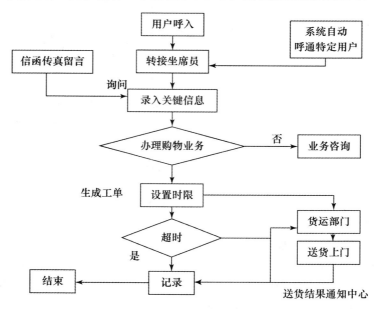

图 7-9　销售电话处理流程

第四步：其他电话的处理

1. 恐吓电话的处理

呼叫中心坐席员收到危及生命或企业财产的恐吓电话时应保持冷静，并记录所有的细节，如拨叫人的性别、拨入时间、工作台号、交谈内容、特殊事宜以及任何与客户有关的信息。并立即通知组长，组长根据录音决定是否需要向更高级主管汇报，并视情况考虑是否向公安部门报告。同时，组长应通知前台和所有的员工保持高度警惕，如有必要，也应通知管理部门。

2. 骚扰电话的处理

骚扰电话是呼叫中心坐席员尤其是800电话的坐席员经常碰到的事情，任何呼叫中心坐席员收到骚扰电话后应警告拨叫人如继续进行骚扰将挂断电话，如拨叫人无视呼叫中心坐席员的警告，呼叫中心坐席员应记下拨叫人的性别、电话号码、拨入时间、工作台号作为证据，呼叫中心坐席员在第二次警告后可以挂断电话。但需要记住的是在任何情况下，呼叫中心坐席员都不能向拨叫人说粗话或无任何警告挂断电话。

3. 与服务内容无关的电话的处理

与服务内容无关的电话也是800客服电话的常事，收到与服务内容无关的电话的呼叫中心坐席员在确认其与服务内容无关前应尽量明确拨叫人的拨叫目的，如呼叫中心坐席员不确定拨叫目的或不理解拨叫人的要求，应将电话转给组长。如该电话被确认为与服务内容无关，呼叫中心坐席员应告诉拨叫人如无别的能帮忙的地方自己将挂断电话。如果拨叫人无视呼叫中心坐席员的通告，呼叫中心坐席员应该记下拨叫人的性别、电话号码、拨入时间、工作台号作为证据，呼叫中心坐席员在第二次通告后可以挂断电话。需要记住的是，在任何情况下，呼叫中心坐席员都不能向拨叫人说粗话或无任何通告挂断电话。

第五步：呼出电话处理流程

呼叫中心常规呼出服务的业务应用主要包括电话预约、建立数据库、寻找目标客户、推广、市场调查、客户回访、客户关系管理、账单催缴等。呼出电话处理流程参见图7-10。

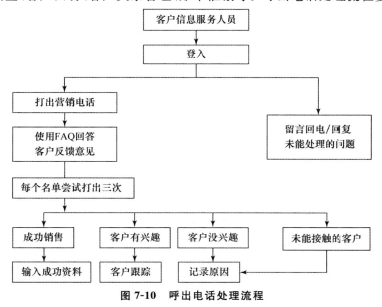

图7-10 呼出电话处理流程

呼出电话的主要业务内容如下。

1. 客户资料确认/数据库管理

呼叫中心坐席员主动联系目标客户确认或更新资料,并提交综合信息资料给企业。应用行业主要包括:固定及移动电话服务商、网络公司、银行、金融及保险公司、数据库销售公司、物流配送公司、政府机构及水电气等公用事业单位。

2. 市场信息收集、潜在客户挖掘及服务满意度回访

呼叫中心坐席员主动联系目标客户进行市场调查或商品、服务的满意度回访,完成后提供综合信息报告及效果分析供企业客户进行分析。应用行业主要包括:商品企业的服务推广、电信业的新业务推介、保险行业新险种的面谈预约、经销商及代理商的服务回访、数据库销售公司和市场调研公司信息采集等。

3. 电话营销

呼叫中心坐席员向目标客户进行产品和服务的推介及促销,采用有效的营销及沟通技巧向客户推广,争取成功销售产品和服务,完成后提交综合销售报告供企业客户考核市场活动结果。应用行业主要包括:商品及服务销售、数据中心出租、域名销售、易耗品的老客户销售、保险增险、银行业务销售、酒店 VIP 卡销售、互联网应用服务等。

4. 服务升级管理

呼叫中心坐席员向目标客户进行服务升级优惠推介,提高企业客户服务形象,强化客户关系管理。应用行业主要包括:保险升级计划、移动电话优惠升级计划等。

5. 预约服务

呼叫中心坐席员联系目标客户预约服务或产品的推介会面时间。应用行业主要包括:保险、银行投资理财服务,软件示范,数据库中心等。

6. 客户关系

呼叫中心坐席员致电客户表示欢迎购买产品及选用服务,或每周年致电感谢客户选用服务,目标是加强客户关系管理和企业形象。应用行业主要包括:保险、银行、银行、移动电话服务商。

7. 催缴服务

通过呼叫中心坐席员联系客户催缴服务费用。应用行业主要包括:银行、移动电话、水电气等公用事业单位。

8. 电话调查

通过客户数据库按照一定的条件筛选合适的呼出对象,在选定的时段通过合适的方式就消费者形态、产品使用情况等进行定向调查。应用行业主要包括:调研公司、市场咨询机构、媒体收视率调查、报刊编辑部等。

四、案例分析

一位客户服务人员带给我们的感动[①]

林晓是中国联通广州分公司番禺区域营销中心的客服经理,主要负责由番禺发展广

---

① 资料来源:中国客服论坛。

州使用的 CDMA 用户的维系、审核、欠费、挽留等工作。这份在别人眼中平凡、烦琐甚至有点郁闷的工作,更随时可能遭受莫名其妙的责骂,林晓却以真心、微笑赢得了客户的信任与赞赏。

林晓总是说:"用户不会没事找茬,他不可能特地打电话骂你,一定是碰到不能解决的问题才会找我,就算他错了,但他需要我的帮助,我怎能给脸色给一个信任我的客户呢?"

林晓一向认为"客户永远是对的"。无论多么刁钻、无理的客户对她破口大骂,她都会耐心地听完用户的倾诉,不会给脸色给用户。

七月份的一天,林晓接到一个客户的电话,刚接起就听到对方噼里啪啦的抱怨,她没有做声,耐心地听用户讲完事情的经过。原来,该客户公司报销话费的账单、发票要求每月 10 号之前上交,而联通的话费单在每月的 15 号才寄出,这给他工作造成了困难。由于当时是星期天,林晓先让他平息了怒气,并答应明天一定为他解决。第二天回到公司系统一查,才发现这个号码的用户根本不是她服务的。但她没有去查这个用户到底是谁服务的,毅然承担了这个责任。她想:用户找到她是对她的信任,而且,他说的事也的确给他的工作带来了不便。从此在每月 5 号出账后,她及时打出账单,保证在 10 号前寄给该用户,她就这样默默地坚持为该用户无偿服务,至今已持续了一年多。就在八月,林晓照常在 10 号前寄出账单,然而 18 号她又收到该用户的短信,原来他出差到深圳,无法收到家里账单,林晓再一次毫无怨言的为他重寄账单。

作为一名客服经理,其工作时间是非常弹性的,除了正常的上班时间外,24 小时内的任一刻都可能需要为客户排忧解难。而她也是时刻准备着……

记得有一次已经凌晨一点多,林晓接到一个电话,那个用户的手机由于没钱被停机了,又不能充话费。那用户是开大排档的,对于他来说,断掉电话等于断掉财路,因此他显得异常焦急。林晓听完也顾不得睡觉,打电话给同事,报上自己的工牌号,自己为用户担保,让同事及时为该用户开通了电话。第二天,林晓又打电话给该用户,让他及时缴纳了话费。

她笑说:"这份工作虽然挺累的,但很充实。有时虽然会受一些委屈,但也有太多感动!"

林晓住在广州,在番禺上班,因此每天都必须两头跑,每晚八点多回到家里才能吃晚饭,而且经常由于工作的需要,一天来回几次的番禺—广州两地奔波,但她从来没有怨言,总是默默出色地完成每一份工作。

在老用户回馈活动中,林晓经常要送机上门为用户办理。有一天,和往常一样,她下班后带着手机到广州为两个客户办理。回到广州已经八点多了,她顾不得吃饭就上门为客户办理业务了。由于客服经理不是专职推销业务的,她的手机是向区域借的,还冒着手机丢失的风险。当她拿机给客户时由于无法马上开发票给他,客户怀疑她是在骗他,不明白她为什么那么"好心"送机上门,还特地打 1001 询问。虽然林晓感觉委屈,但她没有抱怨,耐心的解释给用户听,经过一番曲折,用户最终接受了。

办理完第一单业务,林晓没有沉溺于不快中,又继续向下一站出发。这一次,情形却完全相反。第二位客户一见到她就由衷的感叹:"你这么晚还在工作啊?真是辛苦了!"林晓笑了,说道:"我不是在工作啊!我是在逛逛,跟朋友你聊天!"办理完业务,用户一再坚持请她吃饭,她婉拒了。但用户还是坚持送她到车站,并直到她上车才离去。所有的不快刹那间被那位用户的举动抹去了,留在林晓心中的只有感动。

问题:读过这篇案例除了感动以外,你对客户服务人员的工作职责又有了怎样的认识?

五、复习与思考

1. 呼叫中心坐席员的主要职责是哪些?
2. 请熟悉呼叫中心坐席员每项工作的工作流程。

任务 4 熟悉呼叫中心坐席员与客户沟通的步骤与技巧

一、任务目的和要求

★ 任务目的

呼叫中心坐席员是直接与客户接触的人员,他们的服务质量将直接影响企业的服务质量。当面对众多各异的客户时,掌握服务的程序和技巧对从事这项工作的人员是非常的意义的。

★ 任务要求

掌握呼叫中心坐席员的工作程序和工作技巧。

二、相关知识

呼叫中心坐席员通常被称为客户服务代表(Customer Service Representative,CSR)。呼叫中心坐席员的工作职责是针对客户的需要与要求提供信息。呼叫中心坐席员的工作性质要求其具有以下的职业素质。

(一) 学会倾听

1. 倾听的含义

真正的聆听者能敏锐地察觉言语背后的真正含义,他们能够从倾听中读出客户的心理。倾听一般包括以下三个层次的含义。

(1) 听对方想说的话;
(2) 听对方想说但没有说出来的话;
(3) 听对方想说没有说出来但希望你说出来的话。彼得·杜拉克说:"沟通中最重要的是要去听那些没有说出口的东西。"

呼叫中心坐席员应知道倾听的益处,不管客户是在称赞、说明、抱怨、驳斥,还是警告、责难和辱骂,呼叫中心坐席员都要仔细倾听,并表示关心与重视,如此会赢得客户的好感和善意的回报。

另外,倾听还可以分为五个层次:(1)忽视的听;(2)假装的听;(3)选择性的听;(4)全神贯注的听;(5)带同理心的听。

沟通中最重要的就是用心聆听,即站在客户的角度,了解对方的需求,也就是带同理心的听,只有这样才会赢得客户的信任,进而达到销售成交的目的。亨瑞·大卫·梭罗说过:"我接受过的最伟大的恭维,就是有人问我在想什么,然后注意倾听我的回答。"

福特汽车制造公司前董事会主席菲利普·考德威尔曾经说过:"如果我们不在乎是否建立了一种风气,如果我们不够细心地去向别人请教,聆听别人给我们提出的意见,那我们就无法知道客户对我们的批语与指教。"可以说,在一场成功的客户沟通过程中,有效倾听所发挥的作用绝不亚于陈述和提问。但并不是人人都能够做到有效倾听,听得不够认真会影响客户的情绪;听得不清楚,会误解客户的意思。有目的的倾听与一般意义上的听有很多不同之处(参见表 7-2)。

表 7-2 听与有效倾听的不同

听	有效倾听
一种天生的本能(智障者除外)	一种需要不断学习和锻炼的技巧
一种纯粹的生理机能的反应	需要智力和情绪上的配合
一种简单、轻松的活动	比较复杂和困难,要借助分析、理解和判断
不具有目的性,呈现自然放松状态	目的性强,需要集中精力
比较分散、多向	方向明确,要剔除杂音
听力正常者都可以做到	只有一部分人能成为优秀倾听者
很难创造价值	可以创造一定的价值和利益
可以没有任何感觉	必须积极、专心

2. 倾听的意义

戴尔·卡耐基说过:"在生意场上,做一名好听众远比自己夸夸其谈有用得多。如果你对客户的话感兴趣,并且有急切想听下去的愿望,那么订单通常会不请自到。"

呼叫中心坐席员必须学会倾听。只有倾听,呼叫中心坐席员才能学着去了解客户,决定如何进行最有效的交流、提供最有效的服务。

设法成为好的倾听者是重要的交流技巧,原因有以下两点。

(1)倾听能使呼叫中心坐席员和客户谈话的对象协调,能使呼叫中心坐席员了解客户的需求从而达到交流。

(2)如果交谈中客户认为他说的话呼叫中心坐席员根本不听,对交流会造成很大的障碍,会立即给他们带来挫折感。把客户的话当做网球比赛,而不是高尔夫球比赛。在网球比赛里,两位球员互相影响、互相作用、互为牵扯。但是在高尔夫球比赛,两个人各自打球,其中一人打球时另一位仅是等待。电话交谈时应尽量避免高尔夫形式。

善于倾听是电话服务成功的关键。呼叫中心坐席员的倾听态度是走向成功倾听的重要一步。要知道听是被动的,积极倾听是主动的,积极倾听具体包括以下几个方面。

(1)保持冷静:多听,少说,集中精力听客户所说的每一句话。

(2)鼓励回应:听的过程中时时给予发出信息者以积极的反馈,表示自己在听。

(3) 镜子感觉（设身处地）：认同其他人的感受或设身处地从他人的角度考虑问题。

(4) 澄清事实：听的过程当中充分了解事实的真相，可以进一步延续对话。

(5) 意译：对于不明白的问题通过反馈给信息发出者以确认或修正的方式意译对方的话语。

(6) 例句：您刚才是说……对吗？

(7) 以静默引发犹豫不决的人：对于犹豫不决没有主意的人，以静默等待的方式多听他讲，请他给予准确回复。

懂得倾听客户的声音，精确有效的倾听能够帮助呼叫中心坐席员一次性妥善处理客户投诉，正确有效地处理问题。

有效的倾听意味着呼叫中心坐席员讲话要少，客户讲，呼叫中心坐席员听（双方之间的比重通常为80∶20甚至达到90∶10），不轻易打断客户，除非谈话已经偏离正题，或者无法理解对方的意思。呼叫中心坐席员要真正留心谈话内容，而不要假扮倾听，一定要对一些重要的问题进行记录。

3. 倾听的技巧

倾听客户的话表明呼叫中心坐席员在意他们，并尊重他们的问题和他们关注的事情。要成为一个好的听众并不容易。提高倾听的技巧需要大量的训练和全身心的投入。倾听的技巧必须不断地改进和完善。

倾听的基本要求是集中注意力，用心去听，具体技巧如下。

(1) 既要听事实又要听情感。

倾听的基础是听清楚别人讲什么。呼叫中心坐席员要听两个方面的内容，即事实和情感。这是两个不同的层面。

听事实：客户说了哪些话，他讲的意思是什么？这并不难，呼叫中心坐席员只要认真听、听清楚就可以很容易地做到这一点。

听情感：这是更重要的层面，呼叫中心坐席员要能听清楚客户在说这些事实的时候的感受是什么，需不需要给予回应。

(2) 不要有意打断客户。

在客户服务中经常遇到呼叫中心坐席员打断客户谈话的情况，打断客户谈话通常分为无意打断和有意打断。

呼叫中心坐席员误以为客户的话说完了，就开始表达自己的观点，这属于无意打断。

客户也许能够接受无意的打断，但有意识的打断是要避免的。如"你先别说，你先听我说"这样与客户说话是非常不礼貌的。

打断客户谈话会打击客户谈话的热情和积极性，所以当客户的谈话热情很高时，呼叫中心坐席员可以给予必要的、简单的回应，如"噢"、"对"、"是吗"、"好的"等。除此之外，客户服务人员最好不要随意插话或接话，更不应另起话题。如"等一下，我们公司的产品绝对不会出现这样的问题……"、"您说的这个问题我以前也遇到过，只不过我当时……"。

(3) 适时发问，帮助客户理清头绪。

客户谈话时原则上不要去打断，但要注意及时发问。谈话时客户可能有思路不太清晰的情况，这时呼叫中心坐席员可适时发问以帮助客户理清头绪。当客户谈话过于理论，不易听懂时，呼叫中心坐席员适时提出"举例来说"，这样可以帮助客户将问题解释得更清楚。

(4) 清楚地听出客户的谈话重点。

能清楚地听出客户的谈话重点也是一种能力。并不是所有的人都能清楚地表达自己的想法,特别是在表示不满时,因为受情绪的影响,经常会出现"语无伦次"的情况。而且除了要排除外界的干扰专心地倾听以外,呼叫中心坐席员还要排除客户的说话方式所带来的干扰,清楚地听出客户的谈话重点。

呼叫中心坐席员可以使用"让我们来看一看我是否理解了……"或者"我觉得我理解了……"作为开头较好,也可以重复一遍所听到的内容,表明自己已经理解了客户的信息。

呼叫中心坐席员不要说"你要说的意思是……",这意味着客户不能说出自己想要说的东西。

(5) 适时地表达自己的意见。

在不打断客户谈话的原则下适时地反馈自己的意见,这才是正确的谈话方式。

通过及时地反馈信息,呼叫中心坐席员也可以更好地理解客户的意思。否则,呼叫中心坐席员会越来越难以把握客户的思路。这样做还可以让客户感受到呼叫中心坐席员在注意听而且听清楚了。

客户在谈话过程中表达的某些观点可能有些偏激,呼叫中心坐席员不要直接批评或反驳客户的观点。如果难以对客户的观点做出积极响应,呼叫中心坐席员可以采取提问等方式改变客户谈话的重点,引导客户谈话。

(6) 肯定客户谈话的价值。

呼叫中心坐席员一定要用心去发现客户谈话的价值,并给予积极的评价和赞美,这是获得客户好感的一个有效的方法。如客户说:"我们现在确实比较忙。"呼叫中心坐席员可以回答:"您在这样的工作岗位上肯定很辛苦。"

(7) 避免虚假的反应。

在客户没有表达完自己的意见和观点之前,呼叫中心坐席员不要做出如"好!我知道了"、"我明白了"、"我清楚了"等反应。这样的答复会阻止呼叫中心坐席员去认真倾听客户的讲话,或者阻止客户作进一步的解释。

案例 7-2　　　　　"听他把话讲完"[①]

一家公司要想有效扩展自己的客户资源,必须学会倾听和赞美,而这只有靠公司的一线员工来完成。

乔·吉拉德向一位客户销售汽车,交易过程十分顺利。当客户正要掏钱付款时,另一位销售人员跟吉拉德谈起昨天的篮球赛,吉拉德一边跟同伴津津有味地

---

① 资料来源:李先国、曹献存,《客户服务实务》。

说笑,一边伸手去接车款,不料客户却突然掉头而走,连车也不买了。吉拉德苦思冥想了一天,不明白客户为什么对已经挑选好的汽车突然放弃了。夜里 11 点,他终于忍不住给客户打了一个电话,询问客户突然改变主意的理由。客户不高兴地在电话中告诉他:"今天下午付款时,我同您谈到了我的小儿子,他刚考上密西根大学,是我们家的骄傲,可是您一点也没有听见,只顾跟您的同伴谈篮球赛。"吉拉德明白了,这次生意失败的根本原因是因为自己没有认真倾听客户谈论自己最得意的儿子。

尽管我们常常以为自己听别人讲话听得很认真,但实际上,许多的情况下,我们在谈话之前,在思想上总带有一定的期望、目的和预计结果。我们选择性地听我们听到的话,也就是说,我们只是听那些符合我们自己预先构想的话。

如果从事销售工作的话,我们往往花很多的时间想怎么结束这次谈话,同时又做成买卖呢?不是去注意别人说什么,只是在对方言辞中搜寻那些肯定自己想法的话语;不是为了听到别人公正的说法,而是太多时候掺进自己的感情偏向;我们听到我们愿意听到的而不是别人真正讲的。

"听他把话讲完"是倾听的重要含义。它要求听者抛开自己的偏见、观念的束缚,最大化地融入说话人的世界以及他们的观点中去。

(二)学会提问

在倾听的时候,呼叫中心坐席员要给予客户一定的回应。如果客户本身的思维很清晰,呼叫中心坐席员也许不需要通过其他的技巧就能够很快地了解他的需求,但是如果客户并没有表达得很清楚,呼叫中心坐席员就必须通过一定的技巧迅速地把客户的需求找出来。所以呼叫中心坐席员在倾听的同时还必须学会根据客户的不同特点进行有效的提问。

1. 提问的作用

呼叫中心坐席员通过有针对性地提出一些问题,然后帮助客户做出相应的判断。这样可以提升理解客户需求的效率。优秀的呼叫中心坐席员能够通过几个问题迅速地找到客户的核心问题在哪里。在服务过程中,巧妙地向客户提问对于呼叫中心坐席员来说有着重要的作用。

(1) 有利于把握并满足客户需求。

通过恰当的提问,呼叫中心坐席员可以从客户那里了解更充分的信息,从而对客户的实际需求进行更准确的把握,提供有针对性的服务。

(2) 有利于保持良好的客户关系。

当呼叫中心坐席员针对客户需求提出问题时,客户会感到自己是对方注意的中心,他会在感到受关注、被尊重的同时更积极地参与到谈话中来。

(3) 有利于减少与客户之间的误会。

在与客户沟通的过程中,很多的呼叫中心坐席员都经常遇到误解客户意图的问题,不管造成这种问题的原因是什么,最终都会对整个沟通进程造成非常不利的影响,而有效的提问则可以尽可能地减少这种问题的发生。

所以,当呼叫中心坐席员对客户要表达的意思或者某种行为意图不甚理解时,最好不要自作聪明地进行猜测和假设,而应该根据实际情况进行提问,弄清客户的真正意图,然后根据具体情况采取合适的方式进行处理。

2. 提问的技巧

(1) 提问的问题。

提问的问题可以归纳为"5W1H"。

① Who(谁):呼叫中心坐席员向客户提出一些问题,通过客户的回答了解客户的信息。

② Why(为什么):呼叫中心坐席员通过提问了解客户所反映问题为什么会发生。

③ What(什么):呼叫中心坐席员通过提问了解客户所反映问题发生的具体情况。

④ Where(何处):呼叫中心坐席员通过提问了解客户所反映问题发生的具体地点。

⑤ When(何时):呼叫中心坐席员通过提问了解客户所反映问题发生的具体时间。

⑥ How(怎样):呼叫中心坐席员通过提问了解客户反映的问题是怎样发生的以及造成怎样的影响。

(2) 开放式提问。

提出的问题是纯开放式的,就是不限制客户回答问题的答案,而是完全让客户根据自己的喜好,围绕谈话主题自由发挥。回答的内容非常广泛。如"您别着急,您跟我说说,到底发生了什么事情"。开放式提问一般是用于在初步了解客户需求的时候。

(3) 封闭式提问。

提出的问题是封闭的,限定了客户的答案,客户只能在有限的答案中进行选择。如"请问您是想查询您的电费清单吗",答案只能是"是"或"不是"。封闭式提问一般用于确认客户需求或澄清问题时。

(4) 探查式提问。

探查式提问是一种很好的提问技巧,即提出的问题是有选择性的,对方回答的内容一般都在提问的选择范围之内。如"请问您是想查询电话通话费还是想查询电话通话记录"。探查式提问一般用于进一步了解或探寻客户需求的时候。

3. 向客户发问可延续对话的问题

呼叫中心坐席员如果向客户提问,客户可能会告诉呼叫中心坐席员他们想什么,却不一定告诉呼叫中心坐席员为什么,因此要掌握好发问的技巧,多问延续对话的问题,诱导客户说出更多,帮助呼叫中心坐席员进一步了解他们的需要。

(1) 注意声调、语气。

在呼叫中心坐席员开口问话之前一定要先想好自己是否真想帮助客户。提问时,要注意声调,不要让客户感觉受到审问,或者对他表示怀疑。

(2) 少用是非题或选择题。

如果呼叫中心坐席员问客户是非题就不会了解整件事情,呼叫中心坐席员或许会知道客户想要什么或不想要什么,但不会知道原因。

(3) 多问调查性的问题。

如果能提出适当的问题就能找出客户购物的动机,从而提高满足客户和售出货品的机会。多问调查性的问题以找出客户的喜好和需要。想要了解客户更多的信息,最好的办法是不断提问。

4. 提问有关客户信息的问题

这些问题一般在对话的开头问,目的是获得解决问题所需要的信息,如客户的姓名、联系方式等。

5. 提一些额外的问题

这是与客户交往中最好问的问题,询问客户还有什么其他的要求,这种问题能使客户感觉到呼叫中心坐席员真的在为自己服务。

6. 一些不应涉及的问题

知道什么问题该问、什么问题不该问才是能让客户信赖的呼叫中心坐席员。有些问题不但会令客户做出使对话中止的反应,更会令呼叫中心坐席员失去再次提供服务的机会——客户不会再来了。如"对我们公司,或对我们提供的服务,您哪里不喜欢?"问这样的问题等于向客户承认他的选择是错的。还有,在客户还没有看到产品或还没有了解产品的性能之前不要问一些一定让他作决定的问题。如"我们银行有四种银行卡,您要办哪一种"、"这款机型有三种颜色,你要哪一种"这些问题容易把客户置于守势,不愿很快地把自己的想法和问题告诉呼叫中心坐席员,最后达成不良的沟通。

总之,在与客户交谈时应该想办法多问一些可延续对话的问题,这样可以使双方的谈话继续进行下去,不至于陷入僵局,呼叫中心坐席员也可以从客户那里获得更多的需求信息。

案例 7-3　　　　　用提问达成交易[①]

约翰·柯威尔曾经在惠普公司担任销售代表,当他为惠普服务时,惠普公司才刚刚涉足于信息领域,当时几乎信息领域的所有客户都只知道 IBM。

有一次,约翰·柯威尔准备到一家公司推销惠普电子设备。可是在他刚刚表明身份时,那家公司的经理就告诉约翰·柯威尔:"你不需要在这里浪费时间,我们一直以来都与 IBM 保持着良好的合作关系,而且我们还将继续合作下去。因为除了 IBM,我们不相信任何公司的产品。"

约翰·柯威尔仍然微笑地注视着那位公司经理,他的声音中没有半点沮丧:"史密斯先生,我想知道,您觉得 IBM 公司的产品确实值得您信赖,是吗?"

公司经理回答:"那当然了,这还用说吗?"约翰·柯威尔继续问道:"那么,您能否说一说,您认为 IBM 公司的产品最令您感到满意的特点有哪些"。

公司经理饶有兴趣地答道:"那要说起来可就太多了,IBM 的产品质量一直都是一流的,这一点大家有目共睹。而且这些产品的研究技术在全球也没有几家

---

① 资料来源:李先国、曹献存,《客户服务实务》。

公司可比。更重要的是,IBM有着多年的良好信誉,它几乎就是权威的标志。我想仅仅是这些特点就很值得我继续与其保持合作了。"

约翰·柯威尔又问:"我想,您理想中的产品不应该仅仅包含这些特征吧?如果IBM能够做得更好,您希望他们有哪些改进?"

公司经理想了想回答说:"我希望某些技术上的细节更加完善,因为我们公司的员工有时会埋怨某些操作不够简便,可是我不知道现在有没有办法解决这些问题。当然了,如果IBM愿意的话,我还希望产品的价格能够再降低一些,因为我们公司的需求量很大,每年花在这上面的费用一直居高不下。"

约翰·柯威尔此时胸有成竹地告诉公司经理:"史密斯先生,我要告诉您一个好消息,您的这两个愿望我们都可以满足。我们公司的技术人才同样是世界一流的,因此对于产品的技术和质量水平您都不用担心。同时,正因为我们公司的这项业务刚刚起步,所以操作起来就更加灵活,我们的技术部门完全可以按照您的要求对贵公司订购的产品进行量身定做。而我们的价格更低,因为我们的目的就是先以低价格策略打开市场,赢得一些像您这样的大客户的支持。"

看到自己提出的几项条件惠普基本都能满足,公司经理当即表示购进一小批产品试用。

(三)学会语言表达

语言是最容易动人心弦的,也是最容易伤透人心的。呼叫中心坐席员的语言是否热情、礼貌、准确、得体直接影响客户服务的质量,并影响客户对企业的印象。

1. 语言表达要求

一个具备客户服务管理知识的呼叫中心坐席员的话语应具备以下特点。

(1)语言有逻辑性,层次清楚,表达明白。

语言包括书面语言和口头语言,两者都需要礼貌、简洁。有效的口头表达是声音素质和其他个人素质综合作用的结果。一个人的声音素质——发音的音调、音量、口音、语言的速度、停顿及语调的不同都会影响沟通的效果。

要想清晰地表达自己的想法,语言必须简洁,所讲的材料必须条理化,使用的词汇要准确,做到说话有逻辑和表达清晰。

(2)突出重点和要点。

谈话要突出重点和要点,以极少的文字传递大量的信息。因为每一个人的时间都是有价值的,没有人喜欢浪费时间。当然,简洁并不意味着只能使用短句子或省略重要的信息,而是指字字有力量、句句有内容。

(3)真实、准确。

在与客户沟通时,呼叫中心坐席员应当避免夸大其词,不要做虚假的宣传。即使客户只发现一个错误,呼叫中心坐席员也会陷入困境。

(4)说话文明。

在客户服务工作中,呼叫中心坐席员不要侮辱、挖苦、讽刺客户,不要使用粗俗的语言,不要与客户发生争论,牢记"客户永远是对的"这句话。

(5) 话语因人而异。

说话要因时间、地点、人物的不同而有所不同。即所谓"到什么山唱什么歌,见什么人说什么话"。

2. 声音要求

呼叫中心坐席员的声音必须给人好感才能达到预期的目的。声音可以说是呼叫中心坐席员表现自我的工具。

声音是交谈过程中传递信息的最重要的载体。呼叫中心坐席员要想自信地表达自己的观点和信息,就必须在改善声音上"小题大做"。呼叫中心坐席员的声音应充满温暖,一般应有以下要求。

(1) 音量适中。

恰当地控制音量有助于突出讲话重点,在提到重要的信息时把声音提高几分可以引起客户的特别注意,在谈及特别重要的地方降低声音同样也能起到类似的效果。音量高低并没有固定的模式可以遵循,但是,在说话时呼叫中心坐席员一定要让自己的声音有起伏、有节奏感,这样的声音有助于突出重点。

(2) 发音要清晰。

讲话时,不但音量适中、语调抑扬顿挫,还必须保证表达的清晰,使客户能够听清楚。

(3) 语调抑扬顿挫。

语调最能体现一个人说话的个性。语调的抑扬顿挫同时反映出所说的话是否有趣。缺少了语气的抑扬顿挫,声音听起来可能会音调乏味。

在与客户的对话中,语调变化也关系态度是否真诚。态度真诚时,信息的接收效果会更好。

许多的沟通者在用言语向他人传递信息时遇到过困难。如果对方不断要求你重复说过的话,在你说完之前就打断你或者不认真地听,问题可能出现在你说话的声音上。声音的变化是指声音的分贝、停顿和音量的变化。一项研究表明,美国人认为令人不愉快的声音包括发牢骚、抱怨、唠叨、高分贝的尖叫、嘟囔声以及说话语速过快。在电话中,声音存在的问题会被扩大。声音和传达的信息都能说明一个人的主要性格特征,如对工作的满意程度、态度、性别、教育程度、知识水平、工作和反应的速度、自信心、来自哪个地区、社会地位、精力、情绪。

为了能够具体说明变化的作用,可以试着做下面的练习,用正常的声音读这句话"李鹏解决了软件问题"。然后把这句话当作问句重复一遍,再用神秘的语气重复,最后用惊讶的口气说一遍。每次读时声音的不同变化会传达出不同的信息。这样,通过声音的变化在不同的地方进行强调,表达的信息就会不同。

当呼叫中心坐席员进行电话总结时可以从以下几个方面来回顾自己的声音:

(1) 声音是否听起来清晰、稳重而又充满自信;

(2) 声音是否充满活力与热情;

(3) 说话时是否使语调保持适度变化;

(4) 声音是否坦率而明确;

(5) 能避免说话时屈尊俯就、低三下四吗;

(6) 发出的声音能让人听起来不感到单调乏味吗;

(7) 能让他人从自己说话的方式中感受到一种轻松自在和愉快吗;

(8) 情不自禁地讲话时,能否压低自己的嗓门;

(9) 说话时能否避免使用"哼"、"啊"等词。

对于客户而言,产品的特点和优势以及他能得到的利益是什么都不是最重要的,他们更在乎企业是怎么说的。

三、实现步骤

第一步:亲切的问候

消费者心理学研究表明,"当一个人进入陌生环境时,前五秒钟的注意力是最集中的"。声音环境也是一样,所以在客户电话打进来时,为了使客户达到满意,呼叫中心坐席员应该抓住至关重要的前几秒。

一个亲切的问候是接近客户的第一步,是建立和谐气氛的第一步,同时还可以给客户一个良好的第一印象。

客户如何对电话另一端陌生的呼叫中心坐席员产生信任,客户如何对陌生的呼叫中心坐席员袒露心扉,说出自己的问题……其实这一切都是从问候开始的,一个亲切的问候应该可以让客户感觉到亲切、自信、专业。

第二步:建立匹配、和谐的沟通氛围

当客户感觉到呼叫中心坐席员是可信赖的时候就会与其进行交流;当客户感觉到呼叫中心坐席员不但可以信赖,而且跟他是同一类型人的时候就会很愿意与其进行交流。怎样让客户感觉到呼叫中心坐席员与其是同一类人呢?就是通过匹配的方法,包括语言的匹配、声音的匹配、感受和问题的匹配等。

1. **语言的匹配**

一般而言,语言的匹配就是感官语言的匹配,其中包括视觉、听觉、味觉、嗅觉、触觉与客户的希望相一致。

客户:"听我告诉你他是怎么说的,告诉我他是不是对的。"

呼叫中心坐席员(第一种回答):"我想听听,您说吧。"

呼叫中心坐席员(第二种回答):"我都看到了。"

通过上面的例子,我们可以看到第一种回答方式要比第二种回答方式容易让客户接受。第一种回答的方法就是利用了感官语言的匹配,当客户要求呼叫中心坐席员"听听"时,呼叫中心坐席员匹配给客户的就应该是"听"。同样的道理,当客户要求呼叫中心坐席员去"看"时,呼叫中心坐席员匹配客户的就应该是"看"。

客户:"我仍然看不清楚,帮我看一眼好吗?"

呼叫中心坐席员:"好的,让我再帮您看看……"

2. **声音的匹配**

对于呼叫中心坐席员而言,声音是呼叫中心坐席员与客户沟通的唯一方法,所以声音是匹配客户最基本也是最直接的方法。一般匹配客户的声音包括音量的匹配、音调的匹配、速度的匹配、语气的匹配、强度及停顿的匹配。

但是在进行声音的匹配的时候,呼叫中心坐席员要注意不可以通过向客户喊叫来与其匹配,只能用正常的音量来匹配客户说话的强度和速度。

3. 感受和问题的匹配

客户打电话过来的时候有时候是带着情绪的,他更希望能够找个可以理解他的人倾诉自己的不满。这时呼叫中心坐席员就可以通过匹配客户的感受和问题来让客户感觉到呼叫中心坐席员是可以理解他的。

"如果是我,我也会很着急的⋯⋯"

"我与您有同感⋯⋯"

"是挺让人生气的⋯⋯"

但是不要总说:"我理解⋯⋯"。如果这样说,客户只会想"你真的理解吗?"

在匹配客户的感受和问题的时候还需要掌握一个"Yes,But"原则。"Yes"是指可以认同客户的感受,"But"是指不能轻易认同客户的观点。

如客户打电话进来愤怒地投诉:"你们的服务人员怎么工作的?我的机器刚买了1个月就坏了,我说换一换都不行⋯⋯"这时,呼叫中心坐席员一定不要轻易地认同客户的观点并承认错误,因为此时还无法判断出这个机器是人为损坏还是因产品自身原因造成的损坏,但是也不能在客户愤怒的时候直接否认或了解事情的真相,呼叫中心坐席员可以委婉地先认同客户的感受:"您别着急,如果是我遇到这样的事情也会着急的,让我看看能为您做些什么⋯⋯"然后再引导客户说出事情的原委。

第三步:有效掌握通话的主动权

在呼叫中心,作为呼叫中心坐席员,每一个电话面对的都是不同的人和不同的事。为了提高工作效率,呼叫中心坐席员既要为客户解决问题让客户感到满意,又要有效地控制通话时间,这就要求呼叫中心坐席员在通话的过程中要有效地掌握主动权。如何在客户喋喋不休的时候让客户随着呼叫中心坐席员的节拍走呢?

1. 同步和引导

在客户打电话进来的时候,呼叫中心坐席员不能急于掌握主动权,应该先了解客户的问题,融入客户的世界,让客户感觉到呼叫中心坐席员在倾听他的诉说。一旦通过客户的诉说了解了事情的大概经过后呼叫中心坐席员就可以通过发问的技巧,让客户慢慢跟着自己的脚步走,直到最后提出解决方案,并得到客户的认可。这种方法就是"同步与引导",要先跟客户的步调保持一致,然后运用技巧引导客户随着呼叫中心坐席员的脚步走,加快解决问题的步伐。

2. 总结和重复的技巧

在客户喋喋不休地倾诉的时候,呼叫中心坐席员适当地打断,并对客户所述的事件进行总结和重复,让客户感觉到你在用心地听他诉说,并且理解了他的意思,这样也可以帮助呼叫中心坐席员有效地控制通话的主动权。

在客户说出重要信息时,呼叫中心坐席员也需要进行信息的重复以核对信息的准确性。所以,重复和总结的方法是容易掌握且很有效的一种服务技巧。

适当的总结和重复可以帮助呼叫中心坐席员:(1)弄清信息;(2)节省时间;(3)可以

将客户的话题集中在问题上;(4)始终控制电话和交流的主动权;(5)加深和谐的程度;(6)让客户知道呼叫中心坐席员在仔细地倾听并理解他的意思。

第四步：采取行动

在客户服务过程中,有效地运用服务技巧可以安抚客户的情绪,让通话顺利地进行,提升客户的满意度,但是最主要的还是要迅速地采取行动,因为客户打电话的最终目的就是希望呼叫中心坐席员帮助他解决问题。

1. 表示出愿意帮助的态度

(1) 把客户的问题当成自己的问题,让客户感觉到呼叫中心坐席员是真诚地为其解决问题。

(2) 将话题集中问题的解决上,不要总是一味地安抚客户的情绪,为了能够帮助客户解决问题,适当的时候要运用技巧把谈话重点放在问题的解决上。

(3) 协商好解决方案就要采取初步的行动,让客户知道呼叫中心坐席员正在及时地为其解决问题。

2. 结束电话

(1) 重复关键信息以确保客户没有误解。

(2) 讲一些结束语。

(3) 问封闭问题了解客户满意度。

(4) 感谢客户打来的电话。

(5) 要给客户一个良好的最终印象,正如要给他一个良好的第一印象一样。

第五步：掌握一些语言表达技巧

1. 说"您能……吗"

(1) 呼叫中心坐席员使用"您能……吗"而不是"您必须……",这样会与客户取得良好的沟通效果。

(2) 当客户听到"您本来应该……"、"您犯了个错误"时会产生强烈的防范心理。

(3) 保证客户清楚呼叫中心坐席员需要什么,呼叫中心坐席员可以说"您能说一下当时的具体情况吗?"

(4) 什么时候使用"您能……吗"。

① 当呼叫中心坐席员急于通知客户的时候。

② 当呼叫中心坐席员的要求没有得到满足的时候,如呼叫中心坐席员可以说:"您能在周末以前给我答复吗?"

2. 呼叫中心坐席员可以用"您可以……"来代替说"不"

呼叫中心坐席员婉转地说"不"时会得到客户的谅解。使用这一技巧可以节省呼叫中心坐席员的时间,避免进一步提问下面的问题,如"你说今天不行,那什么时候行呢"。

呼叫中心坐席员使用"您可以……"会令工作变得更容易。许多人发现使用"不"是十分困难的,希望找到一种方法表达同样的意思,该方法就起到了这一作用。

呼叫中心坐席员可以在下列情况下说"您可以……":

(1)呼叫中心坐席员不能完全满足客户的要求,但的确还有别的办法的时候;

(2)呼叫中心坐席员尽管不能马上解决问题,但是却表达了乐于为客户提供服务的真诚态度时。

客户可能对自己要什么并不十分明确,呼叫中心坐席员用"您可以……"帮助客户理清思路。

3. 说明原因以提高谈话效果

人们总喜欢问"为什么",当有人提供信息时其他的人最想知道的就是"为什么",基于这一实际情况需要先讲明原因。

呼叫中心坐席员先讲明原因会更快地吸引客户的注意,如"要想省钱……"或者"下面是问题的答案……"。

在以下情况可以使用"先讲明原因"这一技巧:

(1)当呼叫中心坐席员向客户传达技术信息而客户可能不懂的时候;

(2)当呼叫中心坐席员不被客户了解或信任的时候。

如果呼叫中心坐席员先讲明原因会给客户带来很大的好处,就会赢得更深入的合作。如"为了节约您的时间……"、"为了让我能更快地满足您的要求……"、"为了便于我接近您的要求……"。

4. 几个典型情景举例分析

(1)情景一。

呼叫中心坐席员不要说:"对不起,我们卖给您一台有问题的机器。"

因为客户会认为:"有问题的机器也卖给我?"

呼叫中心坐席员应该说:"我理解这台机器给您带来了不便。现在让我们看看能为您做些什么?"

(2)情景二。

呼叫中心坐席员不要说:"真不好意思,那台柜员机经常吞卡。"

因为客户会认为:"经常出问题,为什么不把它修好呢?"

呼叫中心坐席员应该说:"对不起,您的卡被吞掉了,给您带来不便,我们会记录下您的资料。"

(3)情景三。

呼叫中心坐席员不要说:"我明白您的意思,工程部的那班家伙经常乱来,真对不起。"

因为客户会认为:"不管谁乱来,我要解决问题。"

呼叫中心坐席员应该说:"我明白您的意思,我会跟工程部协商一下,一小时后给您一个答复。"

5. 转习惯表达为专业表达

当呼叫中心坐席员开始接听客户电话时,其语言应该从"生活随意型"转到"专业型"。呼叫中心坐席员在家中、在朋友面前可以不经过考虑而随心所欲地表现出个人的性格特点,在工作环境中就必须养成适合的修辞、择语与发音的习惯来表达说话的逻辑性与用词的准确性。呼叫中心坐席员面对的是各不相同的来电者,是个性、心境、期望值各不相同的个体。呼叫中心坐席员既要有个性化的表达沟通,还必须掌握许多有共性的表达方式与技巧。

下面一些例子说明虽然要表达的意思相似,但由于表达的方式不一样而会使客户产生不同的感觉,从而影响客户对企业的印象。

(1) 选择积极的用词与方式。

呼叫中心坐席员在保持一个积极的态度时,其沟通用语也应当尽量选择体现正面意思的词。如要感谢客户在电话中的等候,常用的说法是"很抱歉让您久等"。"抱歉"、"久等"实际上在潜意识中强化了客户"久等"这个感觉。呼叫中心坐席员正面的表达可以是"非常感谢您的耐心等待"。

如果一个客户就产品的同一个问题几次求救于呼叫中心坐席员,呼叫中心坐席员希望让客户感到这次能够解决问题了,于是说"我不想再让您重蹈覆辙",但这会提醒客户这个倒霉的"覆辙"。呼叫中心坐席员不妨这样表达:"我这次有信心让这个问题不会再发生",这样可以让客户更愉快地接受。

又如,呼叫中心坐席员想给客户以信心,于是说"这并不比上次那个问题差",不如换一种说法"这次比上次的情况好"。即使客户这次真的有些麻烦,呼叫中心坐席员也不必说"您的问题确实严重",换成"这种情况有点不同往常"会更好。

用下面一些例子来体会呼叫中心坐席员常用的"习惯用语"和"专业表达"之间的差别。

① 习惯用语:问题是那个产品都卖完了。

专业表达:由于需求很多,我们暂时没货了。

② 习惯用语:您怎么对我们公司的产品总是有问题。

专业表达:看上去这些问题很相似。

③ 习惯用语:我不能给你他的手机号码。

专业表达:您是否向他本人询问他的手机号码。

④ 习惯用语:我不想给您错误的建议。

专业表达:我想给您正确的建议。

⑤ 习惯用语:您没有必要担心这次维修后又坏。

专业表达:您这次维修后尽管放心使用。

(2) 善用"我"代替"你"。

① 习惯用语:你的名字叫什么?

专业表达:请问,我可以知道你的名字吗?

② 习惯用语:你必须……

专业表达:我们要为你那样做,这是我们需要的。

③ 习惯用语:你错了,不是那样的!

专业表达:对不起!我没说清楚,但我想它运转的方式有些不同。

④ 习惯用语:如果你需要我的帮助,你必须……

专业表达:我愿意帮助你,但首先我需要……

⑤ 习惯用语:你做的不正确……

专业表达:我得到了不同的结果,让我们一起来看看到底是怎么回事。

⑥习惯用语:听着,那没有坏,所有系统都是那样工作的。

专业表达:那表明系统是正常工作的。让我们一起来看看到底哪儿存在问题。

⑦习惯用语:注意,你必须今天做好!

专业表达:如果您今天能完成,我会非常感激。

⑧习惯用语:当然您会收到。但您必须把名字和地址给我。

专业表达:当然我会立即发送给您一个,我能知道您的名字和地址吗?

⑨习惯用语:您没有弄明白,这次听好了。

专业表达:也许我说的不够清楚,请允许我再解释一遍。

(3)在客户面前维护企业的形象。

如果有一个客户打电话到呼叫中心坐席员那里抱怨自己在前一个部门所受的遭遇,呼叫中心坐席员已经不止一次听到这类抱怨了。为了表示对客户的理解,适当的表达方式是"我完全理解您的苦衷",而不是"您说得不错,这个部门表现很差劲。"

如果客户的要求企业没法满足,呼叫中心坐席员可以这样表达:"对不起,我们暂时还没有解决方案"。请不要用一种无奈的口气说:"我没办法"。当呼叫中心坐席员有可能替客户想一些办法时,与其说"我试试看吧",不如更积极地说"我一定尽力而为"。

如果客户要求打折、减价,呼叫中心坐席员可以说:"如果您买10台,我就能帮您。"要避免说"我不能,除非……"。

如果客户的要求是企业政策不允许的,呼叫中心坐席员与其直接说"这是公司的政策",不如这样表达"根据多数人的情况,我们公司目前是这样规定的……"如果客户找错了人,呼叫中心坐席员不要说"对不起,这事我不管",可以说"有专人负责,我帮您转过去。"

另外,呼叫中心坐席员不应将地方方言中的一些表达方式应用在普通话中。

虽然现在语言表达技巧也提倡个性化服务,但如果呼叫中心坐席员能提供专业水准的个性化服务,相信会进一步增进与客户的沟通。呼叫中心坐席员对表达技巧的熟练掌握和娴熟运用可以在与客户的谈话过程中体现出最佳的客户体验与企业形象。

6. 呼叫中心坐席员常用的"说法"

(1)呼叫中心坐席员接听客户电话时说"您好"、"很高兴为您服务"、"请问您有什么需要我帮助的"等。

(2)当呼叫中心坐席员感谢客户时说"谢谢"、"谢谢您"、"多谢您的意见"等。

(3)当呼叫中心坐席员听取客户意见时说"听明白了"、"清楚了,请您放心"等。

(4)当呼叫中心坐席员不能立即接待客户时说"请您稍等"、"麻烦您等一下"、"我马上就来"等。

(5)呼叫中心坐席员对在等待的客户说"让您久等了"、"对不起,让您等候多时了"等。

(6)当呼叫中心坐席员打扰或给客户带来麻烦时说"对不起"、"实在对不起,给您添麻烦了"等。

(7)当呼叫中心坐席员表示歉意时说"很抱歉"、"实在很抱歉"等。

(8)当客户向呼叫中心坐席员致谢时,呼叫中心坐席员说"请别客气"、"不用客气"、

"很高兴为您服务"等。

（9）当客户向呼叫中心坐席员道歉时，呼叫中心坐席员说"没有什么"、"不用客气"、"很高兴为您服务"等。

（10）当呼叫中心坐席员听不清客户的问话时说"很对不起,我没听清,请重复一遍好吗"等。

（11）当呼叫中心坐席员挂断电话时说"再见,感谢您致电"等。

（12）当呼叫中心坐席员要打断客户的谈话时说"对不起,我可以占用一下您的时间吗"等。

四、案例分析

下面是一个有关银行服务的案例。①

客户（以下简称客）：我想查一下我的××卡在不在电话银行上。

热线服务人员（以下简称热）：××号,没有。

客：那你帮我查一下,是不是登记到别的卡号上了。

热：查不到。肯定是没注册上,你在哪办的？

客：××柜台。

热：那你要到柜台去一下,重办一次。

客：你能否帮我查一下,是挂错了还是没挂上。

热：一定是××支行做错了,他们经常错,我这里查不到,你到柜台去。

客：查不到原因我去干什么？

热：我们这里的业务必须要到柜台办理的,你知道吧,这样吧,我打电话叫他们来找你。

柜台服务人员（以下简称柜）：是××吗？我是××网点的,我们单位服务热线打电话来,正好我接电话,我不是这里的负责人,你明天下午到这里来一趟好吗？

客：你能否帮我查一下账卡是否挂到电子银行？还是挂错了？

柜：你是哪天挂的？谁帮你挂的？

客：一周前,左边第一个柜台。

柜：你一定记错了,我问过了,左边第一个没帮你办过。

客：我就想问一下你能否帮我查一下账卡是否挂到电子银行？还是挂错了？

柜：那我查不了,他们都讲没办过,我要到楼上帮你翻,很麻烦的,我也不是这里的负责人,只是正好接到这个电话。

客：那你给我打这个电话什么意思呢？

柜：我也不是这里的负责人,只是正好接到这个电话。我找我们经理给你打电话好了。

客：我就问个简单的问题,你们搞了这一大圈,什么也没解决,你们怎么回事？

---

① 资料来源：http://www.cncs100.com/.

问题：在这个案例中，银行服务人员在哪些方面存在问题？应该如何改进？

五、复习与思考

1. 在与客户沟通时，你认为最关键的是什么？请详细谈谈。
2. 请结合一个实例说明呼叫中心坐席员需要掌握的语言表达技巧。

项目八

数据仓库及数据挖掘技术

项目描述

在了解数据仓库及数据挖掘技术的内涵及相关技术的基础上,能够理解数据仓库及数据挖掘技术的基本理论以及实际应用的原理;掌握数据仓库及数据挖掘技术对客户关系管理的价值及在客户关系管理中的实际应用,从而理解数据仓库及数据挖掘技术对客户关系管理的重要意义。

知识目标

了解数据仓库、数据挖掘技术的内涵。
了解数据仓库与传统数据库的区别。
了解数据挖掘与其他分析方法之间的区别与联系。
理解数据挖掘在客户关系管理中的应用。
理解数据仓库的体系结构。
掌握客户关系管理中数据仓库的功能。

技术目标

熟悉并掌握数据仓库的建设过程。
理解并能够制定客户关系管理中数据挖掘的实施步骤。

主要任务

任务1　了解数据仓库
任务2　客户关系管理系统中数据仓库的建设
任务3　了解数据挖掘
任务4　数据挖掘的实施

引例 南非 Old Mutual 保险成功建设数据仓库和分析型 CRM[①]

Old Mutual 是南非最大的保险公司,为 80 万用户提供多种类别的保险,包括人寿保险、团体保险、养老金保险等。但截止到 1997 年,对 Old Mutual 的工作人员来讲,查询和分析客户信息仍是一项非常耗时的工作。一般销售人员必须等好几个星期才能就一项特定的查询得到答案,而公司后台的批处理系统运行也严重超时。

1997 年 7 月,Old Mutual 公司决定将所有的客户关系管理信息都迁移到 SAS 的数据平台上。在经过几个月的建设,1997 年 12 月 Old Mutual 正式将客户信息集成进一个 SAS 数据仓库中。新的数据仓库可以帮助对客户信息按照家庭和个人进行快速分析。在实施解决方案的第一阶段,客户信息综合查询时间由六周减为一周,查询运行的速度提高了 10～29 倍。

1998 年起 Old Mutual 开始应用 SAS 新解决方案 Enterprise Miner,对客户数据进行深层次挖掘,分析失掉了哪些客户以及分析客户再次购买某类保险的原因。借助 SAS 分析型 CRM,Old Mutual 在响应客户需求方面获得了可观的投资回报。

任务 1 了解数据仓库

一、任务目的和要求

★ 任务目的

通过本任务的学习,了解数据仓库的内涵、数据仓库的体系结构及数据仓库与数据库之间的区别与联系。

★ 任务要求

了解数据仓库。

二、相关知识

1. 数据库

数据库(Data Base,DB)起源于 20 世纪 50 年代,当时美国军方的计算机系统中将从世界各地收集来的情报存储起来,称之为"信息库"或"数据库"。20 世纪 60 年代计算机

---

① 资料来源:王广宇,《客户关系管理方法论》。

的应用开始进入了企业管理领域,应运而生的计算机信息系统要做到为决策者提供信息、辅助其进行控制和决策,就必须能对各种形式的数据进行收集、存储和加工。因为经过多年的计算机应用和市场积累,许多的商业企业已保存了大量的原始数据和各种业务数据,这些数据真实地反映了商业企业主体和各种业务环境的经济动态,然而由于缺乏集中存储和管理,这些数据不能为本企业进行有效的统计、分析和评估提供帮助,也就是说无法将这些数据转化成为有用的信息。数据库技术的应用为企业更好地利用自身的客户和业务信息提供了工具,同时为计算机应用发展到为企业提供决策参考和支持功能做好准备。20 世纪 70 年代,建立在较完备的数据库技术和理论基础上的数据产品一进入市场就受到各类客户的欢迎。

2. 数据仓库的产生

人们总结了企业数据处理的多层次特点,将当前的企业数据处理大致划分为操作型处理和分析型处理两大类。操作型处理也叫事务处理,是指对数据库联机的日常操作,通常是对一个或一组记录的查询和修改,主要是为企业的特定应用服务的,其重点在于响应时间、数据的安全性和完整性。分析型处理则用于企业管理人员的决策分析。两者之间的巨大差异使得操作型处理和分析型处理的分离成为必然,有必要划清数据处理的分析型环境与操作型环境之间的界限,由原来的以单一数据库为中心的数据环境发展成为一种新环境即体系化环境。

数据库系统作为数据管理手段,传统上主要用于事务处理,在这些数据库中已经保存了大量的日常业务数据。尽管数据库在事务处理方面的应用获得了巨大的成功,但它对分析处理的支持一直不能令人满意,尤其是当以业务处理为主的联机事务处理(On-Line Analysis Process,OLTP)应用与以联机分析处理(On-Line Analytical Processing,OLAP)为主的 DSS(Decision Support System,决策支持系统)应用共存于同一个数据库系统时,两种类型的处理发生了明显的冲突。人们逐渐认识到,事务处理和分析处理具有极不相同的性质,直接使用事务处理环境来支持 DSS 是行不通的。

传统的数据库系统面向以事务处理为主的 OLTP 应用,存放在数据库中的数据也就大体符合操作型数据的特点,不能满足 DSS 的分析要求。而为适应数据分析处理要求而产生的数据仓库中所存放的数据就应该是分析型的数据。数据仓库应当存储面向主题的、集成的、随时间不断变化的数据。

三、实现步骤

第一步:初步了解什么是数据仓库

20 世纪 90 年代初期,W. H. Inmon 在其著作《建立数据仓库》中提出了"数据仓库"的概念,数据仓库(Data Warehouse)是支持管理决策过程的面向主题的、集成的、与时间相关的、持久的数据集合。

1. 面向主题(Subject-Oriented)

数据仓库通常围绕一些主题,如"产品"、"销售商"、"消费者"等来进行组织。数据仓库关注的是决策者的数据建模与分析,而不针对日常操作和事务的处理。因此,数据仓库排除了对决策无用的数据,而提供了特定主题的简明视图。

2. 集成（Integrated）

数据仓库通常是结合多个异种数据源构成的，异种数据源可能包括关系数据库、面向对象数据库、文本数据库、Web 数据库、一般文件等。

3. 时变（Time-Variant）

数据存储从历史的角度提供信息，数据仓库中包含时间元素，它所提供的信息总是与时间相关联的。数据仓库中存储的是一个时间段的数据，而不仅仅是某一个时刻的数据。

4. 持久的或不可修改（Nonvolatile）

数据仓库总是与操作环境下的实时应用数据物理地分离存放，因此不需要事务处理、恢复和并发控制机制。数据仓库里的数据通常只需要初始化载入和数据访问两种操作，因此其数据相对稳定，极少更新。

数据仓库不是数据的简单堆积，而是从容量庞大的事务型数据库中抽取数据，并将其清理、转换为新的存储格式，即根据决策目标将存储数据库中对决策分析所必需的、历史的、分散的、详细的数据，经处理转换成集中统一的、随时可用的信息。

第二步：清楚数据仓库与数据库的区别

表 8-1 是基于数据库和数据仓库结构的企业应用系统的不同部分比较。

表 8-1 数据仓库与数据库支持应用系统的区别

	数据库系统	数据仓库
数据技术方面	操作型数据，增、删、改操作频繁	分析型数据，极少有更新操作
	各类操作基于索引	各类操作不完全基于索引
	以查询工具为主	以分析工具为主
功能方面	支持传统的联机事务处理 OLTP	支持联机分析处理 OLAP
	事件驱动和面向应用的	业务分析和决策支持的
	要求响应速度极快	要求响应时间合理
	用户数量庞大，各类业务人员都有需求	用户相对较少，以业务决策和管理人员为主

第三步：了解数据仓库的体系结构

IBM、Oracle 等厂商都提出了自己的数据仓库结构，但严格说来，任何一个数据仓库结构都是从一个基本框架组发展而来，实现时再根据分析处理的需要具体增加一些部件。如 8-1 图所示为斯坦福大学"WHPS"课题组提出的一个基本的数据仓库模型。

为了能够将已有的数据源提取出来，并组织成可用于决策分析所需的综合数据的形式，一个数据仓库的基本体系结构中应有以下几个基本组成部分。

1. 数据源

数据源是指为数据仓库提供最底层数据的运作数据库系统及外部数据。

2. 监视器

监视器负责感知数据源发生的变化，并按照数据仓库的需要提取数据。

3. 集成器

集成器将从运作数据库中提取的数据经过转换、计算、综合等操作，集成到数据仓库中。

4. 数据仓库

存储已经按照企业级视图转换的数据,供分析处理用。根据不同的分析要求,数据按照不同的综合程度存储。数据仓库中还应存储数据,其中记录了数据的结构和数据仓库的任何变化,以支持数据仓库的开发和使用。

5. 客户应用

供用户对数据仓库中的数据进行访问查询,并以直观的方式表示分析结果的工具。

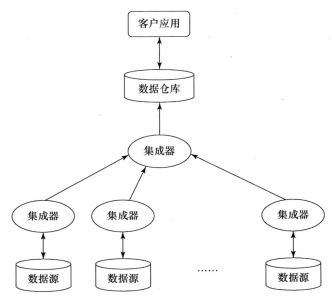

图 8-1 数据仓库基本体系结构

四、案例分析

淘宝网应用 Oracle 数据仓库[①]

成立于 2003 年的淘宝网稳踞亚洲购买网站的第一名,会员数超过 4000 万人,每年成交额皆以倍数快速成长,在 2006 年就已突破 169 亿人民币。随着业绩的持续攀升,以及同步成长的惊人数据量,淘宝网希望能从中挖掘出有用的信息,作为业务决策与网站运营的依据,因此,决定投资建置数据仓库。

淘宝网所面临的挑战,分别来自业务面与技术面。就业务来看,如何设计出更多且更好的行销活动以吸引更多客户正是首要的业务目标。而在技术面,基础架构的提升及强化将是关键。淘宝网于 2003 年成立,就连年以倍数快速成长,对于延展性的需求特别高;但另一方面,基础架构的建置仍缺乏整体且完善的规划与考量,则是主要的隐忧。

截至目前,淘宝网所累积的数据量已达 10TB 之多,而且,这个数字还会随着每年翻

---

① 资料来源:谷再秋、潘福林,《客户关系管理》。

倍成长的成交额同步上升。但庞大的数据量与计算量已超出原有环境的负荷,进而对数据库的运行速度造成显著的影响。淘宝网原有的数据库虽然只使用了二三年,但由于数据量成长很快,再加上激活了许多新项目,对于数据库的要求也相对提高。因此,建置数据仓库时,最大的技术挑战将在于效率及速度。

2007年年初,淘宝网找来了Oracle、NCR、IBM、HP与Sybase进行解决方案的评估,第一道关卡是概念验证,进行大批量的特殊查询与并行查询;第二道关卡则是性能/价格比。

以性能而言,Oracle在多项标杆测试里处于领先位置。更重要的是,运行于开放系统的Oracle数据仓库,相较于采用专属软硬件的竞争产品,不仅初期建置成本更低,维护及升级也更为容易,而且,因未来需求的成长,还能以更低投资,更弹性地扩充IT基础架构。因此淘宝网认为Oracle的性能好,价格比也领先,能够解决其数据量太大,导致数据库变慢的问题。

淘宝网以Oracle网格运算(Grid Computing)技术重新打造并强化基础架构环境,再进行数据仓库的建置,短短半年之内就完成上线工作。淘宝网表示,数据仓库的效益,在于分析历史、预测将来,以及看到所有活动的历史轨迹。它同时也是最佳指针,有效规范最终决策,不致太过偏离现实。

淘宝网的数据仓库主要提供商业智能(Business Intelligence)分析与数据挖掘(Datamining)两大功能,同时,也会根据业务需求,提供所需的企业级报表,或进行用户行为模式分析。

淘宝网高达八成的员工都会使用数据仓库系统,无论是财务、市场、服务或网站运营,同样必须每天看报表、做分析。而对于主管方面,则是生成报表之后,再以电子邮件寄发。

举例来说,针对"十一"长假,淘宝网设计了许多促销活动上线,要确认活动是否达到预期目标,就要靠数据仓库来计算及分析活动的效果。此外,市场部门也能根据往年的历史数据找出效果最好的活动并重新包装推出。

淘宝网指出,数据仓库上线之后,搜寻及查询数据的效能比原有环境提升两倍以上,整体系统的效能表现游刃有余,使用上也更为迅速、便利。针对数据仓库的未来应用方向,淘宝网也有许多规划与期望,例如,增加"推荐引擎",强化对消费者的服务,让数据仓库的应用不只局限在传统领域,而让更多人使用并共享。淘宝网希望在每个部门的业绩都成倍数成长时,IT部门当然也不能落后。以Oracle技术建置的基础架构与数据仓库环境,应该具备支持公司在未来持续成长的延展空间。

除了建置数据仓库之外,强化基础架构同样名列本次项目的重点。Oracle则以网格运算技术Oracle Real Application Clusters与Oracle Cluster Ready Services,结合自动化管理方案Oracle Automatic Storage Management与Oracle Partitioning,为淘宝网打造高延展性且自动化的基础架构环境。

以Oracle Automatic Storage Management为例,主要在取代原本必须以人力手动操作及调整的主机工具。由于Oracle Automatic Storage Management是高度自动化的解决方案,绝大多数的作业都能自动进行管理,无须人力介入操作,因而大幅减轻了工作负担。

举例来说,要为服务器增加磁盘时,过去必须先由IT人员做好规划,涵盖从设定、安装到分散数据才能行动。但现在,IT人员只需下指令,后续作业就由Oracle Automatic

Storage Management 自动接手完成，通盘考量最佳的安装及建置作法，完全无需 IT 人员的介入。

过去必须耗费两小时才能完成的工作，Oracle Automatic Storage Management 只要 5 分钟就能完成，不仅效率更高，管理负担也相对减轻了许多。而且，Oracle Automatic Storage Management 还能随时自动进行监控调整，确保系统环境的优化。增添商业智能与数据挖掘功能后的数据仓库，运行效能的提升超过两倍。

针对淘宝网所需的并行处理系统，Oracle Real Application Clusters 先以四个点来建构底层环境，但也预留了后续扩至 8 个节点、16 个节点的成长空间，满足淘宝网对系统效能及延展性的重视，同时也大幅度提升数据仓库的性能。

值得一提的是，淘宝网从选定 Oracle 到数据仓库系统上线，在短短六个月内就完成项目。而且，建置及导入作业都是由淘宝网一手包办，显见其强大的技术实力。而在项目在进行过程中，Oracle 也协助执行概念验证与技术问题的排除。这很大程度上在于淘宝网原有的数据库就是 Oracle，而且也搭配了 Oracle Real Application Clusters，因此，早已培养了一群专业人才与资源，不仅可沿用至数据仓库项目，整体上线过程也更为驾轻就熟。

问题：通过案例分析，谈谈你所了解的数据仓库。

五、复习与思考

1. 什么是数据仓库？数据仓库有什么特点？
2. 数据仓库与传统数据库有怎样的不同？
3. 数据仓库的体系结构由哪几部分构成？

任务 2 客户关系管理系统中数据仓库的建设

一、任务目的和要求

★ 任务目的

本任务说明数据仓库对一个企业有怎样的功能，其成功建设需要企业做哪些工作，完成怎样的工作程序。

★ 任务要求

了解数据仓库的建设过程。

二、相关知识

（一）客户关系管理系统中数据仓库的功能

一个内容详尽、功能强大的客户数据仓库对客户关系管理系统是不可缺少的。实施客户关系管理中建立的客户数据仓库,对于保持良好的客户关系,维系客户忠诚,客户数据仓库发挥着不可替代的作用。在美国早在1994年的商业调查就显示出:56%的零售商和制造商拥有强大的营销数据仓库;85%的零售商和制造商认为在20世纪末客户数据仓库必不可少。

在客户关系管理环境下,客户数据仓库应当具有以下功能。

1. 动态、整合的客户数据管理和查询功能

客户关系管理的数据仓库必须是动态的、整合的数据仓库系统。动态的要求是数据仓库能够实时地提供客户的基本资料和历史交易行为等信息,并在客户每次交易完成后能够自动补充新的信息。整合的要求则是指客户数据仓库与企业其他资源和信息系统的综合、统一,各业务部门及人员可根据职能、权限的不同实施信息查询和更新功能,客户数据仓库与企业的各交易渠道和联络中心紧密结合等。

2. 基于数据仓库支持的客户关系结构和忠诚客户识别功能

基于数据仓库支持的、及时识别忠诚客户的功能是十分重要的。实施忠诚客户管理的企业需要制定一套合理的建立和保持客户关系的格式或结构。简单地说,企业要像建立雇员的提升计划一样建立一套把新客户提升为老客户的计划和方法。如航空公司的里程积累计划——客户飞行一定的公里数便可以获得相应的免费里程,或根据客户要求提升舱位等级等。这种格式或结构建立了一套吸引客户多次消费和提高购买量的计划。在客户发生交易行为时,能及时地识别客户的特殊身份,给予相应的产品或服务,从而有效地吸引客户为获得较高级别的待遇和服务而反复购买。

3. 基于数据仓库支持的客户购买行为参考功能

企业运用客户数据仓库可以使每一个客户服务人员在为客户提供产品或服务的时候明了客户的偏好和习惯购买行为,从而提供更具针对性的个性化服务。如现在的读者俱乐部都在进行定制寄送,他们会根据会员最后一次的选择和购买记录,以及最近一次与会员交流获得的有关个人生活信息向会员推荐不同的书籍。这样做使客户感到企业尊重、理解他们,知道他们喜欢什么,并且知道他们在什么时候对什么感兴趣。这种个性化的服务对培养客户忠诚无疑是非常有益的。

4. 基于数据仓库支持的客户流失警示功能

企业的客户数据仓库将通过对客户历史交易行为的观察和分析,发挥警示客户异常购买行为的功能。如一位常客的购买周期或购买量出现显著变化时都是潜在客户流失迹象。客户数据仓库通过自动监视客户的交易资料,对客户的潜在流失迹象做出警示。

5. 基于Web数据仓库的信息共享功能

Web数据仓库将成为企业信息共享的基础架构。客户数据仓库应拥有可以通过浏览器使用的接口,以成为支持客户关系管理的基本架构,并且数据仓库要能够通过客户的简单点击就可以获得分析结果。客户对数据仓库的种种需求正在改变着它的设计和实现方法。新兴的Web数据仓库已经不仅仅被单个用户独享,在多个客户之间分布业已渐成趋势,甚至连企业供应链之中的商业合作伙伴也借助Web数据仓库充当最适合于信息共享的媒介。客户关系管理环境下连接分散的数据中心已经可以实现,在Web数据仓库的不同部分为实际数据的描述制定基于空间模型的统一标准结构;在Web数

据仓库构造之初为其所有部分确立一致数据元,并通过一致数据元实现数据仓库的体系结构。

(二)数据仓库的实现过程

数据仓库是一个解决方案,而不只是一个可以买到的产品。不同的企业会有不同的数据仓库,企业的销售人员往往不懂如何利用数据仓库,不能发挥其支持决策的作用。而数据仓库公司的工作人员又不懂业务,不知道建立哪些决策主题,从数据源中抽取哪些数据,因此需要双方互相沟通,共同协商开发数据仓库。

数据仓库的实现过程主要步骤如下。

1. 汇集整理各种源数据

源数据是指企业来自于不同业务系统的、以不同形式存储的数据,包括企业数据库、业务文件和其他数据来源。由各种途径收集的源数据不是简单的直接加载入数据仓库,而必须通过数据转换,采取析取、合并、删除、识别、扩展、校验、更新等方法换成一致的格式,进入数据仓库。

2. 存储管理数据和数据挖掘

企业的所有数据经汇集后,集中到中央数据仓库,形成企业级的一致的和完整的数据仓库,可以根据不同的主题需要将中央数据仓库划分为不同数据集市(当然也可以根据不同数据集市统一成为中央数据仓库),利用数据复制和传播工具保证数据集市与中央数据仓库的数据同步,利用数据挖掘发现数据间的内在关系或预测其以后的发展方向和模式。

3. 获取所需信息

企业各级销售人员或管理人员可以利用不同级别和主题的信息存取工具进行查询,可以结合图形化查询和报表工具、多维OLAP工具等使用。在某种意义上,数据挖掘工作在此层次上也在开展着。

三、实现步骤

在实施客户关系管理系统的过程中,客户数据仓库占有重要的地位。客户数据的价值所在,实际上也是客户关系管理的价值所在,那就是它把分散在企业内外的关于客户的数据集成起来,向企业及其员工提供了关于客户的总体的、统一的看法。数据仓库建设是一项有挑战性的工作,而客户数据仓库建立不仅要遵循建立数据库的一般规律,而且要根据客户关系管理的特征和要求完成以下几个方面的工作。

第一步:数据信息的收集和集成

在企业中客户数据可能存在于订单处理、客户支持、营销、销售、查询系统等各个环节或部门,客户数据仓库的建立可把这些信息集成起来。为了更进一步地了解客户以及其需求、客户身份,并且对在恰当的时间、地点、价格下他们可能产生的需求做出预测,企业需要花一些精力进行分析,因此产生了数据收集。成功地使用数据信息进行收集是客户关系管理的重要步骤。

客户关系管理的客户数据仓库需要把企业内外的客户数据集成起来。就客户数据集成来讲，企业需要对客户数据进行匹配和合并。来自不同信息源的客户数据的客户标识是不同的，造成了对同一客户进行匹配的困难。这时，常用模糊匹配的算法和方法寻找相同的记录，进行客户匹配。有时候还要动用其他的客户信息片断，如为了判定某客户的地址发生了变化，需要比较进行匹配的客户记录的信用卡号码、出生日期和地址。通过聚类和匹配，如果发现了几个匹配的记录，就需要对这些记录进行合并。实际上，这也是实行客户关系管理的初衷，也就是把不同来源的信息合并在一起，产生对客户的总的看法，如账户信息、信用等级、投资活动、对直接营销的反应等。记录的匹配和合并的完整性和准确性是很重要的。如果没有对相同的客户进行匹配，企业会把一个客户当做两个甚至更多的客户对待，企业的客户数量就会被夸大了。另外，在建立客户数据仓库时，有时还要录入企业外的数据，如人口统计数据、客户信用信息等，使得客户数据仓库的资料更加完整。

第二步：确保数据的质量

客户数据的收集和集成要对来自不同信息源的客户数据进行匹配、合并和整理，因此是非常困难的工作，但正因如此，客户数据仓库中确保数据的质量才越加显得重要。在建立客户关系管理数据仓库时，首先要确认由应用程序所生成的客户编码，要保证它的唯一性。

其次，对于客户匹配和建立完整准确的客户数据仓库来讲，姓名和地址这两个信息片断是很重要的，一定要进行分解和规范化。最后，对那些企业想收集，但又没有一定结构且信息量比较大的数据（如文本信息）要很慎重。即使各信息源的信息都是完整、准确的，而由于各信息源的数据格式可能并不相同，也需要对这些信息进行清理。对姓名和地址的解析和清理会提高客户匹配的质量，使得遗漏和错误的匹配大大减少。

第三步：按规则更新客户数据，保持对已有客户的统一看法

客户数据仓库的维护是逐渐更新而不是一次性完全更新的。这主要是由于数据仓库所利用的信息源中的历史数据经过一段时间后可能被擦掉，而如果每次更新都重新进行客户记录匹配和重新建立数据仓库的做法工作量太大。这就要求按照一定规则进行客户数据的更新，同时保持对原有客户的统一看法。比较合理的做法是，在保留已有数据的基础上，每次更新时都加入新的数据。因此，在客户数据仓库的数据更新中，首先要识别新数据是关于新客户还是关于数据仓库中已有客户，如果是新的客户数据，那么就要给这个客户一个独立的标识，在数据仓库中插入一行；如果是关于已有客户的数据，那么就要对这些客户记录的相关信息片断进行更新。数据更新要求同步化是客户关系管理数据仓库的特点之一。

第四步：数据仓库统一共享，以发挥最大效益

统一共享的客户数据仓库把销售、市场营销和客户服务的信息连接起来。如果未能结合与集成这些功能，客户关系管理将不会达到理想的效果。横跨整个企业集成客户互动信息会使企业从部门化的客户联络转向所有的客户互动行为都协调一致。如果一个

企业的信息来源相互独立,那么这些信息会有重复、互相冲突并且是会过时的。这对企业的整体运作效率将产生负面影响。为了使企业业务的运作保持协调一致,需要建立集成的客户关系管理解决方案以使后台应用系统与前台以及电子商务的策略相互协调。而一旦建立了客户数据仓库,下一步便要使它们发挥最大价值,要保证让企业各类工作人员都能方便、快捷地得到相关数据。每个进入客户关系管理系统客户的资料,销售、市场营销和客户服务等部门都应很容易得到他们的数据,而企业管理决策者则能随时得到关于企业业务情况的分析和相关报告。

案例 8-1　数据仓库的市场发展与主要产品介绍[①]

近来国际和国内的数据仓库市场均有较大的增长。Oracle 等五大数据仓库主导厂商竞争格局整体未变,在各个细分市场中却悄然变化。整体看来,呈现高端向低端延伸、低端向高端渗透的态势,各厂商也在保证固有优势领域的前提下,向其他领域或新领域发展。全球数据仓库市场在经历了 1997、1998 两年的缓慢增长后,1999 年开始快速成长。据 Dataquest 公布的数据,1999 年全球数据仓库和开发工具产品的销售额达到 78 亿美元,增幅为 18%。其中 Oracle 占 31.1%,增长 19%;IDM 占 29.9%,增长 18%;Microson 占 13.1%。Sybase 和 hformix 则在经过调整之后开始稳步增长。基于 Unix 和 NT 平台的数据仓库仍是主流,分别占 33.3%和 21.8%。中国国内数据仓库市场 1999 年的销售额为 15.9 亿元,增幅达 20%以上,其中 Oracle 占比为 35.2%,Microsoft 的 SQLServer 份额增至 15.9%。在行业和地区分布方面,国内的邮电、金融、政府和交通四大行业是众厂商竞争的主战场,以银行业为例:工行除部分早期的集中式文件系统外,主要采用了 DB2;建行在其 Unix 系统上统一采用 Informix 的数据仓库产品,而主机系统主要采用 DB2;农行和交行则以 SYbase 为主;中行的 Unix 系统上主要是 Oracle 的产品,其他系统采用 DB2。

为了买现自己的目标,五大厂商在各自的公司定位、产品策略、市场策略等多方面均作了重大调整。作为世界最大的数据仓库公司和第二大软件制造商,Oracle 公司定位为电子商务全面解决方案提供商,致力于提供基于 Internet 平台的数据仓库软件、开发工具和应用软件产品及相关的顾问咨询、教育培训、技术支持服务,来支持电子商务应用的开发、配置、管理和发布。最新的产品 Oracle 8i 已保证用户核心数据仓库存储的安全性和访问的高效性。Oracle 重点培养重点行业客户,大力发展合作伙伴,以本地化套装应用软件向中底端用户,提供完整解决方案,提高市场占有率。

---

① 资料来源:王广宇,《客户关系管理方法论》。

IBM 公司定位为各行业提供电子商务平台，结合其在硬件领域的成功，拓展其电子交易方面的成功，应用户需求提供 B2B 和 B2C 解决方案，协助用户建立完整的 ERP、CRM 等系统。最新发布的"具有全面集成能力的电子商务数据仓库"——DB2 通用数据仓库 7.1 版，集电子商务、商业智能、内容管理于一身，可实现从 Oracle、Microson 和 Sybase 的数据仓库向 DB2 通用数据仓库移植，可支持 13 种语言，运行于 Unix、NT 和 Linux 等二十多种系统平台。鉴于 DB2 起步较晚，用户熟悉程度不高，IBM 将加强市场宣传，推出更多的解决方案，侧重行业用户，同时加强与 lSV、ISP 的商业伙伴关系，配合软件应用技术支援中心的建立，实现高速发展。

Microsoft 公司定位为个人软件和商业软件提供商。2000 年新发布的 SQL Server2000 功能将更强大，它将与 Exchange 2000、Bistalk 2000 等组成 Windows 2000 系列产品组，所有的基于 Internet 的应用以及 Extranet、Intranet 上的应用都能在其上运行，核心是为推动 Windows2000 的销售。SQL Server2000 是第一个全中文版数据仓库，它具有自我调节、更易使用、可扩展性更强、可靠性更高、更加面向 Internet 数据挖掘能力更强等特点。

Sybase 公司定位为电子商务解决方案提供商，致力于企业级的 Internet 应用开发(IAD)、移动和嵌入式计算(MEC)和商业智能化、EP(Enterprise Portal)四个领域。

其中 EP 是重点推广的产品和概念。通过 EP 对公司的运作重新组合，扩展企业现有的基于 Web 的信息系统或创建一个全新的信息门户，让用户能够通过各种途径直接从单一入口访问。以合作促进应用，以应用推动市场。Sybase 用 Epl.0 开发了自己的企业门户（my.sybase.com），作为范例宣传，同时寻找一些不同行业的合作伙伴将 EP 真正实施起来。目标用户是企业级用户。Sybase 目前优势领域在于铁道、环保、金融和水利，还会侧重往政府、医疗等领域发展。

我国国产数据仓库以东大阿尔派的 Open Base、中软 CoBase、国信贝斯的 iBase 和华工的 DM2 为代表。国产数据仓库在技术方面接近国外先进水平，但在市场方面却一直不见起色，品牌信任度不高。这与国内厂商实力较弱，宣传力度不够有关。但是，国产数据仓库也有自己的优势。价格较低，基于本地化的开发、服务和技术支持，使实施周期短，节省用户的开发应用成本，而且能为用户量身定做，这点对于目前个性化的需求很重要。中国国产数据仓库应该发挥本地化的优势，同时在做系统集成时，捆绑销售，以低价切入来提高市场占有率，逐渐提高知名度，并且在政府、能源等国民经济命脉领域加大推广力度，力争在新世纪实现飞跃发展。

四、案例分析

广东电信基于数据仓库（DW）的决策支持系统[①]

广东电信的公众多媒体通信网拨号用户总数已达到70万，163/169网2002年年底用户总数达到800万以上，其中拨号注册用户达400万，主叫用户300万，卡用户100万，专线用户也达到1万以上，在这些大量的数据背后隐藏着许多重要的信息。广东电信科学技术研究院开发的Thinker-BC2000多媒体网综合业务管理系统，其中的决策支持系统是基于Sybase数据仓库开发的；目前广东电信的视聆通上，使用了Sybase数据仓库解决方案，并且基于BO开发了统计分析报表系统；广东省新一代的多媒体网综合业务管理系统，其中包括新版本的数据仓库系统，也是采用Sybase的数据仓库解决方案。

广东电信的数据仓库实施是一个相当复杂的过程，主要包括：数据仓库的设计建模、数据转换与集成、数据存储与管理、数据的分析和展现及数据仓库的维护和管理。Sybase提供了覆盖整个数据仓库建立周期的一套完整的产品包——Warehouse Studio，它包括数据仓库的建模、数据集成和转换、数据存储和管理、元数据管理和数据可视化分析等产品。

广东电信在进行数据仓库的建立时，最大的挑战之一是如何将原始业务数据转化为一致的格式，使之更好地为决策支持服务。这包括对已有数据的准确性和一致性进行检验、净化，将数据进行转化、提取、转换、装载到数据集市或数据仓库以及对其进行定期更新和管理。PowerMart作为数据抽取工具，从各种异构的数据源中抽取数据，在数据抽取过程，用户可以根据不同的抽取阶段，灵活定制各种数据抽取流程，并定时地将数据加载到数据仓库中。

Sybase的Warehouse Control Centcr通过对元数据仓库的集中管理，提供了数据仓库解决方案的保证技术。从设计和开发到实现到最终用户访问，由工具和数据仓库产生的对元数据的密集型集成和管理保证了真正企业级数据仓库的建立。

广东电信的决策者可以利用Sybase数据仓库系统快速准确地了解到各项业务的发展情况，为进一步的决策支持工作提供坚实的基础。广东省电信中心和地市业务管理人员能够每月按照要求生成预先定义好的标准统计报表，业务分析人员通过非常简单易用的图形界面能够快速准确地进行语义层查询并把所需的业务数据、信息和分析结果以丰富的形式快速地展现出来，为领导的决策提供准确的依据。这个系统还提供数据挖掘功能，为客户管理系统提供服务，为客户提供快速的账单及各种服务清单查询，并提供挖掘大客户的工具。

问题：结合案例说明数据仓库的建设对一个企业的发展有怎样的意义，你认为成功建设企业数据仓库的关键是什么？

[①] 资料来源：王广宇，《客户关系管理方法论》。

五、复习与思考

1. 数据仓库在客户关系管理中起到什么作用?
2. 请说明数据仓库的建设过程。

任务3　了解数据挖掘

一、任务目的和要求

★ 任务目的

数据挖掘是支持企业决策的重要依据,了解数据挖掘的内涵、数据挖掘的功能以及数据挖掘的商业应用等是深入了解数据挖掘的基础。

★ 任务要求

了解数据挖掘。

二、相关知识

数据挖掘与其他分析方法的区别如下。

1. 数据挖掘与传统分析方法

数据挖掘与传统的数据分析(如查询、报表、联机应用分析)的本质区别是数据挖掘是在没有明确假设的前提下去挖掘信息、发现知识。数据挖掘所得到的信息除了有效和实用外,还应具有先前未知的特征。先前未知的信息是指该信息是预先未曾预料到的,即数据挖掘是要发现那些不能靠直觉发现的信息或知识,甚至是违背直觉的信息或知识,挖掘出的信息越是出乎意料,就可能越有价值。

2. 数据挖掘和联机分析处理

联机分析处理是决策支持领域的一部分。传统的查询和报表工具说明数据库中都有什么(What Happened),联机分析处理则更进一步告诉我们下一步会怎么样(What Next)和如果我们采取这样的措施又会怎么样(What If)。客户首先建立一个假设,然后用联机分析处理检索数据仓库来验证这个假设是否正确。也就是说,联机分析处理分析师是建立一系列的假设,然后通过联机分析处理来证实或推翻这些假设来最终得到自己的结论。联机分析处理分析过程在本质上是一个演绎推理的过程。但是如果分析的变量达到几十个或上百个,那么再用联机分析处理手动分析验证这些假设将是一件非常困难和痛苦的事情。

数据挖掘与联机分析处理不同的地方是,数据挖掘不是用于验证某个假定的模式

(模型)的正确性,而是在数据仓库中自己寻找模型。它在本质上是一个归纳的过程,如一个用数据挖掘工具的分析师想找到引起贷款拖欠的风险因素,数据挖掘工具可能帮他找到高负债和低收入是引起这个问题的因素,甚至还可能发现一些分析师从来没有想过或试过的其他因素,如年龄。

数据挖掘和联机分析处理具有一定的互补性。在利用数据挖掘得出来的结论并采取行动之前,也许要验证一下如果采取这样的行动会给企业带来什么样的影响,联机分析处理工具能回答这些问题。而且在知识发现的早期阶段,联机分析处理工具还有其他的一些用途,可以帮助企业探索数据,找到哪些是对一个问题比较重要的变量,发现异常数据和互相影响的变量。这些都能帮助企业更好地理解数据,加快知识发现的过程。

3. 数据挖掘的整合性

数据挖掘利用了人工智能和统计分析的进步所带来的好处。这两门学科都致力于模式发现和预测。

数据挖掘不是为了替代传统的统计分析技术。相反,它是统计分析方法学的延伸和扩展。大多数的统计分析技术都基于完善的数学理论和高超的技巧,预测的准确度还是令人满意的,但对使用者的要求很高。而随着计算机计算能力的不断增强,我们有可能利用计算机强大的计算能力,只通过相对简单和固定的方法完成同样的功能。

一些新兴的技术同样在知识发现领域取得了很好的效果,如神经元网络和决策树,在足够多的数据和计算能力下,它们几乎不用人的关照就能自动完成许多有价值的功能。

数据挖掘就是利用了统计和人工智能技术的应用程序,把这些高深复杂的技术封装起来,使人们不用自己掌握这些技术也能完成同样的功能,并且更专注于自己所要解决的问题。

三、实现步骤

第一步:了解数据挖掘的含义

在管理活动中,对客户数据的利用是必需的,如何将数据转化成信息是一个问题,因为没有信息,行动将是不可能的或者变成蛮干。客户信息的绝对容量增加和与客户相互作用日益复杂,迫切需要一种新的趋势来迎合这种技术,数据挖掘应运而生。

近年来,随着人工智能和数据仓库技术发展,使数据挖掘逐渐成为一门新兴技术。数据挖掘是从数据仓库中挖掘出有价值的带有规律性的行为模式,并对未来趋势做出预测的一个数据分析过程,因此,数据挖掘更接近于人工智能范畴。数据挖掘的目的是为了建立一个符合"历史经验"的预测模型,即要帮助用户回答如"明年哪种营销预算可以获得最佳回报"、"哪一种类型的客户将是企业的主要收入来源"等决策。数据挖掘更注重于发现数据仓库中所蕴藏的、目前不为人知的某种"规律"或模式,因而是"挖掘"、是"发现"、是"探索",而不是"浏览"或"观望"眼前的事实结果。

数据挖掘使客户关系更有意义,它通过使用数据分析和数据建模技术来发现数据之间的趋势和关系的过程,可以用来理解客户希望获得什么,还可以预测客户将要做什么,可以帮助企业选择恰当的客户并将注意力集中在他们的身上,以便为他们提供适当的产品。由于可以以最佳方式提高响应个性化需求的能力,并且可以通过优化资源分配来降低成本,因此收益得到提高。如在金融领域用于收集和处理大量数据,并对这些数据进行分析,发现潜在的客户群和评估客户的信用等。在数据仓库中进行数据挖掘正逐渐成为客户关系管理核心的部分。

第二步:了解数据挖掘的主要功能

数据挖掘的目标是通过从大量的、不完全的、有噪声的、随机的实际应用数据中,提取隐含其中的、人们事先不知道的、潜在有用的信息和知识,为企业决策提供依据。数据挖掘主要有以下五类功能。

1. 自动预测趋势和行为

数据挖掘自动在大型数据仓库中寻找预测性信息,以往需要进行大量手工分析的问题如今可以迅速直接由数据本身得出结论。一个典型的例子是市场预测问题,数据挖掘使用过去有关促销的数据来寻找未来投资中回报最大的客户,其他可预测的问题包括预报破产以及认定对指定事件最可能做出反应的群体。

2. 关联分析

数据关联是数据仓库中存在的一类重要的、可被发现的知识。若两个或多个变量的取值之间存在某种规律性,就称为关联。关联可分为简单关联、时序关联、因果关联。关联分析的目的是找出数据仓库中隐藏的关联网。有时并不知道数据仓库中数据的关联函数,即使知道也是不确定的,因此关联分析生成的规则带有可信度。

3. 聚类

数据仓库中的记录可被划分为一系列有意义的子集,即聚类。聚类增强了人们对客观现实的认识,是概念描述和偏差分析的先决条件。聚类技术主要包括传统的模式识别方法和数学分类学。20 世纪 80 年代初,Mchalsh 提出了概念聚类技术,其要点是在划分对象时不仅考虑对象之间的距离,还要求划分出的类具有某种内涵描述,从而避免了传统技术的某些片面性。

4. 概念描述

概念描述就是对某类对象的内涵进行描述,并概括这类对象的有关特征。概念描述分为特征性描述和区别性描述,前者描述某类对象的共同特征,后者描述不同类对象之间的区别。生成一个类的特征性描述只涉及该类对象中所有对象的共性。生成区别性描述的方法很多,如决策树方法、遗传算法等。

5. 偏差检测

数据仓库中的数据常有一些异常记录,从数据仓库中检测这些偏差很有意义。偏差包括很多潜在的知识,如分类中的反常实例、不满足规则的特例、观测结果与模型预测值的偏差、量值随时间的变化等。偏差检测的基本方法是寻找观测结果与参照值之间有意义的差别。

第三步:了解数据挖掘的商业应用

数据挖掘是一种新的商业信息处理技术,其主要特点是对商业数据仓库中的大量业务数据进行抽取、转换、分析和其他模型化处理,从中提取出可辅助商业决策的关键性数据。简而言之,数据挖掘其实是一类深层次的数据分析方法。数据分析本身已经有很多年的历史,只不过在过去,数据收集和分析是用于科学研究的,同时由于当时计算能力的限制,对大量数据进行分析的复杂数据分析方法受到很大限制。现在,由于各行业自动化的实现,商业领域产生了大量的业务数据,这些数据不再是为了分析的目的而收集的,而是由于纯机会的商业运作而产生的。分析这些数据也不再是单纯满足研究的需要,更重要的是为商业决策提供真正有价值的信息,进而获得利润。但所有的企业面临一个共同问题是:企业的数据量非常大,而其中真正有价值的信息却很少,因此,从大量的数据中经过深层分析,获得有利于商业运作、提高竞争力的信息,就像从矿石中淘金一样困难,数据挖掘也因此而得名。因此,数据挖掘可以描述为:按照企业既定业务目标,对大量的企业数据进行探索和分析,揭示隐藏的、未知的或验证已知的规律性,并进一步将其模型化的、先进有效的方法。

在商业领域应用最成功的数据挖掘例子莫过于案例分析中提到的啤酒与尿布的关联,事实上目前数据挖掘的确很难找到其他这样的经典例子。而且随着时间的推移,人们必须借助于其他的外力从海量的数据中发现信息,如何从庞大的数据中发现有效信息,这已经成为信息时代亟待解决的问题,因此,数据仓库、数据挖掘、联机应用分析等技术逐步被研究和推广。

目前,数据挖掘的商业应用主要有:超市分析交易数据、安排货架上货物的摆布以提高销量;信用卡公司分析信用卡历史数据,判断哪些人有风险,哪些人没有;帮助警方对一些人的行为模式进行分析,判断哪些人对受保护的信息具有潜在威胁;医药公司分析医师的处方,判断哪些医师愿意购买他们的产品;保险公司分析以前的客户记录,决定哪些客户是潜在花费高额保费的对象;汽车公司分析不同地方人的购买模型,针对性地发送给客户喜欢的汽车的手册;人才中心分析不同客户的工作历史,发送给客户潜在的感兴趣的工作信息;访问没有归类的竞争对手的数据仓库,推断出潜在的归类信息;教育培训机构分析学生的历史信息,确定哪些人愿意参加培训,然后发送手册给他们;广告公司分析人们的购买模式,估计他们的收入和孩子的消费需求;市场分析人员分析不同团体的旅游模式,决定不同团体之间的关联;医生分析病人的历史信息和当前用药情况,预测潜在的问题;税务部门分析不同团体缴纳所得税的记录,发现异常模型和趋势等。

第四步:了解数据挖掘的任务

数据挖掘通过预测未来趋势及行为做出前瞻的、基于知识的决策。数据挖掘的目标是从数据仓库中发现隐含的、有意义的知识,主要有以下四种主要任务。

1. 预测建模

预测建模(Predictive Modeling)有两类任务:分类(Classification),用于预测离散的目标变量;回归(Regression),用于预测连续的目标变量。如预测一个Web客户是否会在网上书店买书是分类任务,因为该目标变量是二值的。而预测某股票的未来价格是回归任务,因为价格具有连续值属性。两项任务目标都是建立一个模型,使目标变量预测值与实际值之间的误差达到最小。预测建模可以用来确定客户对产品促销活动的反应、预测地球生态系统的扰动或根据检查结果判断病人是否患有某种特定的疾病。数据挖掘自动地在大型数据仓库中寻找预测性信息,以往需要进行大量手工分析作业的问题如今可以迅速、直接地由数据本身得出结论。一个典型的例子是市场预测问题,数据挖掘使用过去有关促销的数据来寻找未来投资中回报最大的客户。

2. 关联分析

关联分析(Association Analysis)用来发现描述的数据中强关联特征的模式,通过分析给出两个或多个变量间存在的相关性规律。所发现的模式通常用蕴涵规则或特征子集的形式表示。由于搜索空间是指数规模的,关联分析的目标是以有效的方式提取最有趣的模式。关联分析的应用包括找出具有相关功能的基因组、识别一起访问的 Web 页面、理解地球气候系统中不同元素之间的联系等。数据关联是数据仓库中存在的一类重要的、可被发现的知识。若两个或多个变量的取值之间存在某种规律性,就称为关联。关联可分为简单关联、时序关联、因果关联。关联分析的目的是找出数据仓库中隐藏的关联网。有时并不知道数据仓库中数据的关联函数,即使知道也是不确定的,因此关联分析生成的规则带有可信度。

3. 聚类分析

聚类分析(Cluster Analysis)旨在发现紧密相关的观测值组群,使得与属于不同簇的观测值相比属于同一簇的观测值相互之间尽可能类似。即簇聚同类对象,使在抽象空间中属于同一类别的个体距离尽可能小,反之尽量大。聚类分析可用来对相关的客户分组、找出显著影响地球气候的海洋区域以及压缩数据等。聚类分析增强了人们对客观现实的认识,是概念描述和偏差分析的先决条件。聚类技术主要包括传统的模式识别方法和数学分类学。20 世纪 80 年代初,Mchalsh 提出了概念聚类技术,其要点是在划分对象时不仅考虑对象之间的距离,还要求划分出的类具有某种内涵描述,从而避免了传统技术的某些片面性。

4. 异常检测

异常检测(Anomaly Detection)的任务是识别其显著不同于其他数据的特征观测值,寻找观察结果与参照值间的差别,这些偏差往往包含很多具有潜在意义的知识信息。这样的观测值称为异常点(Anomaly)或离群点(Outlier)。数据仓库中的数据常有一些异常记录,从数据仓库中检测这些偏差很有意义。偏差包括很多潜在的知识,如分类中的反常实例、不满足规则的特例、观测结果与模型预测值的偏差、量值随时间的变化等。偏差检测的基本方法是,寻找观测结果与参照值之间有意义的差别。异常检测算法的目标是发现真正的异常点,而避免错误地将正常的对象标注为异常点。换言之,一个好的异常检测器必须具有高检测率和低误报率。异常检测的应用包括检测欺诈、网络攻击、疾病的不寻常模式、生态系统扰动等。

异常检测可以用于信用卡欺诈检测等商业应用中。信用卡公司记录每个持卡人所做的交易,同时也记录信用限度、年龄、年薪和地址等个人信息。由于与合法交易相比,欺诈行为的数目相对较少,因此异常检测技术可以用来构造客户的合法交易的轮廓。当一个新的交易到达时就与之比较。如果该交易的特性与先前所构造的轮廓很不相同,就把交易标记为可能是欺诈。

四、案例分析

尿布与啤酒的关联[①]

在一家超市里,有一个有趣的现象:尿布和啤酒赫然摆在一起出售。这个奇怪的举措却使尿布和啤酒的销量双双增加了。这不是一个玩笑,而是发生在美国沃尔玛连锁超市内的真实案例。沃尔玛拥有世界上最大的数据仓库系统,沃尔玛对其顾客的购买行为进行购物篮分析,以知道顾客经常一起购买的商品有哪些。为了能够准确了解顾客在其门店的购买习惯,沃尔玛数据仓库系统中集中了其各门店的详细的原始交易数据,在这些原始交易数据的基础上,沃尔玛利用数据挖掘方法对这些数据进行分析和挖掘。

一个意外的发现是:跟尿布一起购买的最多的商品竟是啤酒!经过大量实际调查和分析,揭示了一个隐藏在"尿布与啤酒"背后的美国人的一种行为模式:在美国,一些年轻的父亲下班后经常要到超市购买婴儿尿布,而他们中有30%~40%的人同时也为自己买一些啤酒。产生这一现象的原因是:美国的太太们常叮嘱她们的丈夫下班后为小孩买尿布。而丈夫们在买尿布后又随手带回了他们喜欢的啤酒。

问题:按照常规思维,尿布与啤酒风马牛不相及,若不是借助数据挖掘技术对大量交易数据进行挖掘分析,沃尔玛是不可能发现数据内在的这一有价值的规律的。谈谈你对数据挖掘的理解。

五、复习与思考

1. 你如何理解数据挖掘,它在客户关系管理中起到怎样的作用?
2. 数据挖掘与其他数据分析方法有什么区别。

任务4 数据挖掘的实施

一、任务目的和要求

★ 任务目的

数据挖掘对企业发现有价值的信息具有重要作用,了解数据挖掘在企业客户关系管理中的具体应用,掌握企业应用数据挖掘时需要从事的工作过程是非常有必要的。

★ 任务要求

掌握数据挖掘的应用及实施过程。

[①] 资料来源:丁建石,《客户关系管理》。

二、相关知识

从企业的角度来看,最好的客户是能够创造最大利润的客户,这涉及对客户生命周期的分析、客户细分、客户的获取和保持、客户营利能力分析以及促进交叉销售等方方面面的内容。现代企业已经开始逐渐意识到收集、保存、开发和利用客户关系数据的重要性,在以客户为导向、不断追求客户关系带给企业的价值中,分析型客户关系管理承担着为企业提供有效信息的重任。营销计划的制订、营销方案的选择都需要大量有说服力的数据作为营销决策的依据,客户流失、销售额下降也需要从数据中找到原因。在大量的客户数据中,紧紧依靠传统的分析手段是无法满足企业日益增加的客户关系管理需求的,而数据挖掘技术的飞速发展就为客户关系管理的迫切需要提供了科学高效的分析工具。

(一) 客户生命周期分析

1. 分析客户生命周期的各个阶段

在客户生命周期的过程中,各个不同的阶段包含着许多重要的事件。数据挖掘技术可以应用于客户生命周期的各个阶段以提高企业客户关系管理能力,其中包括对潜在客户、响应者、即得客户和客户流失的管理。图 8-2 展示了数据挖掘技术在典型的客户生命周期事件中的应用。

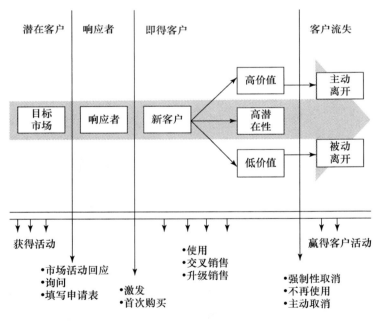

图 8-2 客户生命周期

(1) 潜在客户。

潜在客户获得活动是针对目标市场的营销活动,寻找对企业产品或服务感兴趣的人。

值得注意的是,在这个阶段缺乏客户数据,因为目标市场的人群还没有成为企业和客户,所以没有客户数据。数据挖掘可以提供帮助吗?当然,数据挖掘可以把以前的客户对类似活动的响应进行挖掘,从而把市场活动重点锁定在以前的响应者的身上。一个更好的方法就是寻找和高价值的客户类似的潜在客户——只要一次就获得正确的客户。通常,潜在客户获得活动使用广告和其他市场宣传媒介。无论何种渠道,数据挖掘在特定市场中发现最重要的客户中发挥着重要作用,也决定着市场活动的类型、广告空间等一些宣传问题。

(2)响应者。

潜在客户通过登录企业网站、拨打免费电话、填写申请表单和其他途径等成为响应者。

以上途径把潜在客户改变成为确定的、能够被锁定和被跟踪的客户。虽然响应者还没有购买任何的产品或服务,但他们有很大的可能性成为购买者,并成为企业客户。但在进行各种"说服"或"销售"产品或服务的活动之前,企业必须确定哪些客户是值得自己努力的。也就是说,预测客户对企业的销售努力的反应情况是提高企业的销售成功率的前提。

数据挖掘通常被用于判断哪些潜在客户会变成响应者。预测模型也用来判定哪些响应者会成为企业即得客户。

如某企业的市场部经理决定采用电话推销的方式为产品进行宣传。最传统的做法是先选择一个比较感兴趣的地区,通过信息中介中公司等组织机构拿到这个地区的符合条件的商业数据,然后和他们联系,给他们打电话,推销企业的产品。这是一种非常简单的电话推销的方式。与普通广告相比,虽然它比较经济、有效,但不是令人满意的电话推销。

在采用数据挖掘技术后,电话推销的有效性得到大幅度提高。通过数据挖掘可以发现购买产品的主要消费者是男性还是女性,学历、收入、职业如何,有什么爱好等信息。很多因素表面上可能看来和购买产品不存在任何联系,但数据挖掘的结果却证明它们之间存在联系。通过数据挖掘,使电话销售更具有针对性。

利用数据挖掘技术筛选潜在客户的过程参见图 8-3。

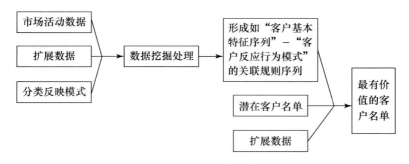

图 8-3 利用数据挖掘技术筛选潜在客户的过程

(3)即得客户。

响应者购买企业产品的时候就变成了企业即得客户。这意味着他们已经进行了第一次的购买活动。在即得客户阶段包括许多的活动,最重要的活动可以划分为三类。

① 刺激使用。

使用展现了客户行为,当使用是企业收入的主要来源,刺激使用就成为企业的重要目标。使用模式因不同的客户市场而有所不同。

② 交叉销售。

鼓励客户购买与第一次购买不同的产品或服务的市场营销活动。

③ 升级销售。

鼓励客户升级现有的产品或服务的市场营销活动。

很显然,即得客户是数据挖掘的重要区域。客户使用活动提供了客户行为模式的最本质的东西。预测什么时候会发生客户活动,判定哪个客户可能对交叉销售和升级销售活动做出响应,这对企业来讲是极具价值的。在此,数据挖掘要建立的是"客户反应"行为预测模型,即给定一系列客户资料以及其他输入,这个模型要计算出他们对某个销售建议的"反应指标"。客户对销售建议的反应有无反应、正反应、负反应三种。无反应是客户根本就不理,正反应就是客户表明对企业的产品或服务感兴趣,负反应就是客户对企业的说明不感兴趣。

使用数据挖掘技术要求从客户大量的信息中抽出其特点。客户早期的购买和使用模式对企业来源是非常具有价值的,在一些行业,首次行为预示了未来的使用信息。这些客户开始对一个或多个产品感兴趣,而这类行为通常在早期的购买行为中明显地表现出来。

(4) 客户流失。

在一些情况下,客户停止购买企业的产品。对此两种基本不同的流失原因。

第一种是主动离开,是指这类客户不再是企业的即得客户。了解客户主动离开出现的原因非常重要,如客户离开了企业服务的地区;客户生活方式发生了变化,不再需要企业的产品或服务;客户已经获得了竞争者提供的更好的产品或服务;客户不再认为使用企业的产品有任何价值。

第二种是非主动离开,即被动离开,是指即得客户不再是一个好的客户。区别主动离开和被动离开对企业来说是非常重要的,针对不再付账单的客户而开展的市场营销活动所花费的费用是非常昂贵的。一个重要的问题就是什么时候即得客户会被动离开。数据挖掘可以通过分析以前的客户数据得出什么样的客户会在将来同样地离开。

即使客户离开也不是所有流失的客户就完全失去了。赢得客户活动的目标就是重新获得失去的客户。

2. 不同客户生命周期阶段出现的数据

与客户的关系越密切,获得的数据就越多。图8-4展现了不同阶段出现的不同类型数据。潜在客户通常只有很少的数据,因为潜在客户名单经常是从外部的服务机构购买的。广告活动一般是针对特定的统计群组。然而,除非统计群组里的人对活动做出响应,否则没有人知道他们是否接收到了广告所要表达的信息。互联网络的发展使收集客户的浏览行为成为可能,当某人使用相同的浏览器购买产品时就可以把它和以前的浏览纪录联系起来,通常经过一段时间,同一个潜在客户会接收到许多的推广活动。了解市场活动历史,尤其是哪个活动使潜在客户成为即得客户是非常重要的信息。因此,许多的企业使用跟踪即得客户的方式跟踪潜在客户,而有些企业使用外部机构来跟踪他们的市场推广活动。

通常,当一个人"了解"一个产品或服务时,他会留下了一些信息。这些信息或以客户调查表的形式展现,或以信用申请表的形式出现,这些信息是非常有价值的。

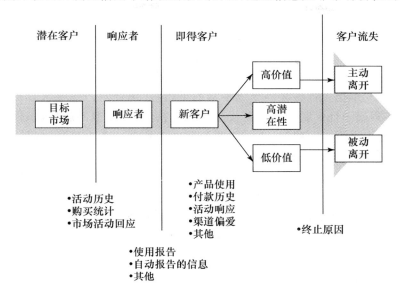

图 8-4 客户生命周期产生数据

但是,当一个人成为一个客户,他通常不希望填写不必要的表格。如果要求填写,他可能会简单填写,并不会填写详细的信息。或者,调查表不会被每个潜在的客户返回,导致在这个阶段收集的数据通常是不完整和不准确的。

从即得客户获得的行为数据是最具价值的。这些数据蕴含着大量的描述客户及其细分市场的信息。

响应数据是指反映活动效果的数据。了解哪些受众在哪些市场活动范围之内和哪些人做出了反映是非常重要的。

(二)客户营利能力的分析

客户营利能力分析是数据挖掘的一项重要工作,也是数据挖掘是否用于正确方向的一个指标。一般情况下,在客户身上的花费越多,他们保持更高的忠诚度的可能性也越大。

了解客户的需求和辨析最具利润贡献率的客户成为现代大多数企业经营的驱动力,来自销售、营销、产品开发和策略部门的人员都正在极力地试图更好地把握客户的需求,通过一定的工具和技术快速地辨别最重要的客户并锁定这些目标客户,使其增加购买量和重复购买次数。

数据挖掘技术可以从客户的交易记录中发现一些行为模式,并用这些行为模式来预测未来客户的营利能力,但前提是企业必须设定一些优化的目标,也就是企业要先确定一种计算客户营利能力的方法,这种方法可以是一种简单的公式,也可以是一种复杂的函数,如从每位客户身上获得的收入减去提供产品、服务、市场活动、促销活动的成本,再减去通常是由客户所负担的那些固定费用。

通过数据挖掘技术可以预测在不同市场活动情况下的客户营利能力,预测未来的营利能力,预测客户营利能力的变化。

(三) 客户的细分

客户细分是指按照一定的标准将企业现有的客户划分为不同的客户群,同类客户拥有相似的属性。在客户关系管理系统中,完全可以通过数据挖掘技术中的决策树或聚类的方法来实现细分,把大量的客户分成不同的类,客户细分时一般要求数据仓库中的每一个客户都必须属于且仅属于一个类,每一类里的客户有相似的属性,如他们可能是在地域上相似,或者在收入上相似,或者在其他属性上相似。企业只需对同一类中的客户采取相同的个性化服务就可大大地降低企业的成本。

如惠普公司运用数据仓库展开了专用产品的专邮业务,通过在数据仓库中找到客户拥有何种设备以及他们如何对其进行使用等数据来确定目标定位、分发相应的特种产品的促销材料。通过这些数据,惠普公司就能清楚地知道潜在客户准备什么时候将他们的系统进行升级,或者需要购买什么配套产品,真正做到有的放矢。

(四) 交叉营销

交叉营销是指向现有的客户提供新的产品和服务的营销过程。这是在客户保持中经常被企业采用的策略之一,其目标是实现企业与客户的双赢,即客户可以得到更好、更贴切的产品或服务,企业则因为增加了销售量而获利。

但是向哪些客户提供哪些产品或服务是实现交叉营销首先要解决的问题。在使用数据挖掘技术以前,许多的企业开展交叉营销时做到恰当推荐的几率很低,交叉营销的效果不理想。因此,企业希望通过挖掘数据的潜在联系做到准确推荐。通过使用数据仓库和新订单中的客户信息可以告诉客户服务代表应该推荐什么。

通常企业会使用两个数据挖掘模型来用于交叉营销的分析。第一个模型用来预测哪些建议更容易被接受,第二个模型用来预测一些人是否会为被建议买附加产品而感到不愉快。具体实施时可以通过简短的电话调查了解客户的反应如何。在进行反馈数据的实际分析时,可以将拒绝参与调查的人归为拒绝推荐的人。实际调查发现,那些拒绝回答调查问题的人中有很多人并不拒绝交叉营销。因此,企业根据数据挖掘的结果向客户进行交叉营销时优先考虑不拒绝参与调查的人,然后再考虑拒绝参与调查的人。同时,需要进一步分析客户拒绝调查的原因,找出合理的解决办法,以便吸引更多的客户参加企业的下一次调查。

三、实现步骤

数据挖掘是一个完整的过程,该过程是从大型数据仓库中挖掘先前未知的、有效的、对企业决策有潜在价值的信息,并使用这些信息做出决策或丰富知识。数据挖掘的任务就是在海量的数据中发现有用的数据。但是仅仅发现数据是不够的。必须对这种模型做出一定的反应,并采取行动,最后将有用的数据转换成信息,信息变成行动,行动转换成价值。这就是数据挖掘在商业应用上的一个完整的流程。基本上由六个步骤组成,下面对每一个步骤分别进行说明。

第一步:识别商业问题

在开始数据挖掘之前最基础的就是理解数据和实际的业务问题,在这个基础之上提出问题,对目标有明确的定义。明确的定义是数据挖掘的基本任务,确定目标的目的是使数据挖掘有章可循,尽管最终的结果是难以预测的,但是有了明确的方向后可以使数据挖掘的整个过程的动作避免盲目以减少风险。识别商业问题主要有以下几个方面。

1. 分析确定和预测业务目标

在进行数据挖掘之前,企业首先要明确业务目标,即企业想通过数据挖掘解决什么样的问题,达到什么目的。如企业想进行一次对现有客户的连带销售电话直销活动,可是不知道该选择什么样的客户作为企业的目标客户,这种情况下,企业的业务问题便可能是"现有客户中谁最有可能正面反馈这次针对产品 A 的电话直销活动?"数据挖掘虽然不完全肯定里面有无企业要找的准确答案,但至少可以帮助企业理清思路,校正企业原先可能的误解,这就是数据挖掘的功效。

明确了企业要解决的问题之后,目标确定并没有结束,必须将要解决的问题转化为可以测量的目标,即企业的数据挖掘的成功准则。显然,企业必须给出一个质或量的变化才可以测量。如要指出客户正面反馈率比过去提高多少个百分比这样的可测量指标,否则企业就无法确定此次数据挖掘工作是否成功。

2. 进行环境评估

作为数据挖掘的第一个步骤,企业必须按照项目管理的一般方法考虑其他的因素,如更详细地了解所有可用的技术、资金、人才和时间等资源投入及约束、假设和其他应该考虑的因素,为下一步确定数据分析目标和项目计划提供支持。

3. 确定数据挖掘目标

从技术的角度描述项目的目标,把业务领域的目标转换成相应的数据挖掘目标。如业务目标是"增加对现有客户的销售",而相应的数据挖掘目标则是"给定客户过去 5 年的购买记录、销售商品的分店及地点、商品价格表,预测一个客户将会购买哪些商品"。

4. 产生项目计划

描述如何完成数据挖掘目标的计划,包括项目将要执行的数据挖掘的阶段以及每个阶段的时间、所需资源、输入和输出。

第二步:了解数据

确定了要解决的问题以及可以测量的目标之后必须对数据挖掘的基础数据进行初步了解。如数据从哪里获得,数据仓库里有无直接可用的数据集市,所选用数据表哪些字段是必要的,如何描述这些数据等。对数据的初步了解可以帮助企业分析这些数据的可用性与适用性。另外,企业也可以用一些简单的工具随机地抽取一些记录检验它们的质量,只有对数据建立基本的可信度之后才可以进入下面的步骤,否则太多的返工会产生很多不必要的资源浪费。

第三步：数据准备

这一阶段是对已确定的基本数据进行必要的转换、清理、填补以及合并工作。如有些数据挖掘工具只能处理数字类型，这种情况下就必须将对字段值进行必要的转化工作。一般数据仓库产品里都有特别的工具做这项工作，可以帮助客户从事数据准备。

数据准备工作比较繁琐，但非常重要，因为如果数据里噪音太多就会影响建立模型的准确度，数据越完整、越准确，在此基础上发掘的数据规律就具有更高的可信度，从而更好地实现数据挖掘的目标，否则，从"垃圾"数据里再怎么挖掘也只能是垃圾，这是毫无疑问的。

第四步：模型构造

模型构造阶段是数据挖掘技术应用的关键阶段，分为以下几个子步骤。

1. 选择适用的挖掘技术

根据数据挖掘目标所要解决的问题，如是历史数据描述性质的，还是对未来行为进行预测的，选择相应的数据挖掘技术，因为每一种数据挖掘技术有其适用性。

2. 建立培训数据和测试数据

对基础数据必须分为两部分，一个是供模型建立的数据，另一个建立后检验其准确率的数据。两者的使用目的是不一样的。

3. 利用培训数据采用相应算法建立模型

这个步骤就是采用相应的算法确定输出和输入的关系，函数关系一旦确定，便称为模型已建立。

4. 模型解释

模型建立以后必须对模型进行分析和解释，由专业人士参与，以找出模型中的实际意义。

第五步：模型评估和检验

这个阶段对所建立的模型用测试数据进行测试，计算误差率，以确定模型的可信度，如果不令人满意，未达到预期的误差率目标，那么就必须重回到数据了解阶段，重复相关过程，一直找到令人满意的模型为止，当然也有可能最终放弃导致项目失败，在这种情况下就有必要重新审视最初的挖掘目标是否合理。

第六步：部署和应用

如果经过测试和检验所建立的模型可信并在预定误差率范围内，那么便可以按照这种模型计算出输出值，并按照输出值确定决策的基本依据。这样就可以在企业范围内全面部署这个预测模型。在应用过程中，企业必须不断地用新数据进行检验，不断测试其成功概率。经过反复检验成功的模型就成为企业的一个重要的"知识"，为企业成功决策打下良好的基础。

在采取行动的过程中，不同的企业、不同的部门所采取的行动应该是各不相同的。但是共同之处都是应该采取一种循序渐进的方法。很多的情况下，是企业而非数据分析人员来执行实施。实施阶段包括以下内容。

1. 实施计划

为了在业务中实施数据挖掘结果,计划实施的任务是接受评价结果并制定实施战略。具体包括创建相关模型的一般步骤、记录成文档、总结实施计划。

2. 监测和维护计划

对数据挖掘结果实施计划的监测和维护。一旦数据挖掘结果成为日常业务和环境的一部分,监测和维护工作就是一项重要的内容。精心制定的维护战略有助于避免数据结果长期地错误使用。

3. 产生最终报告

这份报告可以是项目经验的总结和最终的、最广泛的数据挖掘结果的表述。

4. 回顾项目

评估成功和失败,总结经验和有待提高之处。

四、案例分析

美林证券: 数据掘金[①]

作为世界级的证券企业,美林证券一直都在探索如何与客户建立更加紧密的关系,尤其是为上百万的个人投资者和小型机构客户。美林受托为这些客户管理着13000亿美元的资产,同时,正在由以交易量来衡量公司的成功迅速转变为向客户提供全面的财务规划服务,这就意味着必须更多地关注并理解客户,并在此基础上管理与客户的关系。

美林公司应该如何与上百万的客户建立紧密的个人关系呢?更何况每一个客户都有与其他客户不同的生活背景与投资策略。美林认为,答案就隐藏在公司在美国积累的对重要客户的堆积如山的数据中。在这以前,这些数据存放在多于25个不同的计算机系统中,并分布在公司的不同地点。美林认识到,要更好地进行客户关系管理,就必须把所有这些客户信息集成到一个单一的计算机环境中。通过对这些信息进行认真分析,就可以开发出强化客户关系的商业智能(Business Intelligence)应用。

1996年,美林证券提出了利用商业智能对美国的客户进行客户关系管理的计划。该计划主要包括三个主要步骤:(1) 将分散存放于各处的客户数据集成并组成"数据仓库",称为管理信息决策分析支持系统(简称MIDAS);(2) 通过提供尽可能多的有关客户投资活动和生活方式的相关信息,并对其不断充实与更新,在 MIDAS 上建立完整的客户档案;(3) 为美林员工提供各种访问 MIDAS 上客户信息的手段和方法。

借助于 MIDAS,美林可以找出最重要的客户群,并发现他们购买行为的方式。商业智能还可以带来其他的好处,例如,商业智能还使美林认识到年轻的高层管理人员在投资方法上比他们认识到的还要保守,如果不引起重视,这可能会导致他们缺乏长期财务目标。

商业智能同时也帮助美林找到在产品及服务上需要改进与完善之处(即客户的潜在

[①] 资料来源:王广宇,《客户关系管理方法论》。

需求),这些潜在需求可能连客户自己也没有意识到。例如,投资于美林证券的客户也许刚刚开办了自己的公司,需要了解创业保险产品。又如,正抚育两个孩子的客户,在孩子尚小的时候就需要知道美林有关住房贷款与教育储蓄方面的产品。对客户全新的、深刻的了解正帮助美林的 13000 名理财顾问(FCs)在满足客户当前需求的同时也能预见到客户未来的需求,并在此基础上可以提供更好的理财指导。

通过将客户买盘数据与客户档案资料对比分析,美林可以将其产品和服务进行组合与匹配,可以提供几乎无限的产品与服务包(组合)来满足每一位投资人的个性化需求。同时,公司能够监测所提供每一种产品与服务组合的利润率。MIDAS 使美林能够评测更好的客户关系管理对公司营业额与市场份额的影响。

此项目开始以前,美林曾试图在每天需处理上百万笔交易的主机系统上管理市场信息。由于该主机系统是专为交易环境而设计,不能很好地适应商业智能所需的巨量问题或"查询"。结果是,应在分钟级回答的查询可能耗费数天。更令人头疼的是,有关个人投资者和小型机构客户的数据分散于公司各个地方,不能总是清楚地定义,并存在数据不准确与不一致的问题。

很清楚,公司业务分析师需要更方便地访问数据并快速获得查询结果。1996 年上半年,为解决这一问题的一个特别项目小组得出结论:美林需要建立一套基于独立计算机系统的大规模并行处理环境。于是,美林开始建立被称为 M1DAS 的数据仓库系统。

MIDAS 项目组最后选定采用 IBMRS/6000 SP 并行处理计算机作为数据仓库的运行环境,选用 Informix(注:现已被 IBM 收购)数据仓库。这台 SP 系统配置了 14 个处理单元或"节点"。这台 SP 可以很容易地扩展或升级到更多的节点。这样,美林可以用较低的成本来满足数据仓库的规模扩大、最终用户数增多和查询复杂度增加的需要。

到 1997 年秋,数据仓库开始试运行。美林雇佣了一名顾问负责对全美国的美林业务部门的业务分析师进行培训。培训进行得很顺利。业务分析师一般仅需要一天的培训就能理解数据在数据仓库中是如何组织的,如何使用 MIDAS 的查询工具进行查询。现在,他的分析工作可以做得更彻底,提供给市场经理关于数千名被美林称为"超值客户"的买卖记录和生活方式方面的信息。MIDAS 提供了一种指向点击环境,因此,分析师可以很简单地进行查询。由于不需要与进行日常交易处理的主机竞争资源,分析师可以在数分钟内得到查询结果。

MIDAS 建成以前,分析师只能从主机系统中得到书面报告,然后再手工输入到 Excel 电子表格中。现在,这一切都由 MIDAS 代劳了。分析师可以简单而快捷地提出问题,如哪个地区、哪个办事处、哪个 FC 销售 Wrap-fee 的业绩最好?什么地方 Wrap-fee 产品的销售对美林来说取得的销售额和利润最高?

有了这些问题的答案,与分析师一起工作的批发销售商(Wholesalers)就会发现在他们所看好的目标客户之间的销售差距。批发销售商还可以找出哪些 FC 在销售 Wrap-fee 的业绩最好。或许还没从事过这类产品销售的 FC 也会通过与这些成功的 FC 就有关销售技巧与方法进行交流,并从中受益。

MIDAS 的信息也帮助美林不断地调整与提高产品效果,业务分析员可以随时跟踪产品的利润与销售量,并按美林 FAS(Financial Advantage Series)分级制成周报或月报。FAS 创建于 1997 年,FAS 将用于交易的特定 Wrap-fee 与客户其他交易品种,如信用卡、

ATM交易、特别投资报告和在线交易结合起来。美林将FAS分为金、银、铜三级,级别不同,其特性与收益也不同。

每个级别的FAS产品都有着不同与其他级别的费率结构。通过MIDAS美林可以发现客户正在使用什么产品以及美林提供这些服务的成本。这样,美林就能更好的了解产品及客户的利润贡献率。基于这些信息,美林可以决定是否对某一级别的FAS产品提供更多或更少的特性。

美林也可以从一些社会上的信息服务公司购买客户信息,然后将其合并到MlDAS中。例如,某家信息服务公司专门提供"公司内幕人员"的信息,这些高级管理人员在卖出公司股票时必须向SEC(美国证券监管部门)报告持股情况。

目前,美林的业务部门有超过500名业务分析师与其他人员经常使用MIDAS。为进一步扩大MIDAS的用户数,MIDAS项目组计划通过美林的公司内联网向包含MI-DAS使用"高手"与偶然使用者的公司雇员提供各种应用。例如,MIDAS将被用来进行市场促销活动的分析,以确定客户对报纸广告和直接邮件销售活动的反应。如果美林要帮助每一个客户做出合理的投资决定,就需要借助商业智能(BI)来帮助美林真正地了解他的客户。有了这种能力,美林希望与客户的关系超越客户与一般金融服务公司的传统关系,并使数以百万计的客户走向成功。

问题:数据挖掘通常在企业中有哪些应用,你能理解其实施过程吗?

五、复习与思考

1. 请说明数据挖掘在分析客户生命周期时的具体作用。
2. 说明数据挖掘的实施步骤。

附 录

客户关系管理的应用案例

本部分着重介绍银行业、证券业、保险业、电信业、医药业、房地产业等行业中具有代表性的一些企业在应用客户关系管理中的先进的、可借鉴的经验。从而加深对客户关系管理的理解和其实践意义的认识。

 案例 1 美国第一银行：CRM 支持"如愿以偿"[①]

作为世界上最大的 Visa 信用卡发卡行,拥有超过 5600 万信用卡客户的美国第一银行的核心理念是"成为客户信任的代理人",在与客户建立联系时采用一种被称为"ICARE"的要诀：I(Inpuire)——向客户询问并明确其需求；C(Communicate)——向客户保证将尽快满足其需求；A(Affirm)——使客户确信有争先完成服务工作的能力和愿望；R(Recommend)——向客户提出一系列服务的选择；E(Express)——使客户接受银行单个客户的委托。

在"ICARE"的基础上,美国第一银行发展了一项名为"At Your Request"(如你所属)的客户服务,赢得了客户的信任,获得了巨大的成功。但是,无论是"ICARE"还是"At Your Request",在它们的背后离不开第一银行先进的数据仓库的全面信息支持。

美国第一银行的客户可通过电话、电子邮件或网络得到"At Your Request"提供的三个方面的服务：金融服务、旅行娱乐服务和综合信息服务。客户在使用美国第一银行的信用卡一定时期后,在信用记录良好的情况下,银行会寄给客户一份"At Your Request"业务邀请函。客户如果接受,只需填写一份爱好简介清单,包括其每个家庭成员的姓名、生日、最喜欢的杂志、最喜欢的文体活动等就可获得各种相关服务。银行通过"At Your Request"帮助客户满足其各种需求,比如"At Your Request"提供"提醒服务"功能,称为

---

① 资料来源：王广宇,《客户关系管理方法论》。

Just-in-Time,在客户的周年纪念日、特殊事件和重要约会前会按其所希望的时间、方式、渠道来提醒。再比如客户想在饭店订座或想要送花,都可以通过"At Your Request"做到。

在业务后台,第一银行开发了庞大而先进的数据仓库系统,从每一笔信用卡交易中提取大范围的、十分宝贵的数据。在银行看来,大多数使用信用卡的客户都可以从其业务记录中"发现"他最感兴趣和最不感兴趣的商品或服务。利用所掌握的交易数据,第一银行建立了高度准确、按等级分类的单个客户实际偏好的记录,当然也能分析群体客户的消费情况和偏好。银行可以根据客户的消费偏好信息去确定合作商业伙伴,从他们那里得到最优惠的价格并提供给客户。银行的数据仓库通过持续的更新会越来越清晰的反映出客户的需求和消费偏好,这为"At Your Request"业务的开展提供了最为有力的信息支持。

案例 2　渣打银行借助 CRM 系统"圈地"[①]

作为香港三大发钞银行之一的渣打银行发展至今已经有 150 年的历史,它的多项业务在香港都位列前茅。但是面对全球竞争最激烈的银行市场,为了取得一席之地渣打银行必须面对各种挑战,诸如金融市场开放、参与收购活动加强竞争力、紧贴市场步伐的服务收费以及与日俱增的客户期望等。渣打银行的高层经过多方考虑,决定选择一套客户关系管理系统来提高核心竞争力。事实证明,渣打的业务流程改进取得了成功,自 2001 年至今,渣打银行在零售业务上的交叉销售比率增长了 18%,8% 的交易转至成本较低的渠道,推广至成功销售的比率亦上升 56%。

数据是企业信息化的核心,是保证企业运转的关键。同时,数据是企业的宝贵资源和财富,对数据的挖掘、分析和利用将能为企业创造更大的财富。在渣打银行 150 年的历史过程中积累了不少客户数据,但是以前的信息化系统仅仅是将客户数据保存下来,并没有良好地利用这些数据积累。按渣打银行零售销售及服务主管彭家善的介绍,"我们决定采用 Siebel 的客户关系管理系统后,用了近一年的时间将其中不完整的数据补完整……客户关系管理系统通过自动化的文件处理协助我们显著减少高达 60% 填写表格的时间,让我们集中资源提供更多元化的增值服务。"渣打银行的数据显示,通过使用客户关系管理系统后增加了 6% 新的销售机会。而且,自从在客户关系管理系统中将员工和合作伙伴也作为客户管理,改善了合作伙伴、员工与企业间的关系,员工满意度提高了 39%。

现今银行面对利润收缩及竞争力加剧的情况下,渣打银行还收购了美国大通在港的零售业务,需要面对大批以前跟渣打没有业务往来的新客户群。经过试用取得不错的效果后,渣打银行决定在香港和新加坡的个人银行客户网络推广这套系统。为了充分发挥这套系统的作用,渣打银行将它命名为 Customer One。渣打银行目前共有约五百名前线员工使用新客户管理系统,未来希望把使用该系统的前线员工人数增至 700～800 人。

---

① 资料来源:王广宇,《客户关系管理方法论》。

以往该行的客户管理系统的功能主要集中在存储客户资料,而新系统则加入资料分析的功能,能为客户提供更全面的产品及服务。对采用新系统后的效果,彭家善介绍说:"渣打银行一直本着提供优质客户体验的核心理念。凭借 Customer One,我们得以将本行与每一位客户的沟通活动进行分类。此举不但让我们更迅速地响应客户查询,还可避免重复拨打不必要的促销电话,从而节省成本。"根据渣打银行的数据显示,安装新系统后零售业务方面的客户满意度提高 6%,业务处理时间减少了近 60%。

案例 3　平安保险的 CRM 分类应用①

　　平安保险是中国首家股份制保险公司,也是中国第一家外资参股的全国性保险公司,已拥有 25 万销售代表和近二千万的客户,2001 年保费收入达到 465 亿,业务范围包括各种本外币财产、责任保险以及人身保险和再保险等。2002 年年底,平安经分业后正式划分为平安财产保险和平安人寿保险两个公司,分别推进了各自的客户关系管理应用。

　　平安寿险自主开发应用"个人 CRM"——金领保险行销系统。平安寿险业务在快速增长中暴露出很多问题,如新从业人员多因保险产品的复杂性而发生展业困难;由于缺少完整系统,存在不少老客户信息维护与业务台账混乱的问题;管理信息反馈缓慢,不能及时进行策略调整。为解决这些难题,平安寿险电子商务部会同其科技部历时 8 个月开发出"金领保险行销系统",并于 2002 年 9 月向公司内正式推广。据介绍,"金领保险行销系统"是保险业中第一套为业务员提供较为全面电子行销支持的软件,也是第一套提供保单资料下载的系统。由于引进了客户关系管理工具,可视为寿险业务人员的"个人 CRM"系统。"金领保险行销系统"中集成了寿险业务人员应用最广泛的客户维护、保险资料、台账等功能。业务人员设定的业务量每日可自动分解目标;系统会在每天自动统计业绩进度,上传公司数据中心;利用它还可在第一时间下载最新保险产品。这套系统与 2003 年推广的"顾问式行销"结合帮助公司扩大销售。

　　平安财险北京分公司采用 TurboCRM 系统助力车险业务。为克服客户资料收集等的难题,平安财险北京分公司选用了 TurboCRM 系统对其车辆保险业务进行一体化管理。TurboCRM 公司为其量身制定了解决方案和实施计划,包括建立统一的客户信息数据库;建立以客户为中心的营销模式;由部门向企业推进;业务流程在系统中实现等。实施 TurboCRM 后平安财险业务中实现了以下功能。

　　(1) 统一客户信息、提供任意查询方式:将针对同一客户的相关信息,如客户的基础信息、历次联络记录、投保险种、索赔记录等在一个平台上统一管理。只要输入客户唯一标识(如车牌号、保单号),就能够搜索到客户全部记录;还支持通过输入任意条件查询客户信息。

　　(2) 管理业务人员、提供多种分析手段:系统将服务划分为任务、任务提醒、阶段进程等层次,管理人员可随时察看任务执行状态,监控未完成的任务。系统还提供了多种

---

① 资料来源:王广宇,《客户关系管理方法论》。

分析手段,帮助管理者从不同角度对业务进行综合分析,以便及时采取有效的应对措施。

案例 4　中国人民保险的客户关系管理业务应用[①]

中国人民保险公司是目前中国最大的财产保险公司,注册资本达 77 亿元,全国设有分支机构四千五百多个,人员 8.7 万人,2001 年保费收入达 505 亿元,经营除寿险以外的一切保险业务,包括机动车辆保险、企事业单位财产保险、家庭财产保险、航空航天保险、建筑安装工程保险和各种责任保险等两百多个险种。

为实现以客户为中心的目标,人保与方正奥德公司合作开发了专用的保险客户关系管理项目,经过试点、推广、完善,最终建成以基于数据仓库的信息共享、流程优化、功能完善的客户关系管理系统。2001 年人保在江苏分公司试点建立客户档案库和实施客户关系管理;2002 年在全国全面实施客户关系管理系统。

人保公司的主要做法还包括:2000 年在全国开通统一的人保服务专线电话 95518,将一些分公司富有特色、反响良好的服务项目在全国进行推广,建成集预约投保、接受报案、快速查勘救援、业务咨询、单报投诉等多项功能为一体的服务网络;建成全国数据仓库,完善客户档案,为实施客户关系管理奠定基础;进行组织重组,在全国建立"三个中心",即客户服务中心、业务处理中心和财务管理中心,提高服务质量和效率;在客户关系管理支持下推行"保险服务快车",在全国推出"车辆保险救助卡"和"绿色通道抢救服务"等,显著地提高了客户满意度。

案例 5　深圳市东进通信技术股份有限公司的客户关系管理应用[②]

深圳市东进通信技术股份有限公司,简称东进技术,是专业从事计算机电话集成 CTI(Computer Telephony Integration)基础硬件产品研发企业,其产品包括 D 系列电话语言卡、信令网关和数字录音记录仪器等电话语言处理技术产品,在该领域的研发实力居于领先地位。目前全国有超过 700 家不同领域的系统开发商应用东进技术产品,实现各种包括语音、传真、数据、中文语音识别和文本语音转换、电信增值服务及呼叫中心等先进的 CTI 系统应用方案,在金融证券领域中,东进技术的产品市场占有率高达 80%;MDR 数字录音设备在国内航空管制、电力调度等传统和重要的应用领域占有绝对的市场份额。

随着市场的不断扩展,各分支机构的增多,像任何其他企业一样,都存在一个客户管理的问题,虽然对一个发展中的公司,对客户关系的维护或许还没有比关系的建立来得迫切,但客户信息的集中以及根据信息对客户服务流程进行优化则是一个明显的管理需求。作为同样是高新技术的东进企业,很早就意识到客户关系管理的重要性,认识到企业向以客户需求为中心的运作模式转变、调整和优化面向客户业务领域的工作流程是实

---

① 资料来源:王广宇,《客户关系管理方法论》。
② 资料来源:何荣勤,《客户关系管理原理·设计·实践》。

现企业长远战略目标的一个重大措施之一。

经过对国内客户关系管理软件提供商的综合分析和反复调查,东进技术最后选择了在国内具有大量客户案例的 TurboCRM 公司的客户关系管理产品作为系统解决方案,项目目标确定为建立集中统一的客户数据库的基础上,对企业内部的销售、服务、促销活动三大业务进行整合和优化。应用的模块包括 TurboCRM 的销售、服务和市场活动模块。

整个项目从立项到成功上线经历两个月时间,用户总数五十几个,企业员工的应用面达到 80%。通过 TurboCRM 本身的经验丰富的咨询队伍以及东进自身的高技术人力资源,整个实施过程进展顺利。

由于整个项目首先是企业高层领导自己发起,对项目实施所需要资源的分配得以充分和有效地进行。另外,由于企业员工的素质较高,这也为项目的顺利实施以及实施后充分利用提供了保障。目前,销售人员、服务人员以及产品研发人员之间通过这个系统能充分的交流,协作效率大大提高,使企业的总体业务运作以客户的需求为中心进行全面优化,圆满实现了项目的阶段性目标。今后在现有基础上,将进一步充实市场分析以及客户交互应用,凭借东进本身的 CTI 技术优势,要在自己的企业实现 CTI 呼叫中心/联络中心也只是一个时间问题。

高科技企业具备较强的技术和人力资源,这为客户关系管理项目的实施提供了良好的前提条件。国内很多高新技术企业一方面要立足于开发高质量产品,另一方面也必须加强服务和营销方面的工作。东进企业在市场不断扩大的同时,没有忽略本身客户关系管理的实践,这为广大的技术型企业提供了一个很好的案例。

案例6 客户关系管理对广东步步高的贡献①

在随着彩电、冰箱、空调等家用电器不断涌入我们的家庭,家电市场仿佛在瞬间由卖方市场转变成买方市场,降价之声此起彼伏,家电企业拼了个你死我活,"价格战"使得许多家电企业渐渐成为过眼烟云。

但近年来,随着家电产品规模化生产和同质化的趋势,"价格战"已经不再受到人们的推崇,家电企业在不断追求敏捷制造、精益生产、及时交货,不断提高质量、降低生产成本的同时,正在大力改善服务水平。"高科技,高质量,高水平服务"的竞争格局正在形成。伊莱克斯集团总裁麦克特莱斯科在做中国市场调查时说过的一句话很值得人们细心品味,他说:"在开拓任何一个国家的市场时,我们都必须重视当地的民俗风情、生活习惯、消费方式等社会文化差异,只有尊重这些差异,充分地了解、分析消费者对我们产品的认识,我们才可能赢得他们的信赖和推崇。"显然,谁拥有了消费者的心,谁就占有了市场!

目前,家电产品的技术、功能、质量的差异越来越小,产品的同质化倾向越来越强,某些产品,像电视机、VCD 机等,从外观到质量,都很难找到差异,更难分出高低。一些企业为了追求销售量,保住销售收入水平,会不惜血本降低价格。但激烈价格战的结果是,

---

① 资料来源:何荣勤,《客户关系管理原理·设计·实践》。

2001年,除了海尔、春兰、格力、美的、长虹等几家家电公司实现盈利外,家电行业上市公司的亏损面已经超过90%;一些原来的家电中坚企业的年报已经惨不忍睹:康佳亏损近7亿元,万家乐亏损超过10亿元,科龙电器亏损15亿元。家电企业的亏损面之广与亏损幅度之大史无前例。

激烈的价格战,导致了家电行业的企业几乎无利可图,寻求战略转型和长远升级已成为企业唯一的选择。中国家电企业已经普遍意识到新形势下市场竞争的持续制胜之道,就是在满足客户需要的服务方面,比竞争对手做得更强更好。在产品同质化、竞争白热化的环境下,品质已经不再是客户消费选择的主要标准,越来越多的客户更加看重的是商家能为其提供何种服务,以及服务的质量和及时程度。家电企业只有通过体贴入微的客户服务来重新塑造自己的核心竞争力,在这样的环境下,服务的作用再次突显出来。

当今家电市场正由一般产品市场主流型向名牌导向型转变,但培育名牌产品本身很大程度上也就包括着名牌服务,"产品是有形的服务,服务是无形的产品"这个观念应该深入人心。完善的客户服务可以帮助企业通过富有意义的交流沟通,理解并影响客户行为,最终实现提高客户获得、客户保留、客户忠诚和客户创利的目的。已经没有人再怀疑服务在现代市场竞争中的重要性,从海尔的"真诚到永远"到康佳的"至精至诚至优,让用户完全满意",国内大大小小的企业都开始将目光转向服务,把服务作为第二次竞争的战略重点。

实践也证明以服务作为第二次竞争的战略重点是有效的,海尔就以"真诚到永远"的服务赢得了国内用户的认可,坐上中国家电的第一把交椅。海尔集团CEO张瑞敏曾说过:"核心技术不等于核心竞争能力。Intel生产芯片,是电脑的核心部件,但其核心能力不如Dell强。波音有核心能力,但最核心的部件是飞机引擎,来自通用电气公司。核心竞争能力并不在于你必须有一个零部件,更多意味着你有没有抓住市场用户的资源,能不能获得用户对你企业的忠诚度。如果能,那就是市场竞争力,核心竞争力。"

以提高客户的忠诚度来提升客户的终生贡献率为核心的客户关系管理的经营理念,正是在这种激烈的市场竞争环境的大背景下产生的,家电行业从产品向服务转型的过程中客户关系管理的管理理念很快找到了用武之地。实际上,国内多个家电企业如TCL、海尔、帅康、春兰等虽然有不少是呼叫服务中心的解决方案,没有挂上客户关系管理的头衔,但也是客户关系管理实践范畴的重要的技术资源优化努力之一。可以说,国内家电行业是首批实践客户关系管理的行业之一。本案例用一个广东步步高的例子说明客户关系管理软件项目的实施情况,可以对家电行业的客户关系管理应用找出某些共同之处。

家电行业的产品属于中等价值耐久消费品,虽然同其他小价值消费品同样是非直接面向客户的销售方式,但产品售后服务的需求比较大,有很多的维修、配件管理、替换等典型的售后服务业务需求。因此,家电行业的客户关系管理需求将主要集中于客户关系管理三大业务领域中客户服务和客户营销这一块。

显然,建立统一的客户服务中心作为企业同最终客户的交互平台,在此基础上配备客户关系管理分析型应用和灵活的促销自动化将是一个主要的客户关系管理软件选择。

广东步步高对客户关系管理业务需求主要有以下几个方面。

1. 快速的客户响应

客户应以最便利的方式联系步步高,完成投诉、维修服务要求等客户提供更富有个性化的服务项目,加强客户资源管理。

2. 畅通的企业客户交流

成为步步高获取市场需求信息的重要门户,并成为市场信息的统计分析中心。一方面步步高新的全方位服务体系集成了电话、传真、Internet 等通信方式,扩大了客户与步步高的交流渠道;另一方面,该体系收录了客户服务的所有信息并可进行各类统计分析。

3. 统一集中管理顾客资源,让服务延伸到企业的生产、销售,以建立高效的服务流程从而降低单位服务成本

经过考察国内多家 CRll4 软件厂商,在平衡功能和业务需求等因素下,广东步步高选用了在设备服务领域比较成熟的杭州星际的客户关系管理产品。该产品以客户服务中心为基础平台,提供多联系渠道整合能力,并带有客户分析功能。

在软件提供商和项目实施商确立后,步步高调配高级管理人员和技术力量,与星际网络公司共同组成实施队伍,制订严密的实施计划。星际网络在系统详细分析之后,进行深入的客户化工作,在该系统中,不但完整地提供了呼叫中心,更提供了完善的客户服务流程管理,尤其是系统中的配件管理部分,充分地实现项目设计目标。

在客户服务体系的运营管理方面,步步高投入充分的资源和努力,在实施商的帮助下,对人员培训选择上不遗余力,建立一支专业化、标准化、规范化的售后服务队伍。步步高不仅通过多种途径、多种形式对售后服务人员进行维修技能培训,而且通过专职讲师对全国服务人员进行服务意识和服务理念的教育和培训。此外,步步高建立了监督机制,包括开通客户投诉热线、接受用户对各地服务网点的监督,以及通过服务信息系统对服务过程进行监控等。

步步高客户服务中心的建立为企业提供了客户统一的服务请求入口,实施多渠道呼叫的自动路由,大大改善了客户同企业的交互能力。在呼叫中心的基础上,标准的客户服务应用集中管理客户服务请求,可以有效组织和管理技术服务队伍,从而使技术人员的工作效率大为提高。

目前家电行业的呼叫中心应用在国内正方兴未艾,然而,呼叫中心虽然是企业客户数据的采集的主要"闸门",但它的单独应用给企业带来的效益是有限的,因此,必须为这类呼叫中心应用配备以更全面的客户关系管理企业解决方案,将客户关系管理的管理理念延伸至产品/配件生产、服务自动化、营销、库存管理等业务领域,从而使客户关系管理的理念真正渗透到企业的每个经营细胞,促使客户关系管理为企业全面提升竞争力。

案例 7　客户关系管理为深圳招商地产有限公司提高竞争力[①]

世界各国的房地产业一直是国家经济发展的"晴雨"行业。什么时候房地产业兴旺,什么时候大家就放松钱袋,经济发展自然加快,其中,主要原因之一就是房地产业可以带

---

① 资料来源:何荣勤,《客户关系管理原理·设计·实践》。

动一系列相关行业,如建材、家具行业、家电等。

中国的经济发展一直名列前茅,当然也反映在房地产业的兴旺。地产市场虽然活跃,但这个产业是一个老行业,房地产业的竞争在今后将日益激烈,售楼计划落空导致因收不抵债而倒闭的投资商可以说不胜枚举。

深圳招商房地产有限公司于1984年在深圳成立,是国家一级房地产综合开发公司,即招商局蛇口工业区有限公司属下的一级全资企业。公司注册资产1.6亿元人民币,总资产逾32亿元人民币,现有下属独资、合资、合作企业20家,分别从事房地产开发、建筑装修、物业管理、商业贸易、酒店业务咨询、宾馆、酒家等行业。

面对房地产业的日益激烈的竞争,深圳招商地产公司不得不认真思考其市场战略,就如何吸引客户,掌握客户的购房习惯以提高市场竞争力方面做过许多深入的探讨,而这几年在国内得到广泛关注的客户关系管理经营理念却正好切合公司正在酝酿的长期市场战略。

很多时间以来,深圳招商地产公司各业务部门(包括公司总部、租赁部门、销售部门等)已经收集和存储了大量的客户资料数据、客户咨询数据、销售信息、市场营销、历史租赁买卖记录数据等,但这些数据主要是成交客户的原始信息,而且也大都存放在档案库,没有得到充分利用。另外,具有很大价值的潜在客户信息(包括已到业务网点登门拜访但未成交客户,通过电话咨询客户,已访问过电子商务网站客户等)则没有得到应有的保留。任何一个销售人员都知道,过去的是历史,潜在的才是关键。经过对企业业务的仔细分析,公司确定以下客户关系管理的业务需求。

(1) 建立企业级的统一客户数据中心,做好数据的采集和整理工作。

(2) 实现销售流程的自动化,提高销售人员的成功率。

(3) 提高企业对客户购买行为的分析能力,有效分类客户群体,并通过分析客户价值升降、客户流失原因以及客户信用情况等全面提升企业对市场的预测能力。

(4) 实现市场营销活动的有效管理和自动化,通过对各项营销活动的预测、安排与跟踪,并结合分析与评估手段,合理配置促销资源,达到最佳效果。

(5) 提高渠道管理能力,通过对中介公司、物业公司、工程公司等进行有效管理以及各种业务交流,有条不紊地开展各项业务。

(6) 理顺客户服务业务,及时跟踪服务状态,降低服务成本,提高客户满意度。

(7) 实现电子商务、OA、售楼系统以及其他后端系统等多数据平台的集成和信息共享。

经过对市场上客户关系管理软件产品的评估和分析,根据软件的功能性和提供商的后续开发能力,深圳招商地产公司选用了创智的客户关系管理产品,以全面地满足以上各个方面的业务需求。

项目实施由创智公司负责,整个项目分三个阶段进行。

第一阶段:结合招商地产公司目前迫切解决的问题现状,收集和整理各类客户信息,建立统一的客户数据中心,实现销售自动化的业务功能(PowerCRM for Sales)。

第二阶段:在第一阶段的基础上,为招商地产公司建立市场自动化和服务自动化,即PowerCRM的另两个业务模块市场营销和服务,从而为招商地产公司建立完善的操作型客户关系管理系统。

第三阶段：建立协作性客户关系管理,完善和畅通招商地产公司与客户交互的渠道,将电子商务平台、电话中心、E-mail 中心、Fax 及各个售房点等销售渠道有效地集成起来,使各种渠道融会贯通,以实现招商地产公司和企业客户之间获得完整、准确和一致信息的目标。

目前销售自动化在各个售楼点已得到良好的应用,数据的分散情况已经得到充分的解决,服务和市场营销模块也已开始投入运行,基本实现操作型应用在企业的推广的目标。今后通过第三阶段的实施将为招商地产全面装备客户关系管理实践的骨干技术资源,为实现企业的长远战略目标奠定基础。

这个项目所覆盖的业务面比较宽,虽然目前还无法获得具体的项目运行情况,但项目所采取的分阶段实施的做法值得有意确立客户关系管理软件项目的企业参考和借鉴。

案例8　宝洁(中国)——值得借鉴的客户关系管理应用方案①

消费者对品牌忠诚度日渐低落,再加上无法直接掌握消费者的喜好,因此,如何突显企业品牌的独特性一直都是消费日用品公司最大的挑战。美国 P&G 公司自从 1988 年在中国建立中国宝洁公司以来,目前已经在国内建立了十几家生产洗发、护肤、洗涤、纸品和口腔保健产品的合资企业和独资企业,其下属飘柔、海飞丝、潘婷、沙宣、舒肤佳和玉兰油等品牌在国内市场家喻户晓。

由于消费日用品的市场推广一般属于产销体系,客户通常是到零售据点购买,企业与客户之间的接触大多是靠广告与售后服务,无法做到近距离甚至是一对一的接触。根据调查指出,价格并不是消费者选购商品的第一考虑因素,相反的,消费者对企业的信任(包括有形与无形商品与服务的品质保证)才是最重要的。宝洁(中国)体会到企业在提高品质的同时还应该注重调整工作流程,全方位、多渠道地满足客户服务需求,提供更先进的个性化服务,从而增加客户对企业的信任度。

其次,消费品的客户数量和产品种类繁多,所以,企业需要花费大量的成本才能将企业的信息和新产品通知客户,如高额的广告费、邮寄费用和大量的人工成本。那么,如何更好地应用互联网络或低成本的 E-mail,在帮助企业降低成本的同时,又能够保持与客户的良好关系,保证企业信息到达率,就成为宝洁(中国)管理层需要认真探索的问题。另外,宝洁公司通过多年的积累,手头上已拥有大量的客户资料,存在于各个部门,如何充分利用这些资料,更好地为客户提供贴心服务,就成为宝洁(中国)将目光转向客户关系管理系统的初衷。

显然,宝洁(中国)公司的愿望是通过客户关系管理在企业内的实践来提高企业了解客户的能力,并借此达成向客户个性化服务的目的。那么,消费品市场大都采用间接销售体制,采用"推式"或"拉式"市场营销方式,产品生产厂商同最终客户并没有直接打交道,而且由于这些消费品不像专业设备那样需要维护和故障维修的需要,企业的呼叫中心往往也不是采集客户数据的主要来源。

---

①　资料来源：何荣勤,《客户关系管理原理·设计·实践》。

那么,消费品厂商如何拉近与客户距离,而又不给分销商添加额外的负担呢?答案读者自己都可以猜出,那就是网络。现在问题集中在如何利用网络这个最新媒介收集客户信息,分析客户信息,并利用分析结果开展"个性化"促销活动,这应该是目前消费品市场从事客户关系管理实践的一个典型模式。通过对国内客户关系管理软件的分析,宝洁公司认为艾克国际的网上个性化软件、电子邮件营销以及客户分析模块三个模块比较能够满足现阶段企业的业务需求。

宝洁公司此次客户关系管理软件项目主要选用艾克国际的客户关系管理系统(CRM)—eNterprisel 其中的三个功能模块,即 Web Personalizer(个人化网页)、E-mail(电子邮件行销)和 Oneto One Analyzer(客户资料分析)。

艾克国际的 Web Personalizer 整合宝洁(中国)网站的客户信息,可以灵活运用网络营销。Web Personalizer,提供网络实时互动与个人化机制,以一对一个人专属网页,让消费者一进入网站就能得到贴心的个人化服务,并根据消费者过去的行为模式与浏览偏好,提供适合的个人化销售建议与信息。

艾克国际的 E-mail Master 提供宝洁(中国)发送个人化电子邮件并可追踪邮件发送与阅读状态,有效执行电子邮件行销。E-mail Master 可协助企业透过自动信件回复的机制,做到预约发信、大量发送、支持多重项目与客户,提高电子邮件服务效率与降低人工成本,并强化内部流程自动化整合。同时,透过与后端分析机制结合,提供消费者个人化的电子邮件,例如,一封美容用品的电子邮件,信件内容可以针对消费者个人的肤质与季节性,提供适合的美容用品名称与相关的促销活动,让消费者感觉到他的确需要这样的产品,进而刺激其购买意愿,提高成交几率。

艾克国际的 Oneto One Analyzer 提供宝洁(中国)多种数据分析工具,分析客户行为模式与偏好,制定正确的行销策略与互动机制。Oneto One Analyzer 的分析工具包括:产品关联分析(分析产品之间的关联性,可用在产品交叉销售)、客户要素分析(企业可利用分析结果对其他潜在消费者做交叉销售)、客户价值评量分析(依客户的贡献度将客户分等级,并提供不同的服务)、决策树分析(可以描绘出客户的聚类轮廓,协助企业发掘具有相同特质的潜在客户进行开发)和 RFM 等。所谓的RFM,也就是 Recency,Frequency,Monetary;根据最近一次购买的时间有多远与最近一段时间内购买次数的变化推测客户消费的异动状况,依流失可能性列出客户,再以最近一段时间内购买的金额为另一个角度,就可以把重点放在贡献高的,但流失机会也高的客户,重点式的拜访或联系,以最有效地挽回更多商机。

目前,Web Personalizer,E-mail Master 以及 Oneto One Analyzer 三个模块的使用为宝洁(中国)建立了以互联网为操作平台的客户服务和个性化营销机制。自上线以来,网上注册客户大幅度增长,为公司与最终消费者群体的近距离交流提供了现实条件。另外,由于很好地处理了"渠道冲突"问题,现有的广大零售店也因此获益,从而间接强化宝洁产品的整条供应链的功能。总之,这三个模块在互联网平台上相辅相成,从网上客户信息捕获、信息分析到有效一对一促销形成了一个"闭环"系统,为宝洁带来了全新的网上营销模式,既提高了公司的品牌形象,又提高了公司与原本"生疏"的客户的亲和度以及产品向市场推广能力,可谓一举多得。

在激烈的市场竞争中,企业不仅要维持商品的质与量,更要了解与掌握消费者的喜好。特别在消费品市场中,消费者对企业的满意度直接影响到企业销售量,因此,如何服务好每一位消费者就成为企业关注的焦点。当然,维系客户关系不能仅仅停留在良好的态度上,提供专业化服务建议,让消费者觉得受到企业的关怀,这才是好的客户关系管理实践的关键所在。

宝洁公司客户关系管理软件应用是一个典型的消费品行业的客户关系管理实践案例,它同一般的包括直接销售模块、服务模块的软件项目不同,主要集中于网上营销业务领域,这是由消费品的特有销售渠道模式所决定的。消费品行业的消费者是庞大的客户群体,并不必要用一般意义上的 SPA 软件进行个别销售,对于企业来说,每个客户都是"小"客户,同 SFA 销售模式中的单位客户或者"大客户"的销售方式显然有很大的不同,企业没有庞大的销售队伍对这些消费者进行个体销售,但却可以用互联网的优势对他们进行批量营销,用技术来自动化地解决人力资源不足的问题。

案例 9　世纪龙构建良性客户关系管理[①]

2002 年年初,世纪龙信息网络有限责任公司接到一个客户的投诉电话,问:"你们公司怎么一直没有人和我们联系?去年做的项目还有一笔尾款你们还要不要?"原来,世纪龙公司 2001 年负责这个客户的销售人员在 2002 年年初跳槽,跳槽前没有交接清楚这个客户和相关项目的具体情况,书面资料又没有持续记录,以至于这个客户成了无人搭理的"漏网之鱼",而 2001 年所做的项目款项和此后每年的项目维护费用竟也无人收取。

当时,在中国未使用客户关系管理系统的企业中,客户关系管理普遍存在着客户资源流失、客户资源信息量少、客户资源潜在价值挖掘不充分和企业整体营运不平衡四种问题。其中最核心的问题是企业无法对当今客户时代企业营运中最不可缺少的资源——客户,进行有效的管理。

广东电信全资拥有的世纪龙信息网络有限责任公司,其属下有号称"华南第一门户网站"的 21 世纪网站。至今网站总注册用户 1546 万,总页面日均浏览量达 4500 万人次。面对如此庞大、复杂的客户群,如何保留现有客户,并创造出更多利润?

如何将所有的客户资源整合在一起,迅速找到目标客户,并为客户创造出"一对一"的个性化在线服务?世纪龙在接到客户的投诉电话后,强烈地意识到其客户关系管理的薄弱,并希望寻找合适的方式尽快改变现状。

此时,世纪龙公司接触到了金蝶公司的客户关系管理系统。在了解了该系统在客户管理上的功用后,世纪龙公司的决策者请来了实力颇强的调研公司,为其是否上客户关系管理系统把脉。把脉结果显示:世纪龙现有的客户关系管理基本上处于混乱无序的状态,各部门客户资料混乱、无法统一管理;客户资料各自为政、销售部门的收款到账时间与财务部门不一致;各销售部门没有自己的数据库。报告同时认为客户关系管理是一种先进的客户关系管理手段,这套系统将对其目前的客户关系管理起到翻天覆地的改变,将结束其一团糟的客户关系管理状态,重建起一个有秩序、有效率的良好客户关系管理

[①]　资料来源:谷再秋、潘福林,《客户关系管理》。

系统。并且,通过客户关系管理系统,与财务、市场等部门的系统接口,可以使客户资源共享,有利于各部门之间的协调合作、提高资源利用效率和促进客户的重复购买、交叉销售。

有理有据的论证说明,提高了世纪龙公司对客户关系管理系统的信心,摒弃了疑虑,但同时也加深了他们视客户关系管理为神话的依赖心理。世纪龙公司在决定了上客户关系管理系统后,一次性买下金蝶客户关系管理系统中的销售、市场、服务三个模块。因为销售是公司急需改善的环节,在金蝶的客户关系管理系统中也是最成熟的模块,另外,他们考虑到客服、市场部门与销售部门是一种协作的关系,所以希望这些部门的工作流程都能在客户关系管理平台上做,同时还希望客户关系管理系统成为公司销售业务管理的工作平台,也就是以销售为核心的,所有和销售相关的工作都能在这个平台上进行。

在企业建设使用客户关系管理系统过程中,企业的具体业务人员和企业管理人员的角色都将发生巨大的转变。他们更重要地是要充当客户关系维系和客户关系管理的角色,因为这时企业的经营模式是以客户为导向了。

作为一个年轻的、走在社会前沿的互联网公司,世纪龙公司的业务迅速多变,公司文化也相对更倾向于开放自由,工作上只定目标、执行中倡导个人为主的氛围,而实施客户关系管理系统,就要求对企业的相关业务流程进行标准化的统一,并按标准统一执行。2002年8月,世纪龙公司开始与金蝶合作,实施完客户关系管理系统的第一期工程后,这两种管理上的矛盾体现在具体事务上,就是客户资料录入的拖沓和不完整。

另外,由于是IT行业,世纪龙公司的工作人员在计算机应用程度上普遍较高。在上客户关系管理系统前,世纪龙公司的工作人员或利用网站下载,或经过朋友推荐,普遍都有各自的操作系统,对相关信息进行管理,具有相当的灵活自主性,加上长期的操作已经使工作人员习惯于各自的系统,当他们被要求使用全新的、统一标准的客户关系管理系统时,顿感操作上的便利性下降,使用积极性因此也相对很低。

旧管理方式的惯性自由与新管理方式的统一化要求发生了频繁的冲突,这个阶段让很多人都痛苦不堪。世纪龙邮件事业部总监刘畅称之为"痛苦的磨合期",因为世纪龙公司每个人的个性化需求因此改变了很多。金蝶的客户关系管理系统项目执行者在世纪龙公司驻守了大半年,身处变革的漩涡中央,同样感受着客户关系管理系统给企业带来的种种冲击。

客户关系管理系统在2003年2月底全部上线后,分别在当年4月、6月和10月,先后三次升级。在世纪龙公司客户关系管理系统二次开发的磨合中,最有代表性的两处叫"神来之笔"是客服流程的改进和CRM/K3系统的集成。据介绍,"客户投诉受理流程"是金蝶工作人员针对世纪龙公司客服部应对投诉电话需要及时反应、受理的特定业务要求,对相关流程布局进行了改变后而增加的。而CRA/K3系统的集成,让世纪龙公司的客户关系管理系统与财务部门应用系统对接,使两个部门能够对同一业务联动反应,提高了工作效率。

客户关系管理系统发挥的最理想成效是市场、销售、服务各业务环节面向客户、良好的协调运作,甚至进入一个相当理想的状态。目前由于全面集成应用理想成效状态的周期比较长,能够在客户关系管理方面达到这种理想状态的企业并不多。在实际业务中,许多企业客户关系管理系统的成功应用并非是一步到位的最理想状态,许多最基础的客户关系管理应用就能为企业获得相当大的效益。以客户为中心的客户导向营运模式的应用,需要一点一点逐步积累,由量变到质变。

经历了最初的理想化豪情满怀阶段和其后的遇到重重困难的怀疑阶段,公司开始分析理想与现实的差距,逐步走向客户关系管理系统的实效阶段。公司越来越注重客户关系管理系统的实效过程,对客户关系管理系统的适应性不断增加并取得收获,这个过程相比磨合期而言,温和了许多。金蝶对客户关系管理系统标准流程与公司个人的操作系统之间作了大量的集成工作,这对公司人员适应客户关系管理系统起到了很大的作用。一年来,客户关系管理系统在世纪龙公司的运营中至少已经起到了以下四个基本方面的作用。

(1) 客户资料和合同在分次录入客户关系管理系统后,公司的决策人、销售总监和各个事业部总监、销售经理在查找客户资料时,不再需要四处找人做报表,只要连上公司网便可直接看到报表,了解季度销售分析、未来预期和现在销售的对比。整体工作量明显下降。

(2) 业务销售团队与财务团队的应用系统集成后,每月底不再需要复杂地对账。而以前每月至少需要几天的时间来整理销售清单,弄清应收款和到账款。

(3) 客户资源在各部门的共享为挖掘潜在客户、部门交叉销售带来了保证。有一次网络营销部门新成交一笔近百万的大单,其客户原来就是邮箱事业部的客户。网络营销部正是通过客户关系管理系统共享客户资源后发掘到这个客户的,而邮箱事业部在这个客户身上的年收益不到一万。

(4) 实施客户关系管理系统的 2002 年年底之前,世纪龙公司的有效客户资料只有一千一百多份,运营和服务部门的工作量已经处于饱和状态。一年半后,客户关系管理系统中的客户资料已达四万多份。也就是说,世纪龙的客户市场增长了40倍,但工作人员并未增加,由此看出,企业的人力成本下降极大。

世纪龙公司感觉到运营型客户关系管理系统物有所值,因为运营型客户关系管理系统更符合企业目前的发展状态。运营型客户关系管理系统主要侧重企业各营运业务部门的日常业务协调管理,帮助企业实现以"客户为中心"模式的现代化营运,更注重高价值产品、长销售同期、强调销售进程控制类型企业和低价值产品、短销售周期、强调客户关系维系和分销渠道管理类型的企业面向客户的企业协同业务管理,包括企业的客户管理、销售管理、市场管理和服务管理。

现在,世纪龙公司的客户关系管理系统有销售环节正在有条不紊地运行。公司的决策人和销售总监、销售经理、销售人员等相关人员,只要打开电脑进入客户关系管理系统,就可以对公司的所有客户资料一目了然。客户随着业务人员的离职而流失的现象也再未发生。

案例 10　维奥集团完整导入客户关系管理[①]

维奥生物科技集团成立于 1998 年,是一家在香港上市的大型外资制药企业,主要在

---

① 资料来源:王广宇,《客户关系管理方法论》。

澳大利亚和中国从事药品的研究开发、生产和上市推广销售。公司的特长在于药物下游技术的开发,专注在生物药物加工技术及生产工艺的研究,拥有蛋白质稳定工艺及送药系统的平台技术。集团在中国建立了一个强劲有效的市场营销网络。拥有 21 个市场推广及联络办事处和广泛销售网络,销售网点覆盖了中国一万三千多家药店和三千六百多家医院。

维奥集团属于生物技术制药行业,作为一家制剂药生产企业,它的产品特点是种类多、数量大,一般采用分销的方式,在国内已经具有成熟的分销网络,这样的企业比较适合客户关系管理的推广和应用。维奥集团启动客户关系管理项目主要是想通过客户关系管理系统建立起统一的客户资源,拓展、发掘最佳市场营销模式,管理分销渠道,规范销售流程,建立企业跨部门的互动协作。

维奥集团先与易必特商用系统咨询有限公司正式签约,由其提供管理咨询与项目实施服务。易必特首先协助维奥集团项目领导小组对国内外多家客户关系管理软件厂商及产品进行了认真的研究与比较,最终选择了创智公司:项目启动后,易必特公司作为独立的第三方,与客户关系管理软件厂商一起,共同承担项目的实施任务,在项目的整个实施周期中提供全套的管理咨询服务,同时对项目的实施过程及实施效果进行监理。

维奥集团选用创智 PowerCRM 后,确定了使用的主要功能模夹有:医院管理、医生管理、药店管理、店员管理、商业公司管理、竞争对手管理、药品管理、机会管理、活动管理、合同管理、市场营销管理、安全管理、代办事宜和日历等。其客户关系管理系统实施面向的应用角色包括市场部经理、大区经理、大区医部经理、片区医部经理、地区医部经理、医部医药代表、大区 OTC 经理、片区 OTC 经理、地区 OTC 经理、大区商务经理、片区商务经理、商务代表、系统管理员等。

由于维奥集团内部已实施 ERP 系统,在 PowerCRM 的实施过程中,还涉及与 ERP 系统的整合问题,创智从中摸索出一套成功实用的整合方案。设定的买施方式为"总体规划、分步实施",主要包括:第一阶段实现某一区域销售机构的销售自动化;第二阶段实现某一区域销售机构的市场自动化、实现销售自动化在其他区域的推广应用;第三阶段实现某一区域销售机构的服务自动化、实现市场自动化、服务自动化在其他区域的推广应用、实现总公司销售部门的销售、市场、服务自动化的应用以及数据的大集中等。

案例 11　美国联邦快递(FedEx)的客户关系管理[①]

联邦快递公司是美国物流行业的领先企业,也是世界物流和配送业的主导型企业,其业务范围不仅包括各种针对一般客户的快递业务,更包括与多家企业的合作,担负其物流配送的工作。如联邦快递为惠普公司的打印机提供库存和配送服务,为以直销闻名的戴尔公司提供接到客户的订单后供应物料、组装、配送等业务的服务。

联邦快递业务的迅速发展与其一贯秉持的客户为重的战略、与客户建立良好的互动关系是分不开的。在联邦快递看来,虽然公司的一个客户一个月只带来 1500 美元的收

---

① 资料来源:王广宇,《客户关系管理方法论》。

入,但是如果着眼于将来的话,假如客户的生命周期是10年,那么这个客户可以为公司带来1500美元/月×12月/年×10年＝180000美元的收入。如果再考虑口碑效应,一个满意的、愿意与公司建立长期稳定关系的客户给公司带来的收益还要更多。因此,联邦快递加强与所有客户的互动和信息交流,联邦快递的所有客户都可通过其网站www.fedex.com同步追踪货物的状况。网站的在线交易软件可协助客户整合线上交易的所有环节,从订货到收款、开票、库存管理一直到将货物交到收货人手中。

此外,联邦快递还特别强调针对客户的特定需求如生产线地点、办公地点等,配合客户制订配送方案。这种以客户为中心的高附加值的服务主要有:提供整合式维修运送服务;协助处理客户的零件或各料仓库;协助客户简化、合并业务流程。联邦快递提供的这些服务,与其利用的先进客户信息和服务系统,以及全体员工客户至上的理念和努力是分不开的。

联邦快递实施客户关系管理的最突出特点在于,它强调了全体员工树立客户至上的理念,认识到员工在客户关系中扮演的重要角色,认识到良好的客户关系不是单靠技术就能实现的,从而突出地强调员工的主观能动性。联邦快递主要通过以下三个方面的措施鼓励和管理员工努力提高客户的满意度。

首先,建立呼叫中心,听取来自客户的意见和需求,如在联邦快递台湾分公司,700名员工中有80人在呼叫中心工作,其主要任务除了接听来自客户的询问电话外,还包括主动打电话与客户联系、收集客户信息等。联邦快递为保证与客户接触的一线员工的素质和他们能给客户留下良好的印象,对员工进行了严格的培训。呼叫中心的员工要先经过一个月的课堂培训,再接受两个月的操作训练,学习与客户打交道的技巧,考核合格后才能正式参加工作、接听和回应客户的来电。另外,联邦快递台湾分公司为了了解客户需求,有效控制呼叫中心服务质量,每月都会从每个负责接听电话的员工的客户中抽取5人,打电话询问客户对服务品质的评价,了解其潜在需求和建议。

其次,着力提高一线员工的素质。仍以联邦快递台湾分公司为例,为保证与客户接触的运务员符合企业形象和服务要求,联邦快递在招收新员工时要进行心理和性格测验;对新进员工的入门培训中进行深刻的企业文化灌输,先接受两周的课堂训练,接着是服务站的训练,然后让正式的运务员带半个月,最后才独立作业。

最后,联邦快递还采取了有效的激励和奖励机制,并鼓励员工与客户建立良好的关系。联邦快递认为只有善待员工,才能让员工热爱工作,不仅做好自己的工作,而且主动为客户提供服务。如联邦快递台湾分公司每年会向员工提供不同数额的经费,让员工学习自己感兴趣的新事物,如语言、信息技术、演讲等,只要对工作有益均可。另外,当联邦快递公司利润达到预定指标后,会给员工加发红利,这笔钱甚至可达到年薪的10%。所有这些措施都保证了联邦快递的所有员工,从话务员、运务员到经理在客户面前都体现出较高的整体素质和以客户为中心的企业理念。

参 考 文 献

1. 谷再秋.客户关系管理[M].北京：科学出版社,2009.
2. 邵兵家.客户关系管理——理论与实践[M].北京：清华大学出版社,2004.
3. 李光明.客户管理实务[M].北京：清华大学出版社,2009.
4. 吉尔·戴奇.客户关系管理手册[M].北京：中国人民大学出版社,2004.
5. 张永红.客户关系管理[M].北京：北京理工大学出版社,2009.
6. 王广宇.客户关系管理方法论[M].北京：清华大学出版社,2004.
7. 何荣勤.CRM 原理·设计·实践[M].北京：电子工业出版社,2003.
8. 杨路明.客户关系管理理论与实务[M].北京：电子工业出版社,2005.
9. 李先国.客户服务实务[M].北京：清华大学出版社,2006.
10. 〔日〕野口吉昭.客户关系管理实施流程[M].北京：机械工业出版社,2003.
11. 苏朝晖.客户关系的建立与维护[M].北京：清华大学出版社,2007.
12. 李怀祖.客户关系管理理论与方法[M].北京：中国水利水电出版社,2006.
13. 任璐璐.客户服务案例与技巧[M].北京：清华大学出版社,2005.
14. 邬金涛.客户关系管理[M].武汉：武汉大学出版社,2008.
15. 赵溪.客户服务导论与呼叫中心实务[M].北京：清华大学出版社,2004.
16. 李欣.大客户管理[M].北京：机械工业出版社,2006.
17. 周洁如.客户关系管理与价值创造[M].上海：上海交通大学出版社,2006.
18. 宿春礼.客户管理文案[M].北京：经济管理出版社,2003.
19. 朱云龙.CRM 理念·方法与整体解决方案[M].北京：清华大学出版社,2004.
20. 田同生.客户关系管理的中国之路[M].北京：机械工业出版社,2001.
21. 〔英〕肯·伯内特.核心客户关系管理[M].北京：电子工业出版社,2002.
22. 谭丽琴.客户服务管理职位工作手册[M].北京：人民邮电出版社,2005.
23. 〔美〕菲利普·科特勒.营销管理[M].上海：上海人民出版社,1996.
24. 白长虹.基于顾客感知价值的顾客满意研究[J].南开学报,2001.
25. 严浩仁.服务业转换成本的形成机理与管理策略[J].商业经济与管理,2003.
26. 杨莉惠.客户关系管理实训[M].北京：中国劳动社会保障出版社,2006.
27. 施志君.电子客户关系管理与实训[M].北京：化学工业出版社,2009.